Das Recht der Agenten

nach

Deutschem Handelsrecht.

Ein Kommentar zu §§ 84 bis 92 HGB.

von

Dr. Carl Albrecht, und Dr. Paul Tentler,
Rechtsanwalt in Hamburg Rechtsanwalt in Hamburg.

Berlin 1908.
J. Guttentag, Verlagsbuchhandlung,
G. m. b. H.

Inhaltsverzeichnis.

Literatur-Verzeichnis.

Bolze, Die Praxis des Reichsgerichts in Zivilsachen (cit. Bolze).

Busch, Archiv für Theorie und Praxis des Allgemeinen deutschen Handels- und Wechselrechts 1863—1888 (cit. Busch A).

Dr. Cosack, Lehrbuch des Handelsrechts. 6. Aufl. 1903 (cit. Cosack).

Dr. Heinrich Dernburg, Das bürgerliche Recht des Deutschen Reichs und Preußens. Halle a. S. 1901—1905.

Deutsche Juristen-Zeitung (cit. D. J. Z.).

Dr. jur. Joseph Dochnahl, Der Handlungsagent in seiner Rechtsstellung nach früherem und jetzigem Recht. Borna-Leipzig 1903 (cit. Dochnahl).

Dr. A. Düringer und Dr. M. Hachenburg, Das Handelsgesetzbuch vom 10. Mai 1897. Mannheim 1900/1901 (cit. Düringer-Hachenburg).

Victor Ehrenberg, Die Verantwortlichkeit der Versicherungsgesellschaften für ihre Agenten (Festgabe für Rudolf v. Jhering) Leipzig 1892 (cit. Ehrenberg in der Festgabe für Jhering).

Derselbe. Versicherungsrecht. Band I Leipzig 1893 (cit. Ehrenberg, Versicherungsrecht).

Entwurf eines Gesetzes über den Versicherungsvertrag. Aufgestellt im Reichsjustizamt. Amtliche Ausgabe. Berlin 1903.

Heinrich Freiherr von Friesen, Der Handlungsagent nach dem neuen Handelsgesetz vom 10. Mai 1897 (Diss.) Rötha 1900.

Gutachten der Ältesten der Kaufmannschaft zu Berlin, herausgegeben von Dove und Apt. I. Heft. Berlin 1899 (cit. Dove-Apt).

Dasselbe, I. Folge, herausgegeben von Dr. Max Apt, Berlin 1904 (cit. Apt I).

Dasselbe, II. Folge, herausgegeben von Dr. Max Apt, Berlin 1905 (cit. Apt II).

Gutachten über Handelsgebräuche, erstattet von der Handelskammer zu Berlin, herausgegeben von Heinrich Dove und Eduard Meyerstein, Berlin 1907 (cit. Dove-Meyerstein).

Paul Wilhelm Greif, Das Recht des Handlungsagenten nach dem neuen Handelsgesetzbuch (Diss.) Borna-Leipzig 1903 (cit. Greif).

Dr. Karl Gareis, Das deutsche Handelsrecht. 7. Aufl. Berlin 1903.

Samuel Goldmann, Das Handelsgesetzbuch vom 10. Mai 1897 Bd. I Berlin 1901 (cit. Goldmann).

Goldschmidt's Zeitschrift für das gesamte Handelsrecht. Erlangen-Stuttgart. 1858—1906. Bd. 1—58 (cit. G. Z.).

Dr. L. Goldschmidt, Handbuch des Handelsrechts, Bd. I. Abt. 1. Erlangen 1864.

Gutachten der Handelskammern zu Hamburg, Bremen und Lübeck über den Entwurf eines HGB. (cit. Hanseatisches Gutachten).

Hugo Horrwitz, Das Recht der Handlungsgehilfen und Handlungslehrlinge, Berlin 1897, 2. Aufl. 1905.

Handelsrechtliche Rechtsprechung usw. von R.A. Emil Kaufmann, Hannover.

Hanseatische Gerichtszeitung (cit. HGZ. Hauptbl. oder Beibl.).

Holdheim's Monatsschrift für Handelsrecht (cit. Holdheims MSchr.).

Dr. jur. Hugo Heydecker, Das Rechtsverhältnis der Versicherungsagenten und Versicherungsgesellschaften zueinander und zu Dritten unter Berücksichtigung des neuen HGB. und des BGB. für das Deutsche Reich in Baumgartners Zeitschrift für Versicherungsrecht und Wissenschaft, Bd. III Straßburg 1897. S. 779—867 (cit. Heydecker).

Dr. Ed. Heilfron, Lehrbuch des Handelsrechts, Bd. I, Berlin 1907 (cit. Heilfron).

Dr. Walter Immerwahr, Das Recht der Handlungsagenten, Breslau 1900 (cit. Immerwahr).

Kurt Jacusiel, Das Recht der Agenten, Mäller und Kommissionäre. Heft 1. Das Recht der Agenten. II. Aufl. Berlin 1904 (cit. Jacusiel).

Iherings Jahrbücher für die Dogmatik des bürgerlichen Rechts (cit. Iherings Jahrb.).

Juristische Wochenschrift bis 1907 (cit. JW.).

Dr. Ernst Jaeger, Kommentar zur Konkursordnung, I. Aufl. Berlin, II. Aufl. Berlin 1904.

Jahrbuch des Deutschen Rechts, herausgegeben von Dr. Hugo Neumann, Berlin 1904—1907, Bd. I—V (cit. JDR.).

Erhard Kaiser, Beiträge zur Lehre von der Handlungsagentur (Diss.) Breslau 1901 (cit. Kaiser).

Kammergericht, Blätter für Rechtspflege im Bezirk des Kammergerichts, herausgegeben von Perl und Wreschner, Berlin (cit. KG.Bl.).

Konkursordnung für das Deutsche Reich, erläutert von Dr. Julius Petersen und Dr. Georg Kleinfeller, IV. Aufl., bearbeitet von G. Kleinfeller. Lahr 1900 (cit. Petersen-Kleinfeller).

K. Lehmann und Kammergerichtsrat Ring, Kommentar zum HGB. für das Deutsche Reich. Berlin 1901 u. 1902 (cit. Lehmann-Ring).

Leipziger Zeitschrift für das Handels-, Konkurs- und Versicherungsrecht, I. Jahrgang. (cit. L. Z.).

H. Makower, Handelsgesetzbuch mit Kommentar, XIII. Aufl. Bd. I und II, Berlin 1906/1907 (cit. Makower).

Oberlandesgerichte, Die Rechtsprechung der auf dem Gebiet des Zivilrechts. Bd. I—XIV, Leipzig 1900—1907 (cit. OLGRspr.).

Dr. G. Planck, Bürgerliches Gesetzbuch nebst Einführungsgesetz, III. Aufl. Berlin 1903 ff. (cit. Planck).

Protokolle des I.—III. Kongresses Deutscher Handlungsagenten, Berlin 1902, 1904, 1906.

Protokolle der Kommission zur Beratung eines Allgemeinen Deutschen Handelsgesetzbuchs. Würzburg 1858 ff. (cit. Lutz, Protokolle).

Dr. Meno Pöls, Darstellung des gemeinen deutschen und des hamburgischen Handelsrechts für Juristen und Kaufleute. I. Band Hamburg 1828.

Reichsgericht, Entscheidungen des Reichsgerichts in Zivilsachen. Bd. 1—65 (Heft 1) Leipzig 1879—1907 (cit. RG.).

Reichs- bzw. Bundesoberhandelsgericht, Entscheidungen des Bundes- bzw. Reichsoberhandelsgerichts. Bd. I—XXV. Erlangen 1871—1880 (cit. ROHG.).

Riesenfeld, Breslauer Handelsgebräuche. I. Folge. Breslau. März 1900 (cit. Riesenfeld I).

Derselbe, Breslauer Handelsgebräuche. Neue Folge 1900—1906 (cit. Riesenfeld II).

Ritter, Allgemeine Lehren des Handelsrechts. Berlin 1900 (cit. Ritter).

Wilhelm Röhrich, Abriß der Handelswissenschaft. Leipzig 1861.

Derselbe, Die Stellung des kaufmännischen Agenten (Einladungsschrift zur Prüfung der Schüler der öffentlichen Handels-Lehranstalt in Chemnitz). Chemnitz 1856.

Schleswig-Holsteinischer Anzeiger (cit. Schl. Holst. Anz.).

J. A. Seufferts Archiv für die Entscheidungen der obersten Gerichte in den deutschen Staaten. Dritte ausgewählte Ausgabe. München und Berlin, 1901 ff. (cit. Seufferts Archiv).

Sydow und Busch, Zivilprozeßordnung und Gerichtsverfassungsgesetz, 10. Aufl. Berlin 1905 (cit. Sydow-Busch).

Dr. Hermann Staub, Kommentar zum Allgemeinen Deutschen Handelsgesetzbuch (ohne Seerecht), III. u. IV. Aufl. Berlin 1896 (cit. Staub III./IV. Aufl.). VI. u. VII. Aufl. Berlin 1900 (cit. Staub VI./VII. Aufl.). VIII. Aufl. Berlin 1906/1907 (cit. Staub VIII. Aufl.).

Hugo Schramm, Die Rechtsverhältnisse der Agenten (Diss.). Erlangen 1899 (cit. Schramm).

Ernst Thomer, Die Rechtsstellung der Handlungsagenten (Diss.). Köln 1898 (cit. Thomer).

Dr. Martin Wassermann, Der unlautere Wettbewerb nach deutschem Recht (Sammlung Göschen). Leipzig 1907.

Der Waren-Agent, Organ des Zentralverbandes deutscher Handlungsagenten-Vereine. Berlin 1903 – 1907 (cit. Waren-Agent).

Zander und Fehrmann, Danziger Handelsgebräuche. Danzig 1901.

Hans Zweck, Über die rechtliche Stellung des Agenten (Diss.). Greifswald 1897 (cit. Zweck).

Text des Gesetzes.

§. 84.

Wer, ohne als Handlungsgehülfe angestellt zu sein, ständig damit betraut ist, für das Handelsgewerbe eines Anderen Geschäfte zu vermitteln oder im Namen des Anderen abzuschließen (Handlungsagent), hat bei seinen Verrichtungen das Interesse des Geschäftsherrn mit der Sorgfalt eines ordentlichen Kaufmanns wahrzunehmen.

Er ist verpflichtet, dem Geschäftsherrn die erforderlichen Nachrichten zu geben, namentlich ihm von jedem Geschäftsabschluß unverzüglich Anzeige zu machen.

§. 85.

Hat ein Handlungsagent, der nur mit der Vermittelung von Geschäften betraut ist, ein Geschäft im Namen des Geschäftsherrn mit einem Dritten abgeschlossen, so gilt es als von dem Geschäftsherrn genehmigt, wenn dieser nicht unverzüglich, nachdem er von dem Abschlusse Kenntniß erlangt hat, dem Dritten gegenüber erklärt, daß er das Geschäft ablehne.

§. 86.

Zur Annahme von Zahlungen für den Geschäftsherrn sowie zur nachträglichen Bewilligung von Zahlungsfristen ist der Handlungsagent nur befugt, wenn ihm die Ermächtigung dazu besonders ertheilt ist.

Die Anzeige von Mängeln einer Waare, die Erklärung, daß eine Waare zur Verfügung gestellt werde, sowie andere Erklärungen solcher Art können dem Handlungsagenten gegenüber abgegeben werden.

§. 87.

Ist der Handlungsagent als Handlungsreisender thätig, so finden die Vorschriften des §. 55 Anwendung.

§. 88.

Soweit nicht über die dem Handlungsagenten zu gewährende Vergütung ein Anderes vereinbart ist, gebührt ihm eine Provision für jedes zur Ausführung gelangte Geschäft, welches durch seine Thätigkeit zu Stande gekommen ist. Besteht die Thätigkeit des Handlungsagenten in der Vermittelung oder Abschließung von Verkäufen, so ist im Zweifel der Anspruch auf die Provision erst nach dem Eingange der Zahlung und nur nach dem Verhältnisse des eingegangenen Betrags erworben.

Ist die Ausführung eines Geschäfts in Folge des Verhaltens des Geschäftsherrn ganz oder theilweise unterblieben, ohne daß hierfür wichtige Gründe in der Person desjenigen vorlagen, mit welchem das Geschäft abgeschlossen ist, so hat der Handlungsagent die volle Provision zu beanspruchen.

Ist die Höhe der Provision nicht bestimmt, so ist die übliche Provision zu entrichten.

Die Abrechnung über die zu zahlenden Provisionen findet, soweit nicht ein Anderes vereinbart ist, am Schlusse eines jeden Kalenderhalbjahrs statt.

§. 89.

Ist der Handlungsagent ausdrücklich für einen bestimmten Bezirk bestellt, so gebührt ihm die Provision im Zweifel auch für solche Geschäfte, welche in dem Bezirk ohne seine Mitwirkung durch den Geschäftsherrn oder für diesen geschlossen sind.

§. 90.

Für die im regelmäßigen Geschäftsbetrieb entstandenen Kosten und Auslagen kann der Handlungsagent in Ermangelung einer entgegenstehenden Vereinbarung oder eines abweichenden Handelsgebrauchs Ersatz nicht verlangen.

§. 91.

Der Handlungsagent kann bei der Abrechnung mit dem Geschäftsherrn die Mittheilung eines Buchauszugs über die durch seine Thätigkeit zu Stande gekommenen Geschäfte fordern. Das gleiche Recht steht ihm in Ansehung solcher Geschäfte zu, für die ihm nach §. 89 die Provision gebührt.

§. 92.

Das Vertragsverhältniß zwischen dem Geschäftsherrn und dem Handlungsagenten kann, wenn es für unbestimmte Zeit eingegangen ist, von jedem Theile für den Schluß eines Kalendervierteljahrs unter Einhaltung einer Kündigungsfrist von sechs Wochen gekündigt werden.

Das Vertragsverhältniß kann von jedem Theile ohne Einhaltung einer Kündigungsfrist gekündigt werden, wenn ein wichtiger Grund vorliegt.

Kommentar.

§ 84.

Wer, ohne als Handlungsgehülfe angestellt zu sein, ständig damit betraut ist, für das Handelsgewerbe eines Anderen Geschäfte zu vermitteln oder im Namen des Anderen abzuschließen (Handlungsagent), hat bei seinen Verrichtungen das Interesse des Geschäftsherrn mit der Sorgfalt eines ordentlichen Kaufmanns wahrzunehmen.

Er ist verpflichtet, dem Geschäftsherrn die erforderlichen Nachrichten zu geben, namentlich ihm von jedem Geschäftsabschluß unverzüglich Anzeige zu machen.

Das Wort „Agent“ ist vieldeutig. Es dient zur Bezeichnung einer großen Anzahl von Gewerbetreibenden, deren Tätigkeit und berufliche Anschauungen, deren Rechte und Pflichten weit auseinandergehen.

Für sie alle gemeinsame Normen aufzustellen, wäre schwierig, wenn nicht unmöglich gewesen, und das Gesetz hat daher, wie die Denkschrift (I S. 67 bzw. II S. 72) ausführt, hiervon Abstand genommen. Eine Kategorie jedoch sind die „selbständigen Gewerbetreibenden, welche dauernd die Interessen eines oder mehrerer bestimmter Handlungshäuser vertreten“ (Denkschrift a. a. O.). Dieser „engere Kreis“ wird in dem siebenten Abschnitt des ersten Buchs des HGB. vom 10. Mai 1897 behandelt und nur mit diesen Personen, den **Handlungsagenten**, wie sie das Gesetz (§ 84) selbst nennt, beschäftigen sich unsere nachstehenden Darlegungen.[1])

I. Die Legaldefinition.

Für die Handlungsagenten enthält § 84 die Legaldefinition:

„Wer, ohne als Handlungsgehülfe angestellt zu sein, ständig damit betraut ist, für das Handelsgewerbe eines Anderen Geschäfte zu vermitteln oder im Namen des Anderen abzuschließen, —“ ist Handlungsagent.

---

[1]) Auch Staub, welcher vor Erlaß des neuen HGB. in seiner III./IV. Aufl. (Berlin 1896) in einem zweiten Zusatz zu Buch I „Von den Agenten“, S. 138—144 handelte, legt nur die in Literatur und Judikatur ausgebildeten Rechtssätze für den Kreis dar, den das Gesetz jetzt „Handlungsagent“ nennt.

Das Gesetz geht also von einer Verneinung aus. Es sagt zunächst, wer nicht Handlungsagent ist, nämlich der Handlungsgehilfe, dessen Rechtsverhältnisse im sechsten Abschnitt von Buch I des HGB. geregelt sind.

Der Handlungsgehilfe ist „in einem Handelsgewerbe zur Leistung kaufmännischer Dienste gegen Entgelt angestellt" (§ 59 HGB.). Der Handlungsagent ist mit Vermittlung oder Abschluß von Geschäften für das Handelsgewerbe (also nicht in dem Handelsgewerbe!) eines andern „betraut" (also nicht angestellt!).

Daraus folgt die Stellung des Handlungsagenten als **selbständiger** Gewerbetreibender.

Der Handlungsagent ist somit freier Herr seiner Arbeitskraft, seiner Zeit und seiner Fähigkeiten. Wer ihn beschäftigt, hat weder zu bestimmen, daß der Agent außerhalb der durch das Agenturverhältnis bedingten Leistung — Vermittlung und/oder Abschluß von Verträgen — eine weitere Tätigkeit zu entwickeln habe, noch wann er im Rahmen des Agenturverhältnisses tätig werden muß. Hierdurch wird jedoch keineswegs ausgeschlossen, daß der Agent an die Weisungen des Geschäftsherrn im Rahmen des Agenturvertrages streng gebunden ist und daß er die Interessen und das Wohl des Geschäftsherrn, zu dem er in einem ständigen Verhältnis steht, zu schützen und zu fördern hat,[1]) immer unter Wahrung seiner grundsätzlichen Selbständigkeit, wie es treffend das Oberlandesgericht Dresden in einem Urteil vom 29. Februar 1904 ausgesprochen hat:

> „Zwischen Prinzipal und Handlungsgehilfen besteht ein Abhängigkeits- und Respektsverhältnis, während Geschäftsherr und Agent sich **gleichberechtigt** gegenüberstehen." (OLGRspr. Band VIII S. 389.)[2])

Diese Selbständigkeit des Agenten schließt die Anwendung — auch die analoge — einer großen Anzahl der für den Handlungsgehilfen gegebenen Vorschriften aus, nämlich:

- **§ 60 Abs. 1:** Verbot des Geschäftsabschlusses für eigene Rechnung.
- **§ 62:** Schutz des Handlungsgehilfen in hygienischer und moralischer Beziehung.
- **§ 63:** Schutzbestimmung bei Verhinderung zur Dienstleistung durch unverschuldetes Unglück.
- **§ 64:** Gehaltszahlungstermin.

---

[1]) Vgl. OLGRspr. Band III S. 401 (KG. 18. III. 01). Hier ist allerdings unrichtigerweise der Bezug von Provision anstatt festem Gehalt als Kriterium für Vorliegen eines Agenturverhältnisses bezeichnet. Den Umfang der Möglichkeit „freier Entschließung" des Agenten ergibt der Vertrag und die Vollmacht des Agenten. Von Erheblichkeit ist hierbei, ob der Agent abschließen darf oder nicht. Auch die Verpflichtung des Agenten, sich die erforderlichen Geschäftsräume mit dem ihm unterstellten und von ihm besoldeten Personal selbst zu beschaffen (KG. a. a. O.) und die allgemeine Bestimmung des § 90, wonach der Agent „für die im regelmäßigen Geschäftsbetrieb entstandenen Kosten und Auslagen Ersatz nicht verlangen kann", weisen auf die Selbständigkeit des Agenten hin.

[2]) Ebenso: OLGRspr. Band VI S. 350 (OLG. Kolmar 24. III. 03), OLGRspr. Band VII S. 318 (KG. 6. V. 03), OLGRspr. Band VIII S. 389 (OLG. Hamburg 26. II. 04), OLGRspr. Band XII S. 423 (OLH. Hamburg 6. XII. 05), OLGRspr. Band XIV S. 346 (KG. 24. XI. 06).

§ 67 Abs. 1: Beschränkung der Kündigungsfrist auf einen Monat und Bestimmung, daß die Kündigung für beide Teile gleich sein muß.

§§ 71, 72: Eine Reihe der die „außerordentliche Kündigung“ rechtfertigenden Fälle.[1])

§ 73: Zeugnis.

§§ 74, 75: Grenzen des Konkurrenzverbots.

Der Handlungsagent ist selbständiger

Kaufmann.

Dies geht zwar nicht aus der Legaldefinition des § 84 hervor, ist aber unzweideutig im § 1 Abs. 1 mit Absatz 2 Ziffer 7 HGB. bestimmt. Aus dieser Kaufmannseigenschaft folgen für den Agenten alle diejenigen Rechte und Pflichten, welche das Handelsgesetzbuch statuiert und zwar z. B. das Recht der Firmenführung (§ 17 HGB.), der Prokuren-Erteilung (§ 48 HGB.), das kaufmännische Retentionsrecht (§ 369 HGB.), das Recht, sich zu einer Handelsgesellschaft zu verbinden (§ 105 HGB.), die Pflicht zur Firmenanmeldung (§ 29 HGB.) zur Buchführung (§ 38 HGB.), und zur ordnungsmäßigen Aufbewahrung ein- und ausgehender Handelsbriefe (§ 38 Abs. 2 HGB.).

Geht der Gewerbebetrieb des Agenten nicht über den Umfang des Kleingewerbes hinaus, so finden die handelsgesetzlichen Vorschriften über die Firmen, die Handelsbücher und die Prokura keine Anwendung. Auch kann solchenfalls der Agent sich nicht mit einem anderen Kaufmann zu einer offenen Handelsgesellschaft oder Kommanditgesellschaft verbinden (§ 4 HGB.). Der tatsächliche Umfang des Gewerbebetriebs ist allein entscheidend für die Frage, ob die Sonderbestimmung des § 4 HGB. Anwendung findet. Dieser Satz ist speziell für den Agenten in dem Urteil des OLG. Kolmar vom 4. VIII. 02 (OLGRspr. Band VI S. 508) ausgesprochen.[2]) Da das Gesetz ausdrücklich bestimmt hat, daß die Eigenschaft eines Handlungsgehilfen das Vorliegen eines Agenturverhältnisses ausschließe, so müßte man zu der Annahme gelangen, daß die Unterscheidung zwischen Handlungsgehilfen und Handlungsagent in allen Fällen eine leichte und unzweifelhafte sei. Dem ist aber nicht so.

In zweifelhaften Fällen wird nun auf die der Stellung im Vertrage oder in der Korrespondenz zwischen den Parteien gewählte Bezeichnung, Handlungsgehilfe oder Handlungsagent, entscheidende Bedeutung nicht beizulegen sein, wenn auch der vom Geschäftsherrn, dem es doch freisteht, sich einen Gehilfen oder Agenten anzunehmen, gewählten und vom anderen Teile genehmigten Bezeichnung ein nicht unerhebliches Gewicht beizumessen sein wird. In letzter Linie muß stets die tatsächliche Art der Stellung, das größere oder geringere Maß der Selbständigkeit den Ausschlag geben.[3]) Ebensowenig ist von entscheidender Bedeutung die Tatsache, ob festes Gehalt oder Provision für die Tätigkeit gewährt wird.

---

[1]) Vgl. unten zu § 92.

[2]) Vgl. auch Denkschrift II S. 74 sowie unten S. 12.

[3]) So: OLGRspr. Bd. VIII S. 388/389 (OLG. Hamburg, 26. II. 04), OLG. Rspr. Band XIV S. 346 (KG. 24. XI. 06), Düringer-Hachenburg I. Anm. zu § 84 S. 260, vgl. RG. Band 46 S. 124 bezüglich des Ausdrucks Generalvertreter, vgl. auch Denkschrift II S. 73.

Gerade so, wie dem Handlungsgehilfen Provision gezahlt werden kann für seine Dienste (§ 65 HGB.), kann auch dem Agenten vertraglich ein festes Gehalt anstatt Provision zugesichert werden.[1]) Dies geht bereits aus den Eingangsworten des § 88 HGB.:

„Soweit nicht über die dem Handlungsagenten zu gewährende Vergütung ein anderes vereinbart ist, gebührt ihm eine Provision usw.",

hervor. Auch der Umstand, daß die Tätigkeit nur „für das Handelsgewerbe" eines einzelnen (nicht für mehrere Häuser) stattfindet, ist ohne weiteres kein Kriterium für das Vorliegen eines Handlungsgehilfen-Verhältnisses.

Aus den von § 84 gewählten Worten: „ohne als Handlungsgehilfe angestellt zu sein", folgt aber noch ein wichtiges Moment, dessen wir zur Festlegung des Begriffs „Handlungsagent" und zur Beantwortung der Frage nach der rechtlichen Natur des Agenturvertrages bedürfen. Da der Agent niemals Handlungsgehilfe, sondern selbständiger Kaufmann ist, so steht er in keinem „Anstellungsverhältnis" zu dem Geschäftsherrn.

Auf den Handlungsgehilfen finden, soweit nicht der sechste Abschnitt des Buchs I des HGB. etwas Abweichendes bestimmt, die Regeln des bürgerlichen Rechts über den Dienstvertrag Anwendung (§§ 611 ff. BGB.), ganz besonders aber diejenigen Bestimmungen, welche sich auf das zwischen Geschäftsherrn und Handlungsgehilfen bestehende Abhängigkeitsverhältnis und die hieraus erwachsenden wechselseitigen Rechte und Pflichten beziehen. Es sind dies die Bestimmungen, die ein „Dienstverhältnis" betreffen. Das BGB. sagt nämlich im § 611 Abs. 2, daß „Gegenstand des Dienstvertrages Dienste jeder Art sein können". Es trifft jedoch speziell für ein „Dienstverhältnis"[2]) (z. B. § 617 „dauerndes Dienstverhältnis") Sonderbestimmungen. Diese sind sämtlich nur auf solche zur Dienstleistung Verpflichtete anwendbar, die in einem Abhängigkeitsverhältnis zu dem „Dienstberechtigten" stehen und ganz unübertragbar auf die rechtlichen Beziehungen zweier „sich gleichberechtigt gegenüberstehender Kaufleute". Das HGB. hat selbst auf diesen wichtigen Unterschied ausdrücklichst hingewiesen, da es im § 92 von der Kündigung des Vertragsverhältnisses spricht, im § 70 (hinsichtlich der Handlungsgehilfen) aber von der Kündigung des Dienstverhältnisses, worauf das

---

[1]) Übereinst. OLGRspr. Band VIII S. 389 (OLG. Hamb., 26. II. 04), Immerwahr S. 126/127, Staub (VIII. Aufl.) Anm. 5 zu § 84 S. 357/358, Jacusiel S. 33, abw. Düringer-Hachenburg Band I Vorbem. zu § 84, III sub 2 S. 257/258 und Bem. I zu § 88 am Schluß S. 268/269. Das Gutachten der Berliner Ältesten vom 14. Jan. 04. (vgl. Apt II Nr. 103, S. 62) bezeichnet einen Stadtreisenden, der gegen Provision angestellt ist und ein kleines festes Gehalt zur Deckung seiner Spesen (im vorliegenden Fall M. 10.— für die Woche) bezog, als Agenten. Vgl. auch Gutachten der Hamburger Detaillistenkammer vom 22. Sept. 05 im „Jahresbericht der Detaillistenkammer für 1905", S. 95/96, bes. S. 96.

[2]) Die Motive zur KO. (II S. 83) bezeichnen als charakteristisches Merkmal des Dienstverhältnisses gegenüber dem Dienstvertrag: Ausscheidung des Werkvertrages und der auf Verrichtung einzelner oder mehrerer, in keinem gewollten Zusammenhang stehender Dienstleistungen gerichteten Verträge. Vgl. auch Jaeger (II. Aufl.) Anm. 1 zu § 22 KO. S. 182. — Dies bildet wohl ein äußeres Merkmal, aber kein Charakteristikum.

Oberlandesgericht Hamburg bereits in seiner Entscheidung vom 7. Oktober 1904 (OLGRspr. Band X S. 237) gebührend hingewiesen hat.

Dies ergibt das Resultat:

Der Agent steht in keinem „Dienstverhältnis zu dem Geschäftsherrn“.[1]).

Es scheiden daher die Bestimmungen der §§ 617—624, 626—627, 629—630 BGB. aus, welche sämtlich auf den Schutz der wirtschaftlich Unselbständigen hinzielen.

„Für das Handelsgewerbe eines Anderen“ muß die Tätigkeit des Agenten erfolgen.

Daraus folgt zunächst:

Der „Andere“, den das Gesetz (vgl. § 84 Abs. 1 Halbsatz 2) den „Geschäftsherrn“ nennt, muß ein Handelsgewerbe (§ 1 Abs. 2 HGB.) betreiben, also Kaufmann gemäß § 1 Abs. 1 HGB. sein.

Betreibt der Geschäftsherr kein Handelsgewerbe, so ist auch der Agent, den er mit Vermittelung oder Abschluß von Geschäften für sein Gewerbe betraut, kein Handlungsagent und auf solche Agenten, die man „Zivilagenten“ genannt hat,[2]) finden die Vorschriften der §§ 84—92 keine, höchstens sinngemäße[3]) Anwendung.

Mit diesem „Zivilagenten“ befassen sich aber unsere Darlegungen, welche sich lediglich auf die Handlungsagenten beziehen, nicht.

In diesem Zusammenhange ist auch die Frage zu erörtern, ob die

Versicherungsagenten

Handlungsagenten sind. Es ist hierbei zunächst zu prüfen, ob die Geschäftsherrn, welche die Tätigkeit eines Versicherungsagenten in Anspruch nehmen, ein Handelsgewerbe betreiben. Denn wenn das nicht der Fall sein sollte, so sind auch die von ihnen beschäftigten „Agenten“ keine Handlungsagenten („für das Handelsgewerbe eines Anderen“).

§ 1 Abs. 2 Ziff. 3 HGB. bestimmt nun, daß als Handelsgewerbe:

— —

3. die Übernahme von Versicherungen gegen Prämie

gilt.

Darnach ist hinsichtlich der Versicherungsgesellschaften in jeder handelsgesetzlich zugelassenen Gesellschaftsform, **sofern** sie die Versicherung gegen Prämie übernehmen, gesetzlich die Charakterisierung ihrer Geschäfte als Handelsgewerbe festgelegt.

---

[1]) Zahlreiche Berliner und Breslauer Gutachten beschäftigen sich mit der Frage, ob der Provisionsreisende, der Handlungsgehilfe ist, in der Zeit, in welcher er nicht reist, zur Tätigkeit im Geschäfte des Prinzipals verpflichtet ist, wenigstens soweit dieselbe mit seiner Reisetätigkeit im Zusammenhang steht. Vgl. Dove-Apt Nr. 5—12, S. 6—9, Nr. 16 S. 11, Apt I Nr. 7—8 S. 6, Apt II Nr. 100 S. 61; Dove-Meyerstein Nr. 34 S. 10, Nr. 53 S. 15, Nr. 57 S. 16, Nr. 28—29 S. 9; Riesenfeld 1906 Nr. 3 S. 17—18, Nr. 4 S. 18. Die vertragsmäßige Verpflichtung zu solcher Tätigkeit wird stets auf ein Abhängigkeits-, also ein Handlungsgehilfen-Verhältnis deuten.

[2]) Jacusiel S. 8.

[3]) Vgl. Denkschrift II S. 74.

Nicht gleich liegt es mit den „Versicherungsvereinen auf Gegenseitigkeit". Zu beachten ist hierbei, daß zu den Versicherungsunternehmungen gegen Prämie auch solche gehören, welche ihren Versicherten Gewinnbeteiligung gewähren und daß andererseits die „Gegenseitigkeitsgesellschaft" nicht dadurch zur Versicherung gegen Prämie wird, daß die Mitglieder satzungsgemäß Zahlungen als Vorauszahlungen für eintretende, anteilmäßig zu tragende Verluste zu leisten haben, die „Prämien" genannt und nicht zu voll auf die sich bei Berechnung der Schäden ergebende „Umlage" verrechnet, sondern in Reserve- oder anderen Fonds angesammelt werden. Das charakteristische Unterscheidungsmerkmal liegt darin, daß bei der Prämienversicherung der Versicherer dem Versicherten das Risiko gegen Entgelt abnimmt, bei der Gegenseitigkeits-Versicherung die Versicherten auch die Versicherer sind, jeder also die Risiken aller anderen mitläuft.[1])

Hinsichtlich dieser Versicherungsvereine auf Gegenseitigkeit bestimmt nun jetzt § 16 des Gesetzes über die privaten Versicherungsunternehmungen vom 12. Mai 1901, daß auf sie, sofern sie durch Erlaubnis des Aufsichtsamts die Rechtsfähigkeit erlangt haben (§ 15 des Gesetzes), die in betreff der Kaufleute im 1. und 3. Buch des HGB. gegebenen Vorschriften mit Ausnahme der §§ 1—7 HGB. Anwendung finden, soweit nicht das Privatversicherungsgesetz etwas anderes bestimmt.

Damit sind allerdings ihre Geschäfte nicht „Grundhandelsgeschäfte", sie sind nicht Kaufleute in jeder Beziehung, aber sie betreiben doch „Handelsgeschäfte" (§ 343 HGB.), sie sind nach § 30 des Gesetzes vom 12. Mai 1901 in das Handelsregister einzutragen, ihre Angelegenheiten sind „Handelssachen" im Sinne § 101 Nr. 1, Nr. 3b und e GVG. und der §§ 30, 47, 145 FrGG.

Diese ihre Unterstellung unter die meisten der für Kaufleute gegebenen Regeln rechtfertigt es, wenn wir zu dem Ergebnis gelangen:

> die rechtsfähigen Versicherungsvereine auf Gegenseitigkeit betreiben im Sinne des § 84 ein „Handelsgewerbe". Ihre Agenten sind Handlungsagenten.[2])

Für ausländische Versicherungsagenten bedarf es nach § 85 des Gesetzes vom 12. Mai 1901 für den Betrieb des Versicherungsgeschäfts im Inland der „Erlaubnis" der Aufsichtsbehörde. Nach erteilter Erlaubnis sind ihre Agenten im Rahmen obiger Ausführungen Handlungsagenten.

---

[1]) Vgl. RG. Bd. 14 S. 237/238.

[2]) Übereinst. Staub (VIII. Aufl.) Anm. 61 zu § 1 S. 47. Motive zum I. Entwurf eines Gesetzes über den Versicherungsvertrag S. 91. Vgl. auch OLGRspr. Bd. V S. 442/443 (KG. 7. VII. 02). Litthauer-Mosse Anm. 4 zu § 84 S. 106. Abw. Jacusiel S. 8. Ferner allerdings vor Erlaß des Gesetzes von 1901: Goldmann Anm. I cc β zu § 84 S. 399. Ehrenberg, Versicherungsrecht, S. 76 Note 16. Dementsprechend erklärt auch Ritter im „Gewerbegericht" Jahrg. X S. 39ff. diese Vereine als „Kaufleute" im Sinne des § 1 des Kaufmannsgerichts-Gesetzes vom 6. Juli 1904. Gegen denselben wendet sich Rechtsanwalt Albert Müller, Stuttgart, in dem Aufsatz: JW. 1905 S. 711—713. Paul Alexander-Katz, Kommentar zum Privatversicherungsgesetz, gelangt daselbst S. 52 zu dem Ergebnis, daß die Agenten der Gegenseitigkeitsgesellschaften keine Handlungsagenten sind, aber „sie stehen unter denselben rechtlichen Vorschriften wie die Handlungsagenten".

Gerade bei den Versicherungsagenten kann aber die schon erörterte Frage, ob Handlungsgehilfen- oder Agenturverhältnis vorliegt, sehr zweifelhaft sein, die in dieser Beziehung oben [1]) entwickelten Darlegungen müssen auch hier der Entscheidung zugrunde gelegt werden.

Aus den Worten:

„für das Handelsgewerbe eines Anderen"

folgt aber auch noch das Folgende:

Die Tätigkeit, welche sich als die eines Handlungsagenten darstellen soll, darf nicht als solche erscheinen, welche die eines reinen Filialleiters ist, mag derselbe nun einer „Zweigniederlassung" im Sinne des § 13 HGB. oder einem weniger selbständigen Teil der Hauptniederlassung, einer „Filiale" im landläufigen Sinne verstehen. Der Betrieb einer solchen Zweigniederlassung oder Filiale in auf Kosten des Geschäftsherrn gemieteten Räumen und mit von diesen salarierten Angestellten deutet auf ein Handlungsgehilfen-, nicht ein Agenturverhältnis hin, denn die Tätigkeit erfolgt „im", nicht für das Handelsgewerbe des Geschäftsherrn. [2])

Der Agent hat Geschäfte zu vermitteln oder im Namen des Anderen abzuschließen.

Hierin liegt die wichtige Zweiteilung, welche für das ganze Agentenrecht von größter Bedeutung ist, die Scheidung zwischen dem Agenten, der nur Geschäfte vermittelt und dem, der auch im Namen des Anderen, d. i. des Geschäftsherrn, abschließen darf. Die ersteren bezeichnen wir mit Staub (VIII. Aufl. Anm. 14 zu § 84 S. 359) als „Vermittlungsagenten", die letzteren als „Abschlußagenten". Die Frage, wann der Agent der einen oder der anderen Kategorie zuzurechnen ist, behandeln wir im „Allgemeinen Teil zu den §§ 85—87" (vgl. daselbst S. 60ff.).

Vermitteln oder abschließen muß der Agent.

Das eine schließt das andere nicht aus. Auch der Abschlußagent vermittelt. [3])

„Vermitteln" heißt durch Tätigkeit den Abschluß eines Rechtsgeschäfts zwischen zwei Personen erzielen. Das Gesetz spricht dies auch im § 88 unzweideutig aus, indem es dem Agenten die Provision gewährt, „für jedes zur Ausführung gelangte Geschäft, welches durch seine Tätigkeit zustande gekommen ist."

---

[1]) Vgl. S. 5—7.

[2]) So: RG. 17. II. 02 in Holdheims Monatsschrift Jahrg. XI S. 115. Vgl. auch Wüstendörfer in GZ. Band 58 (1906) S. 121. Wüstendörfer nimmt an, daß „Zweigniederlassung" und „Agentur" Rechtsvorstellungen seien, die sich „kreuzten", nicht ausschlössen. Dem kann nicht beigepflichtet werden. Vgl. Immerwahr S. 7.

[3]) Staub (VIII. Aufl.) Anm. 8 zu § 84 S. 359 am Schluß meint: „Richtiger hieße es übrigens: er soll entweder bloß vermitteln **oder** vermitteln und abschließen". Gewiß vermittelt der Abschlußagent im Regelfalle das abgeschlossene Geschäft auch, aber denkbar ist es doch, daß der Agent ein Geschäft ohne Vermittlung abzuschließen beauftragt wird. Die Kritik Staubs am Gesetzestext — vgl. auch Jacusiel S. 6, der deshalb auch gar nicht von Vermittlungs- und Abschlußagenten sprechen will, und Goldmann I unter I 1 bb zu § 84 S. 398 — scheint daher ungerechtfertigt, vgl. in diesem Sinne Makower Band I unter II a zu § 84 S. 243.

Wann diese Voraussetzung gegeben ist, werden wir zu § 88 zu untersuchen haben.

Geschäfte vermittelt und/oder schließt der Agent ab.

Welche Geschäfte dies sein können, zählt das Gesetz nicht auf.

Handelsgeschäfte (§ 343 HGB.) fallen darunter, also alle Geschäfte eines Kaufmanns, die zum Betriebe eines Handelsgewerbes gehören und daneben auch, wenn das einzelne Geschäft nicht in den Betrieb des betreffenden Handelsgewerbes fällt, jedes Grundhandelsgeschäft, also die im § 1 Abs. 2 HGB. bezeichneten Geschäfte. Außerdem aber gelten gemäß § 344 HGB. „im Zweifel die von einem Kaufmann vorgenommenen Rechtsgeschäfte als zum Betriebe seines Handelsgewerbes gehörig."

Vermittlung und / oder Abschluß aller dieser Handelsgeschäfte kommt daher in Frage.

Hieraus ergibt sich, daß zu den Handlungsagenten die folgenden Gruppen gehören:

1. Die Warenagenten.
2. Die Versicherungsagenten.[1])
3. Die Auswanderungsagenten.[2])
4. Die Transportagenten.
5. Die Agenten der Real-Kredit-Institute, z. B. der großen Hypothekenbanken.
6. Die Börsenremisiers.[3])
7. Die Inseratenagenten.[4])
8. Die Passageagenten.[5])
9. Die „Charterers agents."[6])

Im einzelnen[7]) sei hierzu noch gesagt:

Zu 1. Die Warenagenten können Einkaufs- und Verkaufsagenten sein.[8]) Für Hamburg kommt noch die besondere Gruppe der „Export-Agenten" in Betracht, deren Kunden die zahlreichen, in Hamburg ansässigen Exporteure und Exportkommissionshäuser sind.

Zu 2. Bei den Versicherungsagenten wird die bereits oben (vgl. S. 6) dargelegte Möglichkeit am ehesten Platz greifen, daß sie nur als „Minderkaufleute" in Gemäßheit § 4 HGB. zu betrachten sind. Bei manchen Agenten der Versicherungsgesellschaften, namentlich sofern die Agentur sich nur als Neben-

---

[1]) Vgl. hierzu oben S. 8—9.

[2]) Vgl. unten sub VIII Gewerberechtliches S. 51ff.

[3]) Vgl. hierzu KG. 18. IX. 05 in KGBl. 1905 S. 104.

[4]) Vgl. hierzu: Apt I S. 17 Nr. 7, Dove-Meyerstein S. 24 Nr. 79, HGZ Bbl. 1906 Nr. 46 S. 72.

[5]) Vgl. hierzu OLG. Hamburg 23. III. 01 in OLGRspr. Band II S. 383.

[6]) Vgl. hierzu OLG. Hamburg, Hbl. 1906 Nr. 33 bes. S. 75.

[7]) Vgl. hierzu Immerwahr S. 26 – 33 bes. S. 32/33 und Denkschrift II S. 73/74.

[8]) Ohne rechtliche Bedeutung ist die noch weitergehende Einteilung nach Branchen. Der große „Verein Berliner Agenten" (gegr. 1886) hat sich neuerdings in sechs Branchengruppen eingeteilt (vgl. der „Warenagent" 1907 Nr. 21 S. 165).

beschäftigung neben einem anderen Beruf oder Geschäft darstellt, geht der Umfang des Gewerbebetriebes nicht über den Rahmen des Kleingewerbes hinaus.[1])

Ohne jede rechtliche Bedeutung[2]) sind die in der Versicherungsbranche häufig vorkommenden Bezeichnungen:

„Generalagent", „Oberagent", „Unteragent".

Bezüglich des letzteren Begriffs wird die doppelte Möglichkeit bestehen, daß der Unteragent entweder ein mit geringeren Vollmachten oder einem engeren Geschäftskreis (Bezirk) ausgestatteter Agent desselben Geschäftsherrn, wie der Generalagent ist oder daß er ein Agent des Generalagenten ist und in keinerlei Beziehungen zu dem vertretenen Hause (z. B. der Versicherungsgesellschaft) steht. In diesem Falle ist der „Geschäftsherr" des Unteragenten der Oberagent. Diesem liegen dann alle nach dem Gesetz für den „Geschäftsherrn" vorgesehenen Rechte und Pflichten gegenüber dem Unteragenten ob,

also z. B. Recht auf Anzeige vom Abschluß, § 84 Abs. 2; Pflicht zur unverzüglichen Ablehnung nach § 85: Erteilung der Ermächtigung zur Zahlungsannahme, § 86; Pflicht zur Provisionszahlung, § 88 Abs. 1; Nichtausführung aus wichtigem Grunde, § 88 Abs. 2; halbjährliche Abrechnung, § 88 Abs. 4; Provisionszahlung für direkte Geschäfte, § 89; Zahlung vertragsmäßiger oder handelsgebräuchlicher Kosten und Auslagen (§ 90); Mitteilung eines Buchauszuges, § 91; Recht der „außerordentlichen" Kündigung (§ 92).

Es folgt dies übrigens schon daraus, daß auch das Agenturgewerbe ein „Handelsgewerbe" nach § 1 Abs. 2 Ziffer 7 HGB. ist. Aus den gewählten Bezeichnungen[3]) folgt auch hier nichts, sondern der Inhalt des Vertrages, der, wie gezeigt, ein sehr verschiedener sein kann, ist zu ermitteln.

Der Agent schließt im Namen des Anderen ab.

Nach zwei Richtungen hin wird dadurch der Begriff des Agenten abgegrenzt. Zunächst unterscheidet er sich hierdurch von dem Kommissionär, der nach der gesetzlichen Begriffsbestimmung des § 383 HGB. in eigenem Namen, aber für fremde Rechnung handelt.[4]) Für fremde Rechnung handeln beide, Agent und Kommissionär; der erstere aber auch in erkennbarem Namen des Geschäftsherrn, so daß dieser, nicht der Agent, Gläubiger des Vertragsgegners wird.

---

[1]) Zum Begriff des „Kleingewerbes" vgl. Staub (VIII. Aufl.) Anm. 18—20 zu § 4 HGB. S. 71/72. Vgl. ferner zu den Ausführungen im Text: Immerwahr S. 36—37. Denkschrift II S. 74.

[2]) Auch nicht für die Frage, ob überhaupt ein Agenturverhältnis vorliegt (vgl. oben S. 6 und „Allgemeines" zu §§ 85—87, S. 63. Vgl. hierzu Immerwahr S. 8 und S. 22—24, 28, 131.

[3]) Immerwahr S. 131 nennt den „Agenten des Agenten": „Afteragenten", den Agenten, der für sein Handelsgewerbe sich einen, von seinem Geschäftsherrn unabhängigen Agenten bestellt: „Hauptagenten".

[4]) Vgl. zu den Ausführungen im Text Immerwahr S. 44/45 und Wüstendörfer in GZ. Band 58 (1906) S. 131—134. Kommissionär und Agent grenzt richtig ab: Dr. S. Jacoby, Das Recht der Bank und Warenkommission nach dem Allgem. Deutschen HGB., Erlangen-Leipzig 1891 S. 2, dagegen nicht so klar: Grünhut, Das Recht des Kommissionshandels, Wien 1879 S. 62/63.

Trotz dieser klaren gesetzlichen Unterscheidung werden im praktischen Leben oft Zweifel auftauchen. Der vielfach geübte kaufmännische Sprachgebrauch:

„Ich verkaufte Ihnen für A. in Berlin", läßt die Frage offen, ob „für Rechnung" oder „für Rechnung und im Namen" von A. in Berlin verkauft sein soll. Ersterenfalls läge Kommissions-, sonst Agentur-Verhältnis vor.[1]) Die Lösung der Frage ist nur aus den Umständen des einzelnen Falles zu gewinnen, ob, wie § 164 BGB. sagt, „der Wille im fremden Namen zu handeln", erkennbar hervorgetreten ist.

Solche „Umstände" sind von der Rechtsprechung gefunden worden:

a) in der Ausstellung der Rechnungen über die verkauften Waren, sowie der über die Kaufsumme gezogenen Wechsel auf Namen des Dritten, also des Geschäftsherrn (vgl. ROHG. Band XII S. 152—54 bes. S. 153);

b) in der dem Abschluß folgenden Korrespondenz, in der der Dritte und der Käufer das Geschäft als zwischen ihnen beiden geschlossen behandeln (vgl. ROHG. Band II S. 407).[2])

In diesen beiden Fällen gelangt man zu der Annahme, daß der Mittelsmann nicht in eigenem Namen, also als Kommissionär, sondern als Agent kontrahieren wollte. —

Dagegen läßt nicht die Namhaftmachung desjenigen, für den der Mittelsmann abschließt, unweigerlich darauf schließen, daß auch „in dessen Namen" gehandelt werden solle (ROHG. Band XXII S. 29), wenn dies auch im kleineren Verkehr als wahrscheinlicher zu unterstellen ist (vgl. ROHG. Band XVIII S. 295).

Es ist auch unrichtig, wenn in der Literatur[3]) gelegentlich ausgeführt wird, daß für das Vorliegen eines Kommissionsverhältnisses die Vermutung streite. Ebensowenig trifft allerdings zu, wenn das ROHG. Band II S. 403 das „Handeln in fremdem Namen" als das „Häufigere, vielleicht Regelmäßige" bezeichnet. Dasselbe Gericht hat übrigens in einem sechs Jahre später entschiedenen Falle (ROHG. Band XXII S. 28), in dem es sich um den Einkauf von börsengängigen Wertpapieren handelte, die „Kommission", also das „Handeln in eigenem Namen" als das „Gewöhnlichere" bezeichnet. Das Richtige trifft unseres Erachtens ein in GZ. Band 40 S. 525 mitgeteiltes Urteil des Oberlandesgerichts Dresden vom 1. März 1889, in dem dargelegt wird, daß im Zweifel ein berufsmäßiger Kommissionär ein Kommissionsgeschäft abschließen, ein berufsmäßiger Agent dagegen im Rahmen seines Agenturvertrages handeln wird.

Es kommt aber hierbei auf den Inhalt der Geschäfte, nicht auf deren Namen an. Die sog. buchhändlerischen Kommissionäre, welche in Leipzig,

---

[1]) Vgl. Makower sub B VI g zu § 383 S. 1339—1340 und sub IX b zu § 383 S. 1342. ROHG. Band II S. 402—407. Staub (III./IV. Aufl.) § 6 zu Art. 360 S. 941. Derselbe (VI./VII. Aufl.) Anm. 13 zu § 383 S. 1418/1419.

[2]) Umgekehrt spricht Ausstellung der Rechnung auf Namen der Mittelsperson, Ziehen eines Wechsels auf diese ohne Widerspruch hiergegen für Handeln in eigenem Namen, also Kommissionsverhältnis. (Vgl. OLG. Colmar 25. III. 92 in GZ. Band 44 S. 241.)

[3]) Vgl. die Zitate bei Staub (III./IV. Aufl.) § 6 zu Art. 360 S. 941, der diese Auffassung mit Recht bekämpft.

Berlin oder Stuttgart ansässig sind und die Bestellungen der auswärtigen Buchhandlungen auf den „Verlangzetteln“ an die Verleger oder an andere Kommissionäre weiterbefördern und durch deren Hände auch wiederum die bestellten Bücher dem Sortimenter zugehen, sind **Agenten** und zwar gemäß § 1 Abs. 2 Ziffer 8 HGB. Handlungsagenten, nicht Kommissionäre im Rechtssinne.[1])

Durch das Handeln in fremdem Namen unterscheidet sich der Agent aber ferner vom Eigenhändler.

Es finden daher die für den Agenten gegebenen Vorschriften keinerlei Anwendung auf die Verträge, in denen jemand für einen bestimmten Bezirk den Alleinverkauf der Waren eines Anderen erhält, aber dergestalt, daß er die Waren für eigene Rechnung und in eigenem Namen bezieht und weiterverkauft. Das Reichsgericht hat dies in einem Urteil vom 29. Mai 1900 (Band 46 S. 121—24, bes. S. 123) klargestellt. Dieser Entscheidung lag der folgende Tatbestand zugrunde:

B. in Wiesbaden hatte A. für Berlin und seine Vororte seine „Generalvertretung“ und den Alleinverkauf des von ihm hergestellten „Universalfischfutters“ und des Buches: „Der Goldfisch und seine Pflege“ übertragen. Das Fischfutter wurde dem A. von B. in kleinen Dosen zu 10 Pfg., das Buch ebenfalls zu 10 Pfg. geliefert. Den Preis an seine Abnehmer durfte A. beliebig bestimmen. Der Vertrag war auf mehrere Jahre geschlossen und verlängerte sich um fünf Jahre, wenn A. bis zu einem gewissen Zeitpunkt einen Umsatz von durchschnittlich 30000 Dosen für das Jahr erzielte. B. hatte dem A. alle ihm selbst aus Berlin und Vororten zugehenden Aufträge zu überweisen, auch auf seine Kosten in Berliner Zeitungen Anzeigen, durch welche auf das Fischfutter aufmerksam gemacht wurde, einrücken zu lassen.

Mit Recht hat das Reichsgericht, entgegen dem Frankfurter Oberlandesgericht, das in dem so gearteten Tatbestande einen Agenturvertrag gefunden hatte, das Vorliegen eines solchen verneint und klargelegt, daß der Berliner „Generalvertreter“ nicht in fremdem Namen handle, sondern Eigenhändler sei, daß der fragliche Vertrag nicht ein Agenturvertrag, sondern ein pactum de emendo sei.[2])

Der Agent ist mit der Vermittlung von Geschäften oder deren Abschluß **ständig betraut.**

---

[1]) Vgl. ROHG. Band XXIII S. 17. Auch Goldschmidt, Handbuch des Handelsrechts spricht schon in seiner 1864 erschienenen ersten Auflage von den „s. g. Kommissionsgeschäften der buchhändlerischen Agenten an den Kommissionsplätzen (Leipzig, Stuttgart)“ vgl. Band I 1 S. 481 bei Note 13. — Wenig glücklich ist die Aufstellung des Begriffs eines „Kommissionsagenten“ durch Wüstendörfer in GZ. Band 58 (1906) S. 133/134. Indem Wüstendörfer sich allzusehr bemüht, die wirtschaftlichen Bedürfnisse und Zweckbestimmungen in den Vordergrund zu schieben, verliert er den festen Boden der durch das Gesetz bestimmten Abgrenzung der einzelnen „Rechtstypen“. Sein „Kommissionsagent“, den er für einen „verschleierten Agenten“ hält, ist in Wahrheit nichts anderes als ein Kommissionär.

[2]) Das RG. warnt a. a. O. S. 124 ausdrücklich davor, aus dem vieldeutigen Wort: „Generalvertreter“ irgendwelche Schlüsse auf das Bestehen eines Agenturverhältnisses zu ziehen. Vgl. noch den in JW. 1907 S. 112 Nr. 15 berichteten Fall einer Generalvertretung im Bierkauf für einen geographisch abgegrenzten Bezirk. Auch

Durch die Aufstellung dieses Begriffsmerkmals wird die Stellung des Agenten von der des Handelsmaklers unterschieden.

„Durch das dauernde Verhältnis zu einem oder mehreren bestimmten Handlungshäusern", sagt die Denkschrift (II S. 73) „und durch die sich daraus ergebende Verpflichtung, deren ausschließliches Interesse zu vertreten, unterscheidet sich der Agent vom Handelsmakler. Dieser wird nicht für eine bestimmte Firma als solcher bestellt, sondern erhält nur einzelne Aufträge von Fall zu Fall; er steht nicht nur zu seinem ersten Auftraggeber, sondern auch zu dem Dritten, mit dem er das aufgetragene Geschäft zustande bringt, in einem Vertragsverhältnis, er haftet demgemäß beiden Teilen für sein Verschulden und kann die Provision der Regel nach von jeder Partei zur Hälfte fordern".

Die wesentlichen Unterscheidungsmerkmale zwischen Agent und Handelsmakler sind also:

1. Der Agent steht in einem dauernden Vertragsverhältnis zu seinem Geschäftsherrn, nicht so der Makler.
2. Der Agent ist nur von der einen Partei, deren „ausschließliches Interesse" er wahrzunehmen hat, beauftragt; der Makler steht in einem Auftragsverhältnis zu beiden Parten, zwischen denen er eine unparteiische, objektive Stellung einnimmt.
3. Der Agent haftet nur seinem Geschäftsherrn dafür, daß er seine Verrichtungen mit der Sorgfalt eines ordentlichen Kaufmanns versieht (§ 84 Abs. 1 Halbsatz 2), der Makler haftet beiden Parteien für den durch sein Verschulden entstehenden Schaden (§ 98 HGB.).
4. Der Agent bezieht Provision nur von seinem Geschäftsherrn, der Makler erhält in Ermangelung eines abweichenden Ortsgebrauchs oder anderer Vereinbarung von jeder Partei die Hälfte des Mäklerlohnes (§ 99 HGB.).[1])

Durch das Erfordernis der „ständigen Betrauung" mit der Vermittlung oder dem Abschluß von Geschäften werden aus dem Kreise der Geschäfte der Handlungsagenten diejenigen ausgeschieden, welche der Agent im einzelnen Falle ohne ständige Beziehung zu dem Geschäftsherrn vermittelt oder abschließt und diejenigen

---

hier hat das Reichsgericht (Urteil vom 22. XII. 06) die direkte Anwendung der Grundsätze des Agentenrechts abgelehnt, wenn auch das Vertragsverhältnis der Handlungsagentur ähnlich und eine analoge Anwendung der für diese geltenden Rechtsvorschriften (z. B. der Kündigung wegen wichtigen Grundes) durchaus zulässig sei. Dagegen sind in dem Falle RG. Band 65 S. 90 (12. I. 07) die Rechtssätze über Agenten für anwendbar erklärt. Hier wurden die betr. Zugmesser den Abnehmern „direkt berechnet" und die Garantie eines Mindestabsatzes sprach nicht gegen das Vorliegen eines Agenturvertrages. Vgl. auch RG. 5. VII. 07 im „Recht" 1907 Nr. 2543 S. 1066.

[1]) Das unter 1 aufgeführte Unterscheidungsmerkmal ist das wertvollste, um die Stellung des Agenten von der des Maklers abzugrenzen. Vgl. OLGRspr. Band XII, S. 424 (OLG. Karlsruhe, 17. X. 05). Das Hanseatische Oberlandesgericht hatte ein Vertragsverhältnis zu beurteilen, auf Grund dessen der eine Teil ermächtigt war, für den anderen Passageverträge für Kajütspassagiere gegen Vergütung zu vermitteln. Da das Verhältnis tatsächlich ein dauerndes war, wurde der fragliche Vermittler mit Recht als Handlungsagent angesehen. (Vgl. OLG. Hamburg, 23. III. 01 in OLGRspr. Band II, S. 383). Vgl. noch die Zusammen-

Agenturgeschäfte, die ein Kaufmann, der nicht Handlungsagent ist, gelegentlich für einen anderen vermittelt oder abschließt.

Man spricht solchenfalls von **Gelegenheitsgeschäften** der Agenten und von „**Gelegenheitsagenten**".

Welchem Recht sind dieselben zu unterstellen?

Die Frage ist bestritten.[1])

Düringer-Hachenburg will analog das durch den VII. Abschnitt von Buch 1 des HGB. geschaffene „Agentenrecht" heranziehen, Staub, Jacusiel, Dochnahl, Greif, Kaiser und Immerwahr wollen sie nach den Grundsätzen der Makler und zwar je nach dem der Zivil- oder der Handelsmakler[2]) beurteilen; Goldmann hält „die allgemeinen Vorschriften des BGB., insbesondere diejenigen über den Dienstvertrag und die Regel des § 354 HGB." für maßgeblich, Lehmann-Ring das bürgerliche Recht und bei Verkehr mit „kaufmännischem Publikum" die „Handelsgebräuche" und Makower läßt neben einzelnen Bestimmungen des BGB. über das Maklergeschäft und die Geschäftsbesorgungsverträge, des HGB. über Vollmacht (§§ 54 ff. HGB.) und der Vorschrift des § 354 HGB. einzelne Vorschriften unseres Abschnitts (§§ 88, 90, dagegen nicht §§ 85, 86 HGB.) Anwendung finden.

Wir gelangen zu folgendem Ergebnis:

In der Reichstagskommission war ein Antrag gestellt, die Gelegenheitsagenten und die gelegentlichen Agenturgeschäfte der Kaufleute dem „Agentenrecht" durch eine ausdrückliche gesetzliche Bestimmung (§ 90a) zu unterstellen. Dieser Antrag wurde mit der Begründung abgelehnt, daß die für die „Handlungsagenten" vorgeschlagenen Vorschriften ihrer großen Mehrzahl nach nur auf solche Agenten paßten, welche in **ständiger** Beziehung zu dem Geschäftsherrn ständen, wie denn auch für **diese lediglich** sich gewohnheitsrechtlich Normen gebildet hätten, die das neue Handelsgesetzbuch **kodifiziert** habe. Die Gelegenheitsgeschäfte der Agenten sind vielmehr nach der Ansicht der Kommission nach dem BGB. oder nach § 346 HGB. zu beurteilen. Auf keinen Fall aber fänden die Vorschriften über Handelsmakler Anwendung.

---

stellung der Unterscheidungsmerkmale zwischen Handlungsagent und Handelsmakler bei Goldmann Anm. 2 zu § 93 sub II, 2 S. 439—440. Düringer-Hachenburg Vorbem. zu Buch I Abschn. 8 sub III S. 281/282. Kein entscheidendes Merkmal ist jedoch, ob eine Verpflichtung zum Tätigwerden besteht. Letztere wird z. B. von Dr. E. Cohen in Holdheims Monatsschrift (1906) S. 248—251 auch dem „Handelsmäkler" auferlegt, während Staub (VIII. Aufl.) Anm. 2 zum Exkurs vor § 93 S. 382 dies zwar nicht als den Regelfall, aber auch als nicht der Natur des Mäklervertrages widersprechend bezeichnet. Wüstendörfer in GZ. Band 58 (1906) S. 124/129 gelangt (S. 129) zu dem Ergebnis, daß die Rechtskategorien der Agenten und Handelsmakler sich nicht ausschließen, sondern „kreuzen". Es gilt auch hier das in Anm. 1 auf S. 14 Gesagte. Vgl. jedoch Vorbem. zu Buch I des HGB. in JDR. 5 (1907) S. 637.

[1]) Vgl. Düringer-Hachenburg sub I 3 zu § 84 S. 261/262. Staub (VIII. Aufl.) Anm. 7 zu § 84 S. 358. Goldmann Anm. 1 sub bb β zu § 84 S. 399—400. Makower sub II 3 zu § 84 S. 244/245. Jacusiel S. 10, Immerwahr S. 4. Dochnahl S. 90/91. Greif S. 19—20. Kaiser S. 13—19. Lehmann-Ring, Fußnote 1 zu § 84 Band I S. 192. Wüstendörfer, Der Handlungsagent als Rechtstypus in GZ. 58 (1906) S. 122/123.

[2]) So auch das in der Fußnote 1 in OLGRspr. Band XII S. 423 angezogene, im Rh.Arch. 101 I S. 139 abgedruckte Urteil des OLG. Köln vom 3. II. 05.

Bei so gearteter Sachlage muß die bei Erlaß des Handelsgesetzbuchs ausdrücklich abgelehnte Unterstellung der Gelegenheitsagenten und gelegentlichen Agenturgeschäfte der Kaufleute unter das Agentenrecht ohne weiteres ausscheiden und Düringer-Hachenburgs Ansicht ist zu verwerfen. Auch das dem Agentenrecht benachbarte Rechtsgebiet der Maklergeschäfte ist nicht heranzuziehen. Zum Begriff sowohl des in den §§ 652—656 BGB. geregelten „Zivilmaklers" als dem des in den §§ 93—104 HGB. behandelten „Handelsmaklers" gehört eine völlig objektive Stellung zu den beiden Parteien, zwischen denen er vermittelt. Hinsichtlich des Handelsmaklers ist dies ganz klar.

Der Agent erhält seinen Auftrag tätig zu sein (und zwar ständig oder gelegentlich) von einer Seite und hat lediglich deren „Interesse wahrzunehmen", der Handelsmakler haftet jeder Partei für sein Verschulden (§ 98 HGB.). Der Agent bezieht Provision für das vermittelte Geschäft nur von seinem Auftraggeber, der Handelsmakler von jeder Partei zur Hälfte (§ 99 HGB.).[1])

Aber auch der „Zivilmakler" unterscheidet sich hierin nicht begrifflich von dem Handelsmakler. Auch er nimmt zwischen den beiden Personen, zwischen denen durch seine Vermittlung oder infolge seines Nachweises (§ 652 BGB.) ein Geschäft zustande kommt, eine objektive Stellung ein. Begrifflich sind ihm nicht die Interessen der einen Partei besonders anvertraut. Zu dieser Ansicht wird man durch die auf eine einseitige Inanspruchnahme deutende Wortfassung des § 652 BGB. leicht verleitet, man darf aber nicht übersehen, daß sich der Zivilmakler sehr wohl einen Maklerlohn von beiden Seiten — nacheinander — versprechen lassen darf, daß unter Umständen, wenn der Makler mit dem Maklerlohnversprechen für Vermittlung eines Geschäftes an einen Reflektanten herantritt und dieser sich die vermittelnde Tätigkeit des Maklers gefallen läßt, er dem Makler den Lohn nach § 653 BGB. auch seinerseits schuldig wird. Ganz klar wird dies aber durch die Vorschrift des § 654 BGB., der den Makler des Lohns verlustig erklärt, wenn er dem **geschlossenen Vertrage zuwider** die Interessen beider Parteien vertritt. § 654 BGB., der, wie in der Reichstagskommission (Protokolle S. 93, Mugdansche Materialien S. 1292) vom Regierungstisch mit Recht hervorgehoben wurde, eigentlich etwas Selbstverständliches enthält, setzt gerade voraus, daß abweichend vom

---

[1]) Der abweichenden Auffassung Staubs (VIII. Aufl. Anm. 7 zu § 84 S. 358 und Anm. 3 zum Exkurs vor § 93 S. 383) können wir nicht beipflichten. Vgl. auch Denkschrift I S. 76 bez. II S. 83. Düringer-Hachenburg, Vorbm. zu Buch I Abschnitt 8 sub II S. 281. Goldmann Anm. 1 zu § 84 S. 400. Eine völlig richtige Konsequenz der im Text vertretenen Auffassung der begrifflich „objektiven Stellung" des Handelsmaklers ist es, wenn das OLG. Hamburg in seinem Urteil vom 14. II. 07 (OLGRspr. Band XIV S. 348/349) ausdrücklich entgegen dem Urteil desselben Gerichts vom 3. II. 05 (OLGRspr. Band X S. 238/239) betont, daß der Handelsmakler jeder der beiden Parteien haftet, gleichgültig, ob er nur von einer der Parteien beauftragt ist oder von beiden, ob er von beiden Seiten oder nur von einer den Lohn bezieht. Das Oberlandesgericht Hamburg bejaht die Haftung gegenüber dem anderen Teile auch dann, wenn sich dieser eines anderen, eigenen Maklers bedient, es sei denn, daß die Gegenpartei erkennen mußte, daß der Makler nicht als Vermittler tätig sein, sondern im einseitigen Interesse seines Auftraggebers handeln wollte.

Normalfall besonders vertraglich ausbedungen ist, daß der Makler nur die Interessen der einen Partei wahrnehmen solle.[1])

Somit sind auch die Vorschriften des BGB. über den „Maklervertrag" nicht zur entsprechenden Anwendung für die Geschäfte der „Gelegenheitsagenten" heranzuziehen.

Es verbleiben also nur die allgemeinen Bestimmungen des bürgerlichen Rechts. Das Vertragsverhältnis zwischen dem Geschäftsherrn und dem „Gelegenheitsagenten" ist daher — ebenso wie das Vertragsverhältnis des „Handlungsagenten" nach den Vorschriften über „Geschäftsbesorgungsverträge" zu beurteilen (§ 675 BGB.).[2]) Daneben gilt aber § 354 HGB., demzufolge die in Ausübung des Handelsgewerbes erfolgende Geschäftsbesorgung auch ohne Verabredung provisionspflichtig ist. Die Provision ist die ortsübliche, in Ermangelung von Taxen oder eines Handelsgebrauchs aber nach §§ 315 ff. BGB. „nach billigem Ermessen" des Geschäftsherrn, ev. gemäß § 315 Abs. 3 BGB. durch richterliche Entscheidung festzusetzen.[3]) Damit sind indes noch nicht alle für den Gelegenheitsagenten entstehenden Fragen gelöst. Hier dürften die Gründe, aus denen man in der Reichstagskommission die Gleichstellung der Gelegenheisagenten mit den Handlungsagenten ablehnte, einen wertvollen Fingerzeig geben. Man verwies darauf, daß die im neuen Recht zu kodifizierenden Handelsgebräuche sich nur für den in ständiger Geschäftsbeziehung zu seinem Hause oder Häusern stehenden Agenten entwickelt hätten. Die ständige Betrauung unterscheidet denn auch den Handlungsagenten von dem Gelegenheitsagenten. Man wird also alle Vorschriften des siebenten Abschnittes des Buches 1 des HGB. ausscheiden müssen, die solche ständige Betrauung zur Voraussetzung haben. Danach werden auf den Gelegenheitsagenten keine Anwendung finden können:

I. Von den Pflichten des Agenten:

1. zur Beobachtung des Kundenkreises hinsichtlich seiner Solvenz,[4])
2. zur Beobachtung der Marktlage und Erforschung eines neuen Absatzgebiets,[5])
3. zur Enthaltung von Konkurrenzvertretungen.[6])

II. Von den gesetzlichen Vorschriften des HGB.

1. die Bestimmung des § 85 HGB. (unverzügliche Ablehnung des unter Überschreitung seiner Vollmacht vom Agenten abgeschlossenen Geschäfts durch den Geschäftsherrn),
2. das Recht zur Entgegennahme der im § 86 Abs. 2 bezeichneten Erklärungen,

---

[1]) Übereinst.: Düringer-Hachenburg sub I 3 zu § 93 HGB. Band I S. 287/288. Vgl. auch die Exzerpte aus der neueren Literatur in JDR. Band 4 S. 210/211. Gerade umgekehrt gelangt Staub (VIII. Aufl. Anm. 3 zu Exkurs vor § 93 S. 383) zu einer Gleichstellung zwischen Zivil- und Handelsmakler, weil er die „objektive Stellung" nicht als begriffliches Merkmal des Maklers erachtet.

[2]) Vgl. unten S. 21 ff.

[3]) Vgl. hierzu Staub (VIII. Aufl.) Anm. 11 sub a zu § 354 HGB. S. 1251. OLG. Hamburg, 12. II. 04 in OLGRspr. Band VIII S. 439.

[4]) Vgl. unten S. 26/27.

[5]) Vgl. unten S. 27/28.

[6]) Vgl. unten S. 28—32.

3. die Vorschrift des § 87 über den „reisenden Agenten",
4. die Vorschrift des § 88 Abs. 4 über die Abrechnung und des § 91 über den Buchauszug.

Dem Gelegenheitsagenten ist vielmehr jeweils nach Erledigung des einzelnen Geschäfts Abrechnung zu erteilen.

5. die Vorschrift des § 89 über den Bezirksagenten,
6. die Vorschrift des § 90 über den Ersatz der Kosten und Auslagen.

Dieselben sind dem Gelegenheitsagenten vielmehr (vgl. § 670 BGB. und § 354 Abs. 2 HGB.) in jedem einzelnen Fall nebst Zinsen darauf zu ersetzen.

7. die Vorschriften über ordentliche (§ 92 Abs. 1) und außerordentliche (§ 92 Abs. 2) Kündigung.

Anwendbar aber — weil nicht dem Begriff der „ständigen Betrauung" zuwiderlaufend erscheinen:

A. Von den Pflichten des Agenten.

1. Die allgemeine Sorgfaltspflicht (§ 84 Abs. 1 Halbsatz 2),
2. die Benachrichtigungspflicht (§ 84 Abs. 2 Halbsatz 1),
3. die Pflicht zur Anzeige eines Abschlusses (§ 84 Abs. 2 Halbsatz 2),
4. die Rechenschaftspflicht (§ 666 BGB.),
5. die Herausgabepflicht (§§ 667—668 BGB.),
6. die Pflicht zur Befolgung von Weisungen (§ 665 BGB.),
7. die Verschwiegenheitspflicht.

B. Von den gesetzlichen Vorschriften des HGB.

1. die Inkassovollmacht im Falle der besonderen Ermächtigung nach § 86 Abs. 1,
2. die Vorschriften des § 88 Abs. 1 über Fälligkeit und Berechnung der Provision,
3. die Vorschrift des § 88 Abs. 2 über die Provisionspflicht des Geschäftsherrn im Falle des Unterbleibens eines Geschäfts ohne wichtige Gründe in der Person des Kunden.

Unsere auf die sub A bezeichneten Pflichten und sub B aufgeführten Vorschriften sich beziehenden nachstehenden Ausführungen finden auf den Gelegenheitsagenten somit Anwendung.[1])

II. Die rechtliche Natur des Agenturvertrages.

a) Ältere Konstruktionsversuche.

Vor dem Inkrafttreten des BGB. und des neuen HGB. war die Frage nach der rechtlichen Konstruktion des Agenturvertrages eine überaus bestrittene.

In Literatur und Judikatur waren die folgenden Ansichten vertreten:

---

[1]) Vgl. Wüstendörfer in GZ. Band 58 (1906) S. 130/131 Anm. 34. Nicht berechtigt erscheint jedoch die Kritik des Gutachtens der Handelskammern zu Hamburg, Bremen und Lübeck S. 15 Abs. 3 an dem Begriffsmerkmal „ständig betraut". Selbstredend kann aus einem „Gelegenheitsagent" durch „ständige Betrauung" ein „Handlungsagent" werden. Vgl. OLGRspr. Band XII S. 424 (OLG. Karlsruhe, 17. X. 05), Wüstendörfer in GZ. Band 58 (1906) S. 124.

1. Unter den Mandatsbegriff wurde der Agenturvertrag von einer großen Anzahl der älteren Schriftsteller und Gerichtssprüche [1]) schon in Anlehnung an die gleiche auf der Nürnberger Konferenz [2]) vertretene Ansicht gebracht. Namentlich das ehemalige Reichs- (Bundes-) Oberhandelsgericht hat sich in einer Reihe von Erkenntnissen auf diesen Boden gestellt. [3])
2. Da nach der Ansicht mancher Schriftsteller [4]) mit den Grundsätzen des Mandats die Entgeltlichkeit unvereinbar war, zog eine andere Meinung die Grundsätze der Dienstmiete, der locatio conductio operarum heran und brachte sie auf das Agenturverhältnis zur Anwendung. [5]) Bei dem ehemaligen Reichs-Oberhandelsgericht finden sich bereits Ansätze dieser Anschauung trotz der vorwiegend vertretenen Mandatstheorie. [6]) Ebenso bezeichnet Goldschmidt, System (S. 116) den Agenturvertrag als „freien Dienstvertrag“, während er in der ersten Auflage seines „Handbuchs des Handelsrechts“ (1864, S. 472 in Anm. 14) noch mit dem Mandatsbegriff operiert.
3. Neben dem Dienstvertrag kommt auch noch vereinzelt [7]) die Klassifizierung des Agenturvertrages als Werkvertrag vor.
4. Als die bei dem Inkrafttreten des neuen Rechts herrschende Ansicht muß jedoch diejenige bezeichnet werden, welche den Agenturvertrag als einen Vertrag sui generis, d. i. eigener Art auffaßte.

Diese Anschauung beruhte auf der Entscheidung des Reichsgerichts vom 2. Juli 1892 (Bd. 31 S. 59—62). Das Reichsgericht lehnte sowohl die Heranziehung der Vorschriften über Dienstmiete als über den Werkvertrag ab und

---

[1]) Vgl. die reichen Belege bei Immerwahr S. 9 Anm. 2 und bei Dochnahl S. 12 Anm. 1 und Heydecker in Baumgartners Zeitschrift Band III S. 794/795. Auch die ältere Praxis des Reichsgerichts steht noch auf dem Boden der „Mandatstheorie“ (vgl. RG. Band 4 S. 222—224 bes. S. 224 und ebenda S. 290ff. bes. S. 292 und Band 12 S. 20 unten, Urteile vom 29. I. bzw. 5. IV. 81 und 2. II. 84), wenngleich die Frage hier nur gestreift, nicht aber ex professo behandelt wird.

[2]) Vgl. Lutz, Protokolle Band I S. 103 unten.

[3]) Vgl. ROHG. Band II S. 437, Band VI S. 215—221, bes. S. 216, Band X S. 359—364 bes. S. 361, Band XXIII S. 148—150 bes. S. 149. Siehe jedoch die Zitate unten Anm. 6, aus denen sich ergibt, daß auch das ROHG. nicht mit Konsequenz die Grundsätze des Mandats zur Anwendung gebracht hat.

[4]) So: Dernburg, Pandekten (3. Aufl.) Band II, bei und in Note 10.

[5]) Vgl. die Zitate bei Immerwahr S. 11 Anm. 1 und Dochnahl S. 15 Anm. 2, sowie ferner HGZ. Hbl. 1871 Nr. 51, 1873 Nr. 164, 250, 1887 Nr. 8. Allerdings wird in der Entscheidung des OLG. Hamburg vom 11. II. 89, Hbl. Nr. 24 S. 69 rechts unten wieder von einem „Mandatsverhältnis“ gesprochen. Auch Heydecker, Baumgartnersche Zeitschrift Band III S. 792—811 gelangte für den Versicherungsagenten zu demselben Ergebnis.

[6]) Vgl. ROHG. Band II S. 330—334 bes. S. 332 und 333 Abs. 3. Die bei Immerwahr S. 11 Anm. 1 und Dochnahl S. 15 Anm. 2 zitierten Erkenntnisse des ROHG. betreffen gar keine Agenturverhältnisse, sondern lediglich die Frage nach der Gültigkeit eines Verzichts auf das Widerrufsrecht des Mandats.

[7]) So: Makower bis zur 12. Auflage. Erst in der 1906 begonnenen 13. Auflage hat Makower diesen Standpunkt verlassen (vgl. sub I zu § 84 S. 243). Gegen die Konstruktion als Werkvertrag wenden sich Düringer-Hachenburg, Vorbem. zu §§ 84ff. sub III, 1, S. 257. Staub (VIII. Aufl.) Anm. 4 sub α zu § 84 S. 357; vgl. fernere Zitate bei Immerwahr S. 10 Anm. 1 und 3.

zwar der ersteren, weil sich die Vergütung des „Agenten nicht als Lohn für bestimmte, dauernde Dienstleistungen darstelle“, sondern „als nach dem vom Agenten erzielten Erfolge bemessener Gewinn desselben“. (Bd. 31 S. 60.) Die Abgrenzung gegen den Werkvertrag fand das Reichsgericht darin, daß zwar „für einen Erfolg bezahlt“ werde, „allein dieser Erfolg ist kein von vornherein bestimmter, abgegrenzter, hängt nicht ausschließlich vom Agenten, sondern von dessen Tätigkeit, von der Leistungsfähigkeit des Kommittenten und außerdem noch von äußeren, von der Willkür beider unabhängigen Umständen ab, so daß auch eine sichere, bestimmte Höhe der zu verdienenden Provision nicht von vornherein in Aussicht genommen werden kann“ (s. ebenda).

So ist denn nach dem Reichsgericht (a. a. O. S. 60—61) der Agenturvertrag „nach den aus seinem besonderen Inhalte sich ergebenden Folgerungen, unter Berücksichtigung der im Handelsverkehr geltenden Gebräuche, der Grundsätze vom redlichen Vertragsvollzuge und der Billigkeit zu beurteilen und es muß danach der Wille der Parteien ermittelt werden“. (Art. 278, 279 HGB.)[1])

b) Die rechtliche Natur des Agenturvertrages nach neuem Recht.

Das BGB. hat das Gebiet der dem „Dienstvertrag“ zu unterstellenden Tatbestände bedeutend gegenüber dem gemeinen Recht erweitert. Die reichsgerichtlichen (vgl. oben unter a) Bedenken gegen die Annahme eines Dienstvertrages fallen mit dem veränderten Charakter desselben fort. Das Recht des BGB. kennt Dienstverträge, die nicht auf bestimmte, dauernde Dienstleistungen gerichtet sind, bei denen die Entlohnung nicht wegen der oder für die Dienstleistungen erfolgt, sondern für den erzielten Erfolg. Der Agenturvertrag gehört zu den durch § 675 BGB. geregelten Dienstverträgen, **die eine Geschäftsbesorgung zum Gegenstand haben.**[2])

Die Unterstellung des Agenturvertrags unter die „Geschäftsbesorgungsverträge“ und die Einreihung derselben in diese Klasse der „Dienstverträge“ steht keineswegs im Widerspruch zu der völlig selbständigen Stellung des Agenten, der wir oben (S. 5) Ausdruck verliehen. Denn gerade bei den im § 675 BGB. geregelten Dienstverträgen, welche eine Geschäftsbesorgung zum Gegenstand haben

---

[1]) Der reichsgerichtlichen Konstruktion schlossen sich an: Ehrenberg, Versicherungsrecht, S. 214), Zweck S. 11 bzw. 16, Thomer S. 20, Staub (III/IV. Aufl.) S. 139. Die Entscheidung RG. Band 36 S. 197—200 behandelt einen „verwandten Fall“, den Auftrag zum Verkauf der zu einem Nachlaß gehörigen Kunstschätze. Auch hier wird nach gemeinem Recht vom Reichsgericht weder Dienst- noch Werkvertrag, sondern ein „zweiseitiger unbenannter Vertrag“ angenommen.

[2]) Übereinst. OLG. Hamburg, 7. VII. 03 in OLGRspr. Band VII S. 385, OLG. Frankfurt, im „Recht“ 1903, S. 295. Staub (VIII. Aufl.) Anm. 4 sub α zu § 84 S. 357. Düringer-Hachenburg, Vorbem. zu §§ 84ff. sub III, 3, S. 258. Goldmann sub II, 16 zu § 84 S. 401. Lehmann-Ring Nr. 3 zu § 84 S. 193. Immerwahr S. 14. Jacusiel S. 4. Dochnahl S. 95. Kaiser S. 39/40. v. Friesen S. 14. Jaeger, Kommentar zur Konkursordnung (II. Aufl.) Anm. 10 zu § 22 KO. S. 185. Petersen-Kleinfeller, Kommentar zur Konkursordnung sub 2 zu § 23 KO. S. 111. Begründung zu dem I. Entwurf eines Gesetzes über den Versicherungsvertrag S. 91 Abs. 2 a. E. Abw. OLG. Hamburg, 7. X. 04 in OLGRspr. Band X S. 237. („Der Agenturvertrag ist kein Dienstvertrag. Dies ergibt sich z. B. aus der Fassung des

und welche der II. Entwurf zum BGB. schuf,[1]) um das Grenzgebiet zwischen Auftrag und Dienstvertrag auszufüllen, ist begrifflich keineswegs ausgeschlossen, daß der Dienstverpflichtete selbständig ist. Im Gegenteil — ist der Geschäftsbesorgungsvertrag des BGB. der Boden für die gemeinrechtlich dem Mandat unterstellten Leistungen selbständiger Personen, wie der Rechtsanwälte, Ärzte, Lehrer, Geistlichen, Künstler u. a. m.

Aus diesem Grunde gehen auch alle diejenigen Erwägungen fehl, welche darauf hinauslaufen, daß der Agenturvertrag, weil kein „Dienstverhältnis", dem Dienstvertrag nicht zu unterstellen sei.[2]) Denn unter diejenigen Dienstverträge, bei denen der Dienstverpflichtete in einem Abhängigkeitsverhältnis zu dem Dienstberechtigten steht (in einem Dienstverhältnis), fällt der Agenturvertrag nicht, sondern unter die Dienstverträge, bei denen sich Berechtigter und Verpflichteter selbständig und frei gegenüberstehen (sog. „freie Dienstverträge").

Ferner ist es dem Begriff des auf eine Geschäftsbesorgung gerichteten Dienstvertrages (§ 675 BGB. spricht indes auch von Werkverträgen) nicht fremd, daß die Leistungen des Verpflichteten, wenn anders sie honoriert werden sollen, einen gewissen Erfolg haben müssen, wie dies bei dem Agenturvertrag der Fall ist. Der Gegenstand des Vertrags zwischen Geschäftsherrn und Agent ist die vermittelnde und/oder abschließende Tätigkeit des Agenten, aber doch nicht der Erfolg als solcher. Die Vorbereitungshandlungen und die Bemühungen um den Erfolg, die „ständige Betrauung" mit der Herbeiführung von Geschäften durch Vermittlung und/oder Abschluß, nicht die einzelnen Geschäfte als solche bilden den Inhalt der Agententätigkeit. Damit scheidet auch der Werkvertrag, welcher eine Geschäftsbesorgung zum Gegenstand hat, aus. Auch der Gesichtspunkt, welchen das OLG. Dresden in seiner bereits erwähnten[3]) Entscheidung vom 9. VI. 02 (Annalen des OLG. Dresden Band 24 S. 139) geltend macht, daß nicht die Dienste schlechthin entlohnt werden, sondern nur bei Eintritt eines „gemeinsamen, für beide Teile in gleicher Weise ungewissen Erfolges", kann nicht dazu führen, den Agenturvertrag mit dem Dresdner OLG. für ein der „Gesellschaft" sich näherndes,

§ 92 HGB., welcher von einer Kündigung des Vertragsverhältnisses spricht, während der § 70 HGB. betr. Handlungsgehilfen von einem ‚Dienstverhältnis' spricht.") OLG. Hamburg, 7. XI. 03 in OLGRspr. Band X S. 206. („Der Agentur-Vertrag ist ein Vertrag eigener Art zwischen zwei selbständigen Kaufleuten mit eigenartigem, durch das Gesetz bestimmten Inhalt.") OLG. Dresden, 17. X. 03, OLGRspr. Band X S. 205 („kein Dienstverhältnis"). Schramm S. 72 (Werkvertrag, daneben Maklervertrag in gewisser Beziehung). Greif S. 8—12 und dort zitiert: OLG. Karlsruhe, 12. IV. 01 in Bad. Rechtspraxis 1901 S. 135 sowie OLG. Dresden, 9. VI. 02 in Annalen des OLG. Dresden Band 24 S. 139. Das bei Makower Bem. I zu § 84 S. 242 zitierte Erkenntnis des Reichsgerichts vom 24. X. 04 (JW. 05 S. 20 Nr. 17) betrifft ein „Kommissionsverhältnis".

[1]) Vgl. hierzu Dernburg, Bürgerliches Recht, Band II 2 § 293 S. 362—365, Staub (VIII. Aufl.) Anm. 2 u. 3 zu § 362 HGB. S. 1304.

[2]) Vgl. z. B. das in Anm. 2 auf S. 21/22 zitierte Urteil des OLG. Hamburg vom 7. X. 04 in OLGRspr. Band X S. 237. Vgl. auch RG. Band 63 S. 73, das klar darlegt, daß das Agenturverhältnis kein „Dienstverhältnis", wohl aber ein auf eine Geschäftsbesorgung gerichteter Dienstvertrag sei.

[3]) Anm. 2 auf S. 21/22.

gemeinschaftliches Unternehmen zu halten. Die endlich aus der älteren Reichsgerichtsentscheidung (Band 31 S. 61) herangezogenen Argumente, daß der Geschäftsherr einen unlohnenden Geschäftsbetrieb nicht fortzusetzen brauche und der Agent kein Recht auf einen „gleichmäßig lohnenden Geschäftsbetrieb" habe (vgl. Greif S. 11) beweisen nichts gegen die Anwendbarkeit des § 675 BGB. Sie sind auch heute noch vollgültig, um dem Geschäftsherrn das Recht einer „außerordentlichen Kündigung" nach § 92 HGB. unter Umständen zu verleihen. Solche „außerordentliche Kündigung" bezeichnet aber § 675 BGB. in seinem Halbsatz 2 ausdrücklich als mit dem Geschäftsbesorgungsvertrag vereinbar.

Der Rechtszustand ist danach der folgende:

Der Agenturvertrag wird in erster Linie nach dem Handelsgesetzbuch, danach, soweit nicht das Handelsgesetzbuch „ein anderes" bestimmt, nach dem für die „Geschäftsversorgungsverträge" durch § 675 BGB. für maßgeblich bezeichneten Recht beurteilt. (Vgl. EG. zum HGB. vom 10. Mai 1897 Art. 2 Abs. 1.)

§ 675 BGB. bezeichnet nun als entsprechend anwendbar auf die Geschäftsbesorgung die Vorschriften der §§ 663, 665—670 und 672—674 und 671 Abs. 2 BGB. Es wird nun zu prüfen sein, ob diese Paragraphen auch entsprechende Anwendung auf den Agenturvertrag finden. Dies ist grundsätzlich zu bejahen. Anwendbar sind sonach:

§ 663 BGB. (Unverzügliche Ablehnung eines Auftrags.)

§ 665 BGB. (Berechtigung von den Weisungen des Auftraggebers abzuweichen.)

§ 666 BGB. (Auskunfts- und Rechenschaftspflicht des Beauftragten, soweit nicht bereits im § 84 Abs. 2 geregelt.)

§ 667 BGB. (Herausgabe dessen, was für und aus der Geschäftsbesorgung erlangt wird.)

§ 668 BGB. (Verzinsung verwendeten Geldes des Auftraggebers.)

§ 669 BGB. (Vorschußpflicht des Auftraggebers, sofern § 670 BGB. Anwendung findet.)

§ 670 BGB. (Ersatz von Aufwendungen des Beauftragten, sofern es sich nicht um Kosten und Auslagen handelt, die im „regelmäßigen Geschäftsbetrieb entstanden" sind, vgl. § 90 HGB.)

§ 671 Abs. 2 BGB. (Verbot unzeitiger Kündigung des Auftrags und deren Folgen.)

§ 672 BGB. (Wirkung des Todes und der Geschäftsunfähigkeit des Auftraggebers auf das Auftragsverhältnis.)

§ 673 BGB. (Wirkung des Todes des Beauftragten auf das Verhältnis.)

§ 674 BGB. (Annahme des Fortbestehens des Auftrags trotz Erlöschens zugunsten des Beauftragten.)

Im übrigen finden auf den Agenturvertrag die für den Dienstvertrag gegebenen Vorschriften Anwendung, sofern sie nicht durch die Sonderregelung, sei es des Handelsgesetzbuchs, sei es der vorstehend aufgeführten Vorschriften über den Auftrag ausgeschlossen sind, mit Ausnahme der Vorschriften der §§ 617—624, 626—627, 629—630 BGB.[1])

[1]) welche ausschließlich den abhängigen, eines besonderen Schutzes bedürftigen Dienstverpflichteten behandeln. Vgl. oben S. 8. Der Agenturvertrag, welchen wir

III. Die Pflichten des Agenten.

Die Pflichten des Agenten ergeben sich im allgemeinen aus der vorstehend dargelegten Rechtsnatur des Agenturvertrages als eines auf eine Geschäftsbesorgung gerichteten Dienstvertrages.

Der § 84 hebt jedoch aus dem Kreise dieser Pflichten einmal im Halbsatz 2 des Abs. 1 die allgemeine Sorgfaltspflicht eines ordentlichen Kaufmanns und im Abs. 2 zwei besondere Pflichten hervor.

a) Die allgemeine Sorgfaltspflicht eines ordentlichen Kaufmanns.

§ 84 Abs. 1 Halbsatz 2 verpflichtet den Agenten das Interesse des Geschäftsherrn mit der Sorgfalt eines ordentlichen Kaufmanns wahrzunehmen.

Die dem Agenten durch diese Rechtsregel auferlegte Sorgfaltspflicht legt dem Agenten einmal auf, die im allgemeinen kaufmännischen Verkehr erforderliche Sorgfalt jederzeit zu beobachten,[1] aber weitergehend auch für die Sorgfalt einzustehen, welche ein Kaufmann seines Gewerbes gewöhnlich anwendet.[2])

Aus der Natur der dem Agenten übertragenen Dienstleistungen ergeben sich daher folgende allgemeine Sorgfaltspflichten:

1. Sorgfältige Bemühung um die Vermittlung oder den Abschluß von Geschäften für seinen Geschäftsherrn.[3]) Der Agent darf also nicht untätig sein. Wo sich ihm Gelegenheit zur Vermittlung oder zum Abschluß von Geschäften bietet, muß er das Interesse seines Geschäftsherrn sorgfältigst wahrnehmen und sich um die Herbeiführung des Abschlusses bemühen.[4]) Andererseits ist ihm die Bewerkstelligung eines Erfolges, was allerdings Bedingung seiner Entlohnung ist,[5]) die Erzielung eines gewissen Umsatzes nicht zur Pflicht gemacht.[6])

---

den Geschäftsbesorgungsverträgen nach § 675 BGB. unterstellen, ist ein Dienstvertrag, wenn auch eine Reihe der für den „Auftrag" gegebenen Vorschriften auf ihn „entsprechende" Anwendung finden. Vgl. Albert Müller in JW. 1905, S. 712 rechts.

[1]) Vgl. hierzu Staub (VIII. Aufl.) Anm. 3 zu § 347 S. 1164 1165.

[2]) Vgl. Staub a. a. O. Abs. 2 der zit. Anm. 3 S. 1165. Vgl. Düringer-Hachenburg Note III zu § 347 Band II S. 221, welcher sagt, daß die durch § 84 vorgeschriebene Sorgfalt die eines ordentlichen Agenten sei. Richtig dürfte sein, diese neben der allgemeinen kaufmännischen Sorgfaltspflicht (z. B. zur Führung ordentlicher Handelskorrespondenz, Einsichtnahme in eingelaufene Telegramme und Briefe u. dergl. m.) zu fordern.

[3]) Vgl. Staub (VIII. Aufl.) Anm. 16 sub a zu § 84 S. 360. Dem Maklervertrag — wenigstens in seinem Normalfall — ist die Verpflichtung zur Tätigkeit fremd. Vgl. Staub (VIII. Aufl.) Anm. 2 zum Exkurs vor § 93 S. 383 oben. Goldmann, Anm. 2 sub I 1 zu § 84 S. 402.

[4]) Vgl. jedoch wegen des Einwands der „Untätigkeit" gegenüber dem Bezirksagenten unten zu § 89.

[5]) Vgl. OLG. Hamburg, 7. XI. 04 in OLGRspr. Band X S. 237.

[6]) Vgl. Staub (VIII. Aufl.) Anm. 16 am Schluß zu § 84 S. 360. Goldmann Anm. 2 zu § 84 sub I 1 S. 402. — Ist auch ein gewisses Maß von Sach- und Fachkunde für den Agenten vorgeschrieben? Hierzu äußert sich OLG. Hamburg, 29. IX. 02 in OLGRspr. Band VI S. 83 wie folgt: „Das BGB. enthält keine besonderen Bestimmungen über das Maß an Kenntnissen und Fähigkeiten, welche der Dienstverpflichtete zur Ausführung der übernommenen, in freier geistiger Tätigkeit bestehenden Leistung besitzen muß. Es wird angenommen, daß der Dienstverpflichtete

2. Anwendung gehöriger Sorgfalt bei Vermittlung oder Abschluß von Geschäften für den Geschäftsherrn.

Zu unterscheiden ist hier, ob der Agent lediglich vermittelt oder abschließt auf Grund einer Abschlußvollmacht oder unter Überschreitung seiner Vollmacht abschließt, so daß nach § 85 HGB. der Geschäftsherr, der das Geschäft nicht gelten lassen will, unverzüglich nach erlangter Kenntnis von dem Abschluß das Geschäft ablehnen muß.

In allen drei Fällen ist der Agent zu sorgfältigster Übermittlung der Vertragsbedingungen an den Geschäftsherrn verpflichtet, damit keine den Bestand oder die Ausführung des Geschäfts gefährdende Irrtümer entstehen.[1])

Den Versicherungsagenten liegt in dieser Beziehung häufig noch weitergehend die Befolgung ihnen von ihrer Gesellschaft erteilten Instruktionen, die Belehrung der zu Versichernden über die beiderseitigen Rechte und Pflichten aus dem Versicherungsvertrage, die Anleitung zur Ausfüllung des Antragformulars (Fragebogens) und daneben auch wohl der „vertraulichen Mitteilung" über das seiner Gesellschaft unterbreitete Risiko, endlich schon wegen der Vorschrift des § 10 Abs. 1 PrivVersGes. die Aushändigung der sog. „Allgemeinen Versicherungsbedingungen" an den Antragsteller ob.[2]) In allen diesen „Verrichtungen" hat der Agent seinem Geschäftsherrn gegenüber die peinlichste Sorgfalt zu prästieren.

Hat aber der Agent Abschlußvollmacht, so wird er noch einer Reihe anderer Gesichtspunkte die größte Aufmerksamkeit zu schenken haben, vor allem der Frage nach der Rätlichkeit des Abschlusses überhaupt, der Angemessenheit des Preises der zu verkaufenden Ware, und der Erwägung, ob die vereinbarten Konditionen des Geschäfts für seinen Geschäftsherrn günstig oder doch sachgemäß sind. Der Agent soll „das Interesse des Geschäftsherrn" wahrnehmen. Das seinige wird sich häufig damit decken; in Kollisionsfällen hat jedoch das des Geschäftsherrn den Vorrang.[3])

Schließt der Agent nach § 85 ab, so liegt ihm die genaueste Übermittlung des Inhalts des von ihm abgeschlossenen Geschäfts ob, auch darf der Umstand, daß der Geschäftsherr das Geschäft ablehnen kann, ihn nicht dazu veranlassen, Geschäfte

---

die erforderliche Sachkunde zusichere oder garantiere. Der Dienstberechtigte ist jedoch nicht zu der Erwartung berechtigt, der Verpflichtete besitze ein so hohes Maß von Kenntnissen und Fähigkeiten, daß Fehler ganz ausgeschlossen sind. Vielmehr dürfen nur diejenigen Fähigkeiten und Kenntnisse vorausgesetzt werden, die man auf dem betreffenden Gebiete bei gewöhnlichem Fleiß und gewöhnlicher Gewissenhaftigkeit erwarten kann, nicht aber besondere Anlagen und Kenntnisse."

[1]) Vgl. die bei Bolze Band III Nr. 324 S. 97 referierte Entscheidung des RG. vom 8. V. 86. Der Agent hatte schuldhaft eine falsche Etikettierung der bestellten Zündhölzer aufgegeben. Er wird für den verabredeten Kaufpreis haftbar erklärt, da der Besteller die Zündhölzer wegen der falschen Etikettierung nicht annehmen wollte. — Die Frage, inwieweit solche Irrtümer dem Geschäftsherrn präjudizieren, wird im „Allgemeinen Teil" zu §§ 85 - 87 erörtert.

[2]) Vgl. hierzu Heydecker in Baumgartners Zeitschrift Band III (1897) S. 786—788. Die Frage, inwieweit Versehen des Agenten bei Entgegennahme von Offerten, speziell Versicherungsanträgen dem Geschäftsherrn schaden, behandeln wir unten S. 72—74 (Allgemeiner Teil zu §§ 85—87).

[3]) Vgl. Düringer-Hachenburg Note II zu § 84 Band I S. 263.

abzuschließen, deren Billigung vernünftigerweise von dem Geschäftsherrn nicht erwartet werden kann.

3. **Prüfung und Beobachtung der Kreditwürdigkeit der Kunden.** Auch diese liegt dem Agenten in allen drei unter 2. unterschiedenen Fällen ob. Auch der **Vermittlungsagent** hat daher bei Übermittlung einer ihm zugegangenen Vertragsofferte das Ergebnis seiner Prüfung der Bonität des Kunden dem Geschäftsherrn mitzuteilen.[1])

Bei Überschreibung einer Order ohne Mitteilung über die Solvenz des Kunden darf der Geschäftsherr denselben für kreditwürdig halten.[2]) Damit erschöpft sich aber die Pflicht des Agenten nicht. Er muß vielmehr, auch nach Abschluß des Geschäfts oder Absendung der Offerte die Zahlungsfähigkeit des Kunden dauernd im Auge behalten,[3]) damit der Geschäftsherr jederzeit seine Interessen zu wahren in der Lage ist.[4])

Wie erfüllt aber der Agent seine Erkundigungspflicht? Jacusiel (S. 25) zitiert ein Urteil des Landgerichts Mainz, wonach diese Pflicht als erfüllt gilt, wenn der Agent „zur Zeit des in Betracht kommenden Geschäftsabschlusses aus dem Kreise derjenigen, die mit jenem in geschäftlicher Verbindung standen, in gewissenhafter Weise Erkundigungen einzieht und dementsprechend sich ein Urteil bildet".[5]) Es geht somit die Verantwortung des Agenten nicht so weit, daß er für die **absolute Richtigkeit** der Beurteilung der Kreditwürdigkeit des Kunden einzustehen habe. Dies würde mit einer Übernahme des **Delkredere** durch den

[1]) So schon nach altem Recht das grundlegende Erkenntnis des ROHG. Band XXII S. 117—132, bes. S. 121—124. „Auch ein solcher (Vermittlungs-) Agent übernimmt hiernach schon von vornherein stillschweigend die Verpflichtung, sein Haus nur mit kreditwürdigen Personen in Verbindung zu bringen und demselben keinen Geschäftsabschluß vorzuschlagen, sobald die Verhältnisse der Käufer zu einem begründeten Bedenken Veranlassung geben, sowie über etwaige Zweifel dieserhalb zu berichten, so daß die einfache Überschreibung einer Kaufofferte zugleich die Versicherung enthält, es lägen in betreff der Kreditwürdigkeit des Käufers keine Bedenken vor." (Vgl. ROHG. a. a. O. S. 123.) Vgl. weiter Landgericht Hamburg, 21. XII. 82 in HGZ. Hbl. 83 Nr. 56 S. 121. RG. Band 18 S. 112, OLG. Karlsruhe, 23. II. 05 in OLGRspr. Band XI S. 23. Staub (VIII. Aufl.) Anm. 16 zu § 84 S. 360. Düringer-Hachenburg Note II zu § 84 S. 263/264. Goldmann Anm. 2 sub. I 1 und I 2c, aa zu § 84 S. 402 bzw. 403. Denkschrift I S. 69 und II S. 74. Immerwahr S. 122/123.

[2]) Der Grundsatz gilt nicht nur für die Überschreibung von Kauforders, sondern für alle Agenten, also auch für die Versicherungsagenten und die Agenten der Realkreditinstitute (vgl. einen solchen Fall in ROHG. Band VI S. 220/221).

[3]) Vgl. RG. Band 18 S. 112 und RG. v. 24. XI. 86 in Bolze Band III Nr. 636 S. 184/185. RG. 17. X. 93 in Bolze Band XVII Nr. 385 S. 209.

[4]) Z. B. zur Wahrung seines Rechts aus § 321 BGB.

[5]) Dem „reisenden Agenten" legt OLG. Karlsruhe, 23. II. 05 in OLGRspr. Band XI S. 24 auf, sich nicht bei den Auskünften einer Auskunftei zu beruhigen, sondern Erkundigungen an Ort und Stelle einzuziehen. Dasselbe Urteil bezeichnet a. a. O. S. 23 einen Verlust von ca. 30 % des Umsatzes als so groß, daß man ohne weiteres darauf schließen könne, „daß der Agent leichtfertig die Aufträge von Personen übermittelt hat, deren Kreditunwürdigkeit er bei einigermaßen sorgfältigen Erkundigungen hätte erkennen müssen". Vgl. auch zu der im Text referierten Mainzer Entscheidung ROHG. Band XXII S. 125/126.

Agenten gleichbedeutend sein. Letzteres muß aber ausdrücklich vom Agenten übernommen sein und pflegt nicht ohne besondere Vergütung gewährt zu werden.[1]) Ist das Delkredere jedoch vom Agenten übernommen, so ist dasselbe mit einer selbstschuldnerischen Bürgschaft identisch und die Einrede der Vorausklage steht dem Agenten nicht zu.[2])

Bei Beurteilung der Frage, ob der Agent seiner Sorgfaltspflicht hinsichtlich der Prüfung der Kreditwürdigkeit der Kunden genügt, sei ausdrücklichst auf die vom ROHG. Band XXII S. 125 treffend dargelegte „objektive Unsicherheit aller Erkundigungsmittel in betreff der Kreditwürdigkeit eines Kaufmanns“ und auf die Ausführungen daselbst S. 126 verwiesen. Die allerdings in nur sehr kurzem Auszug im Recht 1905, S. 346 Nr. 1607 mitgeteilte, anscheinend gegenteilige Ansicht des Oberlandesgerichts Breslau (Urteil vom 5. VI. 05), der zufolge auch der gute Glaube dem Agenten nichts nützt, ist nicht zu billigen. Möglicherweise hatte jedoch in dem Breslauer Fall der Agent keine Auskunft über den Kunden eingeholt und den Geschäftsherrn nur „durch seine genaue Kenntnis der Vermögensverhältnisse des Kunden“ zum Abschluß veranlaßt. Das Ergebnis ist somit:

> Der Geschäftsherr darf sich auf die Richtigkeit der Beurteilung der Kreditwürdigkeit des Kunden nur insoweit verlassen, als dem Agenten sorgfältige Erkundigung zugemutet werden kann. Irrtum und Täuschung des Agenten dürfen nicht außer Betracht gelassen werden. Sonst wird die Haftung zur reinen Delkrederehaftung, während der Agent doch nur für die „Sorgfaltspflicht“ einzustehen hat.

Auch ohne Rücksicht auf konkrete Geschäfte hat der Agent die Pflicht, den Geschäftsherrn, der möglicherweise direkt mit den Kunden des Agenten abschließt, über die Solvenz des Kundenkreises dauernd zu orientieren.

4. **Beobachtung der Marktlage, Erforschung eines neuen Absatzgebiets.**

Die sorgfältige Wahrnehmung der Interessen des Geschäftsherrn erheischen auch hinsichtlich des für diesen in Betracht kommenden Marktes und Absatzgebiets eine ständige Überwachungs- und Informationspflicht des Agenten.[3]) Für den Versicherungsagenten kommt daneben noch die Verpflichtung zur fortdauernden Beaufsichtigung der laufenden Risiken und zur Erstattung von Anzeigen bei erheb-

---

[1]) Vgl. ROHG. Band XXII S. 125. Staub (VIII. Aufl.) Anm. 17 zu § 84 S. 360. Jacusiel S. 31/32. Immerwahr S. 124/125. Eine Delkredere-Haftung ist es gleichfalls nicht, wenn der Agent Waren zum Verkauf erhält und für den Fakturenwert belastet wird oder wenn dem Versicherungsagenten die Police mit dem Auftrage, die erste Prämie einzuziehen, übergeben wird, so daß er entweder die Police oder die einkassierte Prämie zurückzugeben bzw. auszukehren hat. Vgl. ROHG. Band XIX S. 72 und Band XXIII S. 149. Heydecker in Baumgartners Zeitschrift Band III S. 788 bei Anm. 23. Die Verpflichtung des Agenten beruht hier auf der Rechenschafts- bzw. Herausgabepflicht.

[2]) Übereinst. Staub (VIII. Aufl.) Anm. 17 zu § 84 S. 360 und die in Holdheims Monatsschrift XV. Jahrg. (1906) S. 22 zitierten Gutachten sowie das Gutachten der Berliner Ältesten vom 17. III. 05 (Holdheims Monatsschrift 1906 S. 78 Nr. 37).

[3]) Vgl. Wüstendörfer in GZ. Jahrg. 58 (1906) S. 123 unten, S. 124 oben.

licher Veränderung derselben,[1]) zur Wahrnehmung der Interessen ihrer Gesellschaft bei Eintritt von Schadensfällen[2]) in Betracht.

5. Die Pflicht des Agenten, dem Geschäftsherrn keine Konkurrenz zu machen.

Die Frage, ob der Agent dem Geschäftsherrn Konkurrenz machen darf, ist bestritten. Eine allgemeine strikte Bejahung oder Verneinung der Frage ist nicht möglich, läßt sich auch weder aus dem Gesetze noch aus dem Handelsgebrauch herleiten.

Soll der Weg zu einer richtigen Entscheidung gefunden werden, ist es unerläßlich, die Materialien zum Handelsgesetzbuch heranzuziehen.

Der Kommissionsentwurf, welcher der Sachverständigen-Kommission vorlag, hatte im § 64 die ausdrückliche Bestimmung aufgenommen, daß der Handlungsagent in Ermangelung entgegenstehender Vereinbarung oder eines abweichenden Handelsgebrauchs in dem Handelszweige des Geschäfsherrn weder für eigene noch für fremde Rechnung Geschäfte machen dürfe. Dieselbe Bestimmung findet sich noch im § 76 des ersten Entwurfs von 1896.[3]) Hiergegen wandte sich das Gutachten der Hanseatischen Handelskammern,[4]) welches die Beseitigung dieser Bestimmung verlangte, die „mit den Gewohnheiten des Verkehrslebens im Widerspruch stehe" und auch unpraktisch sei, da „unter Umständen sogar ein Vorteil der vertretenen Häuser in der Übernahme einer Konkurrenzfirma erblickt werden könne." Die Hanseatischen Handelskammern sind so sehr überzeugt von dem Vorhandensein eines die Konkurrenz gestattenden Handelsgebrauchs, daß es in dem Gutachten schließlich heißt:

> „Wenn der Entwurf eine Abweichung von der gesetzlichen Regel nicht nur durch Vereinbarung, sondern auch durch Handelsgebrauch zuläßt, so wird es zweifelhaft, ob nicht jene Regel nur Ausnahme bleibt."

Der zweite Entwurf hat denn auch von der Aufnahme dieser Bestimmung Abstand genommen, aber mit folgender Motivierung,[5]) die dem Hanseatischen Gutachten keineswegs vollkommen beistimmt:

> „Aus der Pflicht des Agenten, das Interesse des Geschäftsherrn zu wahren, ergibt sich von selbst, daß er diesem nicht durch anderweitige Geschäfte, die er in demselben Handelszweige macht oder vermittelt, eine unmittelbar schädigende Konkurrenz bereiten darf. Eine so weitgehende Beschränkung, wie sie nach § 59 (§ 60 Abs. 1 HGB.) die Handlungsgehilfen trifft, läßt sich allerdings den Agenten nicht auferlegen. Da der Gehilfe der Regel nach seine ganze Arbeitskraft in den Dienst des Prinzipals zu stellen hat, so kann ihm überhaupt nicht gestattet sein, eigenen Handel zu treiben oder in dem Handelszweige des Prinzipals irgend welche Geschäfte zu machen.

---

[1]) Vgl. Heydecker in Baumgartners Zeitschrift Band III (1897) S. 789.

[2]) Vgl. Heydecker a. a. O. S. 790.

[3]) Vgl. Entwurf eines Handelsgesetzbuchs nebst Denkschrift. Amtliche Ausgabe. Berlin 1896 (J. Guttentag). S. 20 und Denkschrift I S. 69/70.

[4]) Gutachten der Handelskammern zu Hamburg, Bremen und Lübeck über den Entwurf eines Handelsgesetzbuchs mit Ausschluß des Seehandelsrechts S. 16.

[5]) Denkschrift II S. 74/75, vgl. auch I. Plenarberatung im Reichstag (Bassermann) in StenBerichte (Ausgabe Guttentag) S. 31.

Der Agent findet dagegen in der Vertretung eines einzigen Hauses nur selten eine ausreichende Beschäftigung und ist deshalb von vornherein auf die Übernahme weiterer Agenturen oder auf einen sonstigen Handelsbetrieb angewiesen. In manchen Fällen wird er sogar, um den Kunden die erforderliche Auswahl zu bieten, genötigt sein, gleichzeitig mehrere Produzenten oder Großhändler zu vertreten, deren Waren, wenn sie auch bestimmte Unterschiede aufweisen, doch derselben Gattung angehören. In gewissen Geschäftszweigen wird dies allgemein als zulässig angesehen. Das Gesetz muß auf diese Verhältnisse Rücksicht nehmen und der Entwurf sieht deshalb von einer besonderen Bestimmung über die Unzulässigkeit eines Konkurrenzbetriebes durch den Agenten ab. Die allgemeine Vorschrift des § 82 (§ 84 HGB.) über die Pflicht des Agenten, das Interesse des Geschäftsherrn zu wahren, wird ausreichen, um im einzelnen Falle unter Berücksichtigung der Art und des Zweckes der Geschäftsverbindung und der in dem betreffenden Handelszweige bestehenden Übung die Grenzen festzustellen, welche von dem Agenten hinsichtlich der Vertretung anderer Handlungshäuser sowie hinsichtlich des eigenen Handelsbetriebes eingehalten werden müssen."

Die Frage ist zunächst nach dem Willen der Parteien im Einzelfall zu entscheiden.

Steht dieser Wille fest, z. B. durch ein vertragliches Konkurrenzverbot, so darf selbstverständlich dieser vertraglichen Bestimmung nicht zuwidergehandelt werden, ebenso wenn sich dieser Parteiwille aus den begleitenden Umständen ergibt: dem Agenten wird bei Vertragsschluß mitgeteilt, daß sein Vorgänger wegen Übernahme einer Konkurrenzvertretung entlassen worden ist. Fehlt aber eine vertragliche Bestimmung und lassen sich derartige begleitende Umstände nicht feststellen, so sind in erster Linie die Handelsgebräuche als Interpretationsmittel des Parteiwillens heranzuziehen. [1])

In Betracht kommen die Handelsgebräuche der einzelnen Geschäftszweige (Branchen), in denen die nachfolgenden als bestehend nachzuweisen sind:

1. Im Kaffeehandel ist es gebräuchlich, daß Agenten zugleich mehrere Hamburger Kaffeehäuser vertreten. [2])
2. In der Fahrradbranche besteht in Berlin der Brauch, daß sog. Generalvertreter der Fahrradfabriken befugt sind, sowohl nebenher Fabrikate anderer Fahrradfabriken zu führen, als auch die Generalvertretung mehrerer Fabriken zu übernehmen. [3])
3. Im Handel mit Margarine bestand vor 1900 in Breslau kein Handelsbrauch, daß der Agent des Anspruchs auf seine Provision verlustig ging,

---

[1]) § 346 HGB.

[2]) Gutachten der Handelskammern zu Hamburg, Bremen und Lübeck über den Entwurf eines Handelsgesetzbuchs S. 16.

[3]) Dove-Apt S. 56/57 Nr. 42 (12. III. 98). Staub (VIII. Aufl.) Anm. 22 zu § 84 S. 361 nimmt irrtümlich an, daß es sich hier um Waren handelt, die „bestimmte Unterschiede aufweisen".

wenn er gleichzeitig ohne Genehmigung seines ersten Auftraggebers für andere Häuser desselben Geschäftszweiges tätig war.[1])

4. In der Juponbranche hat das Landgericht Hamburg in einem nicht abgedruckten Erkenntnis[2]) nach Anhörung eines Sachverständigen der Hamburger Handelskammer den Grundsatz ausgesprochen, daß es in diesem Handelszweige nicht ungebräuchlich ist, daß ein Agent mehrere Firmen derselben Branche nebeneinander vertritt.

5. Denselben Handelsgebrauch hat das Oberlandesgericht Braunschweig für die Zigarrenbranche auf Grund von Sachverständigen-Gutachten festgestellt.[3])

6. Dagegen ist nach den in der Herren-Wollhutbranche geltenden Handelsgebräuchen die gleichzeitige Vertretung eines Konkurrenzhauses durch den Agenten nicht als statthaft anzusehen.[4])

7. Auf dem Gebiet des Versicherungswesens gilt die Übernahme der Vertretung einer Konkurrenzgesellschaft in den beteiligten Kreisen als unerlaubt.[5])

Weitere Handelsgebräuche lassen sich nicht nachweisen.[6]) Maßgeblich ist der Handelsgebrauch desjenigen Ortes, an welchem der Agent seine vertraglichen Verpflichtungen zu erfüllen hat, also der Ort seiner geschäftlichen Niederlassung.

Läßt sich in dem betreffenden Handelszweige ein Handelsgebrauch über diese Frage nicht feststellen, dann ist zu prüfen, ob durch die Konkurrenz das Interesse des Geschäftsherrn geschädigt wird (§ 84 HGB.).

In Übereinstimmung mit der oben zitierten Denkschrift wird jede „unmittelbar schädigende Konkurrenz" zu versagen sein. Eine unmittelbar schädigende Konkurrenz liegt vor, wenn das Konkurrenzgeschäft infolge seiner Gleichartigkeit[7]) geeignet ist, dem Geschäftsherrn in dem Wirkungskreise des Agenten Schaden zuzufügen. Der Agent einer natürlichen Sauerbrunnenquelle (Fachingen) darf nicht gleichzeitig in seinem Bezirk ein künstliches Mineralwasser vertreiben, der Agent einer Solinger Stahlwarenfabrik nicht Sheffielder Stahlwaren desselben Genres aufnehmen. Dagegen ist der Agent einer Gaslampenfabrik befugt, ein Haus zu vertreten, welches elektrische Lampen fabriziert, und der Agent eines Schirmfabrikanten darf ein Haus vertreten, welches nur Schirmstoffe oder Gestelle produziert. Der für den Bezirk Hamburg bestellte Agent einer Spielwarenfabrik ist befugt, die

---

[1]) Riesenfeld 1906 Nr. 12 S. 20 (Gutachten vom 18. VII. 00).

[2]) H. VIII. 468/04 vom 15. VI. 05.

[3]) Seufferts Archiv Band 52 S. 601 Nr. 249 (OLG. Braunschweig vom 16. X. 96).

[4]) Riesenfeld 1906 Nr. 25 S. 23 (Gutachten vom 28. XI. 01).

[5]) Vgl. Heydecker in Baumgartners Zeitschrift Band III (1897) S. 785.

[6]) Immerwahr S. 118 Anm. 2 und Dochnahl S. 27 wollen für den Getreidehandel irrtümlicherweise aus der Entscheidung des Reichsgerichts, RG. Band 38 S. 189 einen Handelsbrauch herleiten, welcher die Konkurrenz in dieser Branche gestattet.

[7]) Gleichartigkeit nach Ansicht des Konsumentenkreises, abweichend von der Gleichartigkeit in §§ 4 und 5 des Gesetzes zum Schutze der Warenbezeichnungen. Vgl. den Kommentar dieses Gesetzes von Seligsohn 2. Aufl. Berlin 1905 Anm. 3a zu § 5 S. 101 f. Finger 2. Aufl. Berlin 1906 § 4 sub e S. 132 f. Die dort angeführten Beispiele passen für den vorliegenden Fall nicht.

Vertretung einer gleichartigen Fabrik für die benachbarte Stadt Altona zu übernehmen.

Diese Beispiele haben keinen Anspruch auf absolute Geltung. Eine abweichende Beurteilung wird sich je nach der Lage und den Umständen des Einzelfalls rechtfertigen lassen. Oft liegt die Übernahme einer Konkurrenzvertretung geradezu im Interesse des Geschäftsherrn, wie bereits in der oben zitierten Denkschrift angedeutet wird, da derjenige Agent am besten in der Lage ist, bei seinen Kunden Orders zu erhalten, der eine möglichst reichhaltige Musterkollektion vorlegen kann. Ein Agent verschiedener Seidenfabriken, deren Fabrikate sich, sei es in Farben, Dessins oder Qualitäten oder Preisen unterscheiden, wird eher einen Erfolg erzielen können, als der Agent eines einzigen Seidenhauses, dessen Produktion sich nur innerhalb bestimmter Preisgrenzen bewegt.

Wir kommen nunmehr zu folgendem Resultat über die Frage des Konkurrenzverbotes.

Eine allgemeine Bejahung oder Verneinung, wie sie vor 1900[1]) allgemein und noch neuerdings[2]) von den Gerichten zuweilen beliebt wird, ist nicht angängig. Im Einzelfall ist in erster Linie der Wille der Parteien zu erforschen, subsidiär sind die Handelsgebräuche heranzuziehen, eventuell aber ist zu prüfen, unter Berücksichtigung aller in Betracht kommenden Umstände, ob eine unmittelbar schädigende Konkurrenz vorliegt. Von dem Ergebnis dieser Untersuchungen ist die Beantwortung der Frage im Einzelfalle abhängig.[3])

Eine Verpflichtung des Agenten, im Zweifelsfalle seinem Hause von der Übernahme einer Konkurrenzvertretung Mitteilung zu machen, existiert nicht;[4]) dies würde auch seiner selbständigen Stellung widersprechen. Sein Taktgefühl[5]) muß ihn bei der pflichtmäßigen Wahrung der Interessen seines Geschäftsherrn leiten. Hat er sich für die Übernahme entschieden, so gibt er damit zu erkennen, daß das Interesse seines Geschäftsherrn nicht berührt wird. Deshalb ist auch die Anzeige überflüssig.

Produziert der Geschäftsherr nach Übernahme der Vertretung neue Artikel, welche bereits für ein anderes Haus von dem Agenten vertrieben werden, so kann er die Übernahme dieses neuen Artikels ablehnen.[6])

---

[1]) Vgl. Bolze Band III Nr. 635, wo das Verbot ganz allgemein ausgesprochen wird, ebenfalls schon in ROHG. Band II S. 330ff. bes. S. 334 (26. V. 71).

[2]) Recht 1904 S. 23 Nr. 116 (OLG. Breslau, 6. X. 03), wo das Verbot ganz allgemein verneint wird.

[3]) Vgl. über diese Frage: Staub (VIII. Aufl.) Anm. 22 zu § 84 S. 361. Immerwahr S. 118/9. Jacusiel S. 28. Goldmann Band I § 84 Anm. 2bb S. 403. Dochnahl S. 26ff. Düringer-Hachenburg 1899 Band I § 84 sub. II S. 263. Seufferts Archiv Band 52 Nr. 249 S. 601 (OLG. Braunschweig, 16. X. 96). Vgl. auch ROHG. Band II S. 334. Die im Text vertretene Ansicht findet sich bereits angedeutet bei Röhrich „die Stellung des kaufmännischen Agenten" 1856 S. 9.

[4]) Abw. Düringer-Hachenburg 1899 Band I § 84 sub II S. 263. Übereinst. Staub (VIII. Aufl.) Anm. 22 zu § 84 S. 361. Jacusiel S. 28.

[5]) Gareis, Das deutsche Handelsrecht 7. Aufl. Berlin 1903 S. 433.

[6]) Siehe Jacusiel S. 29.

Ob die verbotene Konkurrenz in eigenem Namen (Propregeschäfte) oder in fremdem Namen als Handlungsgehilfe, Kommissionär, Agent ausgeübt wird, ist gleichgültig. In allen Fällen — auch dort, wo es sich nur um eine indirekte Beteiligung oder um Manipulationen zur Umgehung des Konkurrenzverbotes handelt — ist der Agent dem Geschäftsherrn zum Schadensersatz verpflichtet. Bei der Bemessung der Höhe des Schadens ist der Ausfall des Umsatzes während der Konkurrenz zu berücksichtigen und auch der Umsatz des Konkurrenzgeschäftes unter Berechnung des eigenen Gewinnes; es kann aber auch der Schaden geltend gemacht werden, der auf andere Weise, z. B. durch den Verlust der Kundschaft, entsteht oder durch den Nichtverkauf der Waren bei rückgängiger Konjunktur.

Neben dem Rechte auf Schadensersatz stehen dem Geschäftsherrn alternativ nach seiner Wahl noch die weiteren Rechte zu,

entweder

den Agenturvertrag ohne Einhaltung einer Kündigungsfrist aufzulösen (§ 92 Abs. 2 HGB.),

oder

die Unterlassung des Konkurrenzbetriebes für die Dauer der Vertragszeit zu fordern.

Konkurrenzklausel:

Die für den Handlungsgehilfen gesetzlich festgelegten Beschränkungen (§§ 74, 75 HGB.) gelten nicht für den selbständigen Agenten. Doch sind Konkurrenzklauseln nichtig, welche gegen die guten Sitten verstoßen (§ 138 BGB.). Letzteres wird immer dann vorliegen, wenn — wie das Reichsgericht bereits unter altem Recht Band 31 S. 99 (19. V. 93) ausgesprochen hat, durch die Konkurrenzklausel „die Erwerbsfreiheit des einzelnen für immer, sei es im ganzen, sei es in einzelnen Richtungen vernichtet wird."

Ein Verbot, Geschäfte für eigene Rechnung zu machen, existiert nicht. Dies wird schon durch den Umstand, daß der Agent selbständiger Gewerbetreibender ist, ausgeschlossen.[1])

6. Darf der Agent von der Gegenpartei Provision oder eine anderweitige Vergütung annehmen?

Die Frage nach der Berechtigung des Agenten, diese sog. „Extraprovision" zu beziehen, ist im Gesetzbuch nicht ausdrücklich entschieden.[2])

Der Agent darf sich sonach nur dann für seine in den Rahmen seiner Agenturgeschäfte fallende Tätigkeit auch von der anderen Seite entlohnen lassen, wenn er hierbei dem Interesse des Geschäftsherrn nicht zuwiderhandelt. Dies ergibt § 84 Abs. 1 Halbsatz 2.

Sofern dies aber der Fall ist, wie zweifellos stets bei dem Einkaufsagenten, der auch von dem Verkäufer sich Provision zahlen läßt, darf der Agent keine

---

[1]) Vgl. ROHG. Band XIX S. 71. Dochnahl S. 26.

[2]) Vgl. zu dieser Frage: ROHG. Band X. S. 359—364. Immerwahr S. 116. Dochnahl S. 47/48 und S. 122. Jacusiel S. 25—27. Zweck S. 21/22. Kaiser S. 48.

Extraprovision annehmen oder muß die ihm gezahlte dem Geschäftsherrn herausgeben.[1])

Auf jeden Fall wird aber, wie Immerwahr S. 116/117 treffend hervorhebt, der Agent stets verpflichtet sein, dem Geschäftsherrn von jeder ihm gewährten Extraprovision Anzeige zu machen. (Abw. Dochnahl S. 122.)

7. Die Verschwiegenheitspflicht.

Die Pflicht zur Verschwiegenheit folgt aus der allgemeinen Sorgfaltspflicht des Agenten. Er darf daher über die ihm auf Grund des Agenturverhältnisses bekannt gewordenen Geschäftsgeheimnisse des Geschäftsherrn, über die den Offerten zugrunde liegenden Preis- und Fabrikationskalkulationen, über die ihm etwa bekannt gewordenen Fabrikationsmethoden und den Kundenkreis während der Dauer des Agenturvertrages nicht an Dritte Mitteilungen machen.[2]) Dagegen untersteht der Agent der Vorschrift des § 9 Abs. 1 des Gesetzes zur Bekämpfung des unlauteren Wettbewerbs vom 27. Mai 1896 als „selbständiger Kaufmann" nicht.[3]) Nach Beendigung des Agenturverhältnisses findet die Verschwiegenheitspflicht ihre Grenze in der Vorschrift des § 826 BGB. Nur insoweit die Benutzung des auf Grund des früheren Agenturverhältnisses zur Kenntnis des Agenten Gelangten „gegen die guten Sitten" verstoßen würde, kann eine Verschwiegenheitspflicht statuiert werden. So dürfte z. B. nach Beendigung des Agenturvertrages der Besuch der früheren Kunden durch den Agenten für ein jetzt übernommenes Konkurrenzhaus völlig erlaubt sein, nicht aber die Mitteilung der bei dem früheren Hause üblichen Fabrikationsmethoden, dessen Preiskalküle, besonders günstiger Bezugsquellen oder sonstiger nicht allgemein bekannter Geschäftsverbindungen an den neuen Geschäftsherrn.[4])

---

[1]) So schon l 20 pr. D. 17, 1 (Ex mandato apud eum, qui mandatum suscepit nihil remanere oportet). ROHG. Band X S. 361. Jacusiel S. 26 sieht das Entscheidende nicht in der Wahrung des Interesses des Geschäftsherrn, sondern in der „Herausgabepflicht" des Agenten. Alles, was aus der „Geschäftsbesorgung" erlangt ist, muß nach Jacusiel's Ansicht abgeliefert werden. Wir halten das nicht für zutreffend. Es kann einerseits dem Interesse des Geschäftsherrn gar nicht zuwiderlaufen, wenn der Agent auch einen aus der Geschäftsbesorgung erlangten besonderen Vorteil für sich behält, andererseits sehr gegen das Interesse des Geschäftsherrn verstoßen, wenn der Agent Bemühungen auch für die Gegenpartei aufwendet und sich hierfür entlohnen läßt. Die Wahrung des Interesses des Geschäftsherrn muß der Maßstab sein, der an die im einzelnen verschieden gearteten Fälle zu legen ist. Die Entscheidung OLG. Hamburg, 27. IX. 99 in Seufferts Archiv Band 55 Nr. 84 bejaht einerseits, wenn die Annahme einer Extraprovision nach Lage der Sache eine Benachteiligung und Untreue gegen den Prinzipal in sich schließt, die Pflicht zur Herausgabe der Zuwendung, verneint aber, daß dies auf der allgemeinen Herausgabepflicht (unter neuem Recht des § 667 BGB.) beruhe.

[2]) Übereinst.: Immerwahr S. 119—20. Für den Versicherungsagenten ist die Geheimhaltung der sog. „Instruktion" eine streng zu beobachtende Pflicht. Vgl. Heydecker in Baumgartners Zeitschrift Band III S. 784 bei Note 14.

[3]) Übereinst.: Pinner, unl. Wettbewerb S. 129, Finger, unl. Wettbew. (2. Aufl.) S. 287 Note 34 am Schluß. Wassermann, Der unlautere Wettbewerb (Sammlung Göschen) 1907 S. 131; abw. Immerwahr S. 119, Paul Schmid, Gesetzl. Schutz der Fabrik- u. Geschäftsgeheimnisse (Tübingen 1907) S. 87.

[4]) Zu allgemein.: Immerwahr S. 120 bei Note 2 und Heydecker Zeitschr. f. VersR. Band III S. 790/1. Jacusiel S. 29 verneint dagegen mit Unrecht jede Verschwiegenheitspflicht für die Zeit nach Beendigung des Agenturverhältnisses.

b) **Die besonderen Pflichten.**

Dieselben sind in § 84 Abs. 2 festgestellt.

Zunächst verpflichtet § 84 Abs. 2 Halbsatz 1 den Agenten, „dem Geschäftsherrn die **erforderlichen Nachrichten** zu geben."

„Erforderlich" ist die Nachricht über alles dasjenige, „dessen Kenntnis für den Geschäftsbetrieb des Prinzipals von Belang sein könnte" (Immerwahr S. 120). Es fällt in gewisser Weise hierunter auch die oben sub a 4 behandelte Beobachtung der Marktlage, Erforschung eines neuen Absatzgebiets und die noch weitergehenden Verpflichtungen des Versicherungsagenten zur Anzeige von ihm bekannt gewordenen wesentlichen Veränderungen der übernommenen Risiken.[1]) Halbsatz 2 des § 84 Abs. 2 auferlegt dem Agenten, namentlich unter Hervorhebung aus der allgemeinen Benachrichtigungspflicht, dem Geschäftsherrn „von jedem Geschäftsabschluß unverzüglich Anzeige zu machen".

„Von jedem Geschäftsabschluß."

Es ist also gleichgültig, ob der Agent das Geschäft auf Grund seiner bezüglichen Vollmacht abgeschlossen, oder unter Überschreitung derselben zum Abschluß gebracht hat, so daß es eventuell gemäß § 85 HGB. Wirksamkeit erlangt hat oder ob er es nur vermittelt hat und etwa lediglich Bote der Annahmeerklärung seines Geschäftsherrn gewesen ist. In allen diesen Fällen ist dem Geschäftsherrn das Zustandekommen des Geschäfts zu melden und zwar „**unverzüglich**". „Unverzüglich" heißt (vgl. denselben Ausdruck in § 121 BGB.) „ohne schuldhaftes Zögern".[2]) Die Gepflogenheit im Verkehr mit dem vertretenen Hause wird hier das entscheidende Moment sein, doch kann die Wichtigkeit des Gegenstands, die Natur des Artikels, welcher Preisschwankungen unterliegt[3]), im Einzelfalle außergewöhnliche Schnelligkeit gebieten und deren Versäumung „schuldhaftes Zögern" darstellen. Der Agent haftet nur für die **Erstattung** der Anzeige ohne schuldhaftes Zögern, für den richtigen Eingang derselben bei dem Geschäftsherrn haftet

[1]) Vgl. Heydecker in Baumgartners Zeitschrift für VersR. Band III S. 789 bei Note 28.

[2]) Vgl. Staub (VIII. Aufl.) Anm. 18 zu § 84 S. 360/361. Jacusiel S. 24/25. Immerwahr S. 121. Makower sub III b zu § 84 S. 245. In der Reichstagskommission war beantragt das Wort „unverzüglich" im § 84 (82 des Entwurfs) durch „innerhalb einer Woche" zu ersetzen. Der Antrag wurde unter Hinweis auf die im Text wiedergegebene Begriffsbestimmung des Wortes „unverzüglich", die auch dem Interesse des Agenten Genüge leiste, abgelehnt.

[3]) Vgl. hierzu (Benutzung des Telegraphen) Makower sub III c zu § 346 S. 998/999. Düringer-Hachenburg sub III zu § 84 Band I S. 264 und das Erkenntnis des Reichsgerichts vom 9. X. 06 in Band 64 S. 159—163. Hier wird gesagt: „Zum Begriffe der **Unverzüglichkeit** gehört grundsätzlich ein nach den Umständen des Falles zu bemessendes schleuniges Handeln." Unverzüglich ist aber auch ein danach selbst verspätetes Handeln, „wenn die Verzögerung auch bei Beachtung der im Verkehr erforderlichen Sorgfalt unabwendbar war" (RG. a. a. O. S. 162). Die Gleichheit des rechtlichen Begriffes „unverzüglich" in den verschiedenen Bestimmungen des BGB. und HGB. rechtfertigt nicht, „die zu einer einzelnen Rechtsbestimmung ergangenen Entscheidungen kurzerhand auf jede andere Vorschrift, die von unverzüglich spricht, zu übertragen" (RG. a. a. O.). Ob in bestimmten Vorgängen ein schuldhaftes Zögern zu erblicken sei, ist eine vom Reichsgericht zu prüfende Rechtsfrage (RG. a. a. O. S. 161).

er nicht.[1]) Die Anzeige von dem Geschäftsabschluß ist nicht erst auf Erkundigung des Geschäftsherrn, sondern **unaufgefordert** von dem Agenten zu erstatten.[2])

c) Sonstige Pflichten, die sich aus der Natur des Agenturvertrages ergeben.

α) Ist der Agent zu persönlicher Dienstleistung verpflichtet?

Die meisten Schriftsteller bejahen diese Frage unter Hinweis auf § 613 Satz 1 BGB. („Der zur Dienstleistung Verpflichtete hat die Dienste im Zweifel in Person zu leisten".) Dabei lassen sie jedoch andererseits zu, daß der Agent sich — auf seine Gefahr und unter Haftung nach § 278 BGB. — Hilfspersonen bediene, wie Handlungsgehilfen, Unteragenten, Makler u. dgl. m.[3])

Tatsächlich haben ungezählte Agenten Handlungsgehilfen, Handlungsbevollmächtigte und zum Betriebe des ganzen Handelsgewerbes berechtigte Prokuristen.

Unserer Ansicht nach eignet sich die Vorschrift des § 613 BGB., die auch nur „im Zweifel" persönliche Dienstleistung vorschreibt, nicht für das Verhältnis des Geschäftsherrn zu dem selbständigen Agenten.[4]) Diesem muß überlassen bleiben, sich in weitestgehendem Maße Hilfskräfte zu bedienen und das Interesse des Geschäftsherrn ist durch die Haftung des Agenten für die Hilfspersonen gemäß § 278 BGB. in vollem Umfange gewährt. Danach haftet der Agent für das Verschulden seiner Erfüllungsgehilfen, also seines Prokuristen, seiner Handlungsgehilfen, seiner Unteragenten genau so wie für eigenes Verschulden. Läßt somit eine dieser Personen die dem Agenten obliegenden Sorgfaltspflichten außer acht, wird z. B. ein Geschäftsabschluß in Abwesenheit des verreisten Agenten von seinem Personal nicht dem Geschäftsherrn unverzüglich angezeigt, so haftet der Agent für den hieraus etwa entstehenden Schaden.[5])

Wir gelangen mithin zu folgendem Ergebnis:

Der Agent braucht die Dienste nicht persönlich zu leisten, haftet aber für Verschulden seiner Hilfspersonen wie für eigenes.

β) Zum Halten an die Weisungen des Geschäftsherrn verpflichtet den Agenten der gemäß § 675 BGB. anwendbare § 665 BGB. Hat also der Agent

[1]) Übereinst. zu dem entsprechenden § 384 Abs. 2. Staub (VI/VII. Aufl.) Anm. 12 zu § 384 S. 1427. Makower sub IVa 2 zu § 384 S. 1356.

[2]) So für den Kommissionär bereits ROHG. Band XVIII S. 318.

[3]) Vgl. Staub (VIII. Aufl.) Anm. 21 zu § 84 S. 361. Makower sub III c zu § 84 S. 246. Düringer-Hachenburg Vorbem. zu Abschnitt VII sub 4 S. 258. Lehmann-Ring S. 193. Immerwahr S. 115. Jacusiel S. 27. Dochnahl S. 22/23 bzw. 102. Greif S. 30. Kaiser S. 42/43. v. Friesen S. 19/20. Jacusiel, Greif und Kaiser wollen den Handlungsgehilfen nur zu der „nicht eigentlichen Vermittlungstätigkeit (Kontorarbeiten, Lagerarbeit)" auf Grund eines Handelsgebrauchs zulassen, ohne jedoch Belege hierfür anzugeben.

[4]) Auch auf andere selbständige Dienstverpflichtete, wie z. B. Rechtsanwalt und Arzt, trifft die Vermutung des § 613 BGB. nicht unbedingt zu. Man übersehe hierbei nicht, daß diesen Personen jedoch zum Teil Dienste übertragen werden, welche kraft besonderer Umstände (gerichtliche Zulassung, ärztliche Approbation) nur in Person geleistet werden können und dürfen!

[5]) Vgl zu der Frage der Haftung aus § 278 BGB.: Staub (VIII. Aufl.) Anm. 27 - 31 im Exkurs zu § 58 S 257—259. Beiläufig bemerkt irrt Staub (sowohl VI/VII. Aufl als VIII. Aufl.) in Anm. 31 im Exkurs zu § 58 (S. 232 bzw. 258/259), wenn er die Haftung „des mit einer Geschäftsbesorgung Beauftragten", der

von dem Geschäftsherrn bestimmte Instruktionen erhalten, z. B. eine Ware zu gewissen Konditionen zu verkaufen, so darf er hiervon nur abweichen, „wenn er den Umständen nach annehmen darf, daß der Auftraggeber (Geschäftsherr) bei Kenntnis der Sachlage die Abweichung billigen würde" (§ 665 Satz 1 Halbs. 2.) Wenn mit dem Aufschub keine Gefahr verbunden ist, muß er jedoch vor der Abweichung dem Geschäftsherrn Anzeige machen und seine Entschließung abwarten (§ 665 Satz 2 BGB.). Namentlich aber bei den Versicherungsagenten spielen diese „Weisungen", die in „Instruktionen" niedergelegt sind, eine bedeutsame Rolle.[1]) Die Weisungen können, — abgesehen von der etwaigen Schadenersatzpflicht, dem Recht des Agenten zur außerordentlichen Kündigung nach § 92 Abs. 2 und unbeschadet seiner sich aus § 89 ergebenden Rechte — auch darin bestehen, daß dem Agenten weitgehende Einschränkungen seiner Tätigkeit für den Geschäftsherrn auferlegt werden (z. B. Verbot, einzelne Kunden zu besuchen, einzelne Teile des Bezirks zu bearbeiten).[2])

γ) **Die Auskunfts- und Rechenschaftspflicht**

besteht gemäß § 666 BGB. neben der im § 84 Abs. 2 Halbsatz 1 vorgeschriebenen **Benachrichtigungspflicht** (vgl. oben S. 34). Der Agent muß sonach jederzeit, wenn ein Geschäft „in Bearbeitung" ist, **auf Verlangen** dem Geschäftsherrn über den jeweiligen Stand Auskunft erteilen. Ist das Geschäft ausgeführt, so hat der Agent **sofort nach der Ausführung** Rechenschaft abzulegen (§ 666 Halbsatz 3).[3]) Die Rechenschaftspflicht umfaßt die Pflicht zur Vorlage von Belegen. Die Geschäftsgepflogenheit des einzelnen Hauses oder einzelner Geschäftszweige (z. B. in der Versicherungsbranche) können es selbstredend mit sich bringen, daß nur **periodisch** (quartaliter) Rechenschaft vom Agenten zu legen ist.[4])

δ) **Die Herausgabepflicht**

wird im § 667 BGB. statuiert. Danach muß der Agent alles, was er zur Ausführung der Geschäftsbesorgung erhält und was er aus derselben erlangt, an den Geschäftsherrn herausgeben. Hierunter fällt einmal das Äquivalent für die Vertragsleistung, welches der Agent für den Geschäftsherrn von dem Dritten erhalten hat, also z. B. der eingezogene Kaufpreis oder die eingekaufte Ware, einschließlich aller

---

den Auftrag auf einen Dritten überträgt, als „milder" bezeichnet und sich hierfür auf § 664 BGB. beruft. Einmal wird übersehen, daß § 664 BGB. laut § 675 BGB. auf „Geschäftsbesorgungsverträge" **keine** Anwendung findet und zweitens nicht hervorgehoben, daß, sofern derjenige, dem der Auftrag übertragen wird, ein „Gehilfe" ist, die Haftung nach § 278 BGB. eintritt (vgl. § 664 Abs. 1 Satz 2 BGB.). Die Haftung für Verschulden von Hilfspersonen derjenigen, welche mit einer Geschäftsbesorgung beauftragt sind, ist stets die des § 278 BGB.

[1]) Vgl. Heydecker in Baumgartners Zeitschrift Band III (97) S. 784 und die Zitate bei Immerwahr S. 114 Anm. 2. Auch bei den Realkreditinstitut-Agenten kommen solche „Instruktionen" vor, deren sorgfältige Befolgung Pflicht des Agenten ist. Vgl. ROHG. Band VI S. 221.

[2]) Vgl. Staub (VIII. Aufl.) Anm. 19 u. 25 zu § 84 S. 361 bzw. 362.

[3]) Abw. ohne ersichtlichen Grund: Staub (VIII. Aufl.) Anm. 20 zu § 84 S. 361. Immerwahr S. 160.

[4]) Aus der Rechenschaftspflicht ergibt sich auch die Verpflichtung des Agenten zum **Nachweis** der Erfüllung seiner Sorgfaltspflichten. Vgl. unten sub e „Beweislast" S. 40/41.

Rabatte, Skonti, Bonifikationen[1]) oder die einkassierte Versicherungsprämie, aber auch die zum Zwecke der Herbeiführung dieses Geschäfts ihm etwa übergebenen Muster;[2]) endlich alle zwecks oder anläßlich des Geschäfts in den Besitz des Agenten gelangten Urkunden (Wechsel an Stelle einer baren Zahlung, Lagerscheine, Ladescheine, Konnossemente, Versicherungspolicen u. dergl. m.).[3])

Nicht jedoch werden Korrespondenzen des Geschäftsherrn mit dem Kunden, welche dem Agenten abschriftlich mitgeteilt sind oder die an den Agenten gerichteten Originalbriefe der einen oder anderen Partei, welche dem Agenten auf Grund des Vertragsverhältnisses zugingen, mit der Bestimmung, deren wesentlichen Inhalt der Gegenseite zur Kenntnis zu bringen, herausgegeben werden brauchen.[4])

ε) Die Pflicht zur unverzüglichen Erklärung auf Geschäftsbesorgungsaufträge (§ 362 HGB. und § 663 BGB.).

Da der Agenturvertrag, wie dargelegt, ein auf eine Geschäftsbesorgung gerichteter Dienstvertrag ist, so findet auf den Agenten der § 362 HGB. Anwendung.[5])

Geht also einem Agenten ein Auftrag von seinem Hause zu, z. B. eine ihm übersandte Partie Waren zu verkaufen oder erhält ein Agent, welcher bislang gelegentlich Agenturgeschäfte für ein anderes Haus besorgt oder sonst mit diesem in Geschäftsverbindung gestanden hat, einen Antrag zur Übernahme der Agentur, so muß er unverzüglich antworten. Antwortet er nicht, so gilt sein Schweigen als Annahme des Auftrags; der Agenturvertrag ist somit, wenn der Agent nicht unverzüglich ablehnt, auch unter vielleicht sehr ungünstigen Bedingungen zustande gekommen. Ebenso muß der Agent nach Absatz 2, wenn er sich auf eine in den Tageszeitungen erlassene Annonce oder auf die im „Waren-Agent" erfolgte Ausschreibung einer „offenen Agentur" bei der bezüglichen Abteilung des „Zentralverbandes Deutscher Handlungsagenten" gemeldet hat, auf die ihm dann zugehende Vertragsofferte des den Vertreter suchenden Fabrikanten sich unverzüglich äußern, widrigenfalls sein Schweigen die Perfektion des Vertrages herbeiführt. Absatz 2 des § 362 HGB. statuiert noch eine besondere Fürsorgepflicht für die dem Agenten etwa mitgesandten Waren, auch wenn er den Auftrag zum Verkauf derselben unverzüglich ablehnt.

Hat endlich der Agent in den Tageszeitungen oder Fachzeitschriften sich zur

---

[1]) Wegen der „Extraprovisionen" s. oben S. 32/33.

[2]) Siehe den Exkurs zu diesem Paragraph: „Die Behandlung der Muster".

[3]) Vgl. hierzu bezüglich des gleichlautenden § 384 Abs. 2 Halbsatz 3: Makower sub VI 3 zu § 384 S. 1361/1362.

[4]) Übereinst. schon für das ältere Recht: LG. Hamburg, 7. XII. 93 in HGZ. Hbl. 1894 Nr. 9 S. 27.

[5]) Vgl. hierzu Staub (VIII. Aufl.) Anm. 1—24 S. 1303—1308. § 362 HGB. lautet: „Geht einem Kaufmanne, dessen Gewerbebetrieb die Besorgung von Geschäften für andere mit sich bringt, ein Antrag über die Besorgung solcher Geschäfte von jemand zu, mit dem er in Geschäftsverbindung steht, so ist er verpflichtet, unverzüglich zu antworten. Sein Schweigen gilt als Annahme des Antrages. Das gleiche gilt, wenn einem Kaufmann ein Antrag über die Besorgung von Geschäften von jemand zugeht, dem gegenüber er sich zur Besorgung solcher Geschäfte erboten hat. Auch wenn der Kaufmann ablehnt, hat er die mitgesendeten Waren auf Kosten des Antragstellers, soweit er für diese Kosten gedeckt ist und soweit es ohne Nachteil für ihn geschehen kann, einstweilen vor Schaden zu bewahren."

„Übernahme von Vertretungen" öffentlich erboten,[1]) so muß er ebenfalls, wenn er den Auftrag nicht annehmen will, die Ablehnung dem Auftraggeber unverzüglich anzeigen. Dies bestimmt § 663 Satz 1 BGB., welcher neben § 362 HGB. gilt.[2]) Jedoch gilt hier Schweigen nicht als Annahme, die Versäumung der Pflicht zur unverzüglichen Ablehnung macht den Agenten lediglich dem Auftraggeber schadensersatzpflichtig.[3])

d) Folgen der Pflichtverletzung.

Die Verletzung der im vorstehenden geschilderten Pflichten des Agenten macht ihn dem Geschäftsherrn gegenüber schadensersatzpflichtig.

Dies ergibt nach der herrschenden Ansicht der aus dem Zusammenhang des BGB. zu entnehmende Grundsatz, daß, wo die Rechtsfolgen der „Haftung für Vorsatz oder Fahrlässigkeit nicht anders geregelt sind, diese Haftung jedenfalls in der Haftung zum Schadensersatz besteht".[4])

Hinsichtlich des Schadensersatzes gelten die allgemeinen Bestimmungen der §§ 249—255 BGB.

Die Anwendung dieser Grundsätze auf den Agenturvertrag bietet im allgemeinen keine Schwierigkeiten.[5]) Es sollen hier nur die folgenden besonderen Fälle behandelt werden.

α) Wie bemißt sich die Schadensersatzpflicht des Agenten bei Überschreibung „fingierter Orders"?

Der Geschäftsherr hat im Falle der Überschreibung fingierter Orders durch den Agenten keinen Anspruch „auf Erfüllung" gegen ihn. Denn der Agent haftet dem Geschäftsherrn solchenfalls nicht als Pseudovertreter. Der Agent, der eine falsche Ordre überschreibt, tut dies nicht als Vertreter des Kunden ohne Vertretungsmacht, so daß § 179 BGB. zur Anwendung käme, sondern er handelt auch diesenfalls als Vertreter des Geschäftsherrn.[6])

---

[1]) Wenn auch nur unter einer Chiffre. Dagegen genügt nicht ein am Kontor oder an der Wohnung des Agenten angebrachtes Schild des Inhalts, daß der Agent „Agenturen" betreibe. Das ist kein „öffentliches Erbieten zur Besorgung gewisser Geschäfte". Vgl. Staub (VIII. Aufl.) Anm. 21 zu § 362 HGB. S. 1307.

[2]) Vgl. Staub (VIII. Aufl.) Anm. 22 zu § 362 HGB. S. 1307.

[3]) Vgl. Staub (VIII. Aufl.) Anm. 23 zu § 362 HGB. S. 1307.

[4]) Vgl. Staub (VIII. Aufl.) Anm. 11 zu § 347 HGB. S. 1166 § 276 BGB. sagt nur, daß der Schuldner Vorsatz und Fahrlässigkeit zu „vertreten" hat. Auch § 286 BGB. hilft nicht, denn nicht jede Pflichtverletzung ist Verzugsfolge. Staub führt a. a. O. gerade das Beispiel schuldhaft verabsäumter Benachrichtigungspflicht (§ 666 BGB.) an. Die neueste Literatur zu dieser Streitfrage, namentlich, ob eine „Lücke" hinsichtlich der gesetzlichen Regelung im § 276 BGB. vorliegt, ist im IDR. Band 5 S. 108 bzw. 112 exzerpiert. (H. Lehmann, Lesser, Siber.)

[5]) Vgl. die Zusammenstellung bei Staub (VIII. Aufl.) Anm. 12—27 zu § 347 HGB. S. 1167—1172.

[6]) Übereinst. unter Ablehnung der Heranziehung der für den falsus procurator geltenden Grundsätze schon: RG. Band 12 S. 17 u. 18. Die gleichen im Text nachstehend entwickelten Grundsätze treffen auch für den Fall zu, daß der Agent sich eines Unteragenten oder Maklers bedient. Wenn dieser eine Schlußnote fälscht, so trifft den Agenten hierfür die Verantwortung, da er sich der Richtigkeit der von so angeworbenen Kunden erteilten Aufträge versichern muß, namentlich wenn es sich um bedeutende Abschlüsse handelt. Vgl. RG. 10. X. 91 in Bolze Band 13 Nr. 378 S. 197.

Die Verpflichtung des Agenten zum Schadensersatz regelt vielmehr § 249 BGB., der vorschreibt, daß der Schadensersatzpflichtige „den Zustand herzustellen hat, der bestehen würde, wenn der zum Ersatze verpflichtende Umstand nicht eingetreten wäre."

„Der zum Ersatz verpflichtende Umstand" ist nun in unserem Falle die fälschliche Mitteilung von dem Zustandekommen eines Vertrages oder dem Vorliegen eines Auftrags abseiten des Agenten an den Geschäftsherrn und herzustellen ist der Zustand, der bestanden hätte, wenn eine solche Mitteilung dem Geschäftsherrn nicht gemacht wäre. Mit anderen Worten: es muß der Geschäftsherr vermögensrechtlich in die Lage gebracht werden, in der er sich befinden würde, wenn er nicht den Vertrag für abgeschlossen gehalten und danach „seine geschäftlichen Dispositionen getroffen hätte".[1])

Die Verschiedenheit der von dem Geschäftsherrn nach Einlaufen des „fingierten Auftrags" getroffenen und erforderlichen geschäftlichen Maßnahmen bedingt aber auch den verschieden gestalteten Umfang des Schadensersatzes.

Hat der Agent eine fingierte Order auf eine „Lagerware" überschrieben, die fertig bei dem Geschäftsherrn vorhanden ist, so wird unter Umständen bei nachweislich[2]) versäumter anderweitiger Verkaufsgelegenheit der Schaden abstrakt berechnet werden dürfen, d. h. in der Differenz zwischen „Einstands- und Marktpreis" bestehen.[3]) Betrifft der Auftrag dagegen eine individualisierte, erst aus vorhandenen oder anzuschaffenden Rohstoffen herzustellende oder von einem Dritten zu beschaffende Ware, für die anderweite Verkaufsgelegenheit weder vorhanden war noch ist, so kann der Schadensersatz dahin gehen, daß der Agent für den vollen Fakturenwert der Ware haftet, auf deren Überlassung er dann gegen Zahlung desselben Anspruch hat, da eben ohne den fingierten Auftrag der Geschäftsherr die Ware nicht hergestellt hätte und der Wert der Ware die zu ersetzende Differenz in der Vermögenslage des Geschäftsherrn darstellt. Bei so gearteter Sachlage erreicht allerdings der Schadensersatz das Erfüllungsinteresse.[4])

Erfährt umgekehrt der Geschäftsherr zu einer Zeit, zu der er den Auftrag noch nicht ausgeführt oder auszuführen begonnen hat, daß derselbe fingiert war, so wird der Schadensersatz sich auf ein Minimum, auf seine etwaigen baren Auslagen reduzieren oder ganz in Wegfall kommen.[5])

---

[1]) Die im Text wiedergegebene Umschreibung des § 249 BGB. ist dem einen Fall des § 179 BGB. behandelnden Urteil des RG. vom 1. II. 07, abgedruckt Seufferts Archiv Band 62 Nr. 131 S. 226 entlehnt. Vgl. auch RG. Band 12 S. 121.

[2]) Für die Verkaufsmöglichkeit von Waren, die den Gegenstand des Handelsverkehrs bilden, streitet die — vom Ersatzpflichtigen für den Einzelfall zu beseitigende — Vermutung. Vgl. RG. Band 4 S. 3/4.

[3]) Vgl. das in vor. Anm. zitierte Erkenntnis des RG. a. a. O. S. 227 und RG. 14. VI. 04 in JW. 04 S. 448 Nr. 1 (auch abgedruckt RG. Band 58 S. 326).

[4]) Vgl. den analogen Fall der Verabsäumung der Sorgfaltspflichten eines ordentlichen Spediteurs in RG. Band 38 S. 18 (auch abgedruckt: Seufferts Archiv Band 52 Nr. 253).

[5]) Die „Meinung" des Geschäftsherrn, daß ein Vertrag zustande gekommen sei und die „Möglichkeit" eines Gewinnes bilden an sich noch keinen zu ersetzenden Schaden. Vgl. RG. Band 12 S. 21. Man beachte jedoch das in Anm. 2 angegebene Moment.

Andererseits präjudiziert der Geschäftsherr seiner Schadensersatzforderung nicht, wenn er nach erlangter Kenntnis von der Nicht-Existenz der Order zunächst versucht, den Kunden zur nachträglichen Erteilung derselben zu veranlassen.[1])

β) Schadensersatzpflicht bei Verletzung der Erkundigungspflicht hinsichtlich der Kreditwürdigkeit des Kunden.

Auch hier wird der Umfang des Schadensersatzes sich wiederum nach dem Maße der schon von dem Geschäftsherrn getroffenen Dispositionen richten. Erfährt der Geschäftsherr von der Kreditunwürdigkeit des Kunden, ehe er den Vertrag seinerseits erfüllt und einen Kredit bewilligt hat, so wird der Schadensersatz von dem Falle, daß eine ganz spezielle — sonst unverkäufliche Ware, die eben nur für diesen Kunden Wert hat, Gegenstand des Geschäfts war, abgesehen, sich auf das negative Vertragsinteresse beschränken. Ist aber schon geliefert und kreditiert, so haftet der Agent auf das Erfüllungsinteresse. Der Geschäftsherr braucht[2]) solchenfalls nicht den Agenten, unter Angebot der Abtretung seiner Ansprüche an den Kunden, in Anspruch nehmen. Er darf auch gegen den Kunden vorgehen und sich für den hierbei erlittenen Ausfall an dem Agenten erholen.[3]) Der letztgedachte Anspruch erlischt auch nicht durch den Beitritt des Geschäftsherrn zu einem sachgemäßen außergerichtlichen Akkord des Kunden unter Erlaß der Restschuld an diesen.[4])

Konkurrierendes Verschulden, z. B. Lässigkeit in der Einziehung des Kaufpreises abseiten des Geschäftsherrn ist gemäß § 254 Abs. 1 BGB. zu berücksichtigen. Bei Überwiegen des Verschuldens des Geschäftsherrn kann die Haftung des Agenten ganz in Wegfall kommen. Das gleiche wird der Fall sein, wenn vorauszusetzen ist, daß die Kenntnis von Gerüchten über die schlechte Vermögenslage oder mangelnde Sicherheit des Kunden keinen Einfluß auf den Entschluß des Geschäftsherrn gehabt habe, mit dem ihm empfohlenen Kunden in Geschäftsverbindung zu treten.[5])

Eine weitere Folge der Pflichtverletzung des Agenten kann die Ausübung des dem Geschäftsherrn nach § 92 Abs. 2 zustehenden Rechts der außerordentlichen Kündigung sowie der Verlust seines Provisionsanspruchs sein.[6])

e) Die Beweislast hinsichtlich der Pflichterfüllung trifft den Agenten. Dies ergibt sich für alle Rechtsverhältnisse, die dem Verpflichteten eine Rechenschaftspflicht auferlegen, mithin auch für den Agenten aus

---

[1]) Vgl. RG. 14. VI. 04 in JW. 04 S. 448 Nr. 1 (RG. Band 58 S. 326).

[2]) Der Agent hat indes nicht den Anspruch auf vorherige Ausklagung der von ihm zugeführten insolventen Kunden. Vgl. ROHG. Band XIV S. 401.

[3]) So: ROHG. Band XXII S. 119. Auch die Prozeßkosten der Klage gegen den Kunden hat der Agent in diesem Fall zu erstatten, da diese zu dem nach § 249 BGB. zu ersetzenden Schaden gehören. Vgl. zu dem (analogen) § 179 BGB. Wilutzky im Recht 1901 S. 190 rechts bei Note 8.

[4]) Vgl. ROHG. Band XXII S. 119 unten bis 121.

[5]) Vgl. RG. 28. IX. 92 in Bolze Band 15 Nr. 311 S. 197.

[6]) Z. B. wenn der Geschäftsherr sich infolge der Nachlässigkeit des Agenten der Dienste eines anderen Vermittlers bedienen muß und diesem Provision schuldig wird. Vgl. RG. 25. VI. 84 in JW. 1884 S. 214 Nr. 16.

dieser.[1]) Der Ersatzberechtigte hat nur den Eintritt eines Schadens zu beweisen, der Agent muß sich exkulpieren. Namentlich muß der Agent beweisen, daß er seiner Sorgfaltspflicht hinsichtlich der Erkundigungen über die Kreditwürdigkeit der von ihm zugeführten Kunden genügt hat.[2])

IV. Erfüllungsort.

Der Erfüllungsort für die beiderseitigen Verpflichtungen aus dem Agenturvertrage wird in Ermangelung einer besonderen Vereinbarung durch die Rechtsregel des § 269 BGB. bestimmt. Danach haben sowohl Geschäftsherr wie Agent jeder ihre Pflichten an ihrem **Wohnsitz** oder gemäß § 269 Abs. 2 BGB. am Ort ihrer gewerblichen Niederlassung zu erfüllen. Es besteht kein Anlaß, für den Agenturvertrag eine Ausnahme von dieser Regel zu machen.[3])

Auch für den „reisenden Agenten" ist nichts anderes zu sagen und wir können uns der Ansicht Düringer-Hachenburgs (sub VI zu § 84 S. 265)[4]) nicht anschließen, wenn diese für den „reisenden Agenten" als Regel hinstellen, daß er „am Sitz des von ihm vertretenen Hauses seine Zentrale habe" und daß daher dieser Ort der „Leistungsort" für ihn sei. Dies trifft nur dann zu, wenn sein Wohnort oder seine gewerbliche Niederlassung mit dem Sitz des Geschäftsherrn identisch sind.

Der Agent muß sonach z. B. für Schaden, der durch Pflichtversäumung entstanden ist, an seinem Wohn- oder Niederlassungsort verklagt werden, während er gegen den Geschäftsherrn auf Zahlung der Provision, Erteilung von Buchauszug und Abrechnung nur am Wohn- oder Niederlassungsort des Geschäftsherrn klagen kann. Doch sei darauf aufmerksam gemacht, daß in vielen Fällen der Agent durch Ausübung des Zurückbehaltungsrechts an Mustern (auch in noch so geringer Menge) oder an Waren es in der Hand hat, den Prozeß gegen den Geschäftsherrn an seinem, des Agenten Wohnort anzustrengen (§ 371 Abs. 4 HGB.).

---

[1]) Vgl. z. B. § 241 HGB. (Vorstandsmitglieder der Aktiengesellschaft) und für alle Geschäftsbesorgungsverträge. Übereinst.: Staub (VIII. Aufl.) Anm. 16 zu § 347 HGB. S. 1169 und für den Agenten: Anm. 27 zu § 84 HGB. S. 362. Dochnahl S. 108. Für das frühere Recht bereits: ROHG. Band VI S. 216/7 (Agent eines Realkredit-Instituts), Band XXII S. 124 u. a. m.

[2]) Vgl. RG. 17. X. 93 in Bolze Band 17 Nr. 385 S. 208.

[3]) Übereinst.: Staub (VIII. Aufl.) Anm. 29 zu § 84 S. 363. Düringer-Hachenburg sub VI zu § 84 S. 264. Goldmann sub III zu § 84 S. 404. Jacusiel S. 33. Dochnahl S. 107. Immerwahr S. 130. Vgl. RG. Band 12 S. 36.

[4]) Ebenso unter Hinweis auf Düringer-Hachenburg: Staub (VIII. Aufl.) Anm. 29 zu § 84 S. 363. Jacusiel S. 33. Dochnahl S. 107. Staub und Jacusiel referieren indes Düringer-Hachenburgs Ansicht nicht ganz richtig, sondern verschieben die Frage durch den Zusatz:

> „Dieser Ort (die Zentrale seines Wirkens) wird oft mit dem Niederlassungsort des Geschäftsherrn identisch sein, doch ist dies nicht notwendig",

derartig, daß man damit wieder auf ihren (der Agenten) Wohn- oder Niederlassungsort gelangt, während Düringer-Hachenburg ganz generell „den Sitz des vertretenen Hauses" als Erfüllungsort für den reisenden Agenten bezeichnen.

Dagegen ist eine Zuständigkeit des Gerichts am Wohnort des Agenten gemäß § 31 CPO. nicht gegeben. Die Geschäfte des Agenten sind normalerweise keine „Vermögensverwaltung".[1])

Immerwahr (S. 130) gelangt zu einem hiervon abweichenden Ergebnis auf Grund der Entscheidung des Reichsgerichts vom 3. November 1886 (Band 20, S. 364/365), übersieht aber, daß in dem damals entschiedenen Fall es sich um die Geschäfte einer Generalagentur einer großen (Hamburger) Feuerversicherungsgesellschaft handelte. Der Inhaber derselben war mit weitgehender Abschlußvollmacht ausgestattet und hatte über umfangreiche Prämienbeträge, die er auf Grund besonderer Inkassovollmacht eingezogen hatte, abzurechnen. Darin liegt allerdings eine „Vermögensverwaltung", die indes dem Wesen der Agentur fremd ist.[2])

Auf das engste hängt mit der Frage nach dem Leistungsort die Frage

V. des maßgeblichen Rechts

zusammen.

1. An sich ist für die Rechte und Pflichten des Agenten das Recht desjenigen Ortes maßgeblich, an dem der Agent seine Tätigkeit entfalten soll.[3])

Vor allem richtet sich nach diesem Recht der Umfang der Vertretungsmacht im Verhältnis zu Dritten. Der Geschäftsherr, der einen Agenten an einem ausländischen Platz einsetzt oder beschäftigt, unterwirft sich damit den Rechtssätzen, welche für diese Art der Bevollmächtigung an dem ausländischen Platz, wo der Agent seine Tätigkeit entfalten soll, gelten.[4])

2. Sofern es auf Handelsgebräuche ankommt (z. B. hinsichtlich des „üblichen" Satzes der Provision nach § 88 Abs. 3 HGB. oder der Erstattung von „Kosten und Auslagen" gemäß § 90 HGB.), sind die Handelsgebräuche des Ortes maßgebend, an dem der Agent wirken soll, also an seinem Wohn- oder Niederlassungsort.[5])

Dieser Grundsatz erleidet auch für den „reisenden Agenten" keine Einschränkung. Es folgt dies aus dem Bedürfnis und der Rechtsnotwendigkeit der einheitlichen Gestaltung des Verhältnisses.[6])

---

[1]) Übereinst.: RG. in JW. 1899 S. 2 Nr. 6.

[2]) Auch Ehrenberg, Versicherungsrecht S. 220 Note 15 bezeichnet diesen Gerichtsstand nur als „möglicherweise" für den Versicherungsagenten begründet.

[3]) Übereinst.: RG. Band 12 S. 36; Leonhard, Erfüllungsort und Schuldort (1907) S. 103. Abw. OLG. Hamburg, 30. X. 02 OLGRspr. Band VI S. 6. Vgl. hierzu jedoch Staub (VIII. Aufl.) Anm. 29 zu § 84 S. 363 und unten S. 43.

[4]) Vgl. RG. Band 38 S. 196. Band 51 S. 149. Abw. OLG. Hamburg in der in vor. Anm. zit. Entscheidung. Vgl. auch unten Allg. Teil zu §§ 85—87 S. 80.

[5]) Vgl. Marcus-Berlin im „Recht" 1901 S. 34—44, sowie für den analogen Fall der „Auslieferungsprovision" des Kommissionärs nach § 396 Abs. 1 Satz 2 Halbsatz 1 HGB. Art. 371 Abs. 2 AHGB.: RG. Band 17 S. 31/32.

[6]) Die vom RG. in der vorhergehenden Anmerkung zitierten Entscheidung für den Kommissionär entwickelten Grundsätze treffen auch hier zu. Vgl. RG. Band 17 S. 32, Z. 8—18 v. o. In diesem Sinne erscheint auch die Entscheidung des OLG. Stettin vom 1. XI. 00 in OLGRspr. Band I S. 436/437 richtig. Vgl. auch Leonhard, Erfüllungsort und Schuldort S. 131.

3. Abweichungen können sich allerdings gemäß § 269 BGB. „aus den Umständen" ergeben. So hat das Oberlandesgericht Hamburg in seiner Entscheidung vom 30. Oktober 1902, die allerdings von einem unrichtigen Prinzip ausgeht[1]), den Vertrag zwischen einem im Ausland wohnhaften Agenten und einer ein Kohlendepot für deutsche Handels- und Marineschiffe in Algier betreibenden, in Hamburg ansässigen Gesellschaft für deutschem Recht unterstehend erachtet. Die besonderen Umstände waren hier, daß das Unternehmen als „deutsch-nationales" geplant und behandelt, der Agent deutscher Reichsangehöriger, der Vertrag in Hamburg nach dem Entwurfe eines Hamburger Anwalts in deutscher Sprache abgeschlossen und die Vergütung des Agenten in deutscher Währung bestimmt war.

VI. Die Quellen des geltenden Agentenrechts und die Handelsgebräuche.

Von den „zum Handelsstande" gehörigen Personen sind die Handlungsagenten am spätesten einer gesetzlichen Regelung für würdig befunden worden.

Der älteren Handelsrechtsliteratur ist der Begriff des „Agenten" durchweg fremd, oder, wo er erwähnt wird, findet man ihn als gleichbedeutend mit den verwandten Instituten der Makler und Kommissionäre oder als „factor" oder „institor", als am fremden Ort ansässiger, abhängiger Handlungsbevollmächtigter behandelt.

Der Hamburgische Handelsrechtsschriftsteller Meno Pöhls schreibt in Band I seines 1828 erschienenen Werkes: „Darstellung des gemeinen deutschen und des hamburgischen Handelsrechts für Juristen und Kaufleute" (daselbst S. 85):

> „Es kommt insbesondere noch eine Art von Faktor vor, die von dem in obigem Sinne, (dem institor) sich unmerklich unterscheidet. Dieser ist der Vorsteher eines Handlungshauses, welches der Chef einer Handlung an einem, von seinem Wohnort entfernten, Orte etabliert und welchem nun ein Agent oder Bevollmächtigter vorgesetzt wird. Im ganzen ist zwar dieser auch nach den Grundsätzen über den institor zu beurteilen; allein insofern seine Vollmacht ihn gewissermaßen zum Chef einer Nebenhandlung macht, liegt in dieser Vollmacht die Befugnis, sich als Chef dieses Nebenhauses zu gerieren und es kann kein Zweifel stattfinden, daß eine solche Vollmacht, selbst wo sie noch so unbestimmt abgefaßt ist, für eine uneingeschränkte zu halten sei, wenn nicht das Gegenteil bekannt gemacht ist."

Seite 102 daselbst trennt Pöhls den „Agenten" (er spricht von einem „Agenten im engeren Sinne") nicht scharf von dem „Reisenden", gibt auch deren Bezeichnung als „Kommissionäre" als die im „gemeinen Leben" gebräuchliche an.

Brinckmann behandelt in seinem 1856 erschienenen „Lehrbuch des Handelsrechts" den „Agenten" bei dem Kommissionshandel, daselbst § 107 S. 390. „Vermittler, meint er, sei der Agent nie; wenn er „bloß Warenbestellungen sucht, um sie unmittelbar von dem, als dessen Agent er sie entgegennahm, aus-

[1]) Wie Staub (VIII. Aufl.) Anm. 29 zu § 84 S. 363, (vgl. vor. Seite Anm. 3) treffend dargelegt.

führen zu lassen, ist er im Zweifel als ein nur hierzu bestellter Institor anzusehen."[1])

Der Begriff sei indes, sagt Brinckmann, „unbestimmt und schwankend", bald sei er Kommissionär, bald Institor.

Bei den Beratungen des „Allgemeinen Deutschen Handelsgesetzbuchs" auf der „Nürnberger Konferenz" wurde zunächst in der XI. Sitzung vom 5. Februar 1857 die Entscheidung über die Regelung der Rechtsstellung der Agenten ausgesetzt, da sich „auf mehreren Seiten die Ansicht geltend gemacht hatte, daß die Agenten nur Spezialbevollmächtigte außerhalb eines Dienstverhältnisses seien und daß die Wirksamkeit ihrer Handlungen gegenüber dem Auftraggeber nur nach Inhalt der ihnen für jeden einzelnen Fall erteilten Aufträge bemessen werden könne."[2]) In der XIV. Sitzung vom 9. Februar 1857 kam man jedoch auf die Agenten zurück.[3]) Hier standen sich nun die verschiedenartigsten Auffassungen gegenüber. Die einen wollten das „neue und in rascher Fortbildung" begriffene Institut der Agenten, das bisher „in der Handelsrechtswissenschaft und in der Handelsgesetzgebung außer acht gelassen sei", regeln, aber doch nur nach der Seite hin, inwieweit sie ihren Auftraggeber verpflichteten.[4]) Andere waren der Ansicht, daß die „Agenten des ausgeprägten handelsrechtlichen Charakters entbehrten", das Wort drücke „keinen fixierten Begriff aus", der Agent sei bald Mandatar, bald Makler und bald Reisender.[5]) Doch sei das Institut noch nicht ausgebildet.[6])

Eine dritte Meinung wollte die Agenten schlankweg als Handlungsbevollmächtigte behandeln und sie den Bestimmungen des Art. 50 des Entwurfs, des nachmaligen Art. 47 AHGB. (= § 54 HGB.) unterstellen.

Die Befürworter einer Regelung des Agentenrechts hoben noch besonders hervor, daß „ein erhebliches Unterscheidungszeichen in dem Bestehen oder Nichtbestehen eines Dienstverhältnisses zu suchen sei, der Agent sei selbständig, könne für sich Kaufmann und Prinzipal sein, der Agent könne für mehrere Kaufleute Geschäfte machen, ohne (besondere Verhältnisse

---

[1]) Vgl. Brinckmann Note 7 zu § 107 S. 390. Die Begriffsbestimmung des Agenten bei Brinckmann enthält trotz der im Text referierten, wenigstens für den modernen Rechtszustand — schiefen Auffassung manche Keime der heutigen Legaldefinition. („Wer kontinuierlich von einem örtlichen Mittelpunkte aus und regelmäßig an demselben für einen auswärtigen Dritten als dessen Beauftragter und in dessen Namen selbständig Handelsgeschäfte für denselben besorgt resp. abschließt, pflegt Agent genannt zu werden".) Auch Thöl, Handelsrecht Band I (IV. Aufl. 1862) subsumiert den „Agenten" noch unter den Institor-Begriff (a. a. O. S. 131 Note 6).

[2]) Vgl. Lutz, Protokolle S. 88.

[3]) Vgl. Lutz, Protokolle S. 103—108.

[4]) Der Nürnberger Kommission stand nur die Frage nach dem „Umfang der Vollmacht" des Agenten vor Augen, daß zwischen dem Geschäftsherrn und ihm auch „Rechte und Pflichten" bestehen, daran dachte man entweder nicht oder glaubte, in der Mandatstheorie (vgl. auch oben S. 20) befangen, hiervon absehen zu können.

[5]) Vgl. Lutz, Protokolle S. 105/106.

[6]) Vgl. Lutz, Protokolle S. 106.

ausgenommen) die Zustimmung der einzelnen zu bedürfen, der Reisende nicht."[1])

Das waren in der Tat wertvolle Ansätze für die Gestaltung unseres heutigen Rechts. Die Kommission beschloß indes in erster Lesung lediglich einen Zusatz zu Art. 50 (nachmals Art. 47 AHGB.) dahin:

„daß Handlungsbevollmächtigte, welche zur Zeit der Auftragserteilung nicht im Dienstverhältnisse zum Auftraggeber stehen (Handelsagenten) denselben nur nach der für die einzelnen Fälle gegebenen (jeweiligen) Vollmacht verpflichten."[2])

In der zweiten Lesung gewann jedoch die Partei, welche den Agenten nicht als „abhängigen Bevollmächtigten" betrachtete, sondern ihn denjenigen Personen zurechnete, „welche nicht in einem Dienst- oder Abhängigkeitsverhältnis zu dem Prinzipal stehen", die Oberhand. Der oben erwähnte Zusatz zu Art. 50 wurde wieder gestrichen. Die „Handelsagenten"[3]) sollten nach Handelsrecht (namentlich Art. 290, 297, 298 AHGB.) beurteilt werden.[4])

In der zweiten Lesung wurde ferner, „um auch die Tätigkeit der Agenten zu umfassen" in Ziffer 4 des AHGB. Art. 272 eingeschaltet „oder Abschließung von Handelsgeschäften in fremdem Namen", so daß die Geschäfte des Agenten „Handelsgeschäfte" waren[5]) und er selbst damit gemäß Art. 4 AHGB. Kaufmann.

In dritter Lesung kam man zu der Auffassung zurück, daß die „Stellung und Rechtsverhältnisse der Agenten so verschieden seien, daß sich allgemeine Grundsätze darüber nicht aufstellen ließen."[6])

In dem großen Rechtsgebäude des alten Handelsgesetzbuchs war somit für die Agenten kein gesonderter Raum.

Und doch hatte schon im Jahre 1856 ein Mann der Praxis, der derzeitige Lehrer der Handelswissenschaften an der öffentlichen Handelslehranstalt in Chemnitz, nachmalige Direktor der Handelsschule in Gotha, Wilhelm Röhrich, in einem der „Einladungsschrift zur Prüfung der Schüler der öffentlichen Handelslehranstalt in Chemnitz" beigegebenen, 16 Druckseiten umfassenden Aufsatz: „Die Stellung des kaufmännischen Agenten" eine in fast allen wesentlichen Punkten zutreffende Begriffsbestimmung des Agenten gegeben und seine Stellung wirtschaftlich und rechtlich einwandsfrei gegen die verwandten Institute des Maklers, des Kommissionärs, des Reisenden und des Handlungsgehilfen abgegrenzt.[7]) Richtig erkennt Röhrich das wesentliche Merkmal des Agenten in seiner „Unabhängigkeit",

[1]) Vgl. Lutz, Protokolle S. 107.

[2]) Vgl. Lutz, Protokolle S. 108.

[3]) So und nicht „Handlungsagenten" nennen die Nürnberger Protokolle ihn. Vgl. hierzu auch die neuerliche Debatte in Agenten-Kreisen: „Handlungsagent" oder „Handelsagent" auf dem III. (Münchener) Agenten-Kongreß, Protokolle S. 172—177. Man hat derzeit die Änderung des Namens des Verbandes in: „Zentralverband Deutscher Handelsagenten-Vereine" abgelehnt. Vgl. a. a. O. S. 177.

[4]) Vgl. Lutz, Protokolle S. 963.

[5]) Vgl. Lutz, Protokolle S. 1295.

[6]) Vgl. Lutz, Protokolle S. 4516.

[7]) Vgl. Röhrich a. a. O. S. 8 unten — 10. Siehe auch desselben Schriftstellers „Abriß der Handelswissenschaft" Leipzig 1861 § 92 S. 161/162.

in seiner „dauernden Beziehung zu seinem Hause", in der Möglichkeit, mehrere nicht konkurrierende Häuser zu vertreten.[1]) Er führt uns den „reisenden Agenten", der nicht reisender Gehilfe ist, den Typus des Verkaufs- und Einkaufsagenten vor Augen.[2]) Er stellt die Grundsätze auf, daß die Provision und der Umfang der Einnahme des Agenten aus Provisionen vom „Erfolge seiner Tätigkeit und Umsicht abhängig" ist,[3]) daß der Agent „vorzugsweise" dem Interesse einer Partei dient und nur von dieser seine Provision bezieht[4]) und daß dem Agent nicht untersagt ist, Geschäfte für eigene Rechnung zu machen.[5])

Das Verlangen Röhrichs (a. a. O. S. 16) nach einer gesetzlichen Regelung des Agentenrechts blieb allerdings angesichts der oben dargelegten Beschlüsse der „Nürnberger Konferenz" ein „frommer Wunsch".

Welches war nun der Rechtszustand der Agenten unter der Herrschaft des alten HGB.?

Goldschmidt definiert in seiner 1864 erschienenen ersten Auflage seines „Handbuchs des Handelsrechts", welches diese Materie auf der Grundlage des Allgemeinen Deutschen Handelsgesetzbuchs darzustellen bestimmt war,[6]) den Agent als jeden

> „der selbständig und gewerbsmäßig, aber weder als Kommissionär noch als Makler, für fremde Rechnung und in fremdem Namen in Handelsgeschäften tätig ist. Sein Gewerbe besteht darin, daß er sich in eigenem Namen erbietet, fremde Geschäfte in fremdem Namen zu vermitteln, abzuschließen oder auszuführen."[7])

Das Gesetz selbst schwieg, außer der durch Art. 4 in Verbindung mit Art. 272 Ziffer 4 AHGB. festgelegten Kaufmannseigenschaft. Einen schwachen Anhalt gab der Verweis in den Protokollen der „Nürnberger Konferenz" (daselbst Seite 963) auf die (nachmaligen) Art. 290, 297, 298.[8]) Hinzu traten wohl noch

---

[1]) Vgl. Röhrich a. a. O. S. 9.

[2]) Vgl. Röhrich a. a. O. S. 10–11.

[3]) Vgl. Röhrich a. a. O. S. 9.

[4]) Vgl. Röhrich a. a. O. S. 10. Aus dem Erkenntnisse des ROHG. Band II S. 333/334 geht hervor, daß in Hamburg schon seit 1851 der derzeitige Beklagte die „Agentur verwaltet", und zwar als selbständig in seinem Wohnort etablierter Kaufmann die Kläger, ein inländisches Fabrikhaus vertreten hatte. Die Geschäfte der einzelnen Jahreszeiträume waren „immer als maßgebende Einheitskomplexe behandelt, indem die Hingabe des klägerischen Musterlagers an den Beklagten, resp. die Komplettierung und Arrangierung desselben, je für die Geschäftszeit eines Jahres, um die Zeit des Beginnes derselben stattgefunden hatten, die Berechnung und Vergütung der dem Beklagten gebührenden Provision in Jahresperioden geschehen waren und solange dem Beklagten eine besondere Mietevergütung gezahlt wurde, auch diese Vergütung jedesmal sich auf einen Jahreszeitraum bezogen hat." Es bestanden also in Hamburg (und auch anderwärts) zweifellos schon in den 50er Jahren des vorigen Jahrhunderts dem Typus des heutigen Agenturgewerbes gleiche Betriebe.

[5]) Vgl. Röhrich a. a. O. S. 10.

[6]) So: Goldschmidt in der Vorrede S. VII.

[7]) Vgl. Goldschmidt, Handbuch (I. Aufl.) Band I § 55 S. 471–473 mit Noten 14–18.

[8]) Vgl. oben S. 45. Für die „reisenden Agenten" wollte Staub (III/IV. Aufl.) auch Art. 49 AHGB. angewendet wissen (vgl. § 1 zu Art. 49 S. 85/86). Abw. ROHG. Band I S. 151.

die Vorschrift des Art. 282 AHGB. und bei der durchweg in der älteren Literatur und Judikatur vorgenommenen Unterstellung des Agenturvertrags unter den Mandatsbegriff[1]) die Grundsätze des bürgerlichen Rechts über dieses Institut. Daneben aber und als der allerwichtigste, auf unserem Gebiet erhebliche rechtserzeugende Faktor sind die

Handelsgebräuche

zu nennen.

Diesen hatte die Vorschrift des Art. 1 AHGB. die Kraft subsidiären Rechts und mit dem Vorrange vor dem allgemeinen bürgerlichen Recht eingeräumt und zwar „insoweit dieses Gesetzbuch keine Bestimmungen enthält" (Wortlaut des Art. 1 AHGB.), also gewiß für unsern Fall, das Agentenrecht. Auf diesem Gebiet sind denn auch zahlreiche Handelsgebräuche entstanden, welche die Lücken des Gesetzes, das der Agenten nicht gedacht hatte, ausfüllten. Hiervon legt die 1899 erschienene Sammlung der „Gutachten der Ältesten der Kaufmannschaft von Berlin", herausgegeben von Dove-Apt[2]) und die Riesenfeldsche Sammlung der „Breslauer Handelsgebräuche" (Breslau 1900), die von Zander und Fehrmann herausgegebenen „Danziger Handelsgebräuche", sowie die Sammlung der Magdeburger Handelsgebräuche von 1893 beredtes Zeugnis ab.[3])

Staub, der zuerst in seinem „Zweiten Zusatz zu Buch 1 von den Agenten" (III./IV. Aufl. S. 138—44) das „Agentenrecht" im Zusammenhang zur wissenschaftlichen Darstellung gebracht hat, zitiert denn auch viele Handelsgebräuche. Daneben kamen die zahlreichen Erkenntnisse des Reichsoberhandelsgerichts und des Reichsgerichts, sowohl in der offiziellen Sammlung als bei Bolze, die sich im immer steigenden Maße mit dem Rechtsgebilde des Agenten befaßten, in Betracht.

Übereinstimmend mit so von den höchsten Gerichtshöfen und der Rechtsüberzeugung der Kaufmannschaft entwickelten Grundsätzen geht nun das neue Handelsgesetzbuch an die Aufgabe, die Rechte und Pflichten des Handlungsagenten, seinen Begriff und seine Rechtsstellung gesetzlich zu fixieren.[4]) Das neue Gesetzbuch stellt nur eine Kodifizierung dieser Grundsätze dar.[5])

Darum darf, wo der Gesetzgeber nicht von den bisherigen Grundsätzen bewußt abgewichen ist, überall auf die früheren Rechtssprüche und Handelsgebräuche zurückgegangen werden.

Aber wie das wirtschaftliche Leben nicht stillsteht, so ist auch das Recht nichts Unwandelbares und Verkehrssitte und -übung müssen mit den veränderten wirt-

---

[1]) Vgl oben S. 20.

[2]) Daselbst S. 37—62 (51 Gutachten!).

[3]) Vgl. auch die Entscheidung des ROHG. Band XVI Nr. 11 S. 33—38, in der das Gericht in einem „Agenten-Fall" auf S. 37/8 die Beweiskraft der vom Ältesten-Kollegium der Berliner Kaufmannschaft erteilten Auskunft über Handelsgebräuche erörtert. Es betraf das Gutachten derzeit die „ständigen" Agenten, aus denen der „Bezirksagent" des § 89 entstand.

[4]) So: RG. Band 51 S. 150. Die „Bedürfnisfrage" wird jetzt nicht mehr verneint, vgl. Denkschrift I S. 67/68 und II S. 72/73.

[5]) So: RG. Band 46 S. 123.

schaftlichen Konstellationen und Auffassungen Schritt halten. Können daher auch neben der Quelle des geltenden Agentenrechts,[1]) dem neuen Handelsgesetzbuch, sich Handelsgebräuche bilden? Manche Lücken sind vorhanden, manche Streitfrage ist zu entscheiden. Darf hierzu der „Handelsgebrauch" dienen?

Das neue Handelsgesetzbuch enthält zwar keine ausdrückliche Bestimmung darüber, daß Handelsgebräuche zur Ausfüllung etwaiger Lücken des geltenden Handelsrechtes zu verwerten seien, wie dies im Art. 1 des alten HGB. der Fall war. Allein die Handelsgebräuche sind dennoch in zahlreichen Fällen zwecks Ergänzung der Rechtsvorschriften des Handelsgesetzbuches heranzuziehen und namentlich zur Auslegung der Willenserklärungen der Parteien zu verwerten, wie dies § 346 HGB. ausdrücklich vorschreibt. Auch in einer Reihe anderer Paragraphen des Handelsgesetzbuches ist auf die Handelsgebräuche ausdrücklich verwiesen.[2])

Für das Agentenrecht verweist das Handelsgesetzbuch in den §§ 88 Abs. 4 und 90 ausdrücklich auf Handelsgebräuche. Danach bestimmt der Handelsgebrauch mangels Vereinbarung die Höhe der Provision und hinsichtlich der Erstattung der Kosten und Auslagen, die im regelmäßigen Geschäftsbetrieb entstehen, ist der Handelsgebrauch von größter Bedeutung. Solche Handelsgebräuche wirken auch „für denjenigen Kontrahenten, welcher sie nicht speziell gekannt hat, als eine Ergänzung des Gesetzes, nicht bloß kraft stillschweigender Übereinkunft."[3])

Zur Ermittelung solcher Handelsgebräuche sind die von den „Berliner Ältesten", der Berliner, Breslauer und Magdeburger Handelskammer erfolgten Veröffentlichungen[4]) hochbedeutsam. Aber auch die Kammer für Handelssachen ist in einem vor ihr geführten Rechtsstreit hierzu nach eigener Sachkunde und Wissenschaft berufen[5]) (Gerichtsverfassungsgesetz § 118).

---

[1]) Das überall dispositiver Natur ist. Zwingende Vorschriften kennt das Agentenrecht nicht, so daß für Parteivereinbarung und Handelsgebrauch an sich freier Spielraum besteht. Vgl. Staub (VIII. Aufl.) Anm. 33 Schluß zu § 84, HGB. S. 364.

[2]) Z. B. § 359 (Frühjahr oder Herbst); § 380 (Taragewicht) § 396 Abs. 1 (Auslieferungsprovision des Kommissionärs). Vgl. auch OLG. Kiel, 26. XI. 04 in OLGRspr. Band XI S. 28.

[3]) Vgl. RG. 9. I. 07 in Leipziger Zeitschrift 1907 S. 216 sub I 5.

[4]) Es kommen für die Zeit nach 1900 in Betracht:

1. Gutachten der Ältesten der Kaufmannschaft von Berlin über Gebräuche im Handelsverkehr, herausgegeben von Dr. Max Apt, Berlin 1904 (zit. Apt I).
2. Dasselbe. Zweite Folge, Berlin 1905 (zit. Apt II).
3. Gutachten über Handelsgebräuche, erstattet von der Handelskammer zu Berlin, herausgegeben von Heinrich Dove und Eduard Meyerstein, Berlin 1907 (zit. Dove-Meyerstein).
4. Breslauer Handelsgebräuche. Neue Folge 1900—6, herausgegeben von Dr. Conrad-Ernst Riesenfeld (zit. Riesenfeld. Neue Folge).
5. Handelsgebräuche im Großhandel und Schiffahrtsverkehr Magdeburgs, herausgegeben im Auftrage der Handelskammer zu Magdeburg von Gutsche und Behrend, Magdeburg 1905.
6. Die periodischen Veröffentlichungen Zanders in Holdheims Monatsschrift.

Die Hamburger Handelskammer hat bislang keine Sammlung von Handelsgebräuchen veranstaltet.

[5]) Vgl. OLG. Marienwerder, 15. I. 04 in OLGRspr. Band VIII S. 428.

Das Berufungsgericht ist hieran allerdings nicht gebunden, vielmehr berechtigt, in eine selbständige Nachprüfung der Frage des Bestehens des Handelsgebrauchs einzutreten.[1])

Endlich finden gemäß Art. 2 EG. zum HGB. vom 10. Mai 1897 auch die Vorschriften des BGB. auf Handelssachen ergänzende Anwendung. Dies rechtfertigt auch eine Ausdehnung auf die im Einführungsgesetz zum BGB. enthaltenen Übergangsvorschriften.[2])

Diese sind wichtig für die

VII. Übergangsfragen,

deren noch mit kurzen Worten gedacht werden soll.

Da das Einführungsgesetz zum Handelsgesetzbuch eigene Übergangsvorschriften nicht gegeben hat, sind nach dem soeben Dargelegten die des EG. zum BGB. anzuwenden.

Hieraus ergeben sich einige bisher in der Rechtsprechung nicht mit Sicherheit gelöste Fragen.

Art. 170 EG. zum BGB. sagt, daß für ein Schuldverhältnis, das vor dem Inkrafttreten des BGB. entstanden ist, die bisherigen Gesetze maßgebend seien. Dies erleidet durch Art. 171 dahin eine Einschränkung, daß ein zur Zeit des Inkrafttretens des BGB. bestehendes „Dienstverhältnis" sich nach dem neuen Recht bestimmt, wenn nicht die Kündigung desselben nach dem 1. Januar 1900 für den ersten zulässigen Termin erfolgt ist. Ist nun der Agenturvertrag ein solches, im § 171 EG. zum BGB. behandeltes „Dienstverhältnis"?[3])

Über den Terminus: „Dienstverhältnis" sprachen wir uns schon oben[4]) bei der Untersuchung der Natur des „Agenturvertrages" aus, wir müssen darauf bei der Frage des Einflusses des Konkurses auf den Agenturvertrag zurückkommen. Wir gelangen in Übereinstimmung mit der Entscheidung des RG. Bd. 63 S. 73 hier und dort zur Verneinung des Vorliegens eines Dienstverhältnisses. Dieser Begriff kann auch, da die Terminologie der Reichsgesetze eine einheitliche ist, in Art. 171 EG. zum BGB. kein anderer als in den §§ 620ff. BGB. und als in § 22 Abs. 2 Konkursordnung sein. Danach findet auf alle „Geschäftsbesorgungsverträge" und auf die Agenturverträge, die vor dem 1. Januar 1900

[1]) Vgl. OLG. Marienwerder a. a. O. und die in Note 2 zu § 118 GVG. bei Sydow-Busch, ZPO. angeführten Zitate aus der älteren reichsgerichtlichen Rechtsprechung.

[2]) Übereinst.: OLG. Stettin, 1. XI. 00 in OLGRspr. Band I S. 437, OLG. Kolmar, 2. V. 02 in OLGRspr. Band V S. 265 und OLG. Kiel, 14. II. 02 in OLGRspr. Band VI S. 1.

[3]) Die Anwendbarkeit des Art. 171 EG. HGB. wird bejaht von OLG. Stettin 1. XI. 00 in OLGRspr. Band I S. 437. OLG. Hamburg, 7. VII. 03 in OLG.-Rspr. Band VII S. 385. Staub (VIII. Aufl.) Anm. 33 zu § 84 S. 364. Dochnahl S. 166/167. Immerwahr S. 5. Jacusiel S. 5. Düringer-Hachenburg, Vorbem. zu § 84ff. sub V S. 259. Kaiser S. 75; verneint dagegen von: OLG. Hamburg, 7. X. 04 in OLGRspr. Band X S. 237.

[4]) Vgl. oben S. 22.

eingegangen sind, die Vorschrift des Art. 171 EG. zum BGB. und damit das neue Recht keine Anwendung. Für sie behält es vielmehr bei dem früheren Recht sein Bewenden.

Aus diesem Gesichtspunkt heraus entscheidet sich auch die Frage nach der Kündbarkeit von Agenturverträgen, die vor dem 1. Januar 1900 geschlossen sind, keine Kündigungsfrist enthalten und seither fortlaufen. Für sie kommt es mithin noch heute auf die Lösung der früheren Streitfrage an, ob die Agenturverträge nach altem Recht jederzeit lösbar waren oder — wie nach neuem Recht — unter Einhaltung einer Kündigungsfrist (evtl. welcher?) gekündigt werden müssen.

Als die hierüber in Rechtsprechung und Literatur vor 1900[1]) herrschende Ansicht muß bezeichnet werden, daß auf unbestimmte Zeit geschlossene Agenturverträge jederzeit gekündigt werden konnten, es sei denn, daß aus besonderen Umständen geschlossen werden darf, der Wille der Parteien sei auf eine Geschäftsverbindung von längerer Dauer gerichtet gewesen.[2]) Bei dieser verlangte man eine Kündigung in angemessener Frist. Dem wird auch für die jetzt noch nach altem Recht zu beurteilenden Verträge beizustimmen sein. Ebenso unbedenklich wird man aber sagen dürfen, daß solche besonderen Umstände, die auf die Absicht längerer Geschäftsverbindung deuten, wohl für alle Verträge bestehen, die vor dem 1. Januar 1900 geschlossen sind und heute noch unverändert fortlaufen. Die „angemessene" Frist wird hier der Sachlage entsprechend zu bemessen sein, also z. B. bei Vertretungen in „Saison-Artikeln", für welche die Muster saisonweise oder jährlich gewechselt bzw. erneuert werden, nicht vor Ablauf der Saison oder des Jahres. Bieten aber die konkreten Tatumstände keinerlei Anhalt, so wird man nicht fehlgehen, wenn man — analog — die Vorschrift des § 92 Abs. 1 HGB. anwendet.[3])

Von der Regel, daß keine rückwirkende Kraft des neuen Rechts auf die vor dem 1. Januar 1900 eingegangenen und nach diesem Zeitpunkt fortbestehenden Agenturverhältnisse stattfindet, machen jedoch die das Verhältnis des Agenten zum Dritten bestimmenden Vorschriften der §§ 85—87 HGB. eine Ausnahme. Sie regeln nicht das unter altem Recht begründete und danach zu beurteilende „Schuldverhältnis", sondern Rechtswirkungen in den Beziehungen des Geschäftsherrn zum

---

[1]) Vgl. hierzu Staub (III./IV. Aufl.) § 10 im zweiten Zusatz zu Buch I S. 144. HGZ. Hbl. 1871 Nr. 51 u. 212; 1873 Nr. 164; 1886 Nr. 127; 1887 Nr. 8; 1889 Nr. 24 (bes. S. 70 Spalte a). ROHG. Band XIX S. 258/259, aber auch Band II S. 333/334 RG. Band 31, S. 61. Gutachten des Vorsteheramts der Kaufmannschaft zu Danzig (bezüglich eines alten Agenturvertrages) vom 28. Februar 1900 bei Zander & Fehrmann Nr. 20 S. 10/11. Zweck S. 28. Schramm S. 59/60. Thomer S. 40—42. Dochnahl S. 81—83. Denkschrift I S. 72 bzw. II S. 79.

[2]) So besonders HGZ.Bbl. 1889 Nr. 24 S. 70 Spalte a, ROHG. Band II S. 333/334 RG. Band 31 S. 61. Vgl. hierzu Ehrenberg, Versicherungsrecht, in Note 25 zu § 22 S. 221/222, der letzteres Urteil für unrichtig hält. Eine Entscheidung des OLG. Hamburg vom 19. III. 92 in HGZ. Hbl. 1892 Nr. 98 macht den Unterschied, ob es sich um einen ausschließlichen Agenten oder einen solchen handelt, für den die Agentur nur ein Zweig seines Gesamtgeschäfts ist. Diesem kann jederzeit gekündigt werden.

[3]) Wir gelangen somit im Ergebnis in allen zweifelhaften Fällen zu der Ansicht Staubs (VIII. Aufl.) Anm. 33 am Schluß zu § 84 S. 364, ohne dessen Begründung beitreten zu können.

Dritten außerhalb des Schuldverhältnisses. Die §§ 85—87 HGB. finden daher vom 1. Januar 1900 ab auf alle Agenten Anwendung, gleichgültig, wann der Agenturvertrag geschlossen ist.[1])

VIII. Gewerblichen Beschränkungen

unterliegen die Agenten im allgemeinen nicht.

Nur hinsichtlich einzelner Kategorien von Agenten sind besondere Vorschriften gegeben.

In erster Linie sind dies die

1. Versicherungsagenten.

Dieselben waren früher nach den meisten Landesrechten konzessionspflichtig.[2]) Dies ist durch die Reichsgewerbeordnung beseitigt.[3]) Die Gewerbeordnung schreibt lediglich im § 14 Abs. 2 vor, daß Agenten oder Unteragenten für Mobiliar- oder Immobilialfeuerversicherungsanstalten bei Übernahme, Aufgabe oder Entziehung der Agentur innerhalb der nächsten 8 Tage der zuständigen Behörde ihres Wohnorts entsprechende Anzeige zu erstatten haben. Zuwiderhandelnde werden nach § 148 Abs. 1 Ziffer 2 GO. bestraft.[4])

Das Reichsgesetz über die privaten Versicherungsunternehmungen vom 12. Mai 1901 enthält ferner die folgenden, die Agenten betreffenden Bestimmungen:

1. Den Agenten liegt die Verpflichtung zur Vorlegung ihrer Bücher, Belege und Schriften, welche für die Beurteilung des Geschäftsbetriebes und der Vermögenslage von Bedeutung sind und die Verpflichtung zur Auskunftserteilung in gleicher Hinsicht an die Aufsichtsbehörde gemäß § 65 Abs. 2 des Gesetzes ob.

2. Zum Betriebe der Agentur einer ausländischen Versicherungsunternehmung bedarf es der durch den Reichskanzler zu erteilenden „Erlaubnis" (§§ 85 ff. des Gesetzes).

3. Verbotswidriger Abschluß oder Vermittlung von Versicherungsverträgen für im Inlande nicht konzessionierte Versicherungsunternehmungen wird mit Geldstrafe bis zu 1000 Mk. oder mit Haft oder mit Gefängnis bis zu 3 Monaten bestraft (§ 108 Abs. 2 des Gesetzes).

4. Die Agenten sind zur Aushändigung eines Exemplars der „Allgemeinen Versicherungsbedingungen" an den Versicherungsnehmer vor Abschluß eines Versicherungsvertrages verpflichtet (§ 10 Abs. 1 Satz 1 des Gesetzes), bei Gegenseitigkeitsvereinen auch eines Abdrucks der Vereinssatzung (§ 10 Abs. 1 Satz 2 des Gesetzes).

---

[1]) Übereinst.: Goldmann Anm. 3 zu § 85 S. 407 (aus dem Gesichtspunkt des Schutzes des Dritten). Jacusiel S. 5. Dochnahl S. 167.

[2]) Vgl. die Zusammenstellung bei Ehrenberg, Versicherungsrecht S. 155—157.

[3]) Vgl. Ehrenberg S. 157. Landmann, Gewerbeordnung (V. Aufl. 1907) Note 9 zu § 6 S. 79. Die Versicherungsagenten sind auch zu Geschäftsvermittlungen außerhalb ihres Wohnorts bzw. ihrer gewerblichen Niederlassung ohne polizeiliche Erlaubnis befugt. Vgl. Landmann Note 1 zu § 42 S. 302.

[4]) Vgl. hierzu Landmann, Gewerbeordnung (V. Aufl. 1907) Note 6 zu § 14 S. 130.

Mit den

2. Auswanderungsagenten

beschäftigt sich das Reichsgesetz über das Auswanderungswesen vom 9. Juni 1897. Sie bedürfen zum Betriebe ihres Gewerbes der von der höheren Verwaltungsbehörde zu erteilenden Erlaubnis (§§ 11–12).

Nicht-Reichsangehörige sind ausgeschlossen. Die Erlaubnis darf nur an solche Personen erteilt werden, die ihren Wohnort oder gewerbliche Niederlassung in dem Bezirk der um die Erlaubnis angegangenen höheren Verwaltungsbehörde haben und die von einem zugelassenen Unternehmer bevollmächtigt sind. Die Erlaubnis kann auch bei Vorliegen dieser Voraussetzungen versagt werden:

a) unzuverlässigen Personen, oder

b) wenn schon einer genügenden Anzahl von Personen für den betreffenden Bezirk die Erlaubnis erteilt ist.

(§ 13 des Gesetzes.)

Die Auswanderungsagenten haben eine Kaution von 1500 Mk. zu stellen (§ 14), welche für die aus dem Geschäftsbetrieb gegenüber den Behörden und den Auswanderern entstehenden Verbindlichkeiten sowie für Geldstrafen und Kosten haftet (§ 20), dürfen für andere als die in ihrer Erlaubnis namhaft gemachten Unternehmer und für eigene Rechnung keine Geschäfte machen (§ 16) und es ist ihnen untersagt, ihr Geschäft in Zweigniederlassungen, durch Stellvertreter oder im Umherziehen zu betreiben (§ 17). Beschränkung und Widerruf der Erlaubnis sind zulässig (§ 18). Hinsichtlich des Inhalts der von ihnen vorzubereitenden, vermittelnden oder abzuschließenden Verträge unterliegen sie den hierüber gegebenen zwingenden Vorschriften der §§ 22 ff. des Gesetzes. Zuwiderhandlungen der Agenten werden gemäß § 44 des Gesetzes mit Geldstrafe von Mk. 30.— bis Mk. 3000.— oder mit Gefängnis bis zu 3 Monaten bestraft.

3. „Gewerbsmäßigen Vermittlungsagenten für Immobiliarverträge", welche unter Umständen, wenn ihre Geschäftsherren ein Handelsgewerbe betreiben,[1]) Handlungsagenten sein können, kann gemäß § 35 Abs. 3 GO. wegen Unzuverlässigkeit der Gewerbebetrieb untersagt werden.[2])

Das gleiche gilt für

4. die gewerbsmäßigen Vermittlungsagenten für Darlehen, worunter die Agenten der Realkreditinstitute sowohl als die Inhaber sog. „Bankagenturgeschäfte" (§ 35 Abs. 3 GO.)[3]) fallen.

5. Die Warenagenten bedürfen jedoch nicht, auch wenn sie außerhalb ihrer gewerblichen Niederlassung oder durch in ihrem Dienste stehende Reisende Bestellungen auf Waren suchen, einer Legitimationskarte nach § 44a GO. Dies ist jetzt durch den zweiten Satz des Abs. 1 des § 44 GO., welcher durch die Novelle zur GO. vom 14. Oktober 1905 in den § 44 eingeschaltet ist, klargestellt.[4])

---

[1]) Vgl. hierzu Staub (VIII. Aufl.) Anm. 77 zu § 1 HGB. S. 50 und Anm. 3 zu § 2 HGB. S. 56.

[2]) Vgl. hierzu Landmann (V. Aufl. 1907) Anm. 9 Abs. 1 zu § 35 GO. S. 345.

[3]) Vgl. Landmann a. a. O. Anm. 9 Abs. 2 zu § 35 GO. S. 345.

[4]) § 44 Abs. 1 lautet demgemäß jetzt: „Wer ein stehendes Gewerbe betreibt, ist befugt, auch außerhalb des Gemeindebezirkes seiner gewerblichen Niederlassung persönlich

Bei dem „Aufsuchen von Warenbestellungen" ist jedoch zu beachten, daß nur Proben und Muster der zu verkaufenden Waren mitgeführt werden dürfen (§ 44 Abs. 2 GO.). Will der „reisende Agent" größere Vorräte von Waren mit sich führen, um sie, sobald er den Auftrag erhalten hat, von seinem Gasthaus oder seiner Wohnung an dem dritten Ort abzuliefern, so bedarf er einer Legitimationskarte nach § 44 a GO.[1])

Dagegen ist es eine sehr bestrittene und noch keineswegs geklärte Frage,[2]) ob durch den § 44 GO. für die Inhaber eines „stehenden Gewerbes", also auch die Agenten, die Berechtigung zum Aufkaufen von Waren und zum Aufsuchen von Bestellungen auf Waren aller Art statuiert wird oder ob auch für diese Klasse von Gewerbetreibenden die in dem § 56 Abs. 2 und 3 unter Ziffer 1—12 aufgeführten Waren und die in § 56a Ziffer 2—4[3]) bezeichneten Gegenstände, hinsichtlich deren ein Gewerbebetrieb „im Umherziehen" verboten ist, vom Aufkaufen und Bestellungs-Aufsuchen ausgeschlossen sind.

---

oder durch in seinem Dienste stehende Reisende für die Zwecke seines Gewerbebetriebs Waren aufzukaufen und Bestellungen auf Waren aufzusuchen. Diese Vorschrift gilt auch für Handlungsagenten, die ein stehendes Gewerbe betreiben, in Ansehung der Befugnis, als Vermittler oder Vertreter des Geschäftsherrn den Ankauf von Waren vorzunehmen oder Bestellungen auf Waren zu suchen". Vor Erlaß der Novelle von 1905 waren die Agenten zur Lösung einer Legitimationskarte verpflichtet (vgl. die Zitate bei Landmann (V. Aufl. 1907) Note 6a zu § 44 S. 422). Die Novelle ist auf Antrag des Abg. Blell entstanden. Vgl. Landmann Note 1 zu § 44 S. 417 und die dort zit. Materialien. Staub übersieht in seiner 1906 erschienenen VIII. Aufl. diese Änderung. Vgl. seine Anm. 32 zu § 84 S. 364.

[1]) Vgl. Landmann (V. Aufl. 1907) Note 6 zu § 44 GO. S. 423.

[2]) Vgl. Landmann, Note 6 zu § 44 GO. S. 420/421.

[3]) Es sind dies die folgenden Beschränkungen des „Gewerbebetriebs im Umherziehen".

Verboten ist:

a) das Aufsuchen von Bestellungen auf Staats- und sonstige Wertpapiere, Lotterielose und Bezugs- und Anteilscheine auf Wertpapiere und Lotterielose

(§ 56a Ziffer 2 GO.),

sowie auf Branntwein und Spiritus bei Personen, in deren Gewerbebetrieb diese Waren keine Verwendung finden, und zwar gleichzeitig, ob eine „vorgängige Bestellung" vorliegt oder nicht

(§ 56a Ziffer 3 GO.);

b) das Aufsuchen von Bestellungen auf Waren, die im Abzahlungswege mit Eigentumsvorbehalt verkauft werden, und zwar auch bei „vorheriger Bestellung"

(§ 56a Ziffer 4 GO.)

und auf bewegliche Waren, bei denen sich der Verkäufer ein Rückkaufsrecht ausbedingt (sog. „Rückkaufshandel"), jedoch nur „ohne vorherige Bestellung"

(§ 56a Ziffer 2 GO.);

c) ferner der Verkauf oder das Feilhalten unter gleichzeitiger Lieferung der sämtlichen in Ziffer 1—11 des § 56 GO. aufgeführten Sachen;

d) endlich das Feilhalten, soweit die betr. Gegenstände mitgeführt werden, als auch das Aufsuchen von Bestellungen auf:

Druckschriften, Schriften und Bildwerke von sittlich oder religiös anstößigem Inhalt oder soweit sie mittels Zusicherung von Prämien oder in Lieferungen ohne sichtbare Angabe des Gesamtpreises vertrieben werden

(§ 56 Ziffer 12 GO.).

Exkurs zu § 84.

Über Muster.

I. Behandlung der Muster.

Der Agent erhält von seinem Geschäftsherrn häufig Muster zugestellt, deren Zweck ein verschiedenartiger ist.

Entweder dienen diese Muster lediglich dem Zweck, den Agenten und die von ihm zu werbenden Kunden über die Eigenschaften der Ware zu orientieren und die Kauflust der Kunden zu wecken oder das Muster wird, um als Grundlage eines „Kaufs nach Probe" oder als sogenanntes „Typemuster" zu dienen, dem Agenten zugestellt.[1]

In dem ersteren Falle werden dem Agenten oft ganze Musterläger übergeben, welche er in seinen Räumen zur Besichtigung durch seine Kunden ausstellt. Diese namentlich in Hamburg im größten Umfange vorkommenden „Exportmusterläger" repräsentieren einen oft sehr bedeutenden Wert.[2]

Oder aber der „reisende Agent" erhält eine Musterkollektion mit auf die Reise. Die Übergabe der Muster an den Agenten abseiten des Geschäftsherrn stellt solchenfalls einen nach §§ 688 ff. BGB. zu beurteilenden Verwahrungsvertrag dar.

Der Agent hat für die Aufbewahrung und Erhaltung dieser Muster, welche im Eigentum des Geschäftsherrn verbleiben, mit der ihm durch § 84 Abs. 1 Halbs. 2 HGB. auferlegten „Sorgfalt eines ordentlichen Kaufmanns" einzustehen.

Dies muß auch bei unentgeltlicher Verwahrung der Muster[3] trotz der Vorschrift des § 690 BGB. gelten.

Der Agent ist mithin nicht berechtigt, „die Muster oder einen Teil derselben zu verschenken, oder als wertlos geworden fortzuwerfen oder ander-

---

[1] Wann das eine oder andere zutrifft, ist nach den Umständen des einzelnen Falls zu entscheiden. Vgl. hierzu ROHG. Band II S. 419, Band XV S. 171, Band XVI S. 318, Staub (III./IV. Aufl.) § 3 zu Art. 340 HGB. S. 820.

[2] Vgl. R. E. May, Die Wirtschaft in Vergangenheit, Gegenwart und Zukunft, Hamburg 1900, S. 326, wo es heißt: „Ein weiteres Glied im deutschen Exporthandel bildet der „Export-Agent", für den gleichfalls Hamburg der Hauptsitz ist. Diese Agenten haben ganze Gebäude voller Proben und Muster. Kommt ein ausländischer Kaufmann nach Hamburg, so wendet er sich zuerst an seinen Zwischenhändler, der ihn wieder zu den Exportagenten führt, wo der Fremde nach eigenem Geschmack wählen kann. Daß diese Agenten im allgemeinen Leute sind, die ihre fünf bis sechs Sprachen reden, ist selbstverständlich. Sie spielen für „ihre Häuser" eine ähnliche Rolle wie die Sendlinge der Ausfuhrvereine den Vereinsmitgliedern gegenüber und geben Winke und Ratschläge aller Art. Durch sie gelangen die Bedürfnisse und Wünsche des Auslandes zu den Fabrikanten. Auch sie bilden einen Mittelstand, der noch eine lange Zukunft hat."

[3] Wegen der Frage, ob die Aufbewahrung der Muster unentgeltlich zu erfolgen hat, siehe unsere Ausführungen zu § 90. Vgl. auch § 689 BGB.

weitig darüber ohne Einwilligung des Geschäftsherrn zu verfügen (Gutachten der Berliner Ältesten vom 31. Mai 1899 bei Apt I, S. 12 Nr. 19 sub a).[1])

Er muß ferner, wenn das Muster ein „Betriebsgeheimnis" darstellt, was sehr wohl denkbar,[2]) für zweckentsprechende Aufbewahrung desselben sorgen, so daß es nicht in unbefugte Hände gerät.

Zu berücksichtigen ist jedoch, daß unter Umständen nicht die volle Zahl der Muster konserviert werden kann, da leicht bei den Kunden einzelne Stücke zurückbleiben können (so: Gutachten der Berliner Ältesten vom 13. Juni 1903, Apt II, S. 60 Nr. 98 Abs. 1, in welchem das Bestehen eines Handelsgebrauches, wonach ein Reisender für das Fehlen von 10% Mustern bei einer Mustersammlung von 500 Mustern nicht verantwortlich sei, für die Möbelstoffbranche verneint, vielmehr 10% von sachverständiger Seite als sehr hoch bezeichnet wird). Ferner ist die normale Abnutzung der Muster, ganz besonders auch wenn dieselben mit auf die Reise genommen werden, nicht zu Lasten des Agenten. In diesem Sinne sprechen sich die Gutachten der „Berliner Ältesten" vom 20. Juli und 14. Dezember 1903 bei Apt II, S. 60/61 bzw. S. 61, Nr. 99 bzw. 101 aus.

Unter Umständen werden die „Muster" aber dem Agenten auch übergeben, damit er sie den zu besuchenden Kunden unentgeltlich überlasse, z. B. bei verbrauchbaren Waren zum Kosten (Wein, Zigarren) oder damit der Exporteur sie an seine überseeischen Geschäftsfreunde zum Zwecke der Erteilung einer Order einsende. Hier besteht weder eine Aufbewahrungs-, Rückgabe- oder Ersatzpflicht für den Agenten (vgl. Gutachten der Breslauer Handelskammer vom 22. Mai 1906 bei Riesenfeld, Neue Folge Nr. 43 S. 28 (Zigarren).[3]) Endlich kommen noch die sogenannten „Referenzmuster", oft zu einer ganzen Sammlung vereint, in Frage. Es sind dies dem Agenten von seinem Hause eingesandte Muster über den Ausfall der gelieferten Ware, von denen der Agent einen Teil zurückbehält, um bei Aufsuchen neuer Orders den Kunden Proben von der Leistungsfähigkeit seines Hauses vorlegen zu können. Eines dieser Referenzmuster wird häufig mit Notizen über Besteller, Preis, Lieferungszeit und Quantum versehen und so mit anderen, dem gleichen Zwecke dienenden Mustern in einer besonderen Sammlung aufbewahrt. Das Landgericht Hamburg hat in einem Urteil vom 7. Dezember 1893 (HGZ. Hbl. 1894 Nr. 9, S. 27/28) die Verpflichtung des Agenten zur Zurückgabe dieser Muster verneint, weil dem Agenten nicht widerlegt sei, daß er die Notizen auf die Muster nicht als Vertreter des Geschäftsherrn, sondern in seinem eigenen Interesse gemacht habe.

Dies erscheint uns unrichtig. Der Agent hat auch solche Referenzmuster, die Eigentum des Geschäftsherrn bleiben, diesem auf Anfordern zurückzugeben. —

Sofern es sich um umfangreiche, an sich wertvolle oder wegen ihrer Reich-

[1]) Vgl. auch Gutachten der „Berliner Ältesten" vom 9. Januar 1906, mitgeteilt in Holdheims MSchr 1906, S. 225, Nr. 78 und im Waren-Agent 1906, S. 108.

[2]) Vgl. die Zitate bei Wassermann, „Der unlautere Wettbewerb nach Deutschem Recht" (Sammlung Göschen) S. 130 sub a und b, besonders RG. 5. VI. 05 in RG. in Straff. Band 38, S. 108—111, bes. S. 110.

[3]) Ebenso schon Gutachten der „Danziger Kaufmannschaft" in Zander-Fehrmann, „Danziger Handelsgebräuche" Nr. 18 S. 10.

haltigkeit einen bedeutenden Wert darstellende Musterbestände handelt, wird der Agent auch zur Feuer- und Diebstahlsversicherung verpflichtet sein. Die hierfür erforderlichen Aufwendungen (Prämien) muß der Geschäftsherr dem Agenten auch ohne besondere Vereinbarung gemäß § 693 BGB. ersetzen.

Dagegen haftet der Agent, solange er nicht mit der Herausgabe der Muster in Verzug ist oder der Anspruch auf Herausgabe rechtshängig geworden ist (§ 287 Satz 2, § 292 BGB.), nicht für deren zufälligen Untergang (z. B. Vernichtung durch eine Feuersbrunst, Diebstahl). Für Entwendungen seiner Angestellten von dem Musterlager ist er jedoch nach § 278 BGB. voll verantwortlich. Hinterlegung bei einem Dritten ist im Zweifel nicht gestattet (§ 691 Satz 1 BGB.). Ist eine solche Hinterlegung ausnahmsweise gestattet (z. B. Musterlager im Hamburger Freihafengebiet bei einer Lagerhausgesellschaft), so haftet der Agent nur für „ein ihm oder seinem Angestellten bei der Hinterlegung zur Last fallendes Verschulden“, also z. B. bei einem notorisch unzuverlässigen Dritten. (§ 691 Satz 2 und 3 BGB.)

Wenn das Muster den Zweck hat, als Grundlage für einen „Kauf nach Probe oder nach Muster“ zu dienen, so daß gemäß § 494 BGB. „die Eigenschaften der Probe oder des Musters als zugesichert anzusehen“ sind und es dem Agenten übergeben ist, wird die Aufbewahrungspflicht desselben eine besonders streng zu beobachtende sein. Sie wird keine wesentlich andere sein, als die im § 96 HGB. für den „Handelsmakler“ vorgeschriebene Aufbewahrungspflicht. Für den „Handelsmakler“, der zu beiden Parteien in Beziehungen tritt und eine objektive Stellung einnimmt, bestehen nicht die allgemeinen Sorgfaltspflichten des Agenten. Deshalb war für ihn die ausdrückliche Normierung der Pflicht, „zur Vermeidung künftiger Streitigkeiten die Identität der Probe als eines Beweismittels zu sichern“ (vgl. Goldmann Anm. 2 sub I zu § 96 HGB. Bd. I S. 451) notwendig. Für den Agenten erheischt aber die allgemeine Pflicht „zur Wahrung des Interesses seines Geschäftsherrn“ das gleiche. Die Unmöglichkeit, die Identität des Musters nachzuweisen, kann schwere Nachteile für den Geschäftsherrn (sei er nun Käufer oder Verkäufer) im Gefolge haben. Eine Vernachlässigung der Aufbewahrungs- und Konservierungspflicht durch den nicht beweispflichtigen Kontrahenten hat regelmäßig die Auferlegung der Beweislast zur Folge.[1])

Neben der sorgsamen Aufbewahrung wird daher auch der Agent — analog wie der Handelsmäkler nach § 96 HGB. das Muster so lange aufzubewahren haben, „bis die Ware ohne Einwendung gegen ihre Beschaffenheit angenommen oder das Geschäft in anderer Weise erledigt wird.“ Nach diesem Zeitpunkt wird der Agent das Muster entweder dem Geschäftsherrn zurückzugeben haben oder sich von diesem zur Vernichtung desselben ermächtigen lassen müssen.[2]) Auch wird der Agent in den meisten Fällen lediglich der ihm gesetzlich obliegenden Sorgfaltspflicht genügen, wenn er die Waren „durch ein Zeichen kenntlich macht“. (Vgl. § 96 Satz 2 HGB.)

---

[1]) So schon ROHG. Band XXIII S. 308 und dort zitierte ältere Erkenntnisse. Vgl. Planck sub 3 zu § 494 BGB. (III. Aufl.) Band II S. 405.

[2]) Vgl. Düringer-Hachenburg. Bem. II sub c am Ende zu § 96 HGB. Band I S. 300.

II. Rückgabepflicht.

Zur Zurückgabe der Muster an den Geschäftsherrn ist der Agent jederzeit auf Verlangen des Geschäftsherrn verpflichtet (§ 695 BGB., vgl. auch die Gutachten der Berliner Ältesten vom 29. September 1904 bzw. 9. Januar 1906, bei Apt II S. 7 Nr. 13, bzw. mitgeteilt in Holdheims MSchr. 1906, S. 225, Nr. 78). Es besteht weder ein Handelsgebrauch, daß der Agent am Schluß des Jahres die alten Muster zurückzusenden und dafür neue zu empfangen hat, noch daß der Agent die Muster so lange zurückhalten darf, bis ihm neue zugesandt sind. (Gutachten der Berliner Ältesten vom 29. September 1904 bei Apt II S. 7 Nr. 13.)

Ohne Aufforderung braucht er allerdings nach Ablauf der „Saison" die Muster auch nicht zurückzusenden. (Vgl. Gutachten der Berliner Ältesten vom 9. Januar 1906, mitgeteilt in Holdheims MSchr. 1906, S. 225 Nr. 78.)

Dies gilt auch für ganze Musterläger. Die unzeitgemäße Zurückziehung derselben durch den Geschäftsherrn kann dem Agenten allerdings einen wichtigen Grund zu der außerordentlichen Kündigung des § 92 Abs. 2 HGB. geben, ganz ev. den Geschäftsherrn schadensersatzpflichtig machen, sofern dadurch dem Agenten die Gelegenheit zur Vermittlung oder zum Abschluß von Geschäften „willkürlich entzogen" wird.[1]) Der Aufforderung zur Ablieferung der Muster oder des Musterlagers ist jedoch vorbehaltlich eines daran etwa auszuübenden Zurückbehaltungsrechts unverzüglich nachzukommen.

Endlich sind die Muster bei Auflösung des Agenturverhältnisses dem Geschäftsherrn zurückzugewähren. Ein Handelsgebrauch, daß die Muster bei Beendigung des Vertrages dem Agenten zu überlassen sind, hat sich auch für einzelne Branchen (so z. B. für die Gravier- und Prägeanstalten untersucht in dem Gutachten der Berliner Handelskammer bei Dove-Meyerstein, S. 33 Nr. 116, 2664/06) nicht gebildet.[2])

Sind andererseits die Muster dem Agenten fakturiert, so begibt sich im Zweifel — falls die Faktura nicht lediglich den Zweck haben soll, den Wert der Muster festzulegen, damit der Geschäftsherr des Eigentums und verzichtet auf die Rückgabe, wenn der Agent den Fakturenpreis zahlt. Ein Gutachten der Berliner Handelskammer aus 1904, das bei Dove-Meyerstein S. 32 Nr. 115 mitgeteilt wird, gibt dem ohne sein Verschulden gekündigten Agenten, namentlich wenn er infolge der Lösung des Vertragsverhältnisses in der Saison nicht tätig gewesen ist, sogar das auf einem Handelsgebrauch beruhende Recht, fakturierte Mustersendungen ohne Zahlung zurückzugeben.

Ort der Zurückgabe. Mit dieser Frage beschäftigt sich ein Aufsatz von Heuer in DJZ. 1905, S. 904/905. Heuer gelangt auf Grund der angeblichen Analogie zwischen Agentur- und Kommissionsvertrag zu dem Ergebnis, daß der Agent nach Auflösuug des Agenturverhältnisses, wenn auch auf Gefahr und Kosten des Geschäftsherrn diesem die Muster nach auswärts zurückzusenden habe.

---

[1]) Vgl. RG. im „Recht" 1903 S. 295.

[2]) Wegen der Referenzmuster siehe oben S. 55.

Hiergegen wenden sich schon mit Recht die Herausgeber von Neumanns JDR. Bd. 4 S. 575, mit dem Hinweis darauf, daß der Agenturvertrag ein „auf eine Geschäftsbesorgung gerichteter Dienstvertrag" sei, auf den gemäß § 675 BGB. die Vorschriften über den Auftrag Anwendung fänden. Nach § 667 BGB. sei aber der Agent nur zur Herausgabe der Muster und zwar gemäß § 269 Abs. 1 BGB. an seinem Wohnsitz als dem Erfüllungsort, nicht jedoch zur Zurücksendung der Muster verpflichtet.

Ganz abgesehen hiervon aber treffen die gleichen Erwägungen auf den Kommissionär zu und es kann auch der Auffassung Heuers, daß der Kommissionär zur Übersendung der auf Grund der Kommission in seinen Besitz gekommenen Sachen an den auswärtigen Kommittenten verpflichtet sei, nicht beigestimmt werden.[1])

Die Kosten der Übersendung der Muster an den auswärtigen Geschäftsherrn hat der Agent unter keinen Umständen zu tragen. Das Nähere hierüber ist zu § 90 auszuführen. Auch die Gefahr des Rücktransports trifft den Agenten nicht.[2])

Sendet der Agent die Muster aber zurück, so hat er — namentlich bei leicht zu beschädigenden Waren, wie z. B. Glassachen — für deren sorgfältige Verpackung Sorge zu tragen (so: Gutachten der Berliner Ältesten vom 26. Juni 1900 bei Apt I Nr. 9 sub b S. 17/18.[3])

Auch hinsichtlich der Art der Versendung muß der Agent, wenn er sie einmal vornimmt, mit genügender Sorgfalt handeln. Maßgebend sind auch hier, wie überhaupt bei der Beobachtung der dem Agenten obliegenden „Sorgfalt eines ordentlichen Kaufmanns", wie Staub (VIII. Aufl. Anm. 3 zu § 347 S. 1164) sagt: „die besondere Natur des Falles und die Handelssitte."

Wenn daher auch für gewöhnlich Versendung geringer Mengen an sich wertloser Proben als „Muster ohne Wert" genügen mag,[4]) so erheischen doch besondere Umstände oder der größere Wert der Muster besondere Maßnahmen, wie „Einschreiben" oder „Wertversicherung".

Mit Recht hat daher das OLG. Dresden in einem Urteil vom 12. V. 03 (Aktenz. V. O. 51/03) den Agent, welcher Muster im Werte von mehreren hundert Mark als „Muster ohne Wert" versandt hatte, für deren Verlust verantwortlich erklärt.[5])

---

[1]) Vgl. auch Makower, Anm. VIc zu § 384 HGB. S. 1362. Abweichend sowohl für den Agenten als auch den Kommissionär: Staub (VIII. Aufl.) Anm. 29 Abs. 2 zu § 84 S. 363 und (VI./VII. Aufl.) Anm. 29 zu § 384 Bd. II S. 1429. Das von Staub an letztgedachter Stelle zitierte Erkenntnis des ROHG. Bd. XX S. 302/303 trifft um deswillen auf die Zurückgabe von Mustern nicht zu, weil hier nur ein Geschäftsgebrauch zur Übersendung der eingekauften Wertpapiere an den auswärtigen Kommittenten festgestellt wurde, diese Übersendung aber zweifellos ein Teil der dem Kommissionär in Auftrag gegebenen Geschäftsbesorgung war.

[2]) Vgl. Heuer in DJZ. 1905 S. 905. Für den Kommissionär ausgesprochen in ROHG. Bd. I S. 84 unten.

[3]) Die Kosten der Verpackung fallen indes, wie gerade dieses Gutachten hervorhebt, dem Fabrikanten zur Last. Vgl. unten zu § 90.

[4]) So: Gutachten der Berliner Handelskammer für Versendung von Warenproben nach Japan bei Dove-Meyerstein S. 142 Nr. 565 (1364/05).

[5]) Abgedruckt im „Waren-Agent" 1904 S. 149.

Geraten die Muster in Verlust, so hat der Agent deren Wert zu ersetzen. Als solcher kommt handelsgebräuchlich indes nicht der Detailverkaufspreis, sondern höchstens der Engrospreis, wenn nicht lediglich der Herstellungswert in Frage.[1]) (Vgl. Gutachten der Berliner Ältesten vom 31. Mai 1899 bei Apt I S. 12/13 Nr. 20, das nochmals bei Apt II S. 59 Nr. 97 abgedruckt ist, und vom 13. Juni 1903 bei Apt II S. 60 Nr. 98 Abs. 2.) Auch ist auf die naturgemäße Abnutzung und Entwertung der Muster durch Vorschreiten der Saison Bedacht zu nehmen. (Vgl. Gutachten der Berliner Ältesten vom 31. Mai 1899 bei Apt I S. 12 Nr. 19 und vom 9. Januar 1906, mitgeteilt in Holdheims MSchr. 1906, S. 225 Nr. 78 und ausführlicher im „Waren-Agent" 1906 S. 108.)

Wenn der Geschäftsherr im Klagewege gegen den Agenten wegen Herausgabe der Muster vorgehen muß, so ergibt die Formulierung des Klageantrags Schwierigkeiten. Wenn der Eigentümer einer Sache — und das ist der Geschäftsherr hinsichtlich der Muster — auf Herausgabe gegen den Besitzer klagt, muß er die Sache nennen, schon deshalb, weil sein Antrag sonst der nach § 253 Ziffer 2, CPO. erforderlichen Bestimmtheit entbehrt. Das erleidet auch dann keine Ausnahme, wenn es sich um mehrere oder sehr viele Sachen handelt; es sei denn, daß ein „Inbegriff von Gegenständen" herauszugeben ist. Solchenfalls kommt § 260 BGB. zur Anwendung.[2]) Sind nun die dem Agenten übergebenen Muster ein „Inbegriff von Gegenständen" gemäß § 260 BGB.?

Ein „Inbegriff von Gegenständen" ist „jede Mehrheit von Vermögensgegenständen, bei welcher der Berechtigte nach dem obwaltenden Verpflichtungsgrunde nicht in der Lage ist, die einzelnen Vermögensgegenstände zu bezeichnen. Der obwaltende Verpflichtungsgrund ist das Rechtsverhältnis, auf Grund dessen die Herausgabe verlangt werden kann; die Einheitlichkeit dieses Rechtsgrundes bildet das Band, welches die Mehrheit der herauszugebenden Gegenstände zum Inbegriffe vereinigt". (So: RG. 6. IV. 03 in Gruchots Beiträge, Bd. 47 S. 910—915.)[3])

Der „Inbegriff von Gegenständen" ist also mehr als eine bloße Sachgesamtheit. Das dem Agenten bei Eingehung oder während des Bestehens des Agenturverhältnisses übergebene einheitliche Musterlager fällt also gewiß hierunter, aber auch die einzelnen, im Laufe des Vertragsverhältnisses nach und nach dem Agenten übergebenen Muster, die nicht zu einem Lager vereint oder als Zuwachs zu einem solchen übergeben sind, fallen unter den „Inbegriff von Gegenständen", denn der Verpflichtungsgrund ist ein durchaus einheitlicher, die dem Agenten obliegende (§ 667 BGB.) Herausgabepflicht.

Hat sich also der Geschäftsherr ein Verzeichnis der dem Agenten zugesandten Muster nicht angefertigt, so wird der Klageantrag auf Vorlage eines Verzeichnisses des Bestandes der Muster und gleichzeitig gemäß § 254 CPO. auf Heraus-

---

[1]) Anders natürlich, wenn es sich um zum Verkauf bestimmte Waren handelt, vgl. OLG. Braunschweig 30. III. 06 in Seufferts Archiv Bd. 62 S. 112 Nr. 64.

[2]) Vgl. Kammergericht 17. II. 02 in OLGRspr. Bd. V S. 153/154.

[3]) Vgl. auch Hans. OLG. 25. V. 06 in Hans. GZ. Bbl. 1906 Nr. 161 S. 231 Spalte b. Planck (III. Aufl.) Erl. 1 zu § 260 Bd. II S. 45. Vgl. auch unten zu § 91 HGB.

gabe des danach Geschuldeten — ohne daß es einer bestimmten Angabe der Leistungen bedarf — zu richten sein. Ein weiterer alternativer Antrag auf Zahlung des Werts der herauszugebenden Muster ist dagegen nicht zulässig. Dies ist vielmehr erst mit einer neuen Klage zu erreichen, wenn sich bei der auf Herausgabe der Muster oder einzelner derselben gerichteten Zwangsvollstreckung herausstellen sollte, daß etwas fehlt.[1]) Dringend zu empfehlen wird hierbei sein, daß der Kläger von der Vorschrift des § 255 Abs. 1 CPO. Gebrauch macht und die nach § 283 BGB. erforderliche Frist im Urteil bestimmen läßt.

Der Anspruch auf Rückgabe der Muster bei Beendigung des Agenturverhältnisses kann im Gerichtsstand des Vertrages nach § 29 CPO. verfolgt werden. Die streitige Verpflichtung ist die Rückgabepflicht des Agenten und diese ist an dessen Wohnort zu erfüllen, auch wenn der Vertrag die Klausel: „Erfüllungsort für beide Teile X = z. B. Wohnort des Geschäftsherrn" enthält. Diese Klausel bezieht sich nur auf die Leistungen, welche von beiden Teilen zur Erfüllung des Vertrages geschehen müssen, während es sich hier um eine Leistung handelt, die dem Agenten infolge Aufhebung des Vertrages obliegt.[2])

Allgemeiner Teil zu den §§ 85—87.

Die Vertretungsmacht des Agenten.

Der Agent ist nach der gesetzlichen Begriffsbestimmung (§ 84) ständig damit betraut, für das Handelsgewerbe eines anderen Geschäfte zu vermitteln oder im Namen des anderen abzuschließen.

Daraus ergab sich schon die zu § 84 behandelte[3]) Trennung derjenigen Agenten, welche nur vermitteln, die „Vermittlungsagenten" genannt und derjenigen, die außerdem auch zum Abschluß der Geschäfte im Namen ihres Geschäftsherrn befugt sind, welche als „Abschlußagenten" bezeichnet werden. Aber auch den „Vermittlungsagenten" wird in beschränktem Maße zur Ausführung und zur Entgegennahme gewisser rechtlich bedeutsamer Akte eine Vertretungsmacht eingeräumt, die sie über den Rahmen der Stellung eines Boten, der zwischen den Vertragschließenden den Verkehr unterhält, hinaushebt (§ 85) und für beide Gruppen sind gemeinsame Vorschriften gegeben, die sie noch zur Abgabe und Entgegennahme anderer Willenserklärungen ermächtigen, als gerade Vertragsangebot und -Annahme (§ 86). Endlich sind für den reisenden Agenten Sondervorschriften gegeben (§ 87). Die Einzelbehandlung erfolgt unten bei den betreffenden Paragraphen.

Ehe jedoch hierauf eingegangen wird, bedürfen einige allgemeine Fragen der Klärung.

---

[1]) Übereinst.: OLG. Kiel 26. IV. 04 in OLGRspr. Band IX S. 135.

[2]) Vgl. Kammergericht 12. XII. 01 in OLGRspr. Band IV S. 26.

[3]) Vgl. oben zu § 84 S. 10.

I. Wann hat der Agent Vollmacht?

Die Denkschrift (II S. 75) sagt: „Sie (die Agenten) haben meistens nur den Auftrag, die erlangten Bestellungen dem Geschäftsherrn zu übermitteln, ein bindendes Geschäft kommt für den letzteren erst durch die Bestätigung der überschriebenen Order zustande“.

Der Agent hat also präsumtiv keine Abschlußvollmacht[1]) Es bedarf also der Erteilung einer Vollmacht abseiten des Geschäftsherrn an den Agenten zum Abschluß von Geschäften. Die Erteilung der Vollmacht bestimmt sich nach den Vorschriften des bürgerlichen Rechts. (§§ 167, 171, 172 BGB.)[2])

Die Vollmacht wird danach erteilt:

a) durch Erklärung gegenüber dem Bevollmächtigten;

b) durch Erklärung gegenüber dem Dritten, dem gegenüber die Vertretung stattfinden soll (§ 171 BGB.);

d) durch Kundgebung der erfolgten Bevollmächtigung gegenüber einem Dritten (§ 171 BGB.);

e) durch Aushändigung einer Vollmachtsurkunde und Vorlage derselben durch den Vertreter gegenüber dem Dritten (§ 172 BGB.).

ad a) Diese Erklärung kann schriftlich in einer Vollmachtsurkunde,[3]) aber auch nur mündlich erfolgen; irgend welche Form ist nicht vorgeschrieben. (§ 167 Abs. 2 BGB.) Unter Umständen kann aber das Vorhandensein einer schriftlichen Vollmacht für den Bevollmächtigten, hier also den Abschlußagenten, von größter Bedeutung sein und zwar wegen der Vorschrift des § 174 BGB.[4])

---

[1]) JW. 1900 S. 804 Nr. 5, RG. 30. X. 00; Gruchot, Beiträge, Band 49 (1905) S. 88, RG. 25. XI. 04, OLGRspr. Band XI S. 25, OLG. Cassel 4. V. 05, HessRspr. 5, 72, OLG. Darmstadt. Ebenso für das Recht vor 1900: ROHG. Band V S. 169, Band XIX S. 86. Die gesetzliche Einführung der Abschlußvollmacht als dispositiver Rechtssatz wird gefordert von Cahen-Cöln (vgl. Protokolle des III. [Münchner] Kongresses S. 48—50) contra: Herzfeld-Berlin, ebenda S. 55, Bergmann-Berlin, ebenda S. 69. In dem ursprünglichen Regierungsentwurf war allerdings die Abschlußvollmacht für „Handlungsagenten, die den Verkauf oder Ankauf von Waren an Orten zu besorgen haben, an denen sich eine Niederlassung des Geschäftsinhabers nicht befindet“ (Entwurf § 51) vorgesehen. Vgl. Denkschrift I S. 52. Den aus dem Handelsstand heraus geäußerten Bedenken (vgl. Kaiser S. 29—31) folgte man jedoch und nahm die Bestimmung nicht in das Gesetz auf. Vgl. noch Schramm S. 75/76.

[2]) Großjährig braucht der Bevollmächtigte, also auch der Abschlußagent, nicht zu sein. Es genügt gemäß § 165 BGB. „beschränkte Geschäftsfähigkeit“ (also Minderjährige über 7 Jahr, wegen Geistesschwäche, wegen Trunksucht Entmündigte, unter vorläufiger Vormundschaft [§ 1906 BGB.] stehende). Vorschriften für das Alter des Agenten (25 Jahr!) verlangte auf dem 1. Berliner Kongreß Eppelein-Chemnitz, contra: Behrens-Hamburg, Wulff-Stettin, Prot. S. 106 bzw. 108.

[3]) Vgl. jedoch unter e.

[4]) Derselbe lautet: „Ein einseitiges Rechtsgeschäft, das ein Bevollmächtigter einem anderen gegenüber vornimmt, ist unwirksam, wenn der Bevollmächtigte eine Vollmachtsurkunde nicht vorlegt und der andere das Rechtsgeschäft aus diesem Grunde unverzüglich zurückweist. Die Zurückweisung ist ausgeschlossen, wenn der Vollmachtgeber den anderen von der Bevollmächtigung in Kenntnis gesetzt

ad b) Auch hier kann die Vollmacht schriftlich, telegraphisch, telephonisch oder mündlich erteilt sein.

ad c) Diese Form ist in der Versicherungsbranche gebräuchlich.

ad d) Hier wird dem Dritten von der bereits erteilten Vollmacht Kenntnis gegeben.

ad e) Die Erteilung der Vollmacht kann der Ausstellung der Urkunde vorangegangen sein, so daß dieser nur der urkundliche Beweis über die früher erfolgte Bevollmächtigung ist.

Aber die Vollmacht braucht nicht ausdrücklich, sie kann auch stillschweigend erteilt werden. Solche „stillschweigende" Bevollmächtigung wird nach Staub (Anm. 5 zu § 54 VIII. Aufl. S. 242) immer dann vorliegen:

> „wenn jemand sich einem Dritten gegenüber als Bevollmächtigter geriert und der Prinzipal dies in einer Weise geschehen läßt, die im redlichen Rechtsverkehr nur als Bevollmächtigung aufgefaßt werden kann".[1]

Solches „Geschehenlassen" wird aber nicht aus jeder, wenn auch nicht ganz vereinzelt dastehenden Duldung des Handels des anderen als Bevollmächtigter zu schließen sein, sondern es muß entweder ein ganz allgemeines „Gewährenlassen", oder öftere positive nachträgliche Billigung des Verhaltens des Handelnden vorliegen, so daß, wenn der Geschäftsherr im einzelnen Streitfall die Vollmacht alsdann nicht gelten lassen wollte, dies „Treu und Glauben" widerstritte.[2])

---

hat." Ein Beispiel möge dies veranschaulichen: Der Kunde A bietet dem Agenten B auf 1000 Stück eines Konjunkturartikels fest 50 per Sack. B hat zwar Abschlußvollmacht, erklärt jedoch, die Offerte bis einige Stunden später fest an Hand nehmen zu wollen, womit A einverstanden ist. A sowohl wie B erfahren inzwischen, daß die Preise erheblich gefallen sind. B kommt innerhalb der vereinbarten Zeit zu A und erklärt: „Ich akzeptiere für mein Haus 1000 zu 50". A, der kein Interesse mehr an dem Vertrage hat, fordert Vorlage der Vollmacht und weist, da diese fehlt, die Annahmeerklärung des B unverzüglich zurück. Der Vertrag ist nicht perfekt und A ist frei. — Vgl. hierzu Planck, VIII. Aufl., zu § 174 Band I S. 304, wo mit Recht ausgeführt wird, daß ein Vertragsantrag oder die Annahme eines solchen „kein einseitiges Rechtsgeschäft" ist, daß die gleiche Rechtslage aber eine entsprechende Anwendung auf diesen Fall rechtfertige. Die Zurückweisung ist nur dann ausgeschlossen, wenn der Vollmachtgeber den Dritten von der Bevollmächtigung in Kenntnis gesetzt hat. Tatsächliches Kennen ohne solche Kundgabe, geschweige denn Kennenmüssen, stehen dem nicht gleich. Vgl. Staub, VIII. Aufl., Anm. 15 zu § 54 S. 244.

[1]) Schon die ältere Rechtsprechung räumt dem Grundsatz der „bona fides" hinsichtlich der Frage des Bestehens der Abschlußvollmacht einen weiten Spielraum ein. Vgl. ROHG. Band XIX S. 88, sowie RG. Band 50 S. 76, OLGRspr. Band XI S. 27/28, OLG. Karlsruhe 26. V. 05. Daselbst S. 28 ist noch besonders für das neue Recht betont, daß im BGB. nirgends bestimmt sei, abgesehen von der für Verträge und deren Auslegung gegebenen Rechtsregel des § 242 BGB., der zufolge der Schuldner verpflichtet ist, die Leistung so zu bewirken, wie Treu und Glauben mit Rücksicht auf die Verkehrssitte es erfordern, — daß im Gebiete des Vertragsrechts einer wider Treu und Glauben verstoßenden Rechtskonsequenz die Anerkennung zu versagen sei; aber das Reichsgericht habe mehrfach ausgesprochen, daß aller Rechtsverkehr unter der Herrschaft der bona fides stände.

[2]) In diesem Sinne sprechen sich für den analog zu beurteilenden Fall der Inkassovollmacht des Provisionsreisenden (unter altem Recht!) die Erkenntnisse ROHG.

Als fernere Tatbestände, welche auf stillschweigende Erteilung einer Abschlußvollmacht schließen lassen, sind zu erwähnen:

1. Die Vermittlung auf Grund sog. „fester Anstellungen", welche das Haus dem Agenten mit festbestimmter Geltung für einen gewissen Zeitraum oder bis auf Widerruf zusendet. Der Agent ist befugt, innerhalb der durch die Anstellung gegebenen Grenzen abzuschließen.[1])

2. Die Befugnis, den Vertrag zu unterschreiben und dem Gegenkontrahenten auszuhändigen.[2])

3. Der Besitz vom Geschäftsherrn unterschriebener Vertragsblanketts. Er berechtigt zur Ausfüllung und Aushändigung an den Vertragsgegner.[3])

Dagegen läßt sich nicht das gleiche folgern aus den nachstehenden Tatbeständen:

a) Ausführung eines einzelnen Geschäftes, das der Bevollmächtigte abgeschlossen hat. Hierin liegt höchstens ein Fall der Genehmigung (§ 177 BGB.).[4])

b) Besitz einer Inkasso-Vollmacht.

c) Erteilung von Quittungen für geleistete Zahlungen.

d) Mitunterzeichnung des Vertrages.[5])

e) Der Bezeichnung des Bevollmächtigten als „Vertreter", „Generalvertreter", „Generalagent".

Derartige Bezeichnungen, welche namentlich in der Versicherungsbranche häufig vorkommen, sind rechtlich bedeutungslos. Sie besagen keineswegs, daß die so bezeichneten Personen befugt wären, für ihre Gesellschaften Verträge abzuschließen.[6])

Sie beweisen unter Umständen nicht einmal das Vorliegen eines Agenturverhältnisses.[7])

Band IX S. 105/106, ROHG. Band XV S. 408/409 aus. Vgl. Immerwahr S. 64, RG. Band 1 S. 9, RG. Band 28 S. 390, ferner ROHG. Band VIII S. 211/212 (Inkassovollmacht des Agenten). Zu demselben Ergebnis gelangt hinsichtlich der Handlungsbevollmächtigten ROHG. Bd. X S. 98 bei und in der Anmerkung. Vgl. auch ROHG. Band VIII S. 316, RG. Band 43 S. 190. Vgl. auch zu § 86 S. 91/92.

[1]) Als Handelsgebrauch bezeugt bei Dove-Apt S. 56 Nr. 40 (15. XI. 92) und Apt II S. 88 Nr. 144 (12. IV. 04).

[2]) Vgl. RG. Band 9, S. 239 und Band 50 S. 76/77.

[3]) Vgl. RG. 17. X. 90 bei Bolze, Band 11 Nr. 422. Sowohl die in der vorhergehenden Anmerkung zitierten Urteile als dieses Erkenntnis betreffen den Versicherungsagenten. Analog für den Fall der Inkasso-Vollmacht und Ausgabe von Blankoquittungen: ROHG. Band XI S. 33/34.

[4]) Abweichend: Immerwahr S. 64 und Zitat in Anm. 2 daselbst.

[5]) Vgl. zu b) d) Immerwahr S 65.

[6]) Vgl. RG. Band 27 S. 152, Band 28 S. 390, Band 46 S. 124 (29. V. 00) und ebenda S. 185 (30. III. 00), RG. im „Recht" 1905 S. 469, OLGRspr. Band XI S. 28, JW. 1900, S. 580 Nr. 21 (RG. 11. VI. 01); Jacusiel S. 17, früher bereits: ROHG. Band XXII S. 374, JW. 1899 S. 181 Nr. 20 (RG. 21. II. 99). Die Fälle RG. Band 27 S. 152 und Band 46 S. 185 betrafen „Versicherungsagenten". Das Reichsgericht spricht in dem erstgedachten Urteil aus, daß der Versicherungsagent weiter nichts sei, „als eine von der Versicherungsgesellschaft angestellte Vertrauens- und Mittelsperson zwischen ihr und den Versicherungsnehmern".

[7]) So in dem Falle RG. Band 46 S. 121—124. Vgl. auch oben S. 6 und 12 und OLGRspr. Band II S. 285 (OLG. Hamburg 15. XII. 00) und ebenda Band III S. 401 (KG. 18. III. 01).

II. Der Umfang der Vollmacht.

Derselbe bestimmt sich bei schriftlicher Erteilung durch den Inhalt der Vollmachtsurkunde, falls die Urkunde detaillierte Bestimmungen über den Umfang enthält. Ist dies nicht der Fall oder liegt nur eine mündliche oder stillschweigende Bevollmächtigung vor, so erstreckt sich gemäß § 54 HGB. „die Vollmacht auf alle Geschäfte und Rechtshandlungen, die der Betrieb eines derartigen Handelsgewerbes (hier des Agenturgewerbes) oder die Vornahme derartiger Geschäfte gewöhnlich mit sich bringt." Danach genügt es, wenn die Rechtshandlung normalerweise mit dem Gewerbe des vertretenen Kaufmannes verbunden zu sein pflegt. Ohne daß dies der Fall ist, wird es aber auch ausreichen, wenn das abgeschlossene Geschäft „in den besonderen Geschäftsbetrieb des vollmachtgebenden Kaufmanns fällt."[1])

Welche Rechtshandlungen das fragliche Handelsgewerbe „gewöhnlich mit sich bringt", ist im Einzelfalle zu beurteilende Tatfrage. Die Natur des betreffenden Handelsgewerbes — die Bedürfnisse des Verkehrs und die Handelsgebräuche werden hierbei eine entscheidende Rolle spielen.[2])

Abgesehen hiervon kann aber im einzelnen Streitfalle auch wiederum früheres Geschehenlassen, z. B. mehrfaches Erfüllen vollmachtlos eingegangener Geschäfte die Ermächtigung zu gleichen späteren Geschäften zur Folge haben,[3]) dagegen die Bedenklichkeit eines Geschäfts gegen die Annahme der Vollmacht sprechen.[4])

Ausgenommen sind ferner auf Grund der besonderen, unten zu erläuternden Bestimmung des § 86 Abs. 1 die dort erwähnten Rechtshandlungen (Annahme von Zahlungen, Bewilligung von Zahlungsfristen), ausdrücklich dagegen statuiert die Vollmacht jedes Agenten, Mängelanzeigen, Dispositions- und ähnliche Erklärungen entgegenzunehmen (§ 86 Abs. 2). Auch hierüber wird bei § 86 zu sprechen sein.

---

[1]) Vgl. ROHG. Band VI S. 154; Immerwahr S. 58, dessen Darlegungen im übrigen hinsichtlich der Beweislast als allzu gekünstelt nicht beizupflichten ist. Richtig ist allerdings, daß nur auf den Abschlußagenten und seine Vollmacht § 54 HGB. direkt, auf die Vollmacht des Agenten im übrigen nur analog Anwendung findet. Ein offenbares Versehen Immerwahrs a. a. O. ist es hingegen, wenn er den „gewöhnlichen Betrieb dieses Agenten" und nicht den des Geschäftsherrn als ausschlaggebend erachtet.

[2]) Vgl. ROHG Band VI S. 401, BadRpr. 1905, 38, Immerwahr S. 57 und 59, der an letzterer Stelle zwei treffende Beispiele anführt: die Übernahme der gekauften Ware durch den Einkaufsagenten und die Zurücknahme versehentlich zuviel gelieferter Ware durch den Verkaufsagent. In beiden Fällen folgt die Vollmacht aus der Natur des abgeschlossenen Geschäfts.

[3]) Vgl. ROHG. Band X S. 143.

[4]) Vgl. ROHG. Band I S. 252. Dieser Fall betraf Folgendes: Der zum Verkauf von Wertpapieren mit stark schwankendem Kurs (Lombarden) bevollmächtigte Handlungsgehilfe wurde wegen der „Bedenklichkeit" des Geschäfts nicht auch als zur Prolongation des Kaufs bevollmächtigt erachtet. Vgl. noch Reichsgericht 27. VI. 02 in RG. Band 52 S. 89/90 (die außergewöhnliche Größe des Geschäfts ließ dasselbe als außerhalb der Grenzen der Vollmacht liegend erscheinen). RG. in JW. 1904 S. 475 und Immerwahr S. 59 bei und in Note 4 mit dem der englischen Judikatur entnommenen Beispiel der Verpfändung von Waren durch den Verkaufsagenten.

Unzulässig ist ferner das Kontrahieren des Agenten mit sich selbst. Der Agent darf in der Regel selbst auf Grund seiner Abschlußvollmacht nicht ohne Genehmigung des Geschäftsherrn von dem in seinen Händen befindlichen Kommissionslager Waren für eigene Rechnung entnehmen (§ 181 BGB.). Es heißt jedoch in dieser Vorschrift „soweit nicht ein anderes ihm gestattet ist" und wir nehmen mit Dernburg und Staub an, daß solche Gestattung auch stillschweigend erfolgen kann. Verstößt die Nichtgestattung gegen „Treu und Glauben", erleidet der Geschäftsherr durch die Entnahme von Waren zum angemessenen Preise abseiten des Agenten keinen Schaden, dann ist das Geschäft gültig.[1])

Beschränkungen der Vollmacht.

Auch hier gilt für den Abschlußagenten direkt, im übrigen für die Vollmacht des Agenten zu sonstigen Handlungen analog § 54 Abs. 3 HGB., der lautet:

„Sonstige Beschränkungen der (Handlungs-) Vollmacht braucht ein Dritter nur dann gegen sich gelten zu lassen, wenn er sie kannte oder kennen mußte."[2])

Das Reichsgericht (Band 50 S. 76) hat den Grundsatz dahin formuliert:

„Es kommt darauf an, ob und wie die Bevollmächtigung in die äußere Erscheinung tritt". Der Geschäftsherr, der dem Agenten eine Abschlußvollmacht schlechthin erteilt hat, kann sich nicht darauf berufen, daß der Agent nur zu limitierten Preisen oder in beschränkten Mengen hätte instruktionsgemäß verkaufen dürfen, es sei denn, daß der Dritte solche Beschränkung der Vollmacht kannte oder kennen mußte.

„Kennenmüssen" ist nach § 122 Abs. 2 BGB. mit „Nichtkenntnis" infolge von Fahrlässigkeit gleichbedeutend.[3]) Wer daher eine Einschränkung der Vollmacht vornehmen will, der muß dafür sorgen, daß sie in gleicher Weise wie die Vollmacht selbst, „in die äußere Erscheinung tritt".[4]) Es sei jedoch bemerkt, daß die Nichtkenntnis einer in üblicher Weise bekannt gemachten Vollmachtseinschränkung für den Dritten, der unter Nichtbeachtung derselben mit dem Agenten kontrahiert, nicht ohne weiteres eine Fahrlässigkeit involviert, die er gegen sich gelten lassen muß, so daß der Geschäftsherr nicht verpflichtet wird. Die Nichtkenntnis in üblicher

---

[1]) Vgl. Staub (VIII. Aufl.) Anm. 11 zum Exkurs zu § 58 S. 254, RG. Band 56 S. 106 und 108; Goldmann I S. 219; abw. Jacusiel S. 21.

[2]) Dieser Grundsatz entspricht schon dem römischen Recht, vgl. l. 11 § 5 D. de inst. act. 14, 3 und der in zahlreichen Erkenntnissen des ROHG. festgelegten Praxis. Vgl. ROHG. Band X S. 143 mit Zitaten weiterer Urteile desselben Gerichtshofes in der Fußnote; ROHG. Band XII S. 279 Band XXIII S. 349/350, und des RG. bei Bolze Band III Nr. 436, Band VII Nr. 344 und RG. Band 50 S. 76.

[3]) Vgl. hierzu näheres bei Weyl, System der Verschuldensbegriffe im BGB. für das Deutsche Reich S. 172 ff. bes. S. 175. Zu beachten ist, daß hier keineswegs grobe Fahrlässigkeit erforderlich ist. Anders z. B. bei der Frage nach dem „guten Glauben" bei Erwerb einer Sache vom Nichteigentümer, vgl. unten S. 70. Der Kenntnis werden gleichgestellt diejenigen Umstände, welche der Dritte „bei Anwendung der ihm obliegenden kaufmännischen Sorgfalt" wissen mußte. Vgl. den Schlußsatz des oben S. 64 Anm. 4 zitierten Reichsgerichtsurteils Band 52 S. 89/90.

[4]) Vgl. zu vorstehendem noch: Staub (VIII. Aufl.) Anm. 22 zu § 54 S. 246; Hans. Gerichtszeitung Hbl. 1894, S. 208, OLG. Hamburg 12. III. 94.

Weise bekannt gemachter Tatsachen wird vielmehr hier, wie sonst im Einzelfalle bedeutsames Moment sein, ob die Nichtkenntnis der Tatsache auf Fahrlässigkeit beruht.[1])

Beweisen muß freilich der Geschäftsherr die Kenntnis oder die Sachlage, aus der sich ein „Kennenmüssen" des Dritten ergibt.[2])

Hat der Agent Vollmacht zur Abänderung und Aufhebung des abgeschlossenen Vertrages?

Diese Frage ist sowohl für den Abschlußagenten als auch den Vermittlungsagenten zu verneinen. Hinsichtlich des Vermittlungsagenten macht die Beantwortung dieser Frage keine Schwierigkeiten. Aber auch die generell erteilte Vollmacht zum Abschluß von Verträgen begreift nicht das Recht in sich, den einmal geschlossenen Vertrag abzuändern oder gar aufzuheben.[3])

Außer jedem Zweifel steht dies aber dann, wenn etwa dem Dritten bewußt war oder sein mußte, daß die Abänderung des Vertrages dem Willen des Geschäftsherrn widersprach.[4])

Ein bei Dove-Apt (I S. 61 Nr. 49) mitgeteiltes Gutachten der „Berliner Ältesten" vom 24. März 1890, welches im allgemeinen den von uns vertretenen Standpunkt einnimmt, lautet am Schluß: „Nur in dem hier, wie es scheint, nicht vorliegenden Ausnahmefalle, in welchem dergleichen Agenten von ihren auswärtigen Häusern ein ständiges Warenlager erhalten, dergestalt, daß die von dem ersteren aufgenommenen Aufträge direkt aus diesem Lager zur Ausführung gebracht werden, ist es üblich, daß bemängelte Waren, erforderlichenfalls von den Agenten in ihr Lager wieder zurückgenommen werden."

Hieraus ist nicht mit Sicherheit zu entnehmen, ob das Gutachten dem Agenten in diesem besonderen Fall nur die Ermächtigung zur einstweiligen Rücknahme der Ware in das Lager zwecks Aufbewahrung[5]) oder aber die Billigung der Bemängelung und Vollziehung der Wandelung (§ 465 BGB.) erlauben will.

---

[1]) Vgl. Makower I S. 183, Goldmann I S. 253, a. M. freilich Staub (VIII. Aufl.) Anm. 22 zu § 54 S. 246. Schon in der III./IV. Aufl. Einl. zu Art. 47 a. HGB. (S. 81) stellt Staub dies als Handelsgebrauch fest und behauptet jetzt (VIII. Aufl.) dessen Fortbestehen neben der Vorschrift des § 54 Abs. 3 HGB. Wir halten dies aus den bei Goldmann a. a. O. dargelegten Gründen nicht für richtig.

[2]) Vgl. Staub (VIII. Aufl.) Anm. 23 zu § 54 S. 246. Die im Einzelfall „entschuldbare" Nichtkenntnis einer allgemein bekannt gemachten Tatsache wird allerdings der Dritte beweisen müssen.

[3]) Vgl. RG. Band 36 S. 42; KG. 29. I. 07 in OLGRspr. Band XIV S. 347/348 teilweise abweichend: Immerwahr S. 67—75; für das Recht vor 1900 spricht denselben Grundsatz schon aus: Bayr. Handelsappellationsgericht 29. I. 63 in GZ. VII S. 588/589. — Gleichgültig ist, ob der ursprüngliche Vertrag durch den Agenten abgeschlossen oder trotz Abschlußvollmacht des Agenten zwischen den Parteien direkt zustande gekommen ist.

[4]) Vgl. RG. Band 36 S. 43 oben. Die hier behandelte Frage ist nicht zu verwechseln mit der Frage inwieweit mündliche, bei dem Vertragsschluß getroffene Nebenabreden zwischen dem Agenten und dem Kunden dem Geschäftsherrn präjudizieren. Vgl. S. 68 und das. Anm. 2.

[5]) Zu dieser Fürsorge durch den Agenten kann unter Umständen Anlaß sein, sei es um hohe anderweitige Lagerkosten zu sparen, sei es, weil die Vorschrift des § 379 HGB., wonach der die Ware beanstandende Käufer für „einstweilige Aufbewahrung" zu sorgen hat, nur für den „Versendungskauf" gilt. Auch nur für diesen ist ausgesprochen, daß die Anwesenheit eines Agenten des Verkäufers am Bestimmungsort den

Staub (VIII. Aufl., Anm. 3 zu § 86 S. 368) versteht das Gutachten in ersterem Sinne, während dies mit Rücksicht auf die vorangehende allgemeine Ausführung, daß ein Geschäftsgebrauch zur Rücknahme von Waren und zum Rückgängigmachen eines Geschäfts nicht besteht und die Eingangsworte des oben mitgeteilten Schlußsatzes („Nur in dem hier, wie es scheint, nicht vorliegenden Falle usw.") doch sehr zweifelhaft erscheint.

Sollte somit das Gutachten in dem letzteren, weitergehenden Sinne, der Ermächtigung auch zur Vollziehung der Wandelung bei Platzverkäufen vom ständigen Lager aufzufassen sein, so vermögen wir demselben nicht beizupflichten, da wir grundsätzlich den Agenten hierzu für nicht befugt erachten.[1])

Ist der Agent, wenn er auch keine Abschlußvollmacht hat, doch Offerten (Vertragsanträge, § 145 BGB.) für den Geschäftsherrn zu machen, befugt?

Diese Frage ist zu verneinen. Das Aufsuchen der Kundschaft durch den Vermittlungsagenten, unter Vorlage von Mustern mit Preisauszeichnungen ist daher niemals als Offerte aufzufassen. Es ist nur eine Aufforderung für den Kunden, seinerseits Offerten zu machen, über deren Schicksal der Geschäftsherr zu entscheiden hat. Es wirkt der Besuch des Agenten nicht anders als im Detailhandel das Auslegen der Waren, wenn auch mit Preisen ausgezeichnet, in das Schaufenster.[2]) Das Gegenstück hierzu bildet die Frage:

Muß der Agent jede ihm gemachte Offerte dem Geschäftsherrn übermitteln?

Auch hier stimmen wir den überzeugenden Ausführungen Immerwahrs (S. 77—79), welcher dies verneint, bei. Es hieße allerdings den Agenten, der doch selbständiger Kaufmann ist, zum willenlosen, mechanisch arbeitenden Werkzeug des Geschäftsherrn herabwürdigen, wenn man diese Frage bejahen wollte.[3])

Käufer nicht unbedingt von der Aufbewahrungspflicht befreit. Vgl. ROHG. Band XVII S. 173. Gerade in dem hier vorliegenden Fall wird trotz Vorliegens eines Distanzgeschäfts eine „Aufbewahrungspflicht" des Käufers verneint und implizite die des Agenten bejaht.

[1]) Übereinstimmend Staub (VIII. Aufl.) Anm. 4 zu § 86 S. 368; Immerwahr S. 80/81; Jacusiel S. 22; Zweck S. 37; ROHG. Band V S. 106. OLGRspr. Band XIV S. 348 (KG. 29. I. 07). Die Frage der Entgegennahme der Mängelrüge durch den Agenten bzw. des Wandelungsangebots ist durch § 86 ausdrücklich geregelt und wird hier behandelt. Vgl. unten S. 96. Das bei Dove-Apt I Nr. 47 S. 59/60 mitgeteilte Gutachten der „Berliner Ältesten" vom 29. April 1895 verneint das Bestehen eines Handelsgebrauches für die Garn- und Baumwollenbranche, der den Agenten „zur Rücknahme von zur Disposition gestellten Waren ermächtige". Auch hier ist zweifelhaft, was unter Rücknahme zu verstehen ist.

[2]) Vgl. hierzu Immerwahr S. 75—77. Vgl. Tentler im „Waren-Agent" 1907 Nr. 9 S. 68. Über Entgegennahme von Offerten und Annahmeerklärungen durch den Agenten vgl. bei § 86 S. 97.

[3]) Vgl. auch Jacusiel S. 19—30, Kaiser S. 25/26, ROHG. Band II S. 245/246. Es betraf dieser Fall einen Versicherungsagenten. Mit Recht führt Immerwahr S. 78/79 aus, daß die Regel für die Versicherungsbranche dann — aber auch nur dann — eine Ausnahme erleidet, wenn die Offerte (Stellung des Versicherungsantrags) einer bei einer früheren Versicherung des Antragenden übernommenen Vertragspflicht entsprach. Solchenfalls widerspricht die Ablehnung der Offerte durch den Agenten dem Interesse des Geschäftsherrn — der Versicherungsgesellschaft —, entzieht ihr vertraglich zustehende Rechte und geht daher über die Vollmacht des Agenten hinaus.

III. Die Wirkungen des vom Abschlußagenten vollzogenen Rechtsgeschäfts.

Der Abschluß wirkt für und gegen den Geschäftsherrn (§ 164 Abs. 1 Satz 1 BGB.). Mit dem Abschluß kommt das Geschäft zwischen dem Geschäftsherrn und dem Kunden zustande, erzeugt Rechte und Pflichten zwischen ihnen.

In welcher Form?

In der Form, in der der Agent es abgeschlossen hat.

Irrtümer, Mißverständnisse, sogar bewußtes Handeln gegen die Absichten und Instruktionen — den „Auftrag" — des Geschäftsherrn auf seiten des Agenten präjudizieren dem Geschäftsherrn.[1]) Z. B. der Geschäftsherr betraut den Agenten mit dem Aufsuchen von Kunden und Abschluß von Börsengeschäften mit effektiver Lieferung; der Agent schließt im Einvernehmen des Kunden „reine Differenzgeschäfte" ab. Maßgeblich ist der Sinn, in dem sich der Agent und der Kunde geeinigt haben.

Eine Einschränkung muß dieser Grundsatz allerdings dann erfahren, wenn der Kunde gewußt hat oder wissen mußte, daß die Vereinbarungen dem Willen des Geschäftsherrn widersprachen.[2]) Solchenfalls darf der Kunde aus seiner abweichenden Beredung mit dem Agenten Rechte gegen den Geschäftsherrn nicht herleiten.

Das Geschäft kommt unmittelbar zwischen Geschäftsherrn und Kunden zustande.

Dies ist selbst dann der Fall, wenn der Kunde bei Abschluß mit dem Agenten den Namen des Geschäftsherrn nicht einmal sofort erfährt und umgekehrt, wenn der Kunde zunächst unbenannt bleibt. Ein Beispiel: Das Geschäft ist geschlossen unter der Bedingung der nachträglichen Aufgabe des Vertragsgegners

---

[1]) Vgl. RG. Band 1 S. 9, Band 30 S. 30 und S. 217, Band 36 S. 247; Staub, VIII. Aufl., Anm. 5 zu Exkurs zu § 85 S. 367 und unter neuem Recht bestätigt in RG. Band 60 S. 188/189. Der gleiche Grundsatz gilt, wenn der Vermittlungsagent gemäß § 85 abschließt und der Geschäftsherr nicht „unverzüglich ablehnt". Vgl. zu diesem Paragraph S. 87 unten, ferner RG. 29. XI. 04 in Holdheims MSchr. 1905 S. 162, vor allem aber RG. Band 51 S. 147—153, mit reichen Belegen auf S. 151. In letzterem Erkenntnis wird hervorgehoben, daß die im Text entwickelten Grundsätze zumeist auf Entscheidungen beruhen, in denen es sich um durch Agenten vermittelte Versicherungs- oder Börsen-(Differenz-)geschäfte handelte. Ein prinzipieller Unterschied von den sonstigen vom Agenten vermittelten Handelsgeschäften sei aber nicht gegeben (S. 151). Es wird ferner erwogen, wer des Schutzes mehr bedürfe, der Geschäftsherr oder der Kunde. „Wenn aus der unrichtigen Handlungsweise ein Schaden entsteht", so heißt es dort (S. 152), „so wird es auch der Billigkeit mehr entsprechen, daß diesen der Geschäftsherr, als daß ihn der Dritte zu leiden habe. Jener ist in der Lage, seinen Agenten auszuwählen und zu überwachen." Dies Argument trifft selbstverständlich auf den Abschluß durch einen Abschlußagenten sowohl als auch auf den gemäß § 85 perfekt gewordenen Vertrag zu. Eine ausführliche Entwicklungsgeschichte dieser Rechtsfrage gibt Immerwahr S. 106—111. Vgl. noch OLG. Frankfurt 2. V. 07 in OLGRspr. Band XIV S. 391—392. (Die irrige Auskunft des Generalagenten über die Frist zur Prämienzahlung entzieht der Gesellschaft das Recht, sich auf die Verwirkungsklausel zu berufen.)

[2]) Vgl. RG. Band 15 S. 207, Band 36 S. 43 (auch referiert bei Bolze Band 21 Nr. 279) und nach 1900: Band 51 S. 151, Band 52 S. 99. Ist der Vertrag schriftlich abgefaßt und hat die Abweichung — die sog. mündliche Nebenabrede — keine Aufnahme in die Urkunde gefunden, so unterliegt die zwischen Kunden und Agent getroffene Nebenabrede den allgemeinen Bestimmungen über solche „Nebenabreden", die in RG. Band 52 S. 23—27 ausführlich dargelegt sind.

innerhalb angemessener Frist. Solange die letztere läuft, gibt es kein „Zurück" für beide Teile. Der Abschluß ist wirksam schon mit der Einigung zwischen dem Agent und der einen Vertragspartei zustande gekommen. Derartige Geschäfte mit der Klausel: „Aufgabe des Käufers vorbehalten", „Sie kauften heute durch meine Vermittlung von einem noch aufzugebenden Primaablader" sind keineswegs selten und haben abseiten des Reichsgerichts die vorstehend dargelegte Beurteilung gefunden.[1])

Willensmängel, Kenntnis oder Kennenmüssen des Agenten präjudizieren dem Geschäftsherrn. (§ 166 Abs. 1 BGB.)

Hatte sich der Agent geirrt, ist er durch arglistige Täuschung oder Drohung zur Abgabe einer Willenserklärung bestimmt (§§ 119 bzw. 123 BGB.), oder hat er einen Irrtum in dem Kunden erweckt, ihn arglistig getäuscht oder durch Drohung zu einer Willenserklärung bestimmt, so wirkt das für und gegen den Geschäftsherrn.[2])

Auch für das „arglistige Verschweigen von Mängeln" (§ 377 HGB., §§ 443, 460, 463, 477, 479, 480, 485 BGB.) ist die Kenntnis des Abschlußagenten relevant. Hat der Agent abgeschlossen und teilt er in Kenntnis des Mangels und in der Absicht, den Käufer zu täuschen,[3]) diesem den Mangel nicht mit, so kann der Käufer trotz grobfahrlässiger Unkenntnis des Mangels (§ 460 BGB.) oder trotz Verjährung des Wandelungsanspruchs (§ 477 BGB.) oder nicht rechtzeitiger Untersuchung (§ 377 HGB.) Wandelung verlangen, mag auch dem Geschäftsherrn der Mangel unbekannt gewesen sein. Kennt andererseits der Agent den Mangel nicht, bzw. verschweigt er ihn nicht arglistig, so schadet „böser Glaube" des Geschäftsherrn diesem nicht. Ausgenommen ist jedoch hiervon der Fall, wenn der Agent „nach bestimmten Weisungen" gehandelt hat (§ 166 Abs. 2 BGB.). Solche „Weisung" wird z. B. in der besonderen Übersendung der bewußt mangelhaften Ware mit dem Auftrag sie zu veräußern, jedoch nicht in der Überlassung eines Lagers, in dem sich außer mangelfreien Waren mangelhafte, deren Mängel der Geschäftsherr kannte, befanden, zwecks Verkaufs des ganzen Lagers liegen.[4]) Nicht anders liegt es im umgekehrten Fall: der Geschäftsherr kauft durch

---

[1]) Vgl. RG. Bd. 38 S. 185—190 (7. XI. 96, Bremer Rechtsfall), besonders S. 186—188 (auch abgedruckt HGZ.Hbl. 1897 Nr. 39) und früher schon bei einer Vermittlung durch einen „Makler": RG. Band 24 S. 64—70 (28. IX. 89, Hamburger Rechtsfall), besonders S. 66/67. Das Reichsgericht hat in dem späteren Bremer Fall (Band 38) die Grundsätze des früheren Falls „um so unbedenklicher angewandt, als die Mittelsperson hier Agent auswärtiger Häuser war und nicht, wie in dem damals vorliegenden Fall, Makler, zu deren Obliegenheiten die Stellvertretung in der Abgabe von Willenserklärungen im allgemeinen nicht gehört" (a. a. O. S. 187/188). Zu ähnlicher, aber doch nicht ganz gleicher Beurteilung gelangten, was allerdings RG. Band 38 S. 188 irrtümlich leugnet, die Urteile RG. Band 33 S. 131—136 und Band 35 S. 105—112. (Beide betreffen denselben Rechtsfall.) — Die Aufgabe eines Verkäufers, der nicht als Primaablader gelten kann, darf nachträglich zurückgewiesen werden. Aber es muß ein „plausibler Grund" hierfür vorhanden sein und die Genehmigung nicht „willkürlich und schikanös" versagt werden. Vgl. RG. Band 33 S. 136, Band 35 S. 106.

[2]) Vgl. RG. Band 58 S. 347, Goldmann I S. 214 unter 1c.

[3]) Vgl. Planck, III. Aufl., Band II S. 345 (zu § 443), RG. Band 55 S. 245.

[4]) Vgl. Planck, III. Aufl., Band II S. 364 unten.

den Abschlußagenten ein. Dessen Kenntnis oder seine grobfahrlässige Unkenntnis von Mängeln der Kaufsache schadet dem Geschäftsherrn und befreit den Verkäufer von der Mängelhaftung (§ 460 BGB.).

Gleiche Grundsätze gelten für die Fälle der Anfechtung von Rechtshandlungen im Konkurse (§§ 29 ff. KO.) und außerhalb desselben (§ 3 des Reichsanfechtungsgesetzes). Die Kenntnis des Agenten, der das anzufechtende Rechtsgeschäft abgeschlossen hat, von der Zahlungseinstellung,[1]) dem Eröffnungsantrag,[2]) der Benachteiligungsabsicht[3]) schadet dem mit diesen Tatsachen völlig unbekannten Geschäftsherrn.[4])

Ganz gleich liegt es hinsichtlich des Eigentumserwerbs. Erwirbt der Abschlußagent für seinen Geschäftsherrn eine Sache, die dem dritten Veräußerer nicht gehört, so kommt es ausschließlich auf den „guten Glauben" des Agenten an. Er ist nicht im guten Glauben, wenn ihm bekannt oder infolge grober Fahrlässigkeit unbekannt war, daß die Sache nicht dem dritten Veräußerer gehöre (§ 932 BGB.). Ist der Agent im guten Glauben, so erwirbt der Geschäftsherr Eigentum troß eigener Kenntnis der Tatsache, daß die Sache dem Veräußerer nicht gehört.[5]) Ebenso kommt es bei Abschluß von Verträgen über eine unmögliche Leistung und Verträgen, die gegen ein gesetzliches Verbot verstoßen (vgl. BGB. §§ 307 bzw. 309), durch einen Agenten auf dessen Kenntnis oder Kennenmüssen an.

Andererseits präjudiziert bei Abschluß durch einen Agenten selbst die Kenntnis des Geschäftsherrn in den soeben gedachten Fällen ihm nicht, es sei denn, daß ein mit Abschlußvollmacht versehener Agent „nach bestimmten Weisungen"[6]) des Geschäftsherrn gehandelt hat. Solchenfalls genügt auch die Kenntnis bzw. grobfahrlässige Unkenntnis des Geschäftsherrn.[7])

---

[1]) KO. § 30 Ziffer 1 und 2.

[2]) KO. § 30 Ziffer 1 und 2.

[3]) KO. § 30 Ziffer 2, § 31 Ziffer 1, § 3 Ziffer 1 des Anfechtungsgesetzes.

[4]) Vgl. Jaeger, Konkursordnung, II. Aufl., Anm. 20 zu § 20 S. 264. Vor 1900 bezeichnete die Judikatur die Kenntnis des Vertreters von den im Text behandelten Tatbeständen als „genügend" (vgl. RG. Band 7 S. 38), heute ist sie bei Abschluß durch den Vertreter erforderlich, vgl. Zitate bei Petersen-Kleinfeller, Konkursordnung, IV. Aufl., S. 148 Anm. 11.

[5]) Vgl. hierzu Planck, III. Aufl., Anm. 2 zu § 166 S. 290, Goldmann Band I S. 214 unter 1c und unter 2a S. 214—219.

[6]) Vgl. zu diesem Begriff Planck Anm. 2 zu § 166 S. 289/290, Goldmann I S. 214 unter 2a. Der Begriff „Weisung" kehrt auch in HGB. § 384 Abs. 1 (Kommission) und als „Anweisung" in §§ 433, 437 HGB. (Frachtgeschäft) wieder. Es ist die Anordnung des Geschäftsherrn, das aufgetragene Geschäft in bestimmter Art auszuführen, die für den Einzelfall vom Geschäftsherrn beliebte „Spezialisierung" des Auftrags.

[7]) Vgl. Jaeger a. a. O. Bei Abschluß durch den Geschäftsherrn selbst ist andererseits die „Kenntnis" des lediglich dabei anwesenden Agenten, die er dem Geschäftsherrn vorenthält, für ersteren bedeutungslos. Die im Text entwickelten Gesichtspunkte gelten stets, wenn der Agent „abschließt", also wenn er Vollmacht hierzu hat oder ohne Vollmacht abschließt und das Geschäft nach § 85 perfekt wird. Die nicht erfolgende „unverzügliche Ablehnung" hat hier dieselben Funktionen wie die „Genehmigung" eines ohne Vertretungsmacht abgeschlossenen Geschäfts (§ 177 BGB.).

Haftung des Geschäftsherrn für Versehen des Agenten bei Abschluß von Verträgen gegenüber dem Vertragsgegner.

Bei Lösung dieser schwierigen Frage ist zunächst zu beachten, daß dieselbe nicht nur für den Abschlußagenten, sondern auch für den Vermittlungsagenten zu entscheiden ist und zwar für letzteren auch dann, wenn er nicht, gemäß § 85 HGB. abschließt, sondern die Offerte nur übermittelt oder unter Vorbehalt der Genehmigung des Geschäftsherrn abschließt. Denn begrifflich ist ein Versehen nicht nur bei Abschluß von Verträgen, sondern auch bei Übermittlung von Vertragsanträgen möglich.

Für den Abschlußagenten gilt folgendes:

Wir sahen oben, daß das vom Agenten abgeschlossene Geschäft für und gegen den Geschäftsherrn wirkt und zwar in der Form, in der der Agent es abgeschlossen hat.

Wir sahen ferner, daß Willensmängel (mangelnde Ernstlichkeit, Irrtum), Kenntnis oder fahrlässige „Nichtkenntnis“ gewisser, die Willenserklärung beeinflussender Tatsachen in der Person des Agenten dem Geschäftsherrn präjudizieren.

Daraus folgt für die hier zu behandelnde Frage, wieweit der Geschäftsherr dem Dritten für derartige Versehen seines Agenten haftet, daß der Geschäftsherr in allen den Fällen, in denen sein Agent eine nicht ernstlich gemeinte Willenserklärung abgegeben hat, den Dritten in Irrtum versetzt, bedroht, getäuscht, ihm arglistig Mängel der Kaufsache verschwiegen hat oder die Unmöglichkeit einer Leistung oder das Bestehen eines den Vertragsschluß hindernden gesetzlichen Verbotes kannte oder kennen mußte, sich genau so behandeln lassen muß, als wenn diese Vorgänge sich in seiner Person abgespielt hätten. Soweit also der Geschäftsherr, wenn er selbst gehandelt hätte und zwar in gleicher Weise wie der Agent, sich dem Dritten schadensersatzpflichtig gemacht hätte, haftet er auch für die bezüglichen Versehen seines Abschlußagenten.[1])

Hat aber der Abschlußagent bei Abschluß des Kaufvertrages eine Eigenschaft der Kaufsache zugesichert (§ 459², § 463 BGB.), so haftet der Geschäftsherr für das Vorhandensein der zugesicherten Eigenschaft zur Zeit des Kaufs und zwar kann von ihm außer Wandelung und Minderung auch Schadensersatz wegen Nichterfüllung

---

Das Geschäft ist im Falle der Genehmigung von Anfang an wirksam. Dagegen gilt nicht das gleiche für „unter Vorbehalt der Genehmigung“ des Geschäftsherrn mit Bindung des Kunden durch den Agenten geschlossenen Geschäfte — über die bei § 85 zu sprechen sein wird —, vgl. unten S. 88/89. Hier kommt im Augenblick der Zustimmung des Geschäftsherrn das Geschäft zwischen diesem und dem Kunden zustande. Die Kenntnis des Agenten präjudiziert daher hier dem Geschäftsherrn nicht. Weitere Fälle, in denen „Kennen“ oder „Kennenmüssen“ eine wesentliche Rolle spielt, sind bei Planck, III. Aufl., Band I Anm 1 zu § 166 S. 289 aufgeführt.

[1]) Also bei Nichternstlichkeit und Irrtum gemäß § 122 BGB., bei dem Agenten bekannter Unmöglichkeit der Vertragsleistung oder Kenntnis von dem Verstoß des Vertrages gegen ein gesetzliches Verbot gemäß § 308 auf das sog. negative „Vertragsinteresse“, bei Verkauf einer Sache mit „Mängeln im Recht“ (z. B. die dem Veräußerer nicht gehört) oder deren Mängel arglistig verschiegen sind, gemäß § 440 Abs. 2 bzw. 463 BGB. auf Schadensersatz wegen Nichterfüllung. Bei arglistiger Täuschung und Drohung kommt die Haftung aus „unerlaubter Handlung“ in Frage, vgl. unten S. 74/75.

verlangt werden. Dies ist aber lediglich eine Konsequenz des oben[1]) entwickelten Grundsatzes, daß das vom Agenten abgeschlossene Geschäft in der Form zustande kommt, in der der Agent es abgeschlossen hat.

Da nun das BGB. eine weitergehende allgemeine Haftung für Vorsatz und Fahrlässigkeit beim Vertragsabschluß, außer in den speziell normierten Fällen, die wir oben zitierten, nicht kennt,[2]) so erschöpft sich damit auch an sich die Reihe der Fälle, in welchen der Geschäftsherr für Versehen des Agenten bei Abschluß des Vertrages haftbar sein kann.

Es sind jedoch noch die folgenden Fälle denkbar und, wie die darüber zumeist auf dem Gebiet des Versicherungsvertrags ergangenen oberstrichterlichen Entscheidungen zeigen, praktisch geworden:

1. Der Agent unterrichtet den dritten Kontrahenten über die ihm obliegenden vertraglichen Leistungen, über die Handhabung, Tragweite oder Auslegung der Vertragsbestimmungen, z. B. der sog. „Versicherungsbedingungen" oder darüber, über welche Umstände vom dritten Kontrahenten Auskunft gegeben werden muß, um dem Geschäftsherrn (der Versicherungsgesellschaft) die richtige Grundlage für ihre versicherungstechnischen Kalkulationen zu geben, falsch. Es handelt sich hierbei um den sog. „Fragebogen", dessen vollständige und richtige Beantwortung Voraussetzung der Gültigkeit des ganzen Vertrages ist.

2. Der Agent übernimmt es, die von dem Versicherungsnehmer auszufüllenden, als Grundlage des Vertrages dienenden Fragen, selbständig (also nicht etwa nach Diktat des Versicherungsnehmers) zu beantworten. Die wahrheitsgemäße Beantwortung dieser Fragen, das, sei es absichtliche, sei es unabsichtliche Fortlassen bestimmter Tatsachen ist Voraussetzung der Gültigkeit des Vertrages.

Haftet in diesen Fällen der Geschäftsherr (z. B. die Versicherungsgesellschaft) für die bezüglichen Versehen ihrer Agenten?

Beide Fälle sind verschieden zu beurteilen. Liegt in dem ersten Falle ein Irrtum vor und ficht der dritte Kontrahent rechtzeitig an, so ist die Antwort klar. Der dritte Kontrahent ist nicht gebunden. Nicht alle Fälle werden aber so geartet sein, daß ein anfechtbarer Irrtum vorliegt oder daß der dritte Kontrahent vom Vertrage durch Anfechtung sich lossagen will. Er will den Vertrag, aber so, wie er ihn sich als nach den Angaben des Agenten existent geworden vorgestellt hat.

Solchenfalls muß der Geschäftsherr für den Agenten eintreten.[3])

---

[1]) Vgl. S. 68. Ganz gleich ist der Fall zu beurteilen, daß der Abschlußagent die Abwesenheit von Fehlern zugesichert hat, die nicht zu den „verborgenen" gehören. Allerdings kann der Käufer hier nur Wandelung oder Minderung, nicht Schadensersatz wegen Nichterfüllung verlangen.

[2]) Vgl. Goldmann I S. 265 unter d; Staub (VIII. Aufl.) Anm. 26 zu Exkurs zu § 58 S. 257, RG. Band 61 S. 207—214 bes. S. 213, JW. 1906 S. 136/137 Nr. 8 bes. S. 137 (RG. 22. I. 06), Seufferts Arch. Band 62 Nr. 39 S. 67 (OLG. Braunschweig 21. VI. 06).

[3]) Vgl. RG. Band 39 S. 180, Band 46 S. 190; JW. 1896 S. 376 Nr. 34; JW. 1899 S. 104 Nr. 47 (RG. 3. I. 99); JW. 1903 S. 402 Nr. 16 (RG. 22. IX. 03). Das Reichsgericht motiviert die Entscheidung, daß der Geschäftsherr in dieser Beziehung für den Agenten haftet, in Band 46 S. 180, wie folgt: „Ferner wird der

Es folgt dies aus dem oben (S. 68) entwickelten Grundsatz, daß der durch den Agenten abgeschlossene Vertrag so zustande kommt, wie der Agent ihn abgeschlossen hat. Auch greift hier zweifellos die Regel des § 157 BGB. durch, der zufolge Verträge so auszulegen sind, wie Treu und Glauben mit Rücksicht auf die Verkehrssitte es erfordern.[1]) Bemerkenswert sind zwei neuere Erkenntnisse des RG. vom 16. I. 06 bzw. 23. I. 07 und zwar nach der Richtung, daß es von Bedeutung ist, ob die falsch beantwortete Frage klar ist oder zu Zweifeln Anlaß gibt. „Denn danach", heißt es in dem erstgedachten Urteil, „wird sich das Gericht die Überzeugung bilden können und müssen, ob die Ursache der unrichtigen Beantwortung in der unrichtigen Belehrung oder in der Arglist und/oder Fahrlässigkeit des Versicherungsnehmers unabhängig von der falschen Belehrung liegt." Im übrigen spricht das Reichsgericht auch hier den Grundsatz aus, daß an sich auch bei der Beantwortung klarer Fragen die unrichtige Belehrung des Agenten die Gesellschaft bindet. In dem zweiten Fall hat das Reichsgericht unter Aufhebung der vorinstanzlichen Urteile die Klage des gegen Unfall Versicherten abgewiesen, der, obwohl er eine hochgradige Verkrümmung der Wirbelsäule hatte, sich in dem Antrag als von „normaler Körperbeschaffenheit" bezeichnet hatte, da ihm der Agent dies als zulässig bezeichnet hatte. Die Belehrungspflicht des Agenten kann nie dahin führen, daß auf ganz klare Fragen unwahre Antworten erteilt werden.[2])

Was die Beantwortung des zweiten Falls angeht, so wird hier eine Scheidung vorzunehmen sein und zwar, ob es sich um die Beantwortung solcher Fragen durch den Agenten handelt, „die dieser vermöge der durch seine Berufsstellung gewonnenen Kenntnisse nicht selten sogar besser in der Lage ist, richtig zu beantworten als der Versicherungsnehmer selbst" oder um solche, die „aus den persönlichen Verhältnissen und dem eigenen besonderen Wissen des Versicherungsnehmers zu beantworten sind." (Reichsgericht 30. III. 00 in RG. 46, S. 189.)

Versicherungsnehmer entlastet, wenn er durch die von dem Agenten gegebene sachkundige Erklärung und Auskunft über das, was in den Antrag aufzunehmen ist, unrichtig unterrichtet und durch ihn veranlaßt wird, die gestellten Fragen nicht vollständig oder überhaupt anders, als es hätte geschehen sollen, zu beantworten. Bei diesem Punkt macht sich der rechtliche Charakter des Agenten als des von der Gesellschaft angestellten Vermittlers zwischen ihr und dem Publikum geltend. Die ihm von der Gesellschaft dem Publikum gegenüber zugewiesene Aufgabe besteht darin, für sie mit diesem den unmittelbaren mündlichen Verkehr zu pflegen und den Versicherungsnehmern die erforderliche Belehrung und Aufklärung über den Inhalt und die Bedeutung der Versicherungsbedingungen und die sonstigen Anforderungen der Gesellschaft zu gewähren. Der Versicherungsnehmer darf und muß in dieser Beziehung dem Agenten vertrauen, und die Gesellschaft muß insoweit für dessen Erklärungen einstehen und die Verantwortung tragen. Das ist nicht nur ein Gebot von Treu und Glauben, sondern folgt auch aus dem rechtlichen Verhältnis des Agenten zur Gesellschaft. Gegen die Nachteile, die den Versicherungsanstalten hieraus erwachsen können, mögen sie sich durch Vorsicht bei der Wahl ihrer Agenten schützen."

[1]) „Treu und Glauben" beherrschen bekanntlich den Versicherungsvertrag ganz besonders. Vgl. RG. 16. I. 06 in Gruchots Beiträge, Jahrg. 50 (1906) Nr. 69 S. 908 (auch abgedruckt: JW. 1906 S. 146 Nr. 23).

[2]) Vgl. Gruchot, Beiträge Jahrg. 50 (1906) Nr. 69 S. 904—908, bes. S. 906 (auch abgedruckt: JW. 1906 S. 145/146 Nr. 23) und JW. 1907 S. 183—185 (RG. 23. I. 07).

Überläßt der Versicherungsnehmer die Beantwortung der ersteren Fragen dem Agenten, so darf er „bei der Eigenschaft des Agenten als Vertrauensmann der Gesellschaft auch seinerseits das Vertrauen hegen, daß jener schon in deren Interesse die nötige Aufmerksamkeit anwenden und die zur richtigen Beantwortung der Fragen erforderliche objektive Feststellung auch richtig treffen und richtig niederschreiben werde." (RG. a. a. O. Bd. 46 S. 190.)

Der Geschäftsherr muß die so – wenn auch falsch — erfolgte Beantwortung der Fragen gegen sich gelten lassen, und darf, sofern von falscher Beantwortung der Fragen eine Verwirkung der Rechte des dritten Kontrahenten (Versicherungsnehmers) abhängig ist, die Verwirkung nicht aussprechen.[1])

Hat der Agent für den Versicherungsnehmer Fragen beantwortet, bei deren Beantwortung Tatsachen in Betracht kamen, welche seiner persönlichen Wahrnehmung[2]) entzogen waren, deren schriftliche Fixierung nur nach Angabe des dritten Kontrahenten (Versicherungsnehmers) erfolgen konnte, so entfällt eine Haftung des Geschäftsherrn (der Versicherungsgesellschaft), wenn die Beantwortung der Fragen unrichtig ausfiel.[3]) Eine Einschränkung muß dies allerdings dann erleiden, wenn der Fragebogen von dem Agenten ausgefüllt und dem lesensunkundigen Versicherungsnehmer nicht vorgelesen ist. Unterbleiben dann wichtige Angaben, so ist zu untersuchen, ob die unrichtige Beantwortung dem Versicherungsnehmer zum Verschulden gereicht. (RG. 26. II. 07 in JW. 1907 S. 273–275.)

Daß der Geschäftsherr für die von seinem Vertreter begangenen unerlaubten Handlungen haftet, folgt aus § 831 BGB. Auch der Agent gehört zu den Personen, die, wie es im § 831 BGB. lautet, „zu einer Verrichtung bestellt sind". Die Ersatzpflicht tritt nach § 831 Abs. 1 Satz 2 BGB. nicht ein, „wenn der Geschäftsherr bei der Auswahl der bestellten Person die im Verkehr erforderliche Sorgfalt" beobachtet hat,[4]) oder wenn der Schaden auch bei Anwendung dieser Sorgfalt entstanden wäre.

---

[1]) Vgl. OLG. Zweibrücken 15. III. 05 in „Veröffentlichungen des Kais. Aufsichtsamts" VI. Jahrg. (1907) S. 27.

[2]) z. B. frühere Ablehnung durch eine andere Gesellschaft, frühere Krankheit, Bestehen einer anderen Versicherung.

[3]) Vgl. RG. Band 22 S. 207 a. E., Band 27 S. 153 Band 39 S. 180, RG. 18. X. 04 in JW. 1904 S. 576 Nr. 11; vgl. auch Jacusiel S. 59. Man beachte bei den Ausführungen im Text das folgende: dieselben sollen zunächst nur gelten für den Fall, daß der Agent Abschlußvollmacht hat. Sie gelten tatsächlich auch im Falle der Agent nur vermittelt hat. Daher würde auch, wenn der Agent Abschlußvollmacht gehabt und abgeschlossen hätte, der Fall RG. Band 46 S. 184—192 im Endergebnis anders entschieden worden sein. Denn in diesem Fall hatte der Agent Kenntnis von der früheren Ablehnung (vgl. a. a. O. S. 191). Diese Kenntnis hätte aber, wenn er abgeschlossen hätte, seiner Gesellschaft nach unseren obigen Darlegungen gemäß § 166 BGB. präjudiziert. Da er nicht abgeschlossen hat, so sind die Ausführungen des Reichsgerichts a. a. O. S. 191 natürlich durchaus zutreffend. Der bei Immerwahr Anm. 6 auf S. 110/111 zitierte ähnliche Fall aus der englischen Judikatur läßt nicht erkennen, ob es sich um einen Abschluß durch einen Abschlußagenten handelte.

[4]) Diese Ausnahmen muß der Geschäftsherr beweisen, so: RG. Band 59 S. 205. Vgl. auch Immerwahr S. 180—182, hinsichtlich der Beweislast besonders S. 182. Die zitierte Reichsgerichtsentscheidung wird dann analog heranzuziehen sein, wenn es sich um die Entscheidung der Frage handelt, ob der Dritte (Kunde) nach § 831 BGB. haftet, wenn er dem Agenten seinerseits einen Auftrag erteilt, ihn also zu einer Verrichtung bestellt hat.

Eine solche „unerlaubte Handlung" kann bei Abschluß eines Vertrages durch den Agenten verübt werden, z. B. im Falle einer arglistigen Täuschung und Drohung. Zum Ersatz des hierdurch entstandenen Schadens ist der Geschäftsherr gemäß § 831 BGB. verpflichtet.[1]) Wohlbeachtet: der Geschäftsherr haftet neben dem Agenten.[2]) Die vorstehend entwickelten Grundsätze über die Haftung des Geschäftsherrn für die „Versehen" des Agenten gelten auch, wenn der Agent ohne Vollmacht abschließt und der Geschäftsherr das Geschäft nicht unverzüglich ablehnt (§ 85) und wenn der Agent unter Vorbehalt der Genehmigung des Geschäftsherrn abschließt.

Aber nicht nur bei Abschluß eines Vertrages können Fehler des Agenten vorkommen, auch bei dessen Erfüllung und bei dessen Vorbereitung d. h. bei der Entgegennahme von Offerten.

Diese beiden Fälle bedürfen daher noch der Besprechung.

Haftung für Versehen des Agenten bei Erfüllung der Verträge.

Zu § 86 wird auseinanderzusetzen sein, wann anzunehmen ist, daß der Agent befugt ist, den Geschäftsherrn bei der Erfüllung seiner Verbindlichkeiten zu vertreten.

Bei Beantwortung obiger Frage wird das Bestehen dieser Befugnis vorausgesetzt.

Bedient sich der Geschäftsherr bei Erfüllung seiner Verbindlichkeiten, also z. B. zur Auslieferung der verkauften Sache, des Agenten, so haftet er für jedes Verschulden des Agenten wie für eigenes (§ 278 BGB.). Eine reiche Zahl derartiger Fälle ist denkbar. Z. B. es wird rechtzeitige Lieferung genau zu einer festbestimmten Zeit (§ 376 HGB.) vereinbart und durch Verschulden des Agenten, der am Wohnsitz des Kunden diesem die Ware ausliefern soll oder mit der Ver-

[1]) Das ist auch der Grund dafür, daß dem § 123 BGB. keine dem § 122 BGB. analoge Bestimmung beigegeben ist. Ist eine Willenserklärung mangels Ernstlichkeit oder Irrtums anfechtbar, so ist ausdrücklich der Ersatz des sog. negativen Vertragsinteresses im § 122 BGB. statuiert. Die Haftung für Schaden, der bei Täuschung oder erzwungener Willenserklärung eintreten kann, regelt sich dagegen nach den Vorschriften über unerlaubte Handlungen (§§ 823ff. BGB.) und fehlt deshalb im § 123 BGB. Wenn Jacusiel, S. 66, die Möglichkeit der Anwendung des § 831 BGB. auf den Agenten, unter Berufung auf RG. Band 51 S. 199—202, bes. 201 leugnet, so übersieht er hierbei, daß dies Urteil einen ganz anderen Fall betrifft, nämlich inwieweit der Besteller einer durch einen Lehrling eines Arbeitgebers vorzunehmenden bestimmten Arbeit, von der dieser — der Arbeitgeber — nichts weiß, für unerlaubte Handlungen des Angestellten bei Ausführung der Arbeit haftet. — Auf das Verhältnis zwischen dem, der generell einen anderen zu „Verrichtungen" — Abschluß von Verträgen — bestellt hat und dem hierzu Bestellten — also zwischen Geschäftsherr und Agent — leiden diese Grundsätze keine Anwendung.

[2]) Übereinstimmend Staub (VIII. Aufl.) Anm. 33 zum Exkurs zu § 58 S. 259. Wenn Staub a. a. O. in der vorhergehenden Anmerkung (32) als Beispiel einer unerlaubten Handlung des Vertreters, für welche der Geschäftsherr haftet, den Fall einer von dem Prokuristen einem Geschäftsfreund erteilten falschen Auskunft anführt, so darf nicht übersehen werden, daß wohl der Prokurist, nicht aber der „Agent" zu der „Verrichtung" der Auskunftserteilung bestellt ist. Dies gilt für den Fall, daß der Geschäftsherr den Geschäftsfreund an den Agenten verweist. Zieht er die Auskunft durch den Agenten ein und gibt dessen falsche Auskunft weiter, so gibt er sie als eigene weiter. Seine Haftung beruht nicht auf § 831 BGB., sondern direkt auf § 824 BGB. Möglicherweise ist der Agent dem Geschäftsfreund direkt und auch dem Geschäftsherrn regreßweise verantwortlich.

ladung mit am bestimmten Tage abfahrenden Dampfer, was vertraglich vereinbart war, vom Geschäfsherrn beauftragt war, wird die Frist nicht innegehalten, der Dampfer nicht erreicht, obwohl der Geschäftsherr die Ware rechtzeitig dem Agenten zur Bewirkung der Leistung zugestellt hat. Das Verschulden des Agenten präjudiziert dem Geschäftsherrn. Der Dritte kann zurücktreten, oder Schadensersatz wegen Nichterfüllung verlangen (§ 376 HGB.). Ebenso ist folgender Fall zu entscheiden: Die Ware soll ordergemäß mit „neutraler Packung" — ohne Hinweis auf den Fabrikanten oder das Ursprungsland geliefert werden. Der Agent bewirkt oder verhindert nicht, daß, trotzdem der Geschäftsherr ihm die Ware neutral verpackt zwecks Weiterversand zugestellt hat, die Packung mit Warenzeichen oder sonstigen Kennzeichen versehen wird, die ihren Herkunftsort verraten. Der Geschäftsherr muß für die Folgen einstehen und sich gefallen lassen, daß die Leistung als unkontraktliche behandelt wird.

Es darf bei der Haftung gemäß § 278 BGB. nicht übersehen werden, daß evtl. die Vorschrift des § 254 BGB. (konkurrierendes Verschulden des Beschädigten) Anwendung zu finden hat. [1])

Haftung des Geschäftsherrn für Versehen des Agenten bei Entgegennahme von Offerten.

Die vermittelnde Tätigkeit des Agenten bringt es mit sich, daß da, wo er nicht abschließt, es äußerlich den Anschein haben könnte, als wenn er zu beiden Parteien in ein „Auftragsverhältnis" träte. Wir sahen dies schon bei den beiden oben (S. 72/74) an der Hand der reichsgerichtlichen Rechtsprechung behandelten, auf dem Gebiet des Versicherungsrechts liegenden Fällen.

Vor einer solchen Auffassung ist aber dringend zu warnen. Der Agent tritt niemals zu dem dritten Kontrahenten in ein Auftragsverhältnis. Bei Empfangnahme und Übermittlung von Offerten handelt er nur als Agent seines Geschäftsherrn, niemals als Bevollmächtigter seines Kunden. [2]) Daraus ergeben sich dieselben Konsequenzen, wenn der Agent bei Abfassung der

---

[1]) Vgl. RG. Band 62 S. 348, wo ausgesprochen wird, daß die Vorschrift des § 254 BGB. sich auf vertragliche und außervertragliche Schadensersatzansprüche bezieht. — Dies Urteil behandelt im übrigen die Frage, inwieweit der durch eine unerlaubte Handlung Beschädigte (aber ganz ebenso liegt es bei dem durch vertragliches Verschulden Beschädigten) für ein mitwirkendes Verschulden seiner Vertreter bei Entstehung des Schadens zu haften hat und entscheidet die Frage dahin, daß die Haftung nur für das mitwirkende Verschulden der „Erfüllungsgehilfen", nicht aber anderer Personen eintritt. Übernimmt also der auswärts wohnende Käufer die gekaufte Ware durch seinen Agenten und wird unter Mitwirkung dieses Agenten von dem Verkäufer selbst ein kontraktliches Verschulden begangen, z. B. in unserem oben ausgeführten Fall die Packung mit einem die Neutralität ausschließenden Zeichen versehen oder macht der Agent des Käufers den Verkäufer nicht auf die Gefahr eines ungewöhnlich hohen Schadens aufmerksam, den der Verkäufer weder kannte noch kennen mußte, z. B. die absolute Unverkäuflichkeit der so bezeichneten Ware, so hängt die Verpflichtung des Verkäufers zum Schadensersatz von den Umständen, d. h. von dem überwiegenden Verschulden des Agenten oder des Verkäufers ab. (§ 254 Abs. 1 BGB.)

[2]) Übereinstimmend bereits für das Recht vor 1900: RG. Band 12 S. 17, sowie nach 1900: RG. Band 51 S. 150. Abweichend: Immerwahr S. 175. Nicht ganz klar sind die Ausführungen in dieser Hinsicht bei Jacusiel S. 59, welcher die im Text behandelte Frage als zweifelhaft bezeichnet.

Offerte oder der Beantwortung der Fragen, deren richtige Beantwortung die Grundlage des ganzen Geschäfts bildet, dem dritten Kontrahenten hilft und hierbei Fehler vorkommen, die wir oben (S. 73/74) für den Abschlußagenten entwickelten. Das Kriterium ist auch hier, ob es sich um Tatsachen handelt, die objektiv jeder, sogar der Agent vielleicht besser als der dritte Kontrahent feststellen konnte, oder solche, die lediglich auf der persönlichen Wahrnehmung des dritten Kontrahenten beruhen. Versehen des Agenten bei unrichtiger Berichterstattung über erstere schaden dem Geschäftsherrn, berichtet ihn der Agent über letztere falsch, so muß der Dritte dem Geschäftsherrn gegenüber die Unrichtigkeit mit ihren Folgen vertreten.[1])

Ein Versehen des Agenten kann aber auch noch auf andere Weise vorkommen:

Wird eine Offerte des Geschäftsherrn dem Kunden durch den Agenten unrichtig oder unvollständig übermittelt, d. h. deckt sich der vom Agenten erklärte Inhalt derselben nicht mit dem vom Geschäftsherrn gewollten Inhalt und ist die Erklärung nach Maßgabe des § 120 BGB. vom Geschäftsherrn[2]) angefochten, so ist der Agent verpflichtet, dem Kunden gemäß § 122 BGB. das negative Vertragsinteresse zu ersetzen, d. h. den Schaden, den der Kunde dadurch erleidet, daß er auf die Gültigkeit der Erklärung vertraut hat.

Nicht gleich liegt der umgekehrte Fall: Eine Offerte des Kunden wird dem Geschäftsherrn durch den Agenten unrichtig übermittelt und der Kunde ficht die Erklärung nach § 122 BGB. an. Hier tritt eine Haftung des Agenten dem Kunden gegenüber nicht ein, denn das Vertragsinteresse ist stets nur dem Empfänger der Willenserklärung zu ersetzen, nicht aber dem, der den Erklärenden mit der Übermittlung der Erklärung betraut. Sofern zwischen dem Erklärenden und dem die Erklärung Übermittelnden ein Auftragsverhältnis bestünde, mögen solche Schadensersatzansprüche existent werden, was aber für unseren Fall nicht in Betracht kommt, da zwischen Agent und Kunden ein Auftragsverhältnis, wie gezeigt, niemals besteht.

Eine Haftung des **Geschäftsherrn** für die Versehen des Agenten in den beiden vorstehend behandelten Fällen besteht jedoch nicht.

Denn eine allgemeine Haftung des Geschäftsherrn für Versehen oder Verschulden seiner gewillkürten Vertreter gibt es, abgesehen von den schon erwähnten

[1]) Abweichend Immerwahr S. 175/176, der mit dem für diesen Fall unanwendbaren § 166 BGB. operiert. Es handelt sich doch gar nicht um „Willenserklärungen, die jemand im Namen des Vertretenen innerhalb der ihm zustehenden Vertretungsmacht abgibt“ (§ 164), sondern um Übermittlung von Willenserklärungen. Dies ist aber Voraussetzung der Anwendung des § 166 BGB. Vgl. auch RG. Band 46 S. 191.

[2]) Vgl. OLGRspr. Band VIII S. 27 (OLG. Kiel 5. V. 03). In diesem Falle hatte der Agent bei der mündlichen Übermittlung der Offerte an den Kunden irrtümlich eine ihm telegraphisch vom Geschäftsherrn mitgeteilte Vertragsbedingung (Huller Abladegewicht) fortgelassen. Der Kunde nahm die Offerte so an. Der Vertrag wurde vorbehaltlich der Möglichkeit einer Anfechtung nach § 120 BGB. als ohne jene Bedingung perfekt geworden angesehen. Es wäre jedoch anders zu entscheiden gewesen, wenn etwa die Vorlage des Telegramms die mündliche Offerte begleitet hätte. Dann wären die mündliche Erklärung des Agenten und das Telegramm zusammen „die Offerte“ gewesen, welche anzunehmen oder abzulehnen war. (OLG. Kiel a. a. O.)

Vorschriften der §§ 166, 278[1]) und 831 BGB. nicht. Keiner der in diesen Paragraphen geregelten Fälle liegt aber hier vor.

IV. Das Erlöschen der Vollmacht.

Maßgebend für das Erlöschen der Vollmacht ist das ihrer Erteilung zugrunde liegende Rechtsverhältnis. (BGB. § 168.) Ein solches Rechtsverhältnis kann ein Auftrag (§§ 662 ff. BGB.), ein Gesellschaftsverhältnis, ein Dienst- und Werkvertrag sein. Der Agenturvertrag ist, wie oben gezeigt,[2]) ein Dienstvertrag, der eine Geschäftsbesorgung zum Gegenstand hat und nach den hierfür gegebenen Bestimmungen erlischt auch die Vollmacht des Agenten. Danach ergibt sich die Anwendbarkeit des § 675 BGB. Da auf Grund dieser Bestimmung eine Reihe[3]) der für den „Auftrag" gegebenen Vorschriften als wirksam erklärt sind, ergeben sich in Verbindung mit § 168 BGB. die nachstehenden Regeln.

Die Gründe des Erlöschens der Vollmacht können bestehen in:

1. Widerruf.

Die freie Widerruflichkeit der Vollmacht ist durch § 168 Satz 2 BGB. statuiert. Die Ausnahme, daß sich aus dem Rechtsverhältnis „ein anderes" ergäbe,[4]) trifft bei dem Agenturvertrag nicht zu.

Die fernere Bestimmung des § 168 Satz 2 BGB., daß der Widerruf der Vollmacht trotz Fortbestehens des materiellen Rechtsverhältnisses zulässig ist, wird gerade auf unserem Gebiete praktisch sein: Der Abschlußagent wird lediglich als Vermittlungsagent weiter beschäftigt.

Die Form des Widerrufs der Vollmacht richtet sich nach ihrer Erteilung. Es ist daher nötig, entweder:

a) Erklärung gegenüber dem Bevollmächtigten,
b) oder Anzeige von dem Erlöschen an den Dritten, dem gegenüber die Vollmacht erklärt ist (§ 170 BGB.),
c) Widerruf nur an den Dritten oder der durch öffentliche Bekanntmachung „kundgegebenen" Bevollmächtigung durch gleiche Kundgebung (§ 171 Abs. 2 BGB.), oder
d) Zurückgabe der dem Bevollmächtigten ausgehändigten Vollmachtsurkunde bzw. Kraftloserklärung derselben (§ 172 Abs. 2 BGB.).

---

[1]) Die Entgegennahme von Offerten abseiten eines mit der Vermittlung von Rechtsgeschäften betrauten Agenten ist keine „Erfüllung" der dem Geschäftsherrn obliegenden „Verbindlichkeiten". Vgl. RG. Band 48 S. 28 (28. VI. 01).

[2]) Vgl. oben S. 21.

[3]) § 675 BGB. lautet: „Auf einen Dienstvertrag oder einen Werkvertrag, der eine Geschäftsbesorgung zum Gegenstande hat, finden die Vorschriften der §§ 663, 665—670, 672—674 und, wenn dem Verpflichteten das Recht zusteht, ohne Einhaltung einer Kündigungsfrist zu kündigen, auch die Vorschriften des § 671 Abs. 2 entsprechende Anwendung".

[4]) Vgl. Planck (III. Aufl.) Nr. 2 zu § 168 S. 298, Goldmann I S. 247/248 sub IV 1, Staub VIII. Aufl.) Anm. 70 zum Exkurs zu § 58 S. 266. Beispiele, in denen auf dem Gebiete des Handelsrechts unwiderrufliche Vollmachten vorkommen können, zitiert die Denkschrift I S. 54, II S. 57.

2. Erlöschen des der Vollmacht zugrunde liegenden Rechtsverhältnisses.

Durch Beendigung des Agenturvertrages, sei es durch Zeitablauf, sei es infolge gesetzlicher oder vertraglicher Kündigung (§ 92 Abs. 1), sei es durch „außerordentliche Kündigung" (§ 92 Abs. 2) erlischt die Vollmacht. Soweit aber besondere Vorschriften für die Form des Widerrufs gegeben sind (§§ 170, 171 Abs. 2, 172 Abs. 2) sollte der Geschäftsherr vorsichtigerweise die Vollmacht noch ausdrücklich in der gesetzlichen Form widerrufen.

Auch der

3. Konkurs des Geschäftsherrn

führt das Erlöschen des der Vollmacht unterliegenden Rechtsverhältnisses, des Agenturvertrages, kraft Gesetzes[1]) herbei. Die Selbstfolge ist das Erlöschen der Vollmacht.[2]) Doch gilt die durch § 23 Abs. 1 Satz 2 KO. ausdrücklich vorbehaltene, sich aus § 672 Satz 2 BGB. ergebende Ausnahme.[3]) Jedoch wird auch hier es vorsichtiger sein, wenn der Konkursverwalter den Widerruf der Vollmacht ausdrücklich in der gesetzlich normierten Weise vornimmt.[4])

4. Der Tod des Geschäftsherrn,

5. der Tod des Agenten,

6. das Geschäftsunfähigwerden des Geschäftsherrn,

7. das Geschäftsunfähigwerden des Agenten,

8. Veräußerung des Geschäfts des Geschäftsherrn oder des Agenten,

9. der Konkurs des Agenten

sind sämtlich Tatsachen, an die sich begrifflich das Erlöschen des Agenturverhältnisses knüpfen kann. Das Schicksal der Vollmacht hängt in diesem Fall von dem Fortbestehen oder Aufhören des Agenturvertrages infolge dieser Tatsachen ab. Die Lösung der Frage, ob sie Gründe zur „Beendigung" des Agenturvertrages sind, erfolgt zu § 92. Mit ihrer Lösung gewinnen wir auch die gleichen Ergebnisse für die Frage, ob in diesen Fällen die Vollmacht erlischt oder nicht.

---

[1]) KO. § 23 Abs. 2.

[2]) Vgl. hierzu Petersen-Kleinfeller (IV. Aufl.) Bem. 4 zu § 23 KO. S. 112, Jaeger (II. Aufl.) Anm. 8 zu § 23 KO. S. 190.

[3]) Nämlich der Fortführung solcher Geschäfte, die keinen Aufschub dulden (§ 672 Satz 2 BGB.) und der nicht auf Fahrlässigkeit beruhenden Unkenntnis des Erlöschens der Vollmacht, hier der Konkurseröffnung (§ 674 BGB.). Vgl. hierzu im übrigen unsere Darlegungen unter „Konkurs des Geschäftsherrn", auch wegen der Wirksamkeit von Handlungen, die der bevollmächtigte Agent nach Ausbruch des Konkurses noch im Rahmen des § 672 Satz 2 BGB. vorgenommen hat, gegenüber der Konkursmasse. Keine Anwendung findet dagegen § 674 BGB. Allerdings muß die Vollmacht als „zugunsten des Bevollmächtigten fortbestehend erachtet werden, was Einfluß auf die Frage der Haftung des bevollmächtigten Agenten als Pseudovertreter hat" (unten S. 82). Dritte können aber aus dem Fortbestehen der Vollmacht Rechte nicht herleiten.

[4]) Vgl. Petersen-Kleinfeller (IV. Aufl.) Bem. 4 zu § 23 KO. S. 112.

Auch

10. die Niederlegung der Vollmacht durch den Agenten

ist gestattet und bringt die Vollmacht zum Erlöschen. Es ergibt dies die durch § 168 BGB. verfügte Anwendbarkeit der §§ 675 zweiter Halbsatz und 671 Abs. 2 BGB.

Da der Agent das Recht hat, auch seinerseits ohne Einhaltung einer Kündigungsfrist zu kündigen (§ 92 Abs. 2), so darf jedoch die Vollmacht außer aus wichtigen Gründen nicht unzeitig niedergelegt werden. Der Agent muß solchenfalls von seiner Absicht, die Vollmacht niederzulegen, dem Geschäftsherrn so zeitig Mitteilung machen, daß dieser für anderweitige, etwa erforderliche Vertretung sorgen kann (§ 671 Abs. 2 Satz 1 BGB.). Grundlose, unzeitige Vollmachtsniederlegung macht den Agenten schadensersatzpflichtig (§ 671 Abs. 2 Satz 2 BGB.).[1])

Was endlich die Kenntnis des Dritten vom Erlöschen der Vollmacht angeht, so kann er sich auf das Fortbestehen der Vollmacht dann nicht berufen, wenn er das Erlöschen, also z. B. den Widerruf, den Konkurs des Geschäftsherrn kannte oder doch kennen mußte (§ 173 BGB.).[2])

Es kommen in dieser Beziehung die bezüglich des „Kennens" oder „Kennenmüssens" der Vollmachtseinschränkungen dargelegten Grundsätze zur Anwendung. Kannte also der Dritte das Erlöschen der Vollmacht infolge Widerrufs, so kommt es nicht darauf an, ob der Widerruf in der gesetzlich normierten Weise erfolgt ist (§§ 170, 171 Abs. 2, 172 Abs. 2 BGB.).

V. Das für die Vertretungsmacht des Agenten maßgebliche Recht.

Der Umfang der Vertretungsmacht des Handlungsagenten richtet sich nach dem Recht, welches „am Ort der Agentur", d. h. am Wohnsitz des Agenten gilt. Die Vertretungsmacht des inländischen Agenten eines außerdeutschen Geschäftsherrn unterliegt daher unseren deutschen Gesetzen.[3])

VI. Handeln ohne Vollmacht in seiner Wirkung gegenüber dem Dritten.[4])

Hat der Agent, ohne Vollmacht hierzu zu besitzen, abgeschlossen, so hängt die Wirksamkeit des Geschäfts davon ab, ob der Geschäftsherr das Geschäft nach er-

[1]) Im übrigen vergleiche man unsere Darlegungen bei der „außerordentlichen Kündigung" zu § 92. Man beachte jedoch, daß eine Niederlegung „der Vollmacht" durch den Agenten auch unabhängig von der „Kündigung" des ganzen Agenturverhältnisses erfolgen kann.

[2]) Vgl. oben S. 65 und Staub (VIII. Aufl.) Anm. 77 zum Exkurs zu § 58 S. 267.

[3]) Vgl. RG. Band 38 S. 196 (5. XII. 96) und Band 51 S. 149 (3. IV. 02), Staub (VIII. Aufl.) Anm. 6 zum Exkurs zu § 85 S. 367, Jacusiel S. 18, Immerwahr S. 55/56. Der Grundsatz, daß das für die Beziehungen zwischen Geschäftsherr und Agent maßgebliche Recht das Recht am Orte der Handelsniederlassung des Geschäftsherrn ist, findet auf die Beziehungen zwischen Agent und Dritten keine Anwendung. RG. Band 38 S. 196 motiviert dies zutreffend: „Ein Kaufmann, der einen Agenten für einen bestimmten örtlichen Bezirk des Auslands einsetzt, unterwirft sich damit auch den Rechtssätzen, die für diese Art der Bevollmächtigung an dem auswärtigen Platz, wo der Agent seine Tätigkeit entfalten soll, gelten".

[4]) Vgl. hierzu Jacusiel S. 66—69, Immerwahr S. 161—166, Staub (VIII. Aufl.) Anm. 49—63 im Exkurs zu § 58 S. 262—265, Düringer-Hachenburg Band I Anm. 8 zu Vorbem. zum V. Abschnitt S. 173/174.

langter Kenntnis dem Dritten gegenüber unverzüglich ablehnt. Dieser Fall hat im § 85 seine besondere Regelung gefunden und wird dort[1]) behandelt.

An dieser Stelle ist nur zu besprechen, welche Folgen es für den Agenten hat, wenn der Geschäftsherr das ohne Vollmacht vom Agenten abgeschlossene Geschäft „unverzüglich ablehnt", also nicht genehmigt.

Dieser Fall wird durch den § 179 BGB. geregelt. Danach gilt das Folgende:

Handeln ohne Vertretungsmacht verpflichtet den Vertreter nach Wahl des Dritten (des Kunden) zur Erfüllung oder zum Schadensersatz. (§ 179 Abs. 1 BGB.)[2])

Nach Wahl des Dritten, dieser hat also gemäß oder in analoger Anwendung[3]) des § 263 BGB. dem anderen Teil gegenüber zu erklären, ob er Erfüllung oder Schadensersatz verlangen will und gerät er hiermit in Verzug, so kann ihn der Vertreter ohne Vertretungsmacht unter Bestimmung einer angemessenen Frist zur Vornahme der Wahl auffordern. Mit dem Ablauf der Frist geht das Wahlrecht auf den Vertreter ohne Vertretungsmacht über, wenn nicht der Kunde die Wahl rechtzeitig vornimmt.[4])

Entscheidet sich der Kunde für Erfüllung, so erwächst dadurch dem Vertreter der Anspruch auf die Gegenleistung. Er tritt in alle aus dem Vertragsverhältnis sich ergebenden Rechte und Pflichten ein.[5])

Wählt der Kunde jedoch Schadensersatz, so ist dieser nach § 251 BGB. in Geld zu leisten.[6]) Diese Grundsätze erleiden jedoch die im zweiten Absatz des § 179 BGB. normierte Ausnahme:

Kannte der Vertreter den Mangel der Vertretungsmacht nicht, also wußte er z. B. nicht, daß seine Vollmacht erloschen war, so kann der Kunde Erfüllung nicht verlangen. Der Vertreter ist nur zum Ersatz desjenigen Schadens verpflichtet,

---

[1]) Vgl. unten S. 85 ff.

[2]) Ein selbständiger Anspruch gegen den Bevollmächtigten auf Nachweis der Vertretungsmacht steht dem Dritten nicht zu. Vgl. OLGRspr. Band V S. 52 (KG. 7. XI. 01).

[3]) Man streitet darüber, ob § 179 BGB. einen „alternativen Anspruch" des Kunden gegen den Vertreter auf Erfüllung oder Schadensersatz mit Wahlrecht des Gläubigers bildet, so daß die Vorschriften der §§ 262—265 BGB. direkte Anwendung finden oder nur ein Wahlrecht, auf das die bezüglichen Bestimmungen analog anzuwenden sind, ähnlich wie z. B. das Wahlrecht des nichtsäumigen Teils nach § 376 HGB. Vgl. Planck (III. Aufl.) Nr. 2 zu § 179 S. 311/312.

[4]) Vgl. Staub (VIII. Aufl.) Anm. 58 zum Exkurs zu § 58 S. 264, Jacusiel S. 68. Abweichend Düringer-Hachenburg Anm. 8 sub b zu Vorbem. zum V. Abschnitt S. 173 unten.

[5]) So Staub (VIII. Aufl.) Anm. 58 zum Exkurs zu § 58 S. 264, Jacusiel S. 68.

[6]) Übereinst. Jacusiel S. 69, Düringer-Hachenburg Band I Vorbem. 8 zum V. Abschnitt S. 173/174. Hupka, Haftung des Vertreters ohne Vertretungsmacht S. 231 ff., Titze im GerS. 66 S. 182. Abw. Staub (VIII. Aufl.) Anm. 60 zum Exkurs zu § 58 S. 264/265. Planck (III. Aufl.) sub 2 zu § 179 S. 310. Diese halten § 249 BGB. für anwendbar, wogegen jedoch sprechen dürfte, daß der Dritte durch die Wahl von „Schadensersatz" statt „Erfüllung" deutlich gezeigt hat, daß er auf die Herstellung des Zustandes, der bestehen würde, wenn der zum Ersatz verpflichtende Umsatz nicht eingetreten wäre (§ 249 BGB.), keinen Wert legt. Sonst hätte er sich ja für Erfüllung entscheiden können.

welchen der Kunde dadurch erleidet, daß er auf die Vertretungsmacht vertraut hat, jedoch nicht über den Betrag des Interesses hinaus, welches der andere Teil an der Wirksamkeit des Vertrages hat. Hierzu ist noch zu bemerken:

Ob die Nichtkenntnis des Mangels eigener Vertretungsmacht für den Vertreter schuldhaft ist, ist unerheblich.[1])

Ist aber die Vollmacht auf andere Weise als durch Widerruf erloschen und hat der Bevollmächtigte von dem Erlöschen keine Kenntnis erlangt und muß es auch nicht kennen,[2]) so tritt überhaupt keinerlei Haftung für ihn ein, da in Anwendung von § 674 BGB. solchenfalls die Vollmacht „zugunsten des Bevollmächtigten als fortbestehend gilt".

Zu ersetzen ist im Falle der Unkenntnis des Vertreters von dem Mangel der Vertretungsmacht das sog. „Vertrauensinteresse".[3])

Hierunter sind sowohl positiver Schaden als entgangener Gewinn (§ 252 BGB.) zu begreifen. Zu ersterem gehörten auch die Prozeßkosten, die durch das Unterliegen des Kunden in einem Prozesse gegen den Geschäftsherrn infolge des Mangels der Vertretungsmacht entstanden sind.[4]) Der entgangene Gewinn kann abstrakt berechnet werden. Es genügt somit der Nachweis der Differenz zwischen dem Ankaufspreis und demjenigen Preis, zu dem Ersatzware zu der fraglichen Zeit zu beschaffen war.[5])

Es ist nie mehr zu ersetzen, als der Kunde bei Gültigkeit des Vertrages erhalten hätte (das sog. positive Vertragsinteresse vgl. BGB. § 179 Abs. 2 Halbsatz 1).[6]) Auch der Schadensersatz darf also nicht dazu führen, daß der Kunde besser gestellt wird, als wenn der Geschäftsherr den Vertrag gelten lassen und erfüllt hätte.

Das Ergebnis[7]) ist also, daß die Haftung des bewußt ohne Vertretungsmacht abschließenden Agenten weit schärfer ist, als wenn er den Mangel seiner

---

[1]) Vgl. Düringer-Hachenburg Vorbem. 8 zum V. Abschnitt Band I S. 174, Staub (VIII. Aufl.) Anm. 60 zum Exkurs zu § 58 S. 264.

[2]) Wegen „Kennenmüssens" vgl. § 122 Abs. 2 BGB.

[3]) So genannt in IDR. Bd. I, 1 S. 114. Es wird auch „negatives Vertragsinteresse" genannt.

[4]) Vgl. Staub (VIII. Aufl.) Anm. 57 zum Exkurs zu § 58 S. 263; Jacusiel S. 68, Immerwahr S. 164, Wilutzki im „Recht" 1901 S. 189, Hupka, Haftung des Vertreters ohne Vertretungsmacht S. 237, 247. Andererseits kann der Vertreter aber nicht verlangen, daß der Kunde erst mit dem Geschäftsherrn über das Bestehen der Vertretungsmacht prozessiere. Vgl. Staub (VIII. Aufl.) Anm. 57 zum Exkurs zu § 58 S. 263. Sehr zweifelhaft ist, ob neben der Erfüllung Ersatz der Kosten eines verlorenen Prozesses gegen den Geschäftsherrn verlangt werden kann. Vgl. ROHG. Bd. XI S. 356. Die Frage dürfte zu verneinen sein.

[5]) So: RG. Bd. 58 S. 326 (auch abgedruckt: IW. 1904 S. 447/448).

[6]) Ebenso wie in § 122 Abs. 1 BGB.

[7]) Altes und neues Recht weichen in diesem Punkt gerade voneinander ab. Der alte Art. 55 HGB. kannte diesen Unterschied nicht, sondern ließ auch den Bevollmächtigten, der in Unkenntnis des Mangels seiner Handlungsvollmacht abschloß, schlechthin auf Erfüllung oder Schadensersatz „nach Handelsrecht" haften. Das neue Recht fand mit Rücksicht auf den jetzigen § 179 (Entw. III § 175) BGB. den ganzen Art. 55 (und damit auch Art. 298 AHGB.) entbehrlich und strich sie. „Die Abweichungen sind", sagt die Denkschrift (I S. 55, II S. 58) „auch vom Standpunkt des Handelsrechts als Verbesserungen zu betrachten".

Vollmacht nicht gekannt hat, in welchem Falle sie unter Umständen (§ 674 BGB.) ganz entfällt.

Aus diesem Rechtsgrundsatz heraus beantwortet sich noch die folgende Frage:

Wird der Umfang der Haftung des Vertreters ohne Vertretungsmacht durch Umstände in der Person des Geschäftsherrn, also z. B. dessen Zahlungsunfähigkeit oder Konkurs beeinflußt? Hans Albrecht Fischer: Der Schaden nach dem BGB. für das Deutsche Reich (S. 127) vertritt die Ansicht, daß der Erfüllungsanspruch durch nicht zu vertretende Unmöglichkeit der Leistung auf seiten des Geschäftsherrn (also z. B. nach §§ 275, 306 BGB.) auch gegen den Vertreter ohne Vertretungsmacht erlischt, daß bei Eintreten von Konkurs oder Zahlungsunfähigkeit des Geschäftsherrn auch der Ersatzpflichtige nur in Höhe der Konkursdividende oder in Höhe desjenigen Betrages, der sonst von dem Vertretenen zu erlangen wäre, haftet. Hupka, Vertretung ohne Vertretungsmacht (S. 236, 238f., 258) läßt zwar nicht den Erfüllungsanspruch, wohl aber den Schadensersatzanspruch erlöschen, wenn und sofern der Anspruch gegen den Geschäftsherrn faktisch unrealisierbar gewesen wäre.[1])

Weder die eine noch die andere Ansicht werden dem Wortlaut des § 179 BGB. gerecht. Ist der Vertrag bewußtermaßen von dem Vertreter ohne Vollmacht abgeschlossen und wird er von dem Geschäftsherrn nicht genehmigt oder (§ 85) „unverzüglich abgelehnt", so verpflichtet § 179 BGB. den Vertreter ohne Vertretungsmacht schlechthin nach der Wahl des Kunden zur Erfüllung oder zum Schadensersatz. Der Kunde kann also entweder die Wirkung herbeiführen, daß der Vertrag als zwischen ihm und dem Vertreter geschlossen zu gelten hat („Erfüllung") und hierauf können naturgemäß Umstände, die in der Person eines anderen liegen, Einfluß nicht ausüben oder er kann Schadensersatz verlangen. Dieser ermäßigt sich aber gemäß der ausdrücklichen Bestimmung des § 179 Abs. 2 BGB. nur, aber auch nur in dem Fall der Nichtkenntnis des Mangels der Vollmacht auf das positive Vertragsinteresse und hier werden allerdings Umstände, die in der Person des Geschäftsherrn liegen (also z. B. Konkurs) von Einfluß auf die Frage sein, wie groß der Betrag des Interesses des Kunden an der Wirksamkeit des Vertrages ist.

Es hieße dagegen den dem Kunden gegen den bewußt ohne Vertretungsmacht abschließenden Vertreter zustehenden Schadensersatzanspruch auf das „positive Vertragsinteresse" herabdrücken, wenn man diesen z. B. im Falle des Konkurses des Geschäftsherrn auch dem Vertreter gegenüber auf die Konkursdividende beschränken wollte.

Diese Umstände haben also nur in dem Falle des § 179 Abs. 2 BGB., mithin, wenn der Vertreter den Mangel seiner Vertretungsmacht nicht kannte, Einfluß auf die Höhe des Schadens. —

Der Vertreter ist in zwei von dem Gesetz (§ 179 Abs. 3 BGB.) ausdrücklich bezeichneten Fällen von jeder Haftung frei, wenn entweder

a) der Dritte den Mangel der Vertretungsmacht kannte oder kennen mußte oder

[1]) Ebenso: Titze im Gerichtssaal, Jahrg. 66 S. 182ff.

b) der Vertreter in der Geschäftsfähigkeit beschränkt war und ohne Zustimmung seines gesetzlichen Vertreters gehandelt hat.

Beide Ausnahmen gelten auch für den bewußt ohne Vollmacht handelnden Vertreter. Auch in diesem Falle haftet der Vertreter nicht, wenn der Kunde den Mangel der Vollmacht aus Fahrlässigkeit nicht kannte („kennen mußte").[1]) Wann solche Fahrlässigkeit anzunehmen ist, muß im Einzelfall unter Berücksichtigung der Auffassungen des Verkehrs untersucht werden. Allgemeine Regeln lassen sich hierfür nicht aufstellen.[2])

Die Beweislast regelt sich wie folgt:

1. Der Kunde, der den Vertreter ohne Vertretungsmacht in Anspruch nimmt, muß beweisen, daß der Geschäftsherr das Geschäft nicht genehmigt (§ 85: „unverzüglich abgelehnt") hat („wenn der Vertreter die Genehmigung des Vertrages verweigert").[3])

2. Der Vertreter muß, um von der Haftung befreit zu werden, beweisen, daß er mit Vertretungsmacht abgeschlossen hat („sofern er nicht seine Vertretungsmacht nachweist").[4])

3. Der Vertreter muß beweisen, daß er den Mangel seiner Vertretungsmacht nicht gekannt hat und somit nur auf das Vertrauensinteresse haftet (§ 179 Abs. 2 BGB.).[5])

4. Der Vertreter muß beweisen, daß der Kunde den Mangel der Vertretungsmacht kannte oder kennen mußte (§ 179 Abs. 3 Satz 1 BGB.).[6])

Die Klage des Kunden gegen den Agenten, der ohne Vertretungsmacht abgeschlossen hat, auf Erfüllung oder Schadensersatz kann am Erfüllungsorte des zum Abschluß gelangten Geschäfts erhoben werden.[7])

---

[1]) Hierin weicht das neue Recht (§ 179 Abs. 3 Satz 1 BGB.) vom alten (AHGB. Art. 55 Abs. 2) ab. Nur die Kenntnis des dritten Kontrahenten vom Mangel der Vollmacht befreite den falsus procurator nach Art. 55 AHGB. vgl. hierzu Staub § 8 zu Art. 55 (III./IV. Aufl.) S. 97. Düringer-Hachenburg sub 8c zu Vorbem. zum V. Abschnitt I S. 173. Mit der im Text vertretenen Ansicht stimmt Dernburg (Bürgerl. Recht Anm. 3 zu § 170 Bd. I S. 494) nicht ganz überein. Er will die Befreiung des Vertreters von der Haftung nicht gelten lassen, „wenn der Vertreter bezüglich seiner Vertretungsmacht den Mitkontrahenten arglistig täuschte und dieser sich fahrlässigerweise täuschen ließ". Dann soll § 826 BGB. zur Anwendung kommen. Der Wortlaut des § 179 BGB. spricht gegen Dernburgs Ansicht, die wir nicht teilen. Die „Arglist" des Vertreters wird indes einen wertvollen Umstand bezüglich der Frage bilden, ob der Dritte fahrlässigerweise die Vollmacht nicht kannte.

[2]) Vgl. Staub (VIII. Aufl. Anm. 54 zum Exkurs zu § 58 S. 263, Planck Anm. 1 zu § 179 BGB. Bd. 1 S. 309/310.

[3]) Düringer-Hachenburg sub 8b zu Vorbem. zum V. Absch. I S. 173, Staub (VIII. Aufl.) Anm. 52 zum Exkurs zu § 58 S. 263, Planck Anm. 3 zu § 179 Bd. I S. 312, RG. in DJZ. 1902 S. 345, Dernburg, Bürgerl. Recht, Anm. 5 zu § 170 Bd. I S. 494. Abweichend: Schloßmann, Stellvertretung II S. 396/397.

[4]) Jacusiel S. 69, Staub (VIII. Aufl.) a. a. O., Düringer-Hachenburg a. a. O., Dernburg a. a. O., Immerwahr S. 164.

[5]) Vgl. Rosenberg, Beweislast S. 120. Planck, Anm. 3 sub d zu § 179 Bd. I S. 312.

[6]) Übereinst. Jacusiel S. 69, Staub (VIII. Aufl.) Anm. 54 zum Exkurs zu § 58 S. 263; Immerwahr S. 164.

[7]) Vgl. Dernburg, Bürgerl. Recht, Anm. 4 zu § 170, Bd. I S. 494 und dort Zitierte.

§ 85.

Hat ein Handlungsagent, der nur mit der Vermittelung von Geschäften betraut ist, ein Geschäft im Namen des Geschäftsherrn mit einem Dritten abgeschlossen, so gilt es als von dem Geschäftsherrn genehmigt, wenn dieser nicht unverzüglich, nachdem er von dem Abschlusse Kenntniß erlangt hat, dem Dritten gegenüber erklärt, daß er das Geschäft ablehne.

Dieser Paragraph gibt für den „Vermittlungsagenten" eine Sondervorschrift. Der Vermittlungsagent hat unter Überschreitung seiner Vollmacht mit dem Kunden fest abgeschlossen. Dies erfährt der Geschäftsherr und schweigt.

An sich — bei Nichtvorhandensein des § 85 — würde ein derartiges Handeln nach § 177 BGB. nur durch „Genehmigung" des Geschäftsherrn wirksam werden. Bis zur Genehmigung könnte der Kunde widerrufen, wenn er den Mangel der Vertretungsmacht nicht kannte (§ 178 BGB.) und der Dritte würde nach Maßgabe der Vorschrift des § 179 BGB. von dem, der ohne Vertretungsmacht gehandelt hat, bei verweigerter Genehmigung abseiten des Geschäftsherrn Erfüllung oder Schadensersatz nach seiner Wahl verlangen können.[1])

Diese Grundsätze durchbricht § 85[2]).

Die in § 177 Abs. 1 erforderte „Genehmigung" kann zwar an sich auch stillschweigend erfolgen, aber „Schweigen" ist doch nur dann als „Genehmigung" aufzufassen, wenn der Schweigende die ihm gewordenen Erklärungen tatsächlich in dem Sinne verstand, welcher eine Antwort nach Treu und Glauben erfordert".[3])

Um nun jeden in dieser Hinsicht möglichen Zweifel abzuschneiden, trifft das HGB. in § 85 für unseren Fall die ausdrückliche Bestimmung, daß der Abschluß als genehmigt anzusehen ist, wenn der Geschäftsherr nicht unverzüglich widerspricht.[4]) Dies ist mehr als bloßes „Schweigen". Es zwingt die Vorschrift des § 85 den Geschäftsherrn, der von dem Abschluß eines Geschäfts seines Agenten „Kenntnis"

---

[1]) Vgl. hierzu auch Staub (VIII. Aufl.) Anm. 39—64 zum Exkurs zu § 58 S. 263—265.

[2]) Vgl. OLGRspr. Band VIII S. 428 (OLG. Marienwerder 15. I. 04).

[3]) Vgl. OLGRspr. Band VIII S. 29 (OLG. Kiel 9. VI. 03). Vgl. im übrigen über „Stillschweigen im Handelsverkehr" die ausführliche Zusammenstellung der Rechtsprechung bei Litthauer-Mosse, Anm. 3 zu § 346 S. 370/371 und bei Staub (VIII. Aufl.) Anm. 13, 14 zu § 346 S. 1143/1144.

[4]) Die Zweifel müssen schon zum Schutze des Dritten vermieden werden, der nicht der Gefahr ausgesetzt werden soll, daß das Geschäft „noch nach Ablauf eines längeren Zeitraums vom Geschäftsherrn mit der Behauptung zurückgewiesen wird, der Agent sei nur zur Vermittlung, nicht aber zum Abschlusse solcher Geschäfte bestellt gewesen" (Denkschrift II S. 75). Nicht zu billigen ist die Auffassung Schramms (S. 77), der § 85 nur auf solche Geschäfte beziehen will, die im Bereich der Agenturtätigkeit des Agenten liegen und diesen Paragraphen für unanwendbar erklärt, wenn der Agent z. B. zur Vermittlung von Kaffeegeschäften bestellt ist und ein Zigarrengeschäft abschließt, obwohl der Geschäftsherr beiderlei Geschäfte betreibt. Diese Unterscheidung findet keinen Anhalt im Gesetzestext. Gerade auf solche Fälle bezieht § 85 sich ebenfalls.

erlangt hat, zu einem positiven Handeln, nämlich der Erklärung gegenüber dem Kunden, daß er das Geschäft ablehne.

Diese Erklärung muß unverzüglich erfolgen, d. h. „ohne schuldhaftes Zögern" (§ 121 BGB.). Daraus ergibt sich schon, daß „unverzüglich" nicht gleichbedeutend mit „sofort"[1]) ist. Die Erkundigung des Geschäftsherrn über den dritten Kontrahenten liegt im Rahmen der im Verkehr erforderlichen Sorgfalt. Wenn der Geschäftsherr also erst nach Ablauf der für solche Erkundigung erforderlichen Zeit „ablehnt" so liegt, wenn er sich tatsächlich erkundigt hat, „schuldhaftes Zögern" nicht vor.[2])

Nicht beizupflichten ist dagegen der Meinung Greifs (S. 74), derzufolge der Geschäftsherr, wenn er von dem Abschluß durch den Kunden oder einen Dritten erfährt, sich bei dem Agenten erst nach der Richtigkeit dieser Mitteilung erkundigen darf und nach Eingang derselben das Geschäft noch „unverzüglich ablehnen" kann.

Dem Dritten gegenüber, nicht dem Agenten gegenüber, muß die Ablehnung erfolgen. Doch kann sich der Geschäftsherr bei der Übermittlung der Ablehnung selbstverständlich des Agenten als „Boten" bedienen, aber die Gefahr, daß der Agent nicht rechtzeitig die Mitteilung der Ablehnung weitergibt, trifft den Geschäftsherrn, wie jeden, der eine empfangsbedürftige Willenserklärung durch einen andern überbringen läßt.[3]) Sofern der Weg der direkten Benachrichtigung des Kunden durch den Geschäftsherrn ohne Zuhilfenahme des Agenten der schnellere ist, empfiehlt sich dieser. Anderenfalls könnte in der Betrauung des Agenten mit der Ablehnungserklärung, „schuldhaftes Zögern" erblickt werden und die Anzeige von der Ablehnung als verspätet angesehen werden.

Von dem Abschluß des Agenten muß der Geschäftsherr Kenntnis erlangt haben.

Im Augenblicke der Kenntnis beginnt der Zeitpunkt, von dem ab er ohne schuldhaftes Verzögern ablehnen muß. Dies „Kenntniserlangen" ist aber mehr als das „Zugehen" der Willenserklärung gemäß § 130 BGB. Das „Zugehen" der Willenserklärung ist ganz unabhängig von der tatsächlichen Kenntnisnahme der Erklärung (z. B. des die Erklärung enthaltenden Schriftstücks).[4])

---

[1]) Vgl. Planck I (III. Aufl.) Bem. 1 zu § 121 S. 217. Vgl. noch JDR. IV (1906) S. 32; Weyl, Verschuldensbegriffe S. 185 ff.

[2]) Vgl. Jacusiel S. 63/64; „Recht" 03 S. 405 (OLG. Breslau 18. VI. 03). Vgl. auch das im übrigen einen anderen Fall (Erfordernis der unverzüglichen Ablehnung von dem Agenten unter Vorbehalt der Genehmigung des Geschäftsherrn geschlossener Verträge) behandelnde Erkenntnis des OLG. Kassel vom 4. V. 05 (OLGRspr. Band XI S. 24/25), wo es heißt: der Grund für den Geschäftsherrn, sich nicht unverzüglich zu erklären (nämlich auf den vorbehaltlich seiner Genehmigung geschlossenen Vertrag) „liegt in seinem berechtigten Interesse, nähere Erkundigungen über die Kreditwürdigkeit des Bestellers einzuziehen". Dieses Interesse besteht auch im Falle unseres § 85. — In der Reichstagskommission war beantragt, an Stelle des Wortes „unverzüglich" „innerhalb einer Woche" zu setzen. Der Antrag wurde jedoch abgelehnt. Kommissionsbericht S. 230 (318).

[3]) Übereinstimmend Düringer-Hachenburg, Anm. IV zu § 85 S. 266.

[4]) Vgl. OLGRspr. Band X S. 66 (OLG. Königsberg 19. XI. 04). Vgl. Kohler in Buschs Zeitschr. Band 29 S. 19; Isay, Willenserklärung S. 90.

Hier aber wird gerade die „Erlangung der Kenntnis" als das Wesentliche bezeichnet.

Von wem der Geschäftsherr die Kenntnis erlangt hat, ist bedeutungslos, ob vom Agenten, vom Kunden oder von irgendeiner anderen Seite. Das objektive Erfordernis des „Erfahrens" — denn „Kenntnis erlangen" ist nichts anderes — genügt.[1])

Was muß zur Kenntnis des Geschäftsherrn gelangen? Der Abschluß des Geschäfts.

Hierunter verstehen wir, daß der Geschäftsherr die „Essentialien" des Geschäfts erfahren haben muß, d. h. also diejenigen Bestandteile des Geschäfts, über welche eine Einigung der Kontrahenten unbedingt erfolgt sein muß (§ 154 BGB.), denn sonst hat der Geschäftsherr im eigentlichen Wortsinn keine „Kenntnis" „von dem Abschluß". Handelt es sich jedoch nur um einen Nebenpunkt, um eine Einzelheit, so geht die Nichtkenntnis desselben auf die Gefahr des Geschäftsherrn, der das Geschäft ohne Erkundigung genehmigt („nicht unverzüglich ablehnt").[2]) Es gilt in dieser Beziehung das hinsichtlich des Abschlußagenten Ausgeführte. Wenn der Geschäftsherr das Geschäft, dessen wesentliche Bestandteile zu seiner Kenntnis gelangt sind, nicht unverzüglich ablehnt, kommt es so zustande, wie der Agent es abgeschlossen hat.[3])

Was wesentlicher Bestandteil des Geschäfts ist, hängt von dessen Natur ab und ist im einzelnen Fall danach zu entscheiden.

Wußte der Kunde aber, oder mußte er wissen, daß die hinsichtlich eines Nebenpunktes von dem Agenten abgegebene Erklärung nicht mit dem Willen des Geschäftsherrn im Einklang stand, so kann er auch hier aus seiner Beredung mit dem Agenten und der nicht unverzüglichen Ablehnung des Geschäftsherrn Rechte nicht herleiten.[4])

Solange der Schwebezustand dauert, das heißt, solange entweder der Geschäftsherr noch keine Kenntnis von dem Abschluß erlangt hat oder die angemessene Frist noch läuft, innerhalb der eine Ablehnung noch unverzüglich erfolgen kann, ist der Kunde, der die mangelnde Vollmacht des Agenten kannte, gebunden, der

---

[1]) Übereinst. Makower Band I Anm. IIa zu § 85 S. 246, auch Anm. IIb zu § 85 S. 406, aber unter Beschränkung auf Agent und Kunden, jedoch ohne Darlegung, weshalb die Kenntnis von anderer Seite ausscheiden müsse. Ebenso: Dochnahl S. 131 und Jacusiel S. 63, dieser mit dem Zusatz: „die durch einen Dritten erlangte Kenntnis genügt jedoch nicht, um den Geschäftsherrn zu einer Tätigkeit zu verpflichten." Abw. Staub Anm. 2 zu § 85 S. 365, der die Kenntnisgabe durch den Agenten — ohne weitere Begründung — als notwendig bezeichnet. Wenn Staubs Ansicht richtig wäre, so würde der Gesetzgeber zweifellos im Gesetzestext zwischen die Worte: „von dem Abschlusse" und „Kenntnis erlangt hat" eingeschoben haben: „durch den Agenten". Vgl. hierzu Dochnahl S. 131 Anm. 3.

[2]) Abw. Staub (VIII. Aufl.) Anm. 3 zu § 85 S. 365, Greif S. 73/4, Dochnahl S. 131/132. Übereinst. Düringer-Hachenburg (Anm. 3 zu § 85 S. 265/266) und Goldmann Band I Anm. 2c zu § 85 S. 406.

[3]) Vgl. RG. Band 51 S. 151, bestätigt unter neuem Recht in RG. Band 60 S. 188/189, Staub (VIII. Aufl.) Anm. 3 zu § 85 S. 365, Jacusiel S. 62/63, Dochnahl S. 131/132.

[4]) Vgl. RG. Band 51 S. 151 und oben S. 68.

Kunde aber, der den Mangel der Vollmacht nicht kannte, zum Widerruf des Abschlusses berechtigt. Dieser Widerruf kann auch dem Agenten gegenüber erklärt werden.

So ordnet der § 178 BGB. an, der neben § 85 seine Gültigkeit behält.[1])

Unanwendbar ist dagegen die Bestimmung des § 177 Abs. 2 Satz 2 BGB., derzufolge die Genehmigung des ohne Vertretungsmacht vom Agenten abgeschlossenen Geschäfts abseiten des Geschäftsherrn nur innerhalb zwei Wochen nach durch den Kunden erfolgender Aufforderung zur Erklärung über die Genehmigung erteilt werden kann und letztere nach fruchtlosem Ablaufen der Frist als verweigert gilt.

Unser § 85 regelt für den Agenten, der ohne Vollmacht abgeschlossen hat, den ganz gleichen Fall. Die Bestimmung des HGB. geht also der des BGB. vor. Erfährt der Geschäftsherr von dem Kunden den Abschluß ev. unter Aufforderung zur Erklärung über die Genehmigung, so muß er unverzüglich ablehnen. Er darf nicht etwa den Ablauf der zwei Wochen abwarten.[2])

Eine viel umstrittene Frage ist noch in diesem Zusammenhang zu behandeln.

Finden die Grundsätze des § 85 auch Anwendung auf solche Geschäfte, welche von dem Abschlußagent „unter Vorbehalt der Genehmigung" des Geschäftsherrn geschlossen sind?

Muß auch hier der Geschäftsherr „unverzüglich ablehnen"?

Diese Frage verneinen wir entgegen Staub (VIII. Aufl. Anm. 4 zu § 85, S. 365/366) mit dem Urteil des Reichsgerichts vom 28. II. 05 (RG. Bd. 60 S. 187—189; auch abgedruckt JW. 1905 S. 235 Nr. 21).[3])

Der Zweck des § 85 ist, wie schon aus der „Denkschrift" (II S. 75) hervorgeht, der Schutz des Dritten, der dem Agenten vertrauend, mit diesem ein Geschäft abgeschlossen hat, welches, ohne daß der Dritte dieses vermutete, mangels Vollmacht des Agenten keine rechtliche Wirksamkeit hat. Die Ungewißheit, welche aus diesem Zustand entsteht, soll durch die Vorschrift des § 85 beseitigt werden. Nicht die gleichen Gründe rechtfertigen aber die Anwendung der Vorschrift auf den Fall, in dem das Geschäft unter Vorbehalt der Genehmigung des Geschäftsherrn abgeschlossen ist. Hier weiß der Dritte von vornherein, daß das Geschäft vor Eintreffen dieser Genehmigung nicht perfekt ist.[4])

Derartige Geschäfte sind zudem doch nicht anders zu behandeln, als solche, die auf Grnnd einer durch den Agenten dem Geschäftsherrn überbrachten Offerte zustande kommen. Der einzige Unterschied ist, daß in dem hier behandelten Fall der Agent den Kunden an die Offerte bindet. Diese Bindung ist jedoch keine für unbeschränkte Zeit, denn es findet die Vorschrift des § 147 Abs. 2 BGB. Anwendung:

---

[1]) Übereinst. Staub Anm. 3 zu § 85 S. 365.

[2]) Es ist also bei dem Abschluß durch einen Agenten gerade umgekehrt wie bei Abschluß durch einen anderen Vertreter ohne Vertretungsmacht. Hier führt die Nichtäußerung des Geschäftsherrn die Unwirksamkeit, beim Agenten die Wirksamkeit des Geschäfts herbei.

[3]) Übereinst. Jacusiel S. 64/65, Immerwahr S. 94, OLGRspr. Band XI S. 24/25 (OLG. Kassel, 4. V. 05), Makower unter Ib zu § 85 S. 246. Abw. außer Staub a. a. O.: Düringer-Hachenburg unter I zu § 85 S. 265, Goldmann I Anm. 2 sub III zu § 85 S. 407, Lehmann-Ring Anm. 1 S. 195.

[4]) Übereinst. OLG. Kassel 4. V. 05 in OLGRspr. Band XI S. 25.

„Der einem Abwesenden gemachte Antrag kann nur bis zu dem Zeitpunkte angenommen werden, in welchem der Antragende den Eingang der Antwort unter regelmäßigen Umständen erwarten darf."

Die „Gebundenheit" besteht also nur bis zu der Zeit, zu der normalerweise die Antwort von dem Geschäftsherrn einlaufen muß.[1])

Ein Bedürfnis des Schutzes des Kunden besteht danach nicht und die Auslegung, die dazu führen würde, unter „Abschluß des Geschäfts" auch „Entgegennahme einer bindenden Offerte des Dritten" zu begreifen, ist abzulehnen.

Das vom Agenten unter Überschreitung seiner Vollmacht abgeschlossene Geschäft gilt, wenn es nicht unverzüglich abgelehnt wird, als von dem Geschäftsherrn genehmigt. Die Genehmigung wirkt gemäß § 184 Abs. 1 BGB. auf den Zeitpunkt des Abschlusses zurück, auch hier mit den sich aus § 184 Abs. 2 ergebenden Ausnahmen des Bestehenbleibens früherer anderweitiger Verfügungen des Geschäftsherrn oder seines Konkursverwalters, der Zwangsvollstreckung und Arrestvollziehung.

Lehnt der Geschäftsherr aber das Geschäft ab, so finden die oben (S. 80 ff.) dargelegten Grundsätze über die Folgen des Handelns ohne Vollmacht Anwendung.

Der § 85 bezieht sich nur auf den Abschluß neuer Geschäfte, auf Rechtshandlungen des Agenten bei der Abwicklung eines schon abgeschlossenen Geschäfts erleidet er keine Anwendung.[2])

§ 86.

Zur Annahme von Zahlungen für den Geschäftsherrn sowie zur nachträglichen Bewilligung von Zahlungsfristen ist der Handlungsagent nur befugt, wenn ihm die Ermächtigung dazu besonders ertheilt ist.

Die Anzeige von Mängeln einer Waare, die Erklärung, daß eine Waare zur Verfügung gestellt werde, sowie andere Erklärungen solcher Art können dem Handlungsagenten gegenüber abgegeben werden.

Hinsichtlich des oben (S. 64 ff.) darlegten Umfangs der Vollmacht enthält § 86 Sondervorschriften.

---

[1]) Vgl. Planck I Bem. II zu § 147 S. 263/264. Unverständlich ist, wie Staub (VIII. Aufl.) Anm. 5 zu § 85 vorletzter Absatz S. 366 zu der Auffassung kommt, daß das freilich unter Herrschaft des früheren Rechts ergangene Urteil vom 3. IV. 02 (RG. Band 51 S. 147—153) sich nicht vereinigen lasse mit dem Urteil vom 28. II. 05 (RG. Band 60 S. 187—189) und sich hierfür auf RG. Band 51 S. 150 erster Absatz bezieht. Gerade hier wird der feste Abschluß des Agenten als Voraussetzung des § 85 bezeichnet und im übrigen eine ganz andere Frage entschieden, nämlich ob der Geschäftsherr ein Geschäft, das der Agent nur vermittelt, von ihm aber demnächst gutgeheißen war, so gelten lassen müsse, wie der Agent es abgeschlossen habe; eine Frage, die wir oben S. 68 behandelten.

[2]) Übereinst. KG. 29. I. 07 in OLGRspr. Band XIV S. 347/348.

Dieselben gelten jedoch nur für den „Platzagenten", d. h. für denjenigen Agenten, welcher „eine feste Geschäftsniederlassung hat und von dieser aus tätig wird".[1])

Der Umfang der Vollmacht des Agenten, der als „Handlungsreisender tätig ist", des „reisenden Agenten" wird im § 87 geregelt.

Da nun auch der Platzagent Reisetätigkeit unter Umständen ausüben wird, so kann zweifelhaft sein, ob unter solchen Umständen auf ihn, wenn er reist, § 87 Anwendung findet.

Nach der von uns gebilligten Auffassung Staubs, Makowers und Düringer-Hachenburgs[2]) ist jedoch das Entscheidende die ganze Art der Geschäftstätigkeit, ob sie von einer festen Niederlassung aus oder nach Art eines Handlungsreisenden (§ 55 HGB.) betrieben wird. Dabei ist zu beachten, daß Handlungsreisende nur die „Fernreisenden", nicht die Stadtreisenden sind. Zu den Platzagenten gehören danach auch diejenigen Agenten, welche in einer, den Stadtreisenden ähnlichen Art, am Platze ihre Niederlassung, die nicht mit der des Geschäftsherrn identisch ist, Geschäfte vermiteln oder abschließen.[3])

Platzagent ist auch, wer Geschäfte in den Vor- und Nachbarorten aufsucht und nach kurzer Zeit, z. B. an demselben Tage zurückkehrt; dann wird die Tätigkeit eben von einer festen Niederlassung aus betrieben.[4])

Im übrigen bezieht sich § 86 sowohl auf den Abschlußagenten als den Vermittlungsagenten.[5])

I. Die Inkassovollmacht des Platzagenten.

§ 86 regelt die Frage nach der Befugnis des Platzagenten zur Annahme von Zahlungen.

---

[1]) Vgl. Staub (VIII. Aufl.) Anm. 1 zu § 86 S. 368; Düringer-Hachenburg Bem. Ib zu § 86 Band I S. 266; Goldmann Band I Bem. 1 zu § 86 S. 408; Makower Band 1 Anm. I zu § 86 S. 247. Der Entwurf des Reichsjustizamts hatte in seinem § 51 Abs. 2 den Reisenden und Agenten die Inkassobefugnis abgesprochen, der zweite Entwurf machte den in das Gesetz übergegangenen Unterschied zwischen Platzagenten (§ 86) und „reisenden Agenten". Die Ansichten über die Zweckmäßigkeit dieser Differenzierung waren bei der Beratung im Reichstag sehr geteilt. Vgl. Abg. Roeren und Frese in der 171. Sitzung v. 9. II. 97 (Abdruck bei Guttentag S. 9 bzw. 20).

[2]) Staub (VIII. Aufl.) Anm. 1 zu § 86 S. 368; Düringer-Hachenburg Bem. Ib zu § 86 Band I S. 266; Makower Band 1 S. 248 Bem. 1 zu § 86. Letzterer weist darauf hin, daß der im Text vertretenen Auffassung eigentlich der Wortlaut des § 87 entgegensteht. („Ist der Handlungsagent als Handlungsreisender tätig".) Die Denkschrift S. II 76 begründet die Vorschrift des § 87 damit, daß es für den Dritten häufig schwer erkennbar sei, ob er es mit einem reisenden Gehilfen (§ 55 HGB.) oder reisenden Agenten zu tun habe. Auf die gelegentlich reisenden Platzagenten trifft dies Argument nicht zu. — Vgl. auch noch OLGRspr. Band XI S. 26 (OLG. Karlsruhe 26. V. 05).

[3]) Vgl. Greif S. 70/71.

[4]) Vgl. Staub (VIII. Aufl.) Anm. 4 zu § 55 S. 248.

[5]) Übereinst. Staub (VIII. Aufl.) Anm. 2 zu § 86 S. 368; KG. 29. I 07 in OLGRspr. Band XIV S. 348. Abweichend: Dochnahl S. 136/137 unter Berufung auf Staub (VI./VII. Aufl.) Anm. 1 zu § 87 S. 313. Dochnahl übersieht, daß Staub (so auch VIII. Aufl. S. 369) nur von dem reisenden Agenten spricht.

Wir sahen oben,[1]) daß bei mündlicher oder stillschweigender Bevollmächtigung dieselbe sich „auf alle Geschäfte und Rechtshandlungen erstreckt, die der Betrieb eines derartigen Handelsgewerbes oder die Vornahme derartiger Geschäfte gewöhnlich mit sich bringt." (§ 54 HGB.)

Die hierbei möglichen Zweifel und Auslegungsfragen sind für die Inkassovollmacht des Platzagenten im § 86 gelöst.

Ohne daß ihm die „Ermächtigung hierzu besonders erteilt ist", hat der Platzagent keine Inkassovollmacht.[2])

Eine besondere Ermächtigung wird gefordert.

Das Wort „besonders" ist durchaus nicht gleichbedeutend mit „ausdrücklich". Es genügt daher die stillschweigende, die aus konkludenten Handlungen folgende oder die aus den Umständen zu entnehmende Ermächtigung.[3])

Wann dies der Fall ist, ist im Einzelfall zu entscheidende Tatfrage.

Es müssen in dieser Beziehung die gleichen Grundsätze gelten, welche wir oben (Allgem. Teil zu §§ 85—87 S. 62/63) hinsichtlich der stillschweigenden Erteilung der Abschlußvollmacht entwickelt haben. Erlangt der Geschäftsherr davon Kenntnis, daß Zahlung an den Agenten geleistet ist und verhält sich hierzu in einer Weise, daß „sein Verhalten im redlichen Geschäftsverkehr nur als Bevollmächtigung aufgefaßt werden kann", so liegt eine stillschweigende Inkassovollmacht vor. Zu diesem Ergebnis gelangte schon die ältere Judikatur des Reichsoberhandelsgerichts (vgl. ROHG. Band IX S. 104—106, bes. S. 106, Band XIII S. 211/212), während in einem späteren Erkenntnis (Band XIX S. 123—130, bes. S. 127/128 vom 11. XII. 75) eine abweichende Auffassung vertreten wird. Das Reichsoberhandelsgericht argumentiert hier so:

Der die Zahlung annehmende Agent erscheint als Beauftragter des zahlenden Käufers und dieser trägt dem Geschäftsherrn gegenüber die Gefahr der Ausführung seines Auftrages. Es besteht daher auch kein Anlaß für den Käufer, aus dem Stillschweigen des Geschäftsherrn zu schließen, daß dieser dem Agenten stillschweigend Inkassovollmacht erteilt habe. Auch aus der Stellung des Agenten als solchen folgt nichts hiervon Abweichendes. Bei Zahlung an eine nicht zum Empfang legitimierte Person tritt die Schuldbefreiung erst mit dem Eingang der Zahlung bei dem Forderungsberechtigten ein. „Macht derselbe Schuldner demselben Dritten weiter Zahlungen, so bleibt das Verhältnis

---

[1]) Allgem. Teil zu §§ 85—87 S. 64.

[2]) Auch nicht, wenn er Abschlußvollmacht hat. Die Inkassovollmacht ist eben nicht in dieser einbegriffen. Dahin führte auch schon die Rechtsentwicklung vor 1900. Vgl. z. B. ROHG. Band XIX S. 123—130 bes. 124.

[3]) Auch § 49 Abs. 2 HGB., welcher die Ermächtigung des Prokuristen zur Veräußerung und Belastung von Grundstücken behandelt, gewährt dieselbe nur, „wenn ihm diese Befugnis besonders erteilt ist", ebenso § 54 Abs. 2 hinsichtlich des Handlungsbevollmächtigten. Der Ausdruck „besonders" ist gerade mit Rücksicht auf die im Text vertretene Ansicht an Stelle des Wortes „ausdrücklich", welches im ursprünglichen Entwurf des alten HGB. (der Nürnberger Kommission) stand, gewählt worden. Vgl. Lutz Protokolle S. 952; vgl. Staub (VIII. Aufl.) Anm. 2 zu § 49 S. 232, Anm. 3 zu § 86 S. 368; IW. 1901 S. 844; Dochnahl S. 136; Jacusiel S. 21/22; Düringer-Hachenburg Bem. Ib zu § 86 S. 267.

genau das gleiche. Das Unterlassen eines Widerspruchs hiergegen kann nur dann Bedeutung haben, wenn eine Erklärung (durch Worte oder konkludente Handlungen) vorliegt, die verschieden aufgefaßt werden kann, wenn ferner der Erklärende Veranlassung zu der Annahme hatte, daß die Erklärung von einem anderen vernünftigerweise in anderem Sinn, als sie gegeben sein soll, aufgefaßt werde, und wenn endlich die Verhältnisse so liegen, daß der Erklärende dadurch, daß er der irrigen Auffassung nicht entgegentritt, gegen die bona fides verstoßen würde."

Diese Ausführungen gehen unseres Erachtens insofern fehl, als der Agent, abgesehen von besonderer ausdrücklicher diesbezüglicher Vereinbarung, niemals Beauftragter des Kunden ist,[1]) sondern in seinen Rechtsbeziehungen zu diesem stets als Beauftragter des Geschäftsherrn handelt. Abgesehen aber von diesem unrichtigen Ausgangspunkt kann auch der Erwägung nicht beigepflichtet werden, daß durch mehrere Zahlungen des Kunden an den Agenten „nichts geändert" wird. Gerade in diesem Falle muß vielmehr der vom Reichsoberhandelsgericht an letzter Stelle herangezogene Gesichtspunkt immer maßgebend sein, daß ein Nichtwiderspruch gegen die Auffassung des Kunden, daß er gültig an den Agenten zahlen könne, gegen Treu und Glauben verstößt, wenn der Geschäftsherr die spätere Zahlung nicht verbindlich sein lassen will.

Wir gelangen daher zu dem Ergebnis, daß eine stillschweigende Inkassovollmacht nicht nur dann als erteilt gelten muß, wenn der Agent unter Duldung des Geschäftsherrn sich so geriert, als habe er eine allgemeine Inkassovollmacht, sondern auch, wenn der Geschäftsherr gegen einzelne, früher an den Agenten geleistete Zahlungen keinen Widerspruch erhoben hat.[2])

Noch aus anderen Tatbeständen kann auf das Vorhandensein einer Inkassovollmacht geschlossen werden, so z. B. aus dem Besitz von Blankoquittungen,[3]) **nicht jedoch aus der Bezeichnung des Agenten als „Vertreter"**[4]), **nicht aus der Übernahme**

---

[1]) Vgl. oben Allg. Teil zu §§ 85—87 S. 76.

[2]) Abw. Staub (VIII. Aufl.) Anm. 3 zu § 86 S. 368, Immerwahr S. 86/87, Makower sub II b 1 zu § 86 S. 248, Zweck S. 37, Thomer S. 55. Staub erkennt die Verschiedenheit der Rechtsprechung des Reichsoberhandelsgerichts, die wir im Text darlegten, während Immerwahr, Zweck und Thomer die aus den erwähnten Erkenntnissen abzuleitenden Rechtssätze als nebeneinander bestehend und vereinbar behandeln. Vgl. ferner OLGRspr. Band XI S. 26/27, OLG. Karlsruhe 26. V. 05), welches eine allgemeine stillschweigende Ermächtigung des Agenten zum Inkasso auf Grund mehrfacher Annahme von Geldzahlungen an sich verneint (S. 26), aber den Geschäftsherrn mit Rücksicht auf „Treu und Glauben" verpflichtet, „wenn er die Berechtigung des Agenten dem einzelnen Kunden gegenüber nicht anerkennen will, dies unverweilt diesem anzuzeigen" (S. 27). Ähnlich Kaiser S. 28 mit unzutreffender Unterscheidung des Verhältnisses zwischen Geschäftsherrn und Kunden einerseits und Geschäftsherrn und Agenten andererseits.

[3]) Vgl. ROHG. Band XI S. 33/34. Dies Urteil betrifft zwar einen Handlungsgehilfen, aber die Argumente treffen auch für den Agenten zu, wenn sich bei ihm dieser — allerdings wohl seltene — Fall ereignen sollte. — Hinsichtlich der ausgefüllten Quittung (und damit auch des quittierten Wechsels, vgl. Staub [VIII. Aufl.] Anm. 19 zum Erk. zu § 58 S. 256) gilt § 370 BGB.

[4]) OLGRspr. Band XI S. 26 (OLG. Karlsruhe 26. V. 05).

des Delkredere für die einzuziehenden Pöste[1]) und nicht aus dem Bestehen einer Abschlußvollmacht.[2])

Die Befugnis zur Annahme von Zahlungen kann aber auch auf einem Handelsgebrauch beruhen und dies ist hinsichtlich der Prämienerhebung für den Versicherungsagenten der Fall.

Der Versicherungsagent hat nach einem allgemein anerkannten Handelsgebrauch, soweit nicht dem Dritten erkennbare, entgegenstehende Vereinbarungen bestehen, die Befugnis zur Erhebung der Prämien, wie er denn auch den Versicherer „durch solche Handlungen und Unterlassungen verpflichtet, die mit der Erhebung der Prämien in unmittelbarem Zusammenhang stehen.[3])

Der Versicherungsagent ist außerdem „berechtigt, über die Art und Weise der Prämienzahlung und deren äußere Modalitäten, besonders auch über die Entgegennahme der Prämienzahlungen von Dritten (d. h. an deren Seite als dem Versicherten) Vereinbarungen mit Rechtswirksamkeit für die Gesellschaft zu treffen."[4])

Die Inkassobefugnis des Versicherungsagenten ist vor allem auch für den Versicherten insofern von Bedeutung, als häufig an die Unterlassung der Prämienzahlung sich schwere Nachteile für die Versicherten knüpfen (Verwirkungsklauseln). Diese treten nicht ein, wenn die Unterlassungen ihren Grund in dem „Verhalten des mit der Entgegennahme der Prämie betrauten Agenten" haben.[5])

Dieser Handelsgebrauch soll nach dem Entwurf eines Gesetzes über den Versicherungsvertrag demnächst auch gesetzlich festgelegt werden. (§ 41 Ziffer 4 des I. Entwurfs und § 43 Ziffer 4 des II. Entwurfs.)[6])

Die einmal erteilte Inkassovollmacht kann jederzeit, auch ohne Beendigung des Agenturverhältnisses — widerrufen werden. (§ 168 Satz 2 BGB.: „die Vollmacht ist auch bei Fortbestehen des Rechtsverhältnisses widerruflich, sofern sich nicht aus diesem ein anderes ergibt".) Das Agenturverhältnis als solches steht

---

[1]) ROHG. Band II S. 304.

[2]) ROHG. Band II S. 303/304, Immerwahr S. 83.

[3]) OLGRspr. Band VI S. 251/252 (OLG. Kolmar 25. VI. 02), Begründung eines Gesetzes über den Versicherungsvertrag (I. Entwurf) S. 94. Vgl. hinsichtlich des früheren Rechtszustands ROHG. Band XIX S. 419, Immerwahr S. 87 und dort in Anm. 2 Zitierte. Abweichend Dochnahl S. 137/138. Der Ausschluß der Inkassobefugnis kann z. B. durch Hinweis in den Allg. Versicherungsbedingungen erfolgen. Vgl. Immerwahr S. 87 bei und in Anm. 4.

[4]) OLG. Kolmar a. a. O. S. 252.

[5]) Vgl. ROHG. Band XV S. 41/42 und S. 42 Zitierte, Immerwahr S. 89 mit Zitaten in Anm. 1—4 daselbst.

[6]) „Ein Versicherungsagent gilt, auch wenn er nur mit der Vermittlung von Versicherungsgeschäften betraut ist, als bevollmächtigt in dem Versicherungszweige, für den er bestellt ist: . . . 4. fällige Prämien anzunehmen." Vgl. hierzu die Kritik der „Vereinigung der in Deutschland arbeitenden Privat-Feuerversicherungsgesellschaften", Zugabe zur DJZ. 1903 Nr. 20 S. 25/26, wo der Zusatz vorgeschlagen wird: „wenn er dem Versicherten eine Bescheinigung über die Fälligkeit der Prämie und die Rechtswirkung der Zahlung derselben einhändigt". Der zweite, vom Bundesrat beschlossene Entwurf faßt die Ziffer 4 jetzt: „Prämien nebst Zinsen und Kosten anzunehmen, sofern er sich im Besitz einer vom Versicherer unterzeichneten Prämienrechnung befindet; zur Unterzeichnung genügt eine im Wege der mechanischen Vervielfältigung hergestellte Namensunterschrift."

solchem Widerruf nicht entgegen[1]), wenn auch unter Umständen aus dem unbegründeten Widerruf der Inkassovollmacht der Agent einen Grund zur „außerordentlichen Kündigung“ (§ 92 Abs. 2) wird herleiten können.[2])

Der Widerruf der Inkassovollmacht wird sogar in dem Fall Rechtspflicht des Geschäftsherrn sein, wenn ein Gläubiger des Agenten die Provisionsbezüge desselben, was an sich zulässig ist,[3]) im Wege der Forderungspfändung pfändet[4]). Die Inkassovollmacht des Platzagenten beschränkt sich abgesehen von erkennbarer entgegenstehender Vereinbarung nicht „auf die von ihm abgeschlossenen Geschäfte“, wie dies bei dem „fernreisenden Agenten“ (gemäß §§ 87, 55² HGB.) der Fall ist,[5]) sondern bezieht sich auf alle Geschäfte, gleichgültig, ob der Agent sie selbst abgeschlossen, nur vermittelt hat, oder ob sie direkt oder durch einen Dritten zwischen Geschäftsherrn und Kunden zum Abschluß gelangt sind. Die Inkassovollmacht des Platzagenten ermächtigt nur zur Annahme von Barzahlungen, nicht zur Hinnahme „von Leistungen an Erfüllungsstatt“ (§ 364 Abs. 1 BGB.), also z. B. von Wechseln oder Schecks.[6]) Ebenso ist der Agent nicht zur Annahme verspäteter oder vorzeitiger Zahlungen auf Grund seiner Inkassovollmacht befugt. Sind also in ersterem Fall an die verspäteten Zahlungen Rechtsnachteile geknüpft (Verwirkungsklauseln), so sind diese durch die nachträgliche Annahme der Zahlung durch den Agenten nicht geheilt.[7]) Im zweiten Fall geht das Risiko vorzeitiger Zahlung zu Lasten des Zahlenden.[8]) Ferner begreift die Inkassovollmacht nicht die Vollmacht zur Gewährung von — auch nur geringfügigen — Nachlässen (Rabatten, Skonti, Dekorts) in sich. Auch besteht kein anerkannter Handelsgebrauch in dieser Beziehung.[9])

Auch zur „nachträglichen Bewilligung von Zahlungsfristen“ ist der Agent ohne besondere Ermächtigung nicht befugt.

Es handelt sich um die „nachträgliche“ Bewilligung von Zahlungsfristen. Die „Zahlungskonditionen“ können bei Abschluß des Geschäfts von dem „Abschluß-

---

[1]) Vgl. Makower Anm. Ia zu § 92 S. 257 und oben S. 78.

[2]) Vgl. Makower a. a. O. (vorige Anm.), Jacusiel S. 22.

[3]) Vgl. hierzu unten zu § 88.

[4]) Übereinst. OLGRspr. Band VII S. 320 (KG. 6. V. 03).

[5]) Anders Dochnahl S. 136.

[6]) Immerwahr S. 87 bei und in Anm. 5 daselbst Zitierte; Staub (VIII. Aufl.) Anm. 5 sub a zu § 55 S. 248. Anders liegt es, wenn in der Annahme der an Erfüllungsstatt oder erfüllungshalber dargebotenen Leistung eine Stundung liegt und der Agent hierzu „besonders ermächtigt“ ist.

[7]) Vgl. Immerwahr S. 88 bei und in Anm. 1 und S. 82 bei und in Anm. 6. Die dort gemachte Unterscheidung zwischen einem Vertrage, von dem infolge der verspäteten Zahlung „zurückgetreten“ werden kann und einem „präjudizierten“ Vertrag ist nicht zu billigen.

[8]) Vgl. Immerwahr S. 88 bei und in Anm. 2.

[9]) Vgl. Breslauer Handelskammer, Gutachten vom 4. VI. 04 bei Riesenfeld, Breslauer Handelsgebräuche. Neue Folge 1900—1906 S. 18 Nr. 5 (für den Handlungsreisenden) und S. 24 Nr. 28 (für den Agenten im Mühlengewerbe), Gutachten vom 5. V. 03. Etwas anderes ist die „Gewährung üblicher Rabatte“ bei Entgegennahme der Bestellung, sofern die Gewährung derartiger Warenskonti in der in Betracht kommenden Branche überhaupt üblich ist. Diese kann nach dem Gutachten der Breslauer Handelskammer vom 30. I. 03 (Riesenfeld, Neue Folge S. 18 Nr. 6) „zu denjenigen Rechtshandlungen gehören, welche die Geschäfte eines Handlungsreisenden gewöhnlich mit sich bringen und auf welche sich daher die Vollmacht desselben erstreckt.“

agenten" rechtswirksam auf Grund seiner Vollmacht festgesetzt werden;[1]) zu einer nachträglichen Stundung ist aber auch der Abschlußagent nicht „ohne besondere Ermächtigung" befugt.

Auch die „Stundungsvollmacht" kann „ausdrücklich" oder „stillschweigend" erteilt werden.

Wann die letztere vorliegt, ist Sache des einzelnen Falls und muß auch hier an der Hand des allgemeinen Prinzips (vgl. oben S. 6) entschieden werden.[2]) Aus der Inkassovollmacht folgt die Stundungsvollmacht jedoch nicht.[3])

Ein entsprechender Handelsgebrauch, wie hinsichtlich des Versicherungsagenten für die Inkassovollmacht, besteht für die Stundungsvollmacht nicht.[4])

Die Stundungsvollmacht ermächtigt nur zu Fristbewilligungen im Rahmen des Üblichen und Herkömmlichen. Übermäßige Befristungen verbinden den Geschäftsherrn nicht.[5]) Als „nachträgliche Bewilligung einer Zahlungsfrist" ist z. B. die Annahme eines Akzepts mit üblichem (3 Monat) Verfalldatum zahlungshalber zu betrachten.

Der Wechsel muß jedoch an die Order des Geschäftsherrn gestellt sein, da sonst keine Leistung auch nur „erfüllungshalber" vorliegt.[6])

II. Vollmacht des Agenten zur Empfangnahme von Willenserklärungen.

Der zweite Absatz des § 86 legitimiert den Agenten zur Empfangnahme eine Reihe von Willenserklärungen des Kunden mit Rechtswirksamkeit für den Geschäftsherrn.

Es sind dies:

1. die Mängelanzeige,
2. die Erklärung, daß eine Ware zur Verfügung gestellt werde,
3. andere Erklärungen solcher Art.

Dies gilt sowohl für den Abschluß- als den Vermittlungsagenten.[7])

---

[1]) Vgl. Staub (VIII. Aufl.) Anm. 2 zu § 86 S. 368.

[2]) Vgl. einzelne Beispiele bei Immerwahr S. 90/91.

[3]) Immerwahr S. 91 bei und in Anm. 2.

[4]) Immerwahr S. 91 bei und in Anm. 3 und dort Zitierte. Auch der „Entwurf eines Gesetzes über den Versicherungsvertrag" gewährt diese Befugnis dem Versicherungsagenten nicht. Vgl. Begründung zu Entwurf I S. 94.

[5]) Staub (VIII. Aufl.) Anm. 5 sub 5 zu § 55 S. 248; Immerwahr S. 91 bei und in Anm. 4.

[6]) Vgl. § 364 Abs. 2 BGB. („übernimmt der Schuldner zum Zwecke der Befriedigung des Gläubigers diesem gegenüber eine neue Verbindlichkeit, — —") ROHG. Band XIII S. 297; Immerwahr S. 91/92.

[7]) Einen abweichenden Standpunkt hatte die Rechtsprechung vor 1900 eingenommen. Vgl. ROHG. Band V S. 106 und dort Zitierte, ebenda Band XV, S. 272/273. An dieser Judikatur übte Staub in der III/IV. Aufl. Berlin 1896 zweiter Zusatz zu Buch 1 von den Agenten § 4 S. 140 die folgende treffende Kritik: „Allein der Agent ist dazu da, die Beziehungen zwischen dem Handlungshause und dem Kunden dauernd zu pflegen, er hat nicht bloß wie der Makler das Geschäft zu vermitteln, sondern sich darüber hinaus auch noch über den Ausfall der Ware zu erkundigen, er nimmt den Tadel für die Vergangenheit sowohl, wie die Wünsche für die Zukunft entgegen und steht über alles dies mit dem Hause in stetem brieflichen Verkehr, wie er ja auch hinsichtlich seines Lohnes auf den Enderfolg des Geschäfts, die Zahlung angewiesen ist.

Zu den einzelnen Erklärungen ist zu bemerken:

ad 1. Die Mängelanzeige.

Es handelt sich um die bei beiderseitigen Handelsgeschäften gemäß § 377 HGB. bzw. bei dem Verkauf von Wertpapieren und bei Werkverträgen, bei denen der Unternehmer den Stoff der von ihm herzustellenden Sache hergibt, sofern ein beiderseitiges Handelsgeschäft vorliegt, gemäß § 381 HGB., endlich aber auch, um die nach § 478 BGB. zur Erhaltung der Einreden der Wandelung und Minderung auch über die Verjährung hinaus erforderlichen Mängelanzeigen.

Hierbei ist zu beachten:

Nach § 377 Abs. 4 HGB. und § 478 BGB. („oder die Anzeige an ihn absendet") genügt zur Erhaltung der Rechte des Käufers — entgegen der allgemeinen Rechtsregel des § 130 BGB. — Absendung der Anzeige an den Agenten. Die Gefahr der Ankunft der Mängelanzeige bei dem Agenten trägt der Geschäftsherr.[1])

Der Käufer kann die Mängelanzeige nur selbst abgeben, der Agent des Käufers ist zur Erstattung der Mängelanzeige nicht legitimiert, weder im Verhältnis zu seinem Geschäftsherrn,[2]) noch zum Dritten (dem Verkäufer).[3]) Im letzteren Falle kann, da die Mängelanzeige ein einseitiges Rechtsgeschäft ist, nach § 180 Satz 2 BGB. die Mängelanzeige jedoch dann wirksam werden, wenn der Verkäufer die vom Agenten behauptete Vertretungsmacht nicht „beanstandet" (d. h. unverzüglich zurückweist)[4]) oder sich damit einverstanden erklärt, daß der Agent ohne Vollmacht hierzu die Mängelanzeige erklärt und demnächst der Käufer nach §§ 177, 178 BGB. die Erstattung der Mängelanzeige durch seinen — vollmachtlosen — Agenten genehmigt.[5])

Eine ihm gegenüber erfolgte Rüge muß infolge dieser Stellung in jedem Falle als gehörig erfolgt gelten. Diese Annahme entspricht allein den Anschauungen des Handelsstandes und ist juristisch um so unbedenklicher, als die Entgegennahme einer Mängelanzeige nicht zu jenen Akten gehört, welche ein förmliches Vollmachtsverhältnis voraussetzen".

[1]) Vgl. OLGRspr. Band VI S. 225 (OLG. Dresden 20. II. 03). Ordnungsmäßige Absendung ist allerdings erforderlich. Einfacher Brief genügt aber, Einschreibbrief ist nicht erforderlich. Vgl. ROHG. Band XIX S. 154/155, bes. S. 154.

[2]) Übereinstimmend Staub (VIII. Aufl.) Anm. 4 zu § 86 S. 368; Düringer-Hachenburg Anm. 2 zu § 86 S. 267. Abweichend Immerwahr S. 70; Dochnahl S. 72/73 und S. 135; Jacusiel S. 20, der den Agent zur Abgabe einer Mängelanzeige auf Grund eines „Handelsgebrauchs", nicht aber zu einer „Zur-Verfügung-Stellung" befugt erachtet.

[3]) Vgl. hierzu OLGRspr. Band VI S. 224/225 (OLG. Dresden 20. II. 03).

[4]) Vgl. Planck (III. Aufl.) Bem. 1a zu § 180 BGB. Band I S. 313.

[5]) Wird bei dem im Text erwähnten Fall auch der Verkäufer durch einen Agenten vertreten, so kann diesem gegenüber auch von dem vollmachtlosen Agenten des Käufers die Mängelanzeige abgegeben werden. Die „Nichtbeanstandung" oder das „Einverständnis" mit der Vornahme der Mängelanzeige ohne Vertretungsmacht (§ 180 Satz 2 BGB.) kann aber nur durch den Verkäufer selbst, nicht durch seinen Agenten erfolgen und zwar auch gegenüber dem Agenten des Käufers. Die demnächstige „Genehmigung" kann nur von dem Käufer selbst, aber auch gegenüber dem Agenten des Verkäufers erfolgen. Die beiden letzteren Erklärungen sind „andere Erklärungen solcher Art", die der Agent entgegennehmen, aber nicht abgeben kann. Vgl. unten S. 98.

ad 2. Die Erklärung, daß eine Ware zur Verfügung gestellt werde.

Gemeint sind die in den §§ 466, 480 BGB. erwähnten Erklärungen (Wandelungsangebot, Verlangen des Käufers, daß ihm an Stelle der mangelhaften Sache eine mangelfreie geliefert werde).[1])

Zur Abgabe dieser Erklärungen ist der Agent jedoch nicht berechtigt.[2])

ad 3. Andere Erklärungen solcher Art.

Dieser vom Gesetzgeber gewählte Ausdruck ist als wenig glücklich zu bezeichnen. Durch die Worte „solcher Art" sind die „anderen Erklärungen" in eine gewisse Beziehung zu den vorangehenden „Mängelanzeigen" und „Dispositionsstellungen" gebracht.

Man könnte daher versucht sein, hierunter nur solche Willenserklärungen zu begreifen, welche sich auf die mangelhafte Erfüllung abgeschlossener Kaufgeschäfte beziehen. Dies ist jedoch unbegründet. Aus der Rechtsprechung vor 1900 ergibt sich, daß man den Agenten zur Entgegennahme einer Reihe rechtsgeschäftlicher Erklärungen für befugt gehalten hat, welche auf einem völlig anderen Rechtsgebiet als dem des Kaufs liegen, nämlich auf dem des Versicherungsvertrages. Die Versicherungsagenten sind danach zur Entgegennahme aller „Anzeigen", zu denen der Vertrag der Versicherten verpflichtet, also z. B. über Gefahrumstände oder Gefahrerhöhung sowie des Eintritts des Versicherungsfalls bevollmächtigt.[3])

Staub führte daher in seiner 1896 erschienenen III/IV. Auflage auch bereits aus (2. Zusatz zu Buch 1: Von den Agenten):

„Was hier von Dispositionsstellungen gesagt ist, gilt analog von den sonstigen Erklärungen, durch welche der Kunde seine Rechte wahrt."

Man wird den Rahmen der zulässigerweise dem Agenten gegenüber abzugebenden Erklärungen somit nicht zu eng fassen dürfen.

Es fallen daher hierunter:

Die Entgegennahme:

a) des Vertragsantrages, der Ablehnung oder der Annahme desselben (§§ 145, 146—150 BGB.),[4])

b) der sich aus § 326 BGB. ergebenden Erklärungen,[5])

---

[1]) Wegen des Rechtszustandes vor 1900 vgl. oben S. 95 Anm. 7 und Immerwahr S. 103.

[2]) Übereinst. Staub (VIII. Aufl.) Anm. 4 zu § 86 S. 368; Düringer-Hachenburg Anm. 2 zu § 86 S. 267; Goldmann Anm. 2 sub IV zu § 86 Band I S. 409; Jacusiel S. 20. Abweichend: Dochnahl S. 135; Immerwahr S. 70/71, welcher indes „Mängelanzeige" und „Dispositionsstellung" nicht scharf trennt, hält den Agent zur Abgabe „der Erklärung, den Vertrag überhaupt rückgängig machen zu wollen", ohne besondere Vollmacht hierzu nicht für berechtigt. Vgl. auch hinsichtlich des Gutheißens von Dispositionsstellungen, oben S. 66/67.

[3]) Vgl. ROHG. Bd. II S. 244/245, Immerwahr S. 105 mit Literatur in Anm. 2 daselbst; Staub (VIII. Aufl.) Anm. 4 Abs. 2 zu § 86 S. 368. Begründung eines Gesetzes über den Versicherungsvertrag, Entwurf I S. 93.

[4]) Vgl. Jacusiel S. 19.

[5]) Ausdrücklich hervorgehoben bezüglich der übereinstimmenden Bestimmung für den Handlungsreisenden (§ 55 Abs. 3 HGB.) in Denkschrift I S. 53, II S. 56.

c) des Wahlrechts nach § 325 BGB.,
d) der Mahnung zwecks In=Verzug=Setzung des Schuldners (§ 284 BGB.),
e) der Wandelungs= bzw. Minderungserklärung oder des Verlangens nach Schadensersatz wegen Nichterfüllung bei Fehlen zugesicherter Eigenschaften nach §§ 462, 463 BGB.,
f) des Vorbehalts der Rechte wegen des Mangels bei der Annahme (§ 464 BGB.),
g) des Einverständnisses mit der Wandelung oder Minderung (§ 465 BGB.),
h) der Fristsetzung zwecks Herbeiführung von Wandelungs= oder Minderungsangebot (§ 466 BGB.),
i) des Verlangens des Erstreckens der Wandelung auf alle, auch die mangelfreien Sachen nach § 469 BGB.,
k) der Androhung der öffentlichen oder freihändigen Versteigerung nach § 373 HGB.,
l) der In=Verzug=Setzung wegen unterlassener Spezifikation abseiten des Käufers [1]) nach § 375 HGB.,
m) der sich auf das Fixgeschäft (§ 376 HGB.) beziehenden Erklärungen des nichtsäumigen Teils,
n) der Erklärungen bezüglich Lieferung einer anderen als der bedungenen Ware oder einer anderen als der bedungenen Menge von Waren (§ 378 HGB.),
o) der sich aus § 496 BGB. ergebenden Erklärungen beim Kauf auf Probe oder Besicht. Ist z. B. die auf Probe gekaufte Sache dem Käufer übergeben, so genügt die Ablehnung der Billigung gegenüber dem Agenten des Verkäufers und das Präjudiz, daß „Schweigen als Billigung" gilt, tritt nicht ein.
p) aller derjenigen Erklärungen, welche dem Erklärenden „nach Treu und Glauben mit Rücksicht auf die Verkehrssitte" obliegen, damit nicht sein Stillschweigen als Genehmigung aufgefaßt werde. Als Beispiele seien genannt.[2]) Der Geschäftsherr sendet dem mit ihm bereits in Geschäftsverbindung stehenden Kunden ohne Bestellung Ware zu oder zeigt ihm an, daß er den ihm geschuldeten Betrag an einem bestimmten Tag „per Tratte entnehmen werde". In beiden Fällen muß der hiermit nicht einverstandene Kunde seine Mißbilligung aussprechen, wenn er nicht durch Schweigen genehmigen will, sie kann dem Agenten seines Vertragsgegners gegenüber erklärt werden,
q) der — bereits erwähnten — „Anzeigen", zu denen der Vertrag den Versicherten verpflichtet.[3])

---

[1]) Z. B Bezeichnung der Dimensionen im Eisenhandel, der Bestimmung, ob Draht oder Stifte geliefert werden sollen, der Garnnummer im Garnhandel.

[2]) Weitere Beispiele siehe bei Staub (VIII. Aufl.) Anm. 13 14 zu § 345 HGB S. 1143/1144; Litthauer=Mosse Anm. 3 zu § 346 HGB. S 370/371

[3]) In dem „Entwurf I eines Gesetzes über den Versicherungsvertrag" findet dies im § 41 Ziffer 2 Ausdruck. „Ein Versicherungsagent gilt, auch wenn er nur mit der Vermittlung von Versicherungsgeschäften betraut ist, als bevollmächtigt in dem Versicherungszweige, für den er bestellt ist: 2 Die Anzeigen, welche während der Versicherung zu machen sind, sowie Kündigungs= und Rücktrittserklärungen oder sonstige das Versicherungsverhältnis betreffende Erklärungen von dem Versicherten entgegenzunehmen" Wörtlich übereinstimmend hiermit ist § 43 Ziff 2 im Entwurf II Nach bestehendem Recht ist die Zulässigkeit der Kündigung eines Vertrages speziell

Die vorstehend entwickelten Grundsätze gelten hinsichtlich sämtlicher im Abs. 2 des § 86 behandelter Erklärungen ohne Rücksicht darauf, ob der Agent selbst das Geschäft, auf welches sich die ihm gegenüber abzugebende Erklärung bezieht, abgeschlossen oder vermittelt hat.[1])

Ebenso ist es bedeutungslos, ob der Agent mit dem Erklärenden in demselben Orte („anwesend") ist, es genügt daher schriftliche, telegraphische, telephonische Übermittelung der Erklärung.[2])

§ 87.

Ist der Handlungsagent als Handlungsreisender tätig, so finden die Vorschriften des § 55 Anwendung.

Der § 87 ordnet hinsichtlich der „reisenden Agenten" deren Gleichstellung mit den „reisenden Gehilfen", den „Handlungsreisenden" in bezug auf den Umfang ihrer Vertretungsmacht an.

Wer „reisender Agent" ist, stellten wir bereits zum § 86 gelegentlich der Abgrenzung dieses Begriffs von dem „Platzagenten" fest.[3]) Es handelt sich danach nur um die sog. „Fernreisenden", d. h. diejenigen, welche Geschäfte an Orten aufsuchen, „an denen sich eine Handelsniederlassung des Geschäftsherrn nicht befindet" und diese ihre Tätigkeit nicht von ihrer eigenen zentralen Niederlassung aus, sondern im „Umherreisen" ausüben.

Die Denkschrift (II S. 76) motiviert die Gleichstellung der „reisenden Agenten" mit den „Handlungsreisenden" wie folgt:

„Verschieden von der Stellung derjenigen Agenten, die ihre Geschäfte von einer selbständigen Niederlassung aus betreiben, ist die Stellung der Agenten, die als Reisende tätig sind. Bei den letzteren liegen die Verhältnisse im wesentlichen ähnlich, wie bei den reisenden Gehilfen und zwar derart, daß es unter Umständen

---

des Versicherungsvertrages) bezw. des Rücktritts von demselben gegenüber dem Agenten zu verneinen. Übereinst.: Immerwahr S. 68—70 mit reichen Literaturbelegen in den Anmerkungen und S. 106. Abweichend: Ehrenberg, Versicherungsrecht S. 238 ff. Die „Vereinigung der in Deutschland arbeitenden Privat-Feuerversicherungsgesellschaften" will allerdings dies dahin einschränken, „wenn der Agent den Abschluß der betreffenden Versicherung vermittelt hat, oder die Versicherung zu seiner Agentur gehört." Vgl. Zugabe zu DJZ. 1903, Nr. 20 S. 24/25.

[1]) Vgl. Staub (VIII. Aufl.) Anm. 4 Abs. 1 zu § 86 S. 368; Düringer-Hachenburg Anm. II zu § 86 S. 267 in Verbindung mit Anm. III zu § 55 S. 187. Abweichend Immerwahr S. 104, dessen Ansicht, daß der Agent „die Möglichkeit haben müsse, die Sachlage zu prüfen" unbegründet ist und im Gesetzestext keinerlei Anhalt findet. Vgl. auch den Schluß der vorigen Anmerkung.

[2]) Anders beim reisenden Agenten, vgl. unten zu § 87 S. 101. Übereinstimmend Staub (VIII. Aufl. unten) Anm. 4 Abs. 1 zu § 86 S. 368; Düringer-Hachenburg, Anm. II zu § 86 S. 267; Goldmann Anm. 2 sub 2 zu § 86 Bd. 1 S. 409; Makower Anm. 2a zu § 86 S. 248; Dochnahl S. 133/134. Immerwahr S. 104 sub 2 trennt den „Platzagenten" nicht genügend von dem „reisenden" Agenten. Scheinbar stimmt er allerdings der hier vertretenen Ansicht bei.

[3]) Vgl. S. 90.

zweifelhaft sein kann, ob der Reisende der einen oder anderen Klasse von Hilfspersonen angehört. Jedenfalls kann Dritten, die mit einem solchen Reisenden in Verbindung treten, nicht zugemutet werden, hierüber Ermittelungen anzustellen; eine derartige Untersuchung wäre aber in der Tat erforderlich, wenn die Vertretungsmacht des reisenden Agenten und des reisenden Gehilfen im Gesetze verschieden geregelt würde".

Die Gleichstellung der „reisenden Agenten" und der Handlungsreisenden ergibt das folgende Resultat:

1. Sofern die „reisenden Agenten" Abschlußvollmacht haben, berechtigt ihre Vollmacht zur Vornahme aller „Geschäfte und Rechtshandlungen", welche die Vornahme derartiger Geschäfte und Rechtshandlungen gewöhnlich mit sich bringt. (§ 54 Abs. 1 in Verbindung mit § 55 Abs. 1 HGB.)

2. Der reisende Agent gilt besonders als ermächtigt, den Kaufpreis aus den von ihm abgeschlossenen Geschäften einzuziehen und dafür Zahlungsfristen zu bewilligen. (§ 55 Abs. 2 HGB.)

Es ist dies eine durch das Gesetz bestimmte, präsumtive Vollmacht des reisenden Agenten („gilt als ermächtigt"). Dieselbe kann jedoch nicht durch den Gegenbeweis des Geschäftsherrn, daß er dem Agenten nicht so weitgehende Vollmacht erteilt habe, entkräftet werden. Nur die Schranke des § 54 Abs. 3 HGB. gilt auch hier; der reisende Agent ist zur Einziehung des Kaufpreises nicht ermächtigt, wenn der Kunde wußte oder wissen mußte, daß der Geschäftsherr dem Agenten die Einziehung des Kaufpreises oder die Stundung untersagt habe.[1]

Die Vollmacht bezieht sich nur auf die von dem „einziehenden" oder „stundenden" Agenten selbst abgeschlossenen Geschäfte.

„Abgeschlossene Geschäfte" sind aber nicht nur solche, welche der Agent auf Grund seiner Abschlußvollmacht abgeschlossen hat, sondern auch diejenigen, die er ohne Abschlußvollmacht abgeschlossen hat und die durch Genehmigung oder „nicht unverzügliche Ablehnung" (§ 85) Rechtswirksamkeit erlangt haben.[2]

In diesem Zusammenhang ist also nicht ganz zutreffend, wenn von den meisten Schriftstellern die Ansicht vertreten wird, der Besitz einer Abschlußvollmacht sei für die Anwendung des § 87 Voraussetzung.[3] Auch der reisende Vermittlungsagent, der unter Überschreitung seiner Vollmacht abschließt und dessen Abschluß der Geschäftsherr „nicht unverzüglich, nachdem er von dem Abschluß Kenntnis erlangt hat, ablehnt" (§ 85), ist zur Einziehung des Kaufpreises aus den von ihm so getätigten Geschäften berechtigt.

Dagegen ist der reisende Agent nicht zur Einziehung oder Stundung des Kaufpreises aus Verkäufen, die der Geschäftsherr direkt oder ein anderer Agent,

---

[1]) Vgl. Goldmann § 55 Anm. 2 sub II S. 256.

[2]) Übereinst. Makower Anm. 1 zu § 87 S. 249.

[3]) Dieser Ansicht sind: Staub (VIII. Aufl.) Anm. 1 zu § 87 S. 369, Düringer-Hachenburg Anm. 1 zu § 87 S. 267, Goldmann Anm. 2 sub II zu § 87 S. 409/410, Immerwahr S. 83, Jacusiel S. 21, Dochnahl S. 136. Vgl. jedoch Makower a. a. O. (s. vor. Anm.). — Kaiser S. 33 räumt dem Handlungsreisenden wie dem „reisenden Agenten" im Zweifel Abschlußvollmacht ein. Dies ist unbegründet

z. B. sein Vorgänger, in demselben Bezirk abgeschlossen hat,[1]) berechtigt. Endlich beschränkt sich die Ermächtigung auf Verkaufsagenten. Auf andere Agenten (Versicherungs-, Transportagenten usw.) ist sie nicht analog auszudehnen.

3. Dem reisenden Agenten gegenüber können Mängelanzeigen, die Erklärung, daß eine Ware zur Verfügung gestellt werde, sowie andere Erklärungen solcher Art abgegeben werden, aber nur dem anwesenden Reisenden.

Es ist dies letztere der wesentliche Unterschied zwischen der Erstattung der oben (zu § 86 S. 97/98) ausführlich behandelten Erklärungen gegenüber dem „Platzagenten" und dem „reisenden Agenten".

„Anwesend" heißt, daß der Erklärende und der Empfänger der Erklärung sich an dem gleichen Orte befinden müssen. Der Grund dieser Bestimmung liegt darin, daß, wie die Denkschrift (zu § 51 Abs. 3 des Entwurfs I = § 54 des Entwurfs II = § 55 HGB., vgl. I S. 53 bzw. II S. 56) die gleichfalls „anwesend" als „ortsanwesend" bezeichnet, sagt, „es nicht angängig erscheint, daß der Dritte Erklärungen der fraglichen Art, statt an den Geschäftsinhaber selbst, an dessen anderswo auf der Reise befindlichen Vertreter richtet." Aus diesem Gesichtspunkt heraus beantwortet sich auch die in der Literatur bestrittene Frage:

Können dem reisenden Agenten gegenüber die fraglichen Erklärungen durch den Fernsprecher abgegeben werden?

Dies ist dann zulässig, wenn der Reisende ortsanwesend ist.

Das Motiv, z. B. Reklamationen gegenüber dem Reisenden auszuschließen, beruht nur darauf, daß der Dritte solche Erklärungen nicht gegenüber dem „anderswo auf der Reise befindlichen" Reisenden, sondern dem Geschäftsherrn selbst gegenüber abgeben soll. Dies schließt nicht aus, daß, wenn der Reisende am Platze ist, der Kunde ihm die Mängelrüge in den Gasthof telephoniert.[2]) Ebenso kann er dem Reisenden dorthin einen Brief, sei es durch Boten oder die Ortspost senden, welcher derartige Erklärungen enthält. Dagegen ist eine Abgabe der fraglichen Erklärungen mittels Ferngesprächs oder durch Brief oder durch Telegramm nach einem von der Niederlassung des Kunden getrennten Ort unzulässig.[3])

---

[1]) Vgl. Düringer-Hachenburg Anm. II zu § 55 S. 187; Staub (VIII. Aufl.) Anm. 8 zu § 55 S. 249. Die ältere Literatur, welche sehr dazu neigte, die Inkassobefugnis mindestens für die von dem Reisevorgänger abgeschlossenen Geschäfte dem Reisenden zu gewähren, ist zu vergleichen bei ROHG. Band IV S. 298 in der Anmerkung des Einsenders. Der Wortlaut des § 55 HGB. („aus den von ihnen abgeschlossenen Verkäufen") läßt nach heutigem Recht die Inkassobefugnis hinsichtlich solcher vom Vorgänger abgeschlossener Geschäfte ausgeschlossen erscheinen. Das Interesse des Schutzes des gutgläubigen Dritten wird jedoch unter Umständen durch die Annahme des Bestehens stillschweigender Inkassovollmacht gewahrt werden.

[2]) Übereinst. Jacusiel S. 20, Makower sub II c zu § 55 Band 1 S. 185, Goldmann Anm. 3 zu § 55 S. 258, Staub (VIII. Aufl.) Anm. 6 zu § 55 S. 249. Abw. Staub (VI/VII. Aufl.) Anm. 5 zu § 55 S. 223, Immerwahr S. 104, Dochnahl S. 135, Schramm S. 79/80.

[3]) „Anwesend" ist nicht mit „mündlich" gleichbedeutend. § 147 BGB. stellt nur den mündlich gestellten Antrag in einer gewissen Beziehung dem „mittels Fernsprecher von Person zu Person gemachten Antrag" gleich. Damit wird der Empfänger eines Ferngesprächs selbstverständlich nicht „anwesend", gewiß nicht im Sinne des § 55 HGB. Staub, der in der VI/VII. Auflage mittels Fernsprecher abgegebene Er

Hinsichtlich der Entgegennahme der hier behandelten Erklärungen (vgl. zu § 86 sub a—q) abseiten des reisenden Agenten ist nicht erforderlich, daß derselbe eine Abschlußvollmacht besitzt.[1]) Der im § 87 in Bezug genommene § 55 HGB. setzt auf jeden Fall in seinem dritten Absatz eine Handlungsvollmacht des Reisenden nicht voraus.[2]) Es ist schließlich noch darauf hinzuweisen, daß sich die Befugnis zur Entgegennahme derartiger Erklärungen nicht auf die von dem „reisenden Agenten" abgeschlossenen Geschäfte beschränkt.

Sie bezieht sich vielmehr auch auf die lediglich von ihm vermittelten oder die von dem Geschäftsherrn selbst oder seinem Vorgänger abgeschlossenen Geschäfte, sogar auf solche, die er weder vermittelt noch abgeschlossen hat.[3])

§ 88.

Soweit nicht über die dem Handlungsagenten zu gewährende Vergütung ein anderes vereinbart ist, gebührt ihm eine Provision für jedes zur Ausführung gelangte Geschäft, welches durch seine Tätigkeit zustande gekommen ist. Besteht die Tätigkeit des Handlungsagenten in der Vermittelung oder Abschließung von Verkäufen, so ist im Zweifel der Anspruch auf die Provision erst nach dem Eingange der Zahlung und nur nach dem Verhältnisse des eingegangenen Betrags erworben.

Ist die Ausführung eines Geschäfts infolge des Verhaltens des Geschäftsherrn ganz oder teilweise unterblieben, ohne daß hierfür wichtige Gründe in der Person desjenigen vorlagen, mit welchem das Geschäft abgeschlossen ist, so hat der Handlungsagent die volle Provision zu beanspruchen.

Ist die Höhe der Provision nicht bestimmt, so ist die übliche Provision zu entrichten.

Die Abrechnung über die zu zahlenden Provisionen findet, soweit nicht ein anderes vereinbart ist, am Schlusse eines jeden Kalenderhalbjahrs statt.

---

klärungen als unzulässig bezeichnete, läßt sie, ohne zwischen Stadtgesprächen und Ferngesprächen zu scheiden, jetzt generell zu; vgl. die Zitate in der vorigen Anmerkung. Dies ist nach der im Text vertretenen Ansicht unbegründet.

[1]) Übereinst. Makower Anm. 1 zu § 87 Band 1 S. 249.

[2]) Düringer-Hachenburg Anm. 1 zu § 87 S. 267 hebt hervor, daß § 55 Abs. 2 HGB. Handlungsvollmacht „voraussetze". Ob er die Voraussetzung bei § 55 Abs. 3 hiermit verneinen will, ist unklar. Vgl. hierzu oben S. 100 Anm. 3. Goldmann Anm. 2 sub II zu § 87 S. 409/410 erklärt generell den ganzen § 55 und damit auch § 87 nur auf Abschlußbevollmächtigte anwendbar.

[3]) Übereinst. Staub (VIII. Aufl.) Anm. 6 zu § 55 S. 249, Düringer-Hachenburg Anm. III Abs. 1 zu § 55 S. 187, Makower Anm. 1 zu § 87 S. 249 bzw. Anm. IIc zu § 55 S. 185 und trotz des generellen Standpunkts zu § 87 (vgl. vorige Anmerkung), Goldmann Anm. 3 sub III zu § 55 S. 258. Abw. Immerwahr S. 104.

Der § 88 regelt den Provisionsanspruch des Agenten. Weitere gesetzliche Bestimmungen hierüber existieren nicht, mit Ausnahme des § 89 (Bezirksagent).

Die Provision — ein Prozentsatz des durch die vermittelten Geschäfte bewirkten Wertumsatzes ausgedrückt in barem Gelde[1]) — als Entgelt für die Tätigkeit des Agenten bildet den Normalfall; auf diesen Normalfall beziehen sich die Vorschriften des § 88, nicht auf diejenigen Fälle, in denen der Agent anstatt Provision eine andere vereinbarte Vergütung erhält:

„soweit nicht über die dem Handlungsagenten zu gewährende Vergütung ein Anderes vereinbart ist, gebührt ihm eine Provision — —"

Diese vom Normalfalle (Provision) abweichenden Vergütungen können beispielsweise sein:

a) festes Gehalt.[2])

b) Tantieme (Anteil am Gewinn).

Diese Tantieme kann bestehen in einer Beteiligung am Brutto- oder Reingewinn des Gesamtgeschäftes oder eines Teiles desselben oder der einzelnen Geschäfte,[3]) die der Agent vermittelt oder die in seinem Bezirk abgeschlossen werden. Ist lediglich „Tantieme" vereinbart, so ist der Reingewinn des Gesamtgeschäftes, d. h. der Nettogewinn nach Abzug der geschäftsüblichen Abschreibungen darunter zu verstehen. Über die Ansprüche des tantiemeberechtigten Agenten enthält das Handelsgesetzbuch ebensowenig Bestimmungen, wie für den tantiemeberechtigten Handlungsgehilfen (commis intéressé). „Die Rechtsprechung ist schon bisher ohne solche zu befriedigenden Ergebnissen gelangt", heißt es in der Denkschrift[4]) zu § 64 des Entwurfes — § 65 HGB. Aber die unter altem Recht ergangenen Entscheidungen waren und sind jetzt nicht mehr durchweg zutreffend, insbesondere der vom Appellationsgericht Wiesbaden im Urteil vom 15. Mai 1875[5]) ausgesprochene Grundsatz:

„das zwischen dem commis intéressé und dem Prinzipal betreffs der Beteiligung des ersteren am Gewinn des letzteren bestehende Rechtsverhältnis ist nach den Grundsätzen des allgemeinen bürgerlichen Rechts über Gesellschaft zu beurteilen."

Es finden vielmehr die Vorschriften der §§ 121 Abs. 1, 122 Abs. 1 HGB. nicht einmal analoge Anwendung.[6]) Der tantiemeberechtigte Agent hat keine gesellschaftlichen Ansprüche am Geschäftsgewinn. Dieser gehört lediglich dem Geschäfts-

---

[1]) So definiert Jacusiel S. 47 zutreffend die Agentenprovision. — Übereinst. Staub (VIII. Aufl.) § 88 Einleitung S. 369. Die Definition Immerwahrs S. 126 „ein prozentualer Anteil am Geschäftsgewinn und zwar an dem Gewinn aus dem einzelnen Geschäft" widerspricht dem Sinn und dem Wortlaut des § 88 HGB.

[2]) Übereinst. OLGRspr. Band 8 S. 389 (OLG. Hamburg 26. II. 04) gerade mit Rücksicht auf die oben zitierten Eingangsworte des § 88 und OLGRspr. Band 14 S. 346 (Kammergericht, 24. XI. 1906). Vgl. auch zu § 84 S. 7 und die dort angeführte Literatur Anm. 1.

[3]) Abw. Immerwahr S. 127.

[4]) Siehe Denkschrift I S. 62.

[5]) ROHG. Band 17 S. 276; vgl. auch die unter altem Recht ergangene abw. Entsch. RG. Band 20 S. 163ff., bes. S. 166.

[6]) Übereinst. JW. 1900 S. 18 Nr. 27 (RG. v. 24. XI. 99).

herrn; der Agent hat nur ein Forderungsrecht auf einen Bruchteil jenes Reingewinns und ist zu dieser Höhe Gläubiger des Geschäftsherrn.[1]) Lediglich die Berechnung dieses „Reingewinnes" erfolgt nach den Grundsätzen der Gesellschaft.[2]) Maßgebend für die Tantieme ist die nach kaufmännischen Grundsätzen am Schluß des Geschäftsjahres aufgestellte Bilanz. Es ist zu prüfen, ob in dem betreffenden Zeitraum überhaupt ein Gewinn — am Verlust ist der tantiemeberechtigte Agent nicht beteiligt — erlangt wurde, eventuell ein wie großer, von welchem der Gewinnanteil zu vergüten ist.

Findet auf Grund dieser Berechnung eine Vergütung statt, so bleibt sie dem Agenten definitiv, wenn auch in späteren Geschäftsperioden der Verlust den Gewinn übersteigt.[3]) Jede einzelne Rechnungsperiode ist vollständig separat zu behandeln. Deshalb berühren den tantiemeberechtigten Agenten auch nicht die Verluste aus früheren Jahren. Andererseits kann er aber auch nicht Tantieme von abgeschriebenen, aber nachträglich eingegangenen Außenständen fordern, denn die bei Aufrechnung der Jahresbilanz abgeschriebenen Beträge können bei nachträglichem Eingange nicht unter den Gewinn des vergangenen Jahres gebucht werden.[4]) Arglistige und willkürliche zu hohe oder zu niedrige Abschätzung von Aktiv- und Passivposten kann vom Agenten bemängelt werden.

Über den Umfang seines Nachprüfungsrechts und seines Rechts auf Einsicht der Bilanzen, Bücher und Papiere vgl. zu § 91.

Weitere Rechte als eine Gewinnbeteiligung hat der tantiemeberechtigte Agent nicht; auf die Geschäftsleitung erlangt er keinen Einfluß; ihm steht ein Widerspruchsrecht gegen die Unternehmungen des Geschäftsherrn nicht zu, der vollständig Herr des Geschäfts bleibt[5]) und zu keinerlei Rechenschaft über Leitung und Handhabung des Geschäfts verpflichtet ist.[6])

Verkauft der Geschäftsherr das Geschäft mit Gewinn, so ist der tantiemeberechtigte Agent hieran nicht beteiligt, denn er hat — wie oben ausgeführt — nur Anteil am Betriebsgewinn bestimmter Geschäftsperioden.[7]) Ob und welche Schadensersatzansprüche in diesem Falle wegen vorzeitiger Auflösung des Vertrages geltend gemacht werden können, wird im § 92 behandelt.

c) Überpreise.

Zuweilen wird dem Agenten an Stelle oder neben der Provision der Preisüberschuß ganz oder teilweise über die ihm bestimmten Normalpreise zugesichert — sog. Überpreise.[8])

---

[1]) Vgl. Horrwitz, Recht der Handlungsgehilfen, Berlin 1897 § 19 sub III S. 74; übereinst. Entsch. d. RG. v. 30. V. 1907 im Recht 1907 Nr. 1822 S. 829.

[2]) Staub (VIII. Aufl.) Anm. 4 zu § 65 S. 305.

[3]) Siehe ROHG. Band 6 S. 28.

[4]) Siehe OLGRspr. Band 2 S. 248 (OLG. Hamburg 2. II. 01).

[5]) Siehe ROHG. Band 1 S. 194 (7. I. 1871), Band 17 S. 276 (15. V. 1875); übereinst. auch Cosack S. 104 Nr. 48; Makower 13. Aufl. Band 1 § 59 sub b2 S. 196.

[6]) Vgl. OLGRspr. Band 10 S. 248f. (OLG. Hamburg 17. II. 05).

[7]) Übereinst. DJZ. 1901 S. 50 sub II (Urteil des Kammergerichts v. 15. XI. 00).

[8]) Über die Pflicht des Geschäftsherrn zur Rechnungslegung in diesem Falle vgl. ROHG. Band 18 S. 2.

d) Umsatzprovision und Umsatzprämie.

Auf die „Umsatzprovision“ finden die Regeln des § 88 HGB. Anwendung mit der Einschränkung, daß nicht „jedes zur Ausführung gelangte Geschäft“ für sich der Provisionsberechnung zugrunde gelegt wird, sondern die Gesamtheit der einzelnen Geschäfte — der Umsatz. Die Provision wird erst erworben nach dem Eingang der Zahlung.[1]) Tatsächlich deckt sich die „Umsatzprovision“ mit dem Normalfalle.

Von der Umsatzprovision ist zu unterscheiden die Umsatzprämie, d. h. die Zusicherung eines Geldbetrags als Prämie, wenn ein bestimmter Umsatz innerhalb eines gewissen Zeitraums erreicht wird.

Unter „Umsatz“ ist in diesem Falle zu verstehen der Bruttoumsatz, d. h. die Summe der einzelnen Abschlüsse nach den vollen Fakturenbeträgen[2]) ohne Rücksicht auf deren Eingang.

Die Erreichung der festgelegten Umsatzsumme ist Bedingung für die Zahlung der Prämie. Ein Handelsbrauch, daß Zahlung auch zu leisten ist, wenn die Summe nicht ganz erreicht wird, hat sich nicht gebildet.[3]) Eigene Bezüge des Agenten dürfen bei Berechnung des „Prämien-Umsatzes“ nicht mitgerechnet werden.[4])

e) Die Zusicherung eines Mindestbetrages der Provision (Provisionsminimum) seitens des Geschäftsherrn.

Die Garantie eines Provisionsminimum für eine bestimmte Zeit — Mk. 2000 pro anno — bedeutet nicht den festen Abschluß eines Vertrages für die gleiche Dauer; an der Kündbarkeit wird hierdurch nichts geändert. Hört der Agenturvertrag[5]) vor Ablauf dieses Zeitraums auf, so kann der Agent eine proratarische Berechnung und Auszahlung des Provisionsanteils beanspruchen.[6])

Zuweilen wird auch die

Festsetzung eines Mindestumsatzes für den Agenten

vereinbart.

Wird der festgesetzte Mindestumsatz nicht erreicht, so verliert der Agent seinen Provisionsanspruch. Übernimmt er aber die Verpflichtung oder Garantie, einen bestimmten Umsatz (Pflichtquantum) zu erzielen, so hat er außerdem den Schaden zu ersetzen, der dem Geschäftsherrn dadurch erwächst, daß die vertragliche Verpflichtung oder Garantie nicht oder nicht vollständig erfüllt wird.[7])[8])

---

[1]) Übereinst. Dove-Apt S. 51 Nr. 28 (Gutachten der Berliner Ältesten vom 15. Dezember 1890); abw. Staub (VIII. Aufl.) Anm. 15 zu § 88 S. 373, welcher aber Umsatzprovision mit Umsatzprämie verwechselt.

[2]) Vgl. Gutachten der Handelskammer Hannover im Jahresbericht 1905, 31 mitgeteilt in Holdheims Monatsschrift 1906 S. 79 Nr. 39.

[3]) Siehe Gutachten der Berliner Ältesten 1881/02 bei Dove-Meyerstein S. 13 Nr. 45.

[4]) Übereinst. Immerwahr S. 201 Anm. 3, vgl. auch Bolze Band 14 Nr. 367 S. 231 (RG. 22. IV. 1892).

[5]) Entsch. d. RG. 22. XII. 1888 in Bolze Band 7 Nr. 510 S. 190.

[6]) Gutachten der Berliner Handelskammer 1881/02 bei Dove-Meyerstein S. 13 Nr. 46.

[7]) Der abw. Ansicht Staubs, welche sich zuerst in der VIII. Aufl. Anm. 16 S. 360 findet, kann nicht beigepflichtet werden.

[8]) Vgl. auch Entsch. d. RG. Bd. 65 (erste Lieferung) S. 87 ff., bes. S. 90 über die Festsetzung einer Vertragsstrafe, wenn der Mindestumsatz nicht erzielt wird.

Außer diesen sub a—e angeführten Beispielen sind noch die verschiedenartigsten Abreden über „Vergütung" anstatt der Normalprovision möglich und in Übung — feste Spesenvergütung, Einführungsprovision,[1]) Extraprovision,[2]) (welche den Anspruch auf die sonstige Provision nicht beeinträchtigt)[3]) ohne jede Beschränkung der Vertragsfreiheit.

Der gesetzliche Provisionsanspruch.

Dem Agenten gebührt eine Provision für jedes zur Ausführung gelangte Geschäft, welches durch seine Tätigkeit zustande gekommen ist (§ 88 Abs. 1).

a) Eine Tätigkeit wird verlangt. Diese Tätigkeit ist weniger als Vermittelung[4]) im Sinne des § 652 BGB. und nicht gleichbedeutend mit dieser. Es genügt jegliche Tätigkeit des Agenten, welche für den Abschluß des Vertrages kausal gewesen ist. „Ein Kausalzusammenhang zwischen zwei Geschehnissen ist dann vorhanden, wenn in dem einen die Bedingungen zu erblicken sind, welche für die Verwirklichung des anderen erforderlich waren. Bei einer fortlaufenden Kette von sich auseinander entwickelnden Umständen muß ein ursächlicher Zusammenhang zwischen dem ersten und letzten Glied anerkannt werden."[5])

Nicht ist erforderlich, daß nur durch die Tätigkeit des Agenten allein das Geschäft zustande gekommen ist. Ihm gebührt die volle Provision bereits, wenn er den Geschäftsherrn oder den Dritten auf die Gelegenheit des Geschäfts hingewiesen und wenn der Abschluß infolge dieses Hinweises erst durch die hinzutretende Tätigkeit des Geschäftsherrn oder dritter Personen zustande kommt.[6])

Unter Umständen können schon Annoncen, die vom Agenten in Zeitungen erlassen sind, Versendungen von Preislisten, Katalogen und Mustern, Besuche bei der Kundschaft den Provisionsanspruch begründen, wenn es gelingt, einen ursächlichen Zusammenhang zwischen dieser Tätigkeit und dem Abschluß des speziellen Geschäfts nachzuweisen.[7])

---

[1]) Die Einführungsprovision ist nicht als Prämie für eine erfolgreiche gewinnbringende Tätigkeit anzusehen (Gutachten der Berliner Handelskammer 483/05 bei Dove-Meyerstein S. 29/30 Nr. 106).

[2]) Unter Extraprovision wird gewöhnlich verstanden eine vom Gegenkontrahenten (Kunden) dem Agenten gezahlte Provision, siehe ROHG. Band 10 S. 360, Dochnahl S. 122, Neumann, Jahrbuch 1905 Band 2 zu § 88c S. 28, vgl. auch S. 32f.

[3]) Lehmann-Ring § 88 sub 6 S. 199.

[4]) Siehe OLGRspr. Band 9 S. 7 (OLG. Kolmar 29. I. 04); abw. Staub (VIII. Aufl.) Anm. 2 zu § 88 S. 370.

[5]) OLGRspr. Band 9 S. 6 (OLG. Braunschweig 25. IX. 03).

[6]) Ist die dritte Person ebenfalls Agent des Geschäftsherrn, so hat auch diese die volle Provision zu beanspruchen, so daß derartige Geschäfte unter Umständen mit einer doppelten Provision belastet werden. Vgl. die Entsch. d. RG. v. 21. XII. 1896 bei Bolze Band 23 Nr. 436 und 437 S. 227/228.

[7]) Ist eine Provision vereinbart für „entrierte" Geschäfte, so genügt nach Handelsbrauch der allgemeine Nachweis nicht, vielmehr ist ein Geschäft nur dann als „entriert" zu bezeichnen, falls diejenigen Verhandlungen, die zum Abschluß desselben im speziellen Falle führen, eingeleitet worden sind. Gutachten der Berliner Handelskammer 6341/03 bei Dove-Meyerstein S. 21 Nr. 71.

Die volle Provision ist auch dann verdient, wenn Geschäftsherr und Agent durch gemeinschaftliche, eventuell gleichzeitige Tätigkeit den Geschaftsabschluß erzielen, z. B. wenn der Geschäftsherr den Agenten auf seinen Reisen begleitet und bei dem Geschäftsabschluß mitwirkt. Ein Handelsbrauch, daß der Agent in diesem Falle nur die halbe Provision beanspruchen kann, hat sich nicht gebildet.[1])

Bestritten ist die Frage, ob Provision beansprucht werden kann von Aufträgen, welche die vom Agenten zugeführten Kunden innerhalb der Vertragszeit ohne seine Tätigkeit erteilen (sog. **Nachorders**). Diese Frage wird bejaht von Jacusiel[2]) und Immerwahr[3]) unter der Annahme eines feststehenden Handelsgebrauchs, von Goldmann[4]) und Makower,[5]) weil schon durch die Zuführung des Kunden eine für den Geschäftsabschluß kausale Tätigkeit des Agenten erblickt werden muß, verneint dagegen von Staub,[6]) der nur „unter besonderen Voraussetzungen" für Nachorders Provision zubilligen will.

Da ein feststehender Handelsgebrauch tatsächlich nicht existiert — beim Verkauf von Steinen wird er neuerdings ausdrücklich verneint[7]) — so hat die Ansicht von Jacusiel und Immerwahr keine Stütze. Der Handelsgebrauch, welcher früher als feststehend angenommen wurde, galt für die sog. „ständigen" Agenten, als welche diejenigen bezeichnet wurden, die für die Besorgung gewisser Geschäftszweige eines Hauses derartig dauernd engagiert waren, daß sie die Besorgung in bestimmten Bezirken ausschließlich für das betreffende Haus übernahmen.[8])

Diese „ständigen Agenten" sind, wie später bei der Entstehungsgeschichte des § 89 weiter ausgeführt wird, in den Bezirksagenten des § 89 HGB. aufgegangen. Viele der älteren Gutachten beziehen sich bei genauerer Prüfung auch nur auf solche „ständigen Agenten", die als Bezirksagenten des neuen Rechts angesehen werden müssen.[9])

Unter Zugrundelegung dieser Tatsache kann auch der Ansicht Goldmanns nicht zugestimmt werden, „daß das Gesetz die in diesem Punkte, d. h. bei den Nach-

---

[1]) Gutachten der Ältesten der Kaufmannschaft Berlin vom 3. April 1891 bei Dove-Apt S. 52 Nr. 31 und S. 62 Nr. 51.

[2]) Jacusiel S. 41/42.

[3]) Immerwahr S. 141.

[4]) Goldmann § 88 sub II 1 b S. 412.

[5]) Makower § 88 sub I b 2 S. 250/251.

[6]) Staub (VIII. Aufl.) Anm. 2 zu § 88 S. 370. Der Zusatz „abgesehen von einer Abrede oder dem Falle des § 89 beim Vorliegen eines Handelsbrauchs", welcher sich in der VI/VII. Aufl. Anm. 1 zu § 88 S. 314/315 nicht findet, ist irreleitend.

[7]) Siehe Gutachten der Berliner Handelskammer 2974/06 bei Dove-Meyerstein S. 26 Nr. 89.

[8]) Siehe ROHG. Band 16 S. 38.

[9]) Siehe Gutachten der Ältesten der Kaufmannschaft von Berlin vom 18. Oktober 1893 bei Dove-Apt S. 22 Nr. 44, vgl. Entsch. d. RG. 19. V. 1896 bei Bolze Band 3 Nr. 633 S. 183 und die zitierte Entsch. des ROHG. Band 16 S. 38, in welcher ein Gutachten vom Ältesten-Kollegium der Berliner Kaufmannschaft vom 5. Juni 1874 mitgeteilt wird, sowie Gutachten der Breslauer Handelskammer vom 13. II. 1895 bei Riesenfeld I S. 38 Nr. 101.

orders, bestehenden Anschauungen der Handelskreise hat sanktionieren, nicht aber beseitigen wollen". Die Denkschrift,[1]) auf welche Goldmann[2]) verweist, bezieht sich ebenfalls nur auf den Bezirksagenten des § 89 HGB.

Ob die Nichtbezirksagenten von Nachorders Provision zu beanspruchen haben, ist im Einzelfall unter Berücksichtigung der in den betreffenden Plätzen und Branchen herrschenden Übung zu beurteilen.

Die Zuführung des Kunden allein genügt nicht, um einen Provisionsanspruch für Nachorders dieser Kunden zu rechtfertigen.

Durch die Tätigkeit des Agenten, welche u. a. auch in der Zuführung des Kunden bestehen kann, ist das erste Geschäft zustande gekommen. Für diese Tätigkeit ist er entlohnt worden.[3]) Gibt der Kunde weitere Aufträge, so ist zu prüfen, ob die frühere Tätigkeit noch mit diesen neuen Abschlüssen in ursächlichem Zusammenhang steht. Der Agent einer Kunstdünger- und Futtermittelfabrik vermittelt ein Geschäft in Kunstdünger mit einem neuen Kunden. Gibt dieser neue Kunde später einen Auftrag in Futtermittel, unabhängig von jeglicher Tätigkeit des Agenten, so ist keine Provision verdient; desgleichen, wenn direkt oder durch Vermittelung dritter Personen ein neuer Abschluß in Kunstdünger erzielt wird. Gibt aber der Kunde eine Nachbestellung auf Grund von Proben oder Preislisten, die ihm vom Agenten gelegentlich des ersten Geschäfts übergeben sind, oder mit der Kondition „wie gehabt", so wird sich ein ursächlicher Zusammenhang zwischen der Tätigkeit des Agenten und diesem neuen Geschäfte nachweisen lassen, um den Provisionsanspruch zu begründen.

Für den Nichtbezirksagenten konnten wir die nachfolgenden Handelsgebräuche über die Frage der Provisionspflicht bei Nachorders feststellen:

1. Nach Breslauer Handelsgebrauch hat der Verkaufsagent — auch ohne für einen bestimmten Bezirk engagiert zu sein — Provision für Nachorders zu beanspruchen, wenn er den Geschäftsverkehr angeknüpft bzw. angebahnt hat.

Gutachten vom 3. Dezember 1884 I 1446 bei Riesenfeld I S. 34 Nr. 85.

2. Derselbe Handelsgebrauch wird von der Breslauer Handelskammer in der Lederbranche für Schlesien bekundet, aber mit dem bedeutsamen Schlußsatz:

„Die Provision gebührt ihm aber dann nicht, wenn es sich um einen Geschäftsabschluß handelt, der ohne Vermittelung des Agenten und ohne Bezugnahme auf denselben zustande gekommen ist."

Gutachten vom 9. Dezember 1891 I 1728 bei Riesenfeld I S. 37 Nr. 96.

---

[1]) Siehe Denkschrift II S. 77/78.

[2]) Goldmann § 88 sub II 1 b S. 413.

[3]) Diese Entlohnung steht wirtschaftlich oft nicht im Verhältnis zum Nutzen, den der Geschäftsherr erwirbt, wenn der zugeführte Kunde sich infolge eines ersten Auftrages zu einem ständigen Abnehmer entwickelt. Dieser wirtschaftliche Grund kann aber nicht ausschlaggebend sein, abw. Immerwahr S. 140, welcher auf eine Entscheidung im Sächsischen Archiv für bürgerliches Recht und Prozeß Leipzig 1891 S. 521 ff. verweist. Diese Entscheidung behandelt aber die Ansprüche des Bezirksagenten hinsichtlich der Nachorders bei vorzeitiger Auflösung des Agenturvertrages und kann bei Beurteilung unserer Frage nicht herangezogen werden.

3. In der Textilbranche hat nach einem ebenfalls von der Breslauer Handelskammer erstatteten Gutachten der Agent Provision auch für solche Geschäfte zu beanspruchen, die mit Kunden abgeschlossen werden, die er zugeführt hat.

Gutachten vom 30. November 1892 I 1967 bei Riesenfeld I S. 38 Nr. 100.

Vgl. hierzu das Gutachten der Berliner Handelskammer für die Textilbranche bei Dove-Meyerstein S. 27 Nr. 93 Abs. 2.

4. Im Kolonialwarenhandel besteht in Berlin der Handelsgebrauch, dem Agenten Provision zu zahlen für diejenigen Bestellungen, welche die von ihm gewonnenen Kunden direkt bei der Handlung machen.

Gutachten der Ältesten der Kaufmannschaft von Berlin vom 24. Juni 1891 bei Dove-Apt S. 39 Nr. 4.

5. Für die Textilbranche stellen die Ältesten der Kaufmannschaft in Berlin sogar den Handelsgebrauch fest, daß von Nachorders Provision zu zahlen ist, die während der Tätigkeit des Agenten aufgegeben, aber erst nach beendetem Vertrag zu einem Abschluß geführt haben. Für die Eisenindustrie besteht kein derartiger Handelsgebrauch, obwohl eine mehrfache Übung konstatiert wird.

Gutachten vom 25. April 1904 bei Apt I S. 7 Nr. 14.

Von der Breslauer Handelskammer wird ein solcher Handelsgebrauch ausdrücklichst verneint.

Gutachten der Breslauer Handelskammer vom 4. März 1903 bei Riesenfeld II S. 25 Nr. 34.

6. Für den Zigarrenhandel wird von der Berliner Handelskammer der Brauch bekundet, daß der Agent von allen späteren Bestellungen während der Vertragszeit Provision zu beanspruchen hat, „die auf Grund der durch ihn eingeleiteten Geschäftsverbindung erteilt werden."

Gutachten der Berliner Handelskammer 7865/03 bei Dove-Meyerstein S. 27 Nr. 94.

7. Dasselbe gilt als allgemeiner Brauch in der Destillationsbranche.

Gutachten der Breslauer Handelskammer vom 17. Januar 1905 bei Riesenfeld II S. 25 Nr. 33.

8. Beim Verkauf von Steinen hingegen ist es nicht handelsüblich, dem Vermittler (Agenten) auch für spätere, ohne seine Vermittelung abgeschlossene Geschäfte mit einem von ihm zugeführten Kunden Provision zu zahlen.

Gutachten der Berliner Handelskammer 2947/06 bei Dove-Meyerstein S. 26 Nr. 89.

Die Höhe der Provisionen für Nachorders ist die gleiche wie für die vom Agenten selbst vermittelten Geschäfte.[1])

Von Nachbestellungen zugeführter Kunden, die erst nach Lösung des Agenturverhältnisses erteilt werden — irrtümlich auch oft „Nachorders" genannt — hat der Agent keine Provision zu beanspruchen, selbst dann nicht, wenn ihm vertraglich Provision von den Nachorders zugeführter Kunden zugesichert

---

[1]) Übereinst. Gutachten der Breslauer Handelskammer v. 17. I. 05 bei Riesenfeld II S. 25 Note 3.

ist; eine derartige Abrede ist sinngemäß zeitlich zu beschränken auf die Bestellungen, die während der Geschäftstätigkeit des Agenten noch eingegangen sind.[1]) Ein abweichender Handelsbrauch hat sich in keiner Branche feststellen lassen; im Kohlenhandel wird er ausdrücklich verneint.[2])

b) Das Geschäft muß zustande gekommen sein, d. h. rechtlich bindend für beide Teile.

Wird es wegen Irrtums, Betruges, Zwanges, Wuchers, Unsittlichkeit usw. angefochten, so ist es so lange nicht perfekt, als die Anfechtung schwebt[3]) Wenn dagegen nach perfektem Abschluß die Kontrahenten über nachträgliche Bedingungen in Streit geraten und darüber das Geschäft auseinandergeht, so verliert der Agent seine Provision nicht, mag Schuld und Unrecht hinsichtlich des Verlangens oder Verweigerns derartiger außerhalb seines Abschlusses liegender Bedingungen auf Seiten seines Geschäftsherrn oder des Gegenkontrahenten liegen.[4])

Der Abschluß des Geschäftes unterliegt dem freien Ermessen des Geschäftsherrn. Der Agent hat kein Recht darauf, daß der Geschäftsherr seiner Tätigkeit zu einem Erfolge verhilft, daß seine Orders angenommen werden: er hat keinen Anspruch auf Provision, auch wenn der Abschluß nicht aus sachlichen, sondern aus persönlichen Gründen abgelehnt ist,[5]) selbst dann nicht, wenn der Geschäftsherr dem Agenten gegenüber die Order angenommen hatte.[6]) Dagegen ist die Provision zuzusprechen, wenn der Geschäftsherr den Agenten beim Abschluß arglistig umgeht,[7]) wenn er beispielsweise die vom Agenten angeknüpften Verhandlungen scheinbar abbricht und sie nachher über den Kopf des Agenten hinweg zu Ende führt,[8]) oder die Verhandlungen arglistig bis über den Ablauf der Vertragszeit hinauszieht, um die Provision zu sparen, nicht dagegen, wenn der Agent sich grundlos weigert, seine ihm obliegende Tätigkeit fortzusetzen, nachdem die Verhandlungen von ihm angebahnt sind.[9])

c) Das Geschäft muß zur Ausführung gelangt sein.

Vor 1900 konnte der Agent „nach der in der Rechtsprechung und in der Wissenschaft herrschenden Auffassung“ [10]) Provision schon beanspruchen, wenn der

---

[1]) Übereinst. Entsch. d. RG. v. 18. IV. 07 im Recht 1907 Nr. 1545 S. 710, s. OLGRspr. Bd. 12 S. 422/23 (OLG. Hamburg 6. XII. 05).

[2]) S. OLGRspr. Bd. 12 S. 422/23 (OLG. Hamburg 6. XII. 05). Dieselben Grundsätze gelten auch bei den s. g. Prolongationsgeschäften für Börsenremisiers (Agenten), die als selbständige Geschäfte anzusehen sind. Für Prolongationen, die nach Ablauf des Vertrages getätigt werden, ist keine Provision zu beanspruchen, s. KGBl. 1905 S. 104/105 (KG. 18. IX. 1905).

[3]) S. Entsch. d. RG. v. 6. II. 1890 in JW. 1890 S. 88 Nr. 36. S. Entsch. d. RG. v. 21. IV. 1892 in JW. 1892 S. 279 Nr. 38.

[4]) S. Entsch. des OLG. Hamburg, 3. III. 05 in HGZ. 1905 Hbl. S. 104 Nr. 50.

[5]) Übereinst. Entsch. d. RG. v. 1 III. 07, im Recht 1907 Nr. 932 S. 459.

[6]) S. OLGRspr. Bd. VI S. 189/90 (OLG. Hamburg, 8. XII. 02). Ein fortgesetztes derartiges Verhalten kann den Agenten zur sofortigen Auflösung des Vertrages berechtigen.

[7]) Übereinst. Staub, (VIII. Aufl.) Anm. 2 zu § 88 S. 370.

[8]) S. Lehmann, Lehrbuch des Handelsrechts 1906, 3. Lfg., § 45 S. 232.

[9]) Übereinst. Cosack VI. Aufl. § 44 sub b. S. 201.

[10]) S. Denkschrift II S. 76. Vgl. auch ROHG. Bd. 14 S. 426ff. bes. S. 428.

vermittelte Vertrag zustande gekommen war, ohne Rücksicht auf dessen Ausführung. Diese Auffassung entsprach jedoch niemals der Anschauung der Handelskreise.[1]) Hiervon legen die zahlreichen Gutachten[2]) der Ältesten der Kaufmannschaft Zeugnis ab.

Der Gesetzgeber wollte dieser Anschauung gesetzliche Geltung verleihen. Keineswegs sollte aber der Rechtssatz aufgestellt werden, daß der Provisionsanspruch überhaupt erst mit der Ausführung des Geschäftes zur Entstehung gelangt. Aus dem Gesetzestext, der wenig glücklich gefaßt ist, könnte dies herausgelesen werden. Der Sinn des Gesetzes ist aber: der Abschluß des Geschäfts bringt zwar den Provisionsanspruch zur Entstehung, aber nur bedingt und zwar bedingt durch die Ausführung des Geschäftes.[3])

Hieraus folgt, daß Geschäfte, die während der Vertragszeit zum Abschluß gelangen, auch dann provisionspflichtig sind, wenn sie erst nach Ablauf des Vertrages ganz oder teilweise ausgeführt werden.[4])

Der Begriff „Ausführung" hat mehr faktische als juristische Bedeutung.

Staubs Definition, „zur Ausführung gelangt ist das Geschäft, wenn der Erfolg, der von der Tätigkeit des Agenten erwartet wurde, eingetreten ist",[5]) kann jedoch nicht beigestimmt werden, denn der Erfolg, der von der Tätigkeit des Agenten erwartet wird, ist der Abschluß des Vertrages, sodaß der Zusatz:

„für jedes zur Ausführung gelangte Geschäft"

keinerlei Bedeutung mehr hätte.

In Konsequenz seiner Definition gewährt auch Staub dem Versicherungsagenten bereits die Provision, wenn der Versicherungsvertrag zustande gekommen ist.[6]) Das gleiche müßte aber ebenfalls für den Transportagenten, für den Einkaufsagenten, sowie für den Agenten der Real-Kredit-Institute maßgeblich sein. Der Abschluß des Vertrages allein müßte den Anspruch auf die Provision

---

[1]) S. Denkschrift a. a. O. und das Gutachten der Handelskammern zu Hamburg, Lübeck und Bremen über den Entwurf eines Handelsgesetzbuches zu § 77 des Entwurfes S. 16.

[2]) Bei Dove-Apt. Nr. 9 S. 41 (16. II. 98), Nr. 14 S. 43 (18. XI. 98), Nr. 20 S. 46 (15. IV. 91), Nr. 25 S. 49 (1. VI. 97). Übereinst. auch bereits Staub in seiner III./IV. Aufl. (1896) Anm. 8a z. 2. Zusatz „von den Agenten" S. 142, sowie Urteil des OLG. Hamburg v. 13. I. 1898 HGZ. 1898 Hbl. Nr. 64 S. 155.

[3]) Übereinst. Staub (VIII. Aufl.) Anm. 4 zu § 88 S. 371, Jacusiel S. 35, Mayer-Dresden im „Recht" 1905 S. 429, sowie Urteil des OLG. Dresden, 17. IV. 05, abgedruckt in der DJZ. 1906 S. 91: „mit dem Geschäftsabschluß ist die Tätigkeit des Agenten als solchen beendet; er hat damit alles getan, um die Provision zu verdienen, also auch in diesem Zeitpunkt ein Recht auf die Provision erworben, wenn dieses Recht auch zunächst von der Ausführung des vermittelten Auftrages aufschiebend bedingt ist. Ein derartiger Anspruch ist, wie nach BGB. abtretbar, so auch pfändbar," ebenso OLG. Stuttgart (12. XII. 1905) in Seufferts Blätter für Rechtsanwendung Band 71 S. 138/139. Wegen der Aufnahme der noch nicht ausgeführten Geschäfte in den Buchauszug vgl. zu § 91.

[4]) Übereinst. Staub (VIII. Aufl.) Anm. 4 zu § 88 S. 371, Jacusiel S. 35; dasselbe galt schon vor 1900, s. Entsch. d. RG. vom 8. X. 1888 bei Bolze Band 6 Nr. 495.

[5]) Staub (VIII. Aufl.) Anm. 3 zu § 88 S. 370.

[6]) Staub a. a. O.

rechtfertigen. Dies ist nicht der Sinn des Gesetzes. Verlangt wird mehr als der Abschluß des Geschäftes, nämlich die Ausführung, welche ganz unabhängig von der Tätigkeit des Agenten erfolgt.

Ob unter den Begriff der „Ausführung" notwendig die vollständige Abwickelung der beiderseitigen Leistungen gehört, konnte im Gesetz durch eine alle Fälle umfassende Vorschrift nicht entschieden werden;[1]) unter Umständen wird ein Minus genügen,[2]) oft die Tatsache, daß der Kunde erfüllt hat, wenn auch die Vertragsleistung des Geschäftsherrn noch aussteht.

Im einzelnen werden sich folgende allgemeine Feststellungen rechtfertigen lassen:

Der Einkaufsagent hat Anspruch auf die Provision, wenn der Verkäufer geliefert hat — bei Sukzessivlieferungen erwirbt er einen proratarischen Teil der Provision —, der Transportagent, wenn die zu transportierenden Gegenstände zur Versendung aufgegeben sind, der Passageagent, wenn Fahrkarte oder Schiffsbillett gelöst ist, der Inseratenagent, wenn das Inserat aufgegeben ist,[3]) der Agent der Real-Kredit-Institute, wenn die Hergabe des Darlehens erfolgt ist und der Versicherungsagent, wenn die erste Jahresprämie gezahlt ist,[4]) weil erst durch diese Zahlung die Versicherung in Kraft tritt.[5])

Wenn das Geschäft in anderer Weise ausgeführt wird, als ursprünglich vereinbart war, bleibt der Provisionsanspruch unberührt.[6]) Der Agent hat aber nur einmal die Provision zu fordern, auch wenn die ursprünglich bestellten Waren infolge Vereinbarung durch andere Waren ersetzt, oder an andere Kunden geliefert werden (sog. Schiebungen).[7])

Kommt das Geschäft nur teilweise zur Ausführung aus Gründen, die in der Person des Gegenkontrahenten liegen, so hat der Agent eine anteilige Provision zu beanspruchen.[8])

Für den Verkaufsagenten (welcher Verkäufe vermittelt und abschließt), hat das Gesetz eine Auslegungsregel gegeben:

„Besteht die Tätigkeit des Handlungsagenten in der Vermittelung oder Abschließung von Geschäften, so ist im Zweifel der Anspruch auf die Provision erst nach dem Eingange der Zahlung und nur nach dem Verhältnisse des eingegangenen Betrages erworben" (§ 88 Abs. 1 Satz 2).

---

[1]) Siehe Denkschrift II S. 77.

[2]) Vgl. ROHG. Band 20 S. 325.

[3]) Übereinst. Gutachten der Ältesten der Kaufmannschaft von Berlin vom 11. März 1902 bei Apt I S. 17 Nr. 7. Abw. Gutachten der Berliner Handelskammer 282/04 bei Dove-Meyerstein S. 24 Nr. 79.

[4]) Übereinst. Gutachten der Ältesten der Kaufmannschaft von Berlin vom 6. Dezember 1898 bei Apt I S. 14/15 Nr. 2 und Jacusiel S. 36. Abw. Staub (VIII. Aufl.) Anm. 3 zu § 88 S. 370.

[5]) Übereinst. ROHG. Band 23 S. 149 und Heidecker in Baumgartners Zeitschrift Band 3 (1897) S. 788.

[6]) Übereinst. Jacusiel S. 35.

[7]) Übereinst. Jacusiel S. 47 u. Immerwahr S. 138, vgl. auch ROHG. Band 6 S. 142.

[8]) Der Ansicht Makowers (13. Aufl.) § 88 Ic S. 251 und Jacusiels S. 38, daß die anteilige Provision nur zu zahlen ist, wenn die Teilausführung für den Geschäftsherrn einen „selbständigen wirtschaftlichen Wert besitzt", ist nicht zu folgen.

Diese Regel entspricht einem vielfach vor 1900 anerkannten Handelsgebrauch[1]) und sollte einen Schutz für den Geschäftsherrn bilden, da „bei den Verkaufsagenten die Gefahr besonders nahe liegt, daß sie, um die Provision zu verdienen, einem Dritten ohne genügende Prüfung seiner Zahlungsfähigkeit Waren verkaufen und so dem Geschäftsherrn Verluste verursachen".[2])

Erst nach dem Eingange der Zahlung und nur nach dem Verhältnisse des eingegangenen Betrages wird im Zweifel die Provision erworben.

Abweichende Auslegungen, abweichende Vereinbarungen und Gebräuche sind denkbar. Für Berlin werden allerdings hiervon abweichende Handelsgebräuche ausdrücklichst verneint (Gutachten der Berliner Handelskammer 2113/02).[3])

Ist vereinbart, daß die Hälfte der Provision bei Abschluß des Geschäfts und die andere Hälfte gleich nach Regulierung der Beträge gezahlt werden soll, so enthält diese Vereinbarung — nach einem Gutachten der Berliner Handelskammer — nur eine Zeitbestimmung; die ganze Provision ist nur geschuldet nach dem Eingang der Fakturenbeträge, eine vorher teilweise erfolgte Zahlung ist nur „als unter Voraussetzung dieses Einganges geleistet anzusehen".[4])

Nach dem Eingange der Zahlung, d. h. gemäß der Abmachung beim Abschluß. Werden später vom Geschäftsherrn andere Zahlungszeiten vereinbart, wird der Kaufpreis gestundet, so darf der Agent durch derartige Handlungen des Geschäftsherrn nicht schlechter gestellt werden, mag auch die Stundung und Fristgewährung der Sachlage durchaus entsprechen.[5]) Geschäftsherr und Agent stehen in keinem gesellschaftsartigen Verhältnis[6]) zueinander; an dem zu erzielenden Gewinn des Geschäfts ist der Provisionsagent nicht beteiligt. Will der Geschäftsherr den Kaufpreis stunden, sei es weil er weitere Geschäfte mit dem Kunden

---

[1]) Vgl. die zahlreichen Gutachten u. a. bei Dove-Apt S. 43 Nr. 12 (22. XII. 87), S. 43 Nr. 13 (18. X. 89), S. 43/4 Nr. 14 (16. III. 91), S. 44 Nr. 16 (3. VI. 90); bei Apt I S. 13/14 Nr. 1 (21. XI. 99); bei Riesenfeld I S. 43 Nr. 117 (30. VII. 90), S. 43 Nr. 118 (23. V. 92), S. 44 Nr. 120 (8. VIII. 96); s. auch HGZ. 98 Hbl. Nr. 64 S. 155 (OLG. Hamburg, 13. I. 98).

[2]) Siehe Denkschrift II S. 76 und I. Plenarberatung im Reichstage (Frese) Stenograph. Berichte S. 20.

[3]) Bei Dove-Meyerstein S. 23. Nr. 78; vgl. auch Gutachten der Breslauer Handelskammer vom 29. V. 03 bei Riesenfeld II S. 20 Nr. 11. Nur in der Abzahlungsbranche wird ein entgegenstehender Handelsgebrauch bezeugt. Die Provision ist bei der ersten Ratenzahlung fällig (Gutachten der Berliner Handelskammer 430/03 bei Dove-Meyerstein S. 20/21 Nr. 72.

[4]) S. Gutachten der Berliner Handelskammer vom 15. IV. 91 bei Dove-Apt S. 46 Nr. 20.

[5]) Übereinst. Immerwahr S. 136 und Handelsgebräuche im Großhandel und Schiffahrtsverkehr Magdeburgs, herausgegeben im Auftrage der Handelskammer zu Magdeburg von Gutsche & Behrend, Magdeburg 1905 S. 63 § 36 (Nutzholzhandel). „Gewährt der Verkäufer eine Stundung, die beim Vertragsabschluß nicht vorgesehen war, so hat die Stundung auf die Fälligkeit der Provision keinen Einfluß", und Gutachten der Berliner Handelskammer 96/02 bei Dove-Meyerstein S. 21 Nr. 70; Gutachten der Berliner Ältesten vom 3. XII. 1891, bei Dove-Apt S. 49—50 Nr. 26.

[6]) Die Entsch. RG. Band 31 S. 59ff. ist für das neue Recht nicht mehr anwendbar, siehe § 92 sub 2. Übereinst Staub (VIII. Aufl.) Anm. 26 zu § 84 S. 362 u. Anm. 2 zu § 89 S. 375 u. Immerwahr S. 200.

machen will, oder weil er die Kosten und Mühe einer gerichtlichen Klage scheut, so tut er dies in seinem Interesse und auf sein Risiko. Dem Agenten gegenüber ist er zur unverzüglichen Einziehung des Kaufpreises verpflichtet eventuell durch Klage, andernfalls hat er die volle Provision zu zahlen. Der Provisionsanspruch fällt dagegen fort, wenn der Geschäftsherr den Beweis erbringt, daß der Kaufpreis auch bei unverzüglicher Einleitung der erforderlichen Schritte uneinziehbar gewesen wäre.

Diese Grundsätze werden verkannt in der abweichenden Entscheidung des Hans. Oberlandesgerichts vom 6. Mai 1902,[1]) welche eine Art Gesellschaftsverhältnis zwischen Geschäftsherrn und Agenten zugrunde legt, gerichtet, „auf gemeinschaftlich zu erzielenden Gewinn". Daß dies nicht zutreffend, daß vielmehr die Provisionsforderung gänzlich unabhängig davon ist, ob der Geschäftsherr einen Gewinn erzielt, beweist der Gesetzestext des § 88 Abs. 1 „nach dem Verhältnisse des eingegangenen Betrages".[2])

Nach dem Verhältnisse des eingegangenen Betrages.

Der Gesetzestext ist vollkommen klar: von den eingegangenen Beträgen ist die verhältnismäßige Provision unter allen Umständen zahlbar und zwar endgültig, auch wenn die Restbeträge überhaupt nicht eingehen.[3])

Anders war es vor 1900. Damals bestand ein allgemeiner Handelsbrauch, daß der Agent keine Provision zu beanspruchen habe, wenn der Rest — sei es auch nur ein geringer Teil — infolge Zahlungsunfähigkeit (Akkord, Konkurs) des Käufers verloren ging. Dies beweisen die zahlreichen übereinstimmenden Gutachten vor 1900.[4])

In der Denkschrift zum Handelsgesetzbuch[5]) wird über diesen allgemeinen Handelsgebrauch nicht zutreffend referiert, sei es, daß der Verfasser ihn nicht gekannt, oder sei es, daß er ihm keine allgemeine Geltung zuerkennen wollte. Jedenfalls sollte aber nach dem Willen des Gesetzgebers eine dem Handelsgebrauch entgegenstehende Regelung in den Entwurf aufgenommen werden durch die Worte „nach dem Verhältnisse des eingegangenen Betrages", denn es heißt ausdrücklichst in der Denkschrift:[6])

> „Der Agent kann demgemäß, falls der Kaufpreis wegen Zahlungsunfähigkeit nicht vollständig eingeht, wenigstens einen entsprechenden Teil der Provision beanspruchen."

---

[1]) OLGRspr. Band 6 S. 7. Dieser Anschauung folgt Staub in seiner 8. Aufl. Anm. 7 zu § 88 S. 371, abweichend von der 6./7. Aufl. Anm. 2 zu § 88 S. 315.

[2]) Übereinst. Staub 8. Aufl. Anm. 11 zu § 88 S. 372; vgl. auch S. 22/23.

[3]) Vgl. auch Denkschrift II S. 77.

[4]) Bei Dove-Apt S. 45 Nr. 18, S. 45 Nr. 19, S. 47 Nr. 23, S. 50 Nr. 27; bei Riesenfeld I S. 41 Nr. 111, S. 44 Nr. 119 u. 122; bei Zander-Fehrmann S. 7/8 Nr. 12; siehe auch Gutachten der Handelskammern von Hamburg, Bremen und Lübeck über den Entwurf eines Handelsgesetzbuchs 1896 S. 17.

[5]) Siehe Denkschrift II S. 77, vgl. auch das Gutachten Hanseat. Handelskammer a. a. O. S. 17.

[6]) Siehe Denkschrift II S. 77.

Der § 88 Abs. 1 Satz 2 HGB. enthält aber den Zusatz „im Zweifel":

„im Zweifel ist der Anspruch auf die Provision erst nach dem Eingange der Zahlung und nur nach dem Verhältnisse des eingegangenen Betrages erworben."

Parteivereinbarung oder Handelsgebrauch können also eine anderweitige Regelung festsetzen. Es ist zu prüfen, ob sich ein derartiger vom Gesetz abweichender Handelsgebrauch wiedergebildet hat. Zurzeit liegen folgende Gutachten vor, die nach 1900 ergangen[1]) sind:

1. Ein Gutachten der Handelskammer zu Breslau vom 7. Juni 1900:[2])

   „Nach hiesigem allgemeinem Handelsgebrauch wird der Provisionsanspruch des Agenten bezüglich derjenigen Posten hinfällig, bei denen der Prinzipal infolge Zahlungsunfähigkeit des Käufers einen — wenn auch nur geringen — Verlust erleidet. Der Agent erhält in diesen Fällen auch keine Provision von dem eingegangenen Teile der Beträge."

2. Ein Gutachten der Berliner Handelskammer aus dem Jahre 1902:[3])

   „Die Provision ist an einen Provisionsreisenden oder Verkaufsagenten nur dann zu bezahlen, wenn der Verkaufspreis für die verkaufte Ware voll bezahlt ist."

3. Ein Gutachten der Ältesten der Kaufmannschaft von Berlin vom 30. September 1904:[4])

   „Nach allgemeinem Handelsgebrauch gilt die Provision . . . erst dann als verdient, wenn der Betrag für die vermittelten Geschäfte eingegangen ist. Ist die Provision schon vorher gezahlt worden, so kann dieselbe daher für Bestellungen, die zurückgenommen oder nicht bezahlt werden, falls nichts anderes vereinbart ist, handelsgebräuchlich zurückgefordert werden."

4. Ein Gutachten der Berliner Ältesten vom 15. Juli 1905:[5])

   „Es ist in dem Tuchgeschäft Handelsgebrauch, daß der Agent nur für die voll eingegangenen Rechnungsbeträge (abzüglich des verabredeten Skontos) Provision erhält. Findet nur eine Teilzahlung statt und fällt der Restbetrag infolge des Konkurses oder außergerichtlichen Akkordes weg, so hat der Agent keinen Anspruch auf Provision."

5. Zwei für Magdeburg im Handel mit Rüben und Zichorien sowie Schokolade und Zuckerwaren im Jahre 1905 als geltend bestätigte Handelsgebräuche:[6])

   „Für Geschäfte, bei denen ein Kapitalverlust eintritt, hat der Agent keine Provision zu beanspruchen. Ist ihm hierfür bereits Provision gezahlt worden, so muß er den zuviel erhaltenen Betrag wieder zurückzahlen oder sich bei der nächsten Abrechnung kürzen lassen."

---

[1]) Diese Gutachten sind von Staub (VIII. Aufl.) Anm. 5 zu § 88 S. 371 und Jacusiel S. 38/9 nicht berücksichtigt.

[2]) Bei Riesenfeld II S. 24 Nr. 30.

[3]) Bei Dove-Meyerstein S. 21 Nr. 70.

[4]) Bei Apt II S. 6/7 Nr. 11.

[5]) Referiert in Holdheims MSchr. 1906 S. 78 Nr. 35.

[6]) Bei Gutsche & Behrend S. 92 § 5, S. 97 § 4.

Diesen Gutachten kann eine allgemeine Geltung nicht zuerkannt werden.

Das erste Gutachten aus dem Jahre 1900 steht offenbar noch unter dem Eindruck des vor 1900 geltenden Handelsgebrauchs; die Gutachten sub 2 und 3 geben keine präzise Antwort auf die hier zu behandelnde Frage über Provisionszahlung von Teilbeträgen und dem Handelsgebrauche sub 5 wird nur eine lokale Bedeutung zuzusprechen sein.

Immerhin ist nicht zu verkennen, daß sich auch selbst in Agentenkreisen eine Stimmung geltend macht, die dem vor 1900 geltenden Handelsgebrauch entspricht.[1]) Die Frage ist noch im Fluß und die Weiterentwicklung wird abzuwarten sein.

Bereichern darf sich der Geschäftsherr durch den eventuellen Fortfall der Provision bei Teilverlusten keinesfalls. Ist der Verlust geringer als die zu zahlende Provision, so hat der Agent jedenfalls die Differenz zu beanspruchen.[2])

Ebensowenig wie die Stundung[3]) des Kaufpreises die Provisionsforderung des Agenten berührt, wird auch ein Vergleich, den der Geschäftsherr mit dem Käufer schließt, und ein Nachlaß,[4]) den er vom Kaufpreise gewährt, irgendwelchen Einfluß auf den Provisionsanspruch ausüben können.[5])

Für den Anspruch der Provision ist es gleichgültig, ob der Eingang des Betrages durch Zahlung oder in anderer Weise z. B. durch Aufrechnung erfolgt ist. Nimmt der Geschäftsherr andere Befriedigungsmittel an als Geld, so trägt er allein das Risiko. Der Agent hat seine volle Provision in barem Gelde zu beanspruchen. Bei teilweisem Eingang in anderen Zahlungsmitteln z. B. Aktien ist der tatsächliche Erlös bzw. der Realisierungswert für die Berechnung der fälligen Provision maßgeblich. Nur mit dieser Einschränkung ist der Entscheidung des Oberlandesgerichts Frankfurt vom 6. VII. 04[6]) zu folgen.

Die Provision ist zu berechnen von den Fakturenbeträgen nach Abzug des üblichen Waren- und Kassenskontos[7]) „nach dem Verhältnisse des eingegangenen Betrages“. Ob diese Abzüge erst nach der Vermittlungstätigkeit des Agenten und ohne dessen Willen und Wissen vereinbart sind, ist gleichgültig, wenn derartige Waren- und Kassenskonti üblich sind.[8])

---

[1]) Vgl. der Waren-Agent 1907 Nr. 18, wo von einer Hamburger Agentenversammlung vom 23. April 1907 berichtet wird, in der mit Einstimmigkeit die Frage ob ein Agent bei teilweisen Verlust Provision zu beanspruchen habe, verneint wurde.

[2]) Übereinst. ein von Jacusiel S. 39 referiertes ungedrucktes Gutachten der Berliner Ältesten.

[3]) Siehe S. 113.

[4]) Übereinst. Jacusiel S. 39.

[5]) Abw. die oben S. 114 kritisierte Entsch. OLG.Rspr. Band 6 S. 7 (OLG. Hamburg 6. V. 02).

[6]) OLGRspr. Band 9 S. 270/71; abw. Makower 13. Aufl. § 88 sub II S. 253

[7]) Übereinst. Staub (VIII. Aufl.) Anm 13 zu § 88 S. 273; Jacusiel S. 47 sowie die Gutachten bei Dove-Apt S. 52 Nr. 30, bei Apt II S. 50 Nr. 79, bei Dove-Meyerstein S. 22 Nr. 73.

[8]) Übereinst. Gutachten der Berliner Handelskammer 1109/04 bei Dove-Meyerstein S. 22 Nr. 73.

Eine Ausnahme von der Regel, daß die Provision nur für die zur Ausführung gelangten Geschäfte zu entrichten ist, gibt der Abs. 2 des § 88, welcher lautet:

„Ist die Ausführung eines Geschäfts infolge des Verhaltens des Geschäftsherrn ganz oder teilweise unterblieben, ohne daß hierfür wichtige Gründe in der Person desjenigen vorlagen, mit welchem das Geschäft abgeschlossen ist, so hat der Handlungsagent die volle Provision zu beanspruchen."

Dieser Vorschrift liegt der Gedanke zugrunde, daß es eine Unbilligkeit wäre, wenn der Agent, der in vollem Umfange seine Pflicht getan hat, infolge des Verhaltens des Geschäftsherrn um den Lohn seiner Tätigkeit gebracht werden sollte.[1])

Bedeutung und Inhalt des Wortes „Verhalten".

Die Worte „infolge des Verhaltens des Geschäftsherrn", sind dahin zu verstehen, daß die Nichtausführung vom Geschäftsherrn verschuldet oder mindestens in freier Entschließung herbeigeführt sein muß.[2])

1. Erste Alternative.

Die Nichtausführung muß verschuldet sein.

a) Dieses Verschulden braucht nicht bei der Ausführung des Geschäfts vorzuliegen; es genügt vielmehr jegliches die Ausführung hindernde schuldhafte Verhalten des Geschäftsherrn.

Hierunter fällt auch ein Verschulden beim Abschluß des Geschäfts. Verkauft der Geschäftsherr Waren mit einem bestimmten Warenzeichen, obwohl er auf die Möglichkeit der Versagung von maßgeblicher Seite hingewiesen ist, so liegt ein Verschulden beim Abschluß vor.[3]) Weigert der Käufer infolge dieses Umstandes die Abnahme, so ist die volle Provision trotzdem fällig.

Das gleiche gilt, wenn das Verschulden darauf beruht, daß Fehler formeller oder materieller Art beim Vertragsabschluß vom Geschäftsherrn gemacht sind, welche die Ausführung des Geschäfts vereiteln.

b) Ein Verschulden bei der Ausführung des Geschäfts liegt beispielsweise vor, wenn zu spät geliefert, wenn ein vertragswidriges Erfüllungsangebot[4]) gestellt

---

[1]) Siehe OLGRspr. Band 10 S. 238 (OLG. Hamburg 9. XII. 04); vgl. auch Denkschrift II S. 77.

[2]) Siehe die Entscheidungen des RG. vom 16. III. 06 RG. Band 63 S. 69ff. bes. S. 71 und vom 1. V. 06 in HGZ. 1906 Hbl. Nr. 87 S. 192, auch abgedruckt in JW. 1906 S. 399 Nr. 31, sowie Entsch. des OLG. Kiel vom 21. V. 06 abgedruckt in den Schleswig-Holsteinischen Anzeigen 1906 S. 275 „es muß genügen, daß die Nichtausführung des Geschäfts ihren Grund hat in einem irgendwie gearteten Verhalten des Geschäftsherrn, mag dies ein direkt schuldhaftes oder ein willkürliches sein;" vgl. auch das Gutachten der Berliner Handelskammer vom 18. Juni 1904 bei Apt II S. 5 Nr. 9 und zur Entstehungsgeschichte des § 88 Abs. 2 HGB. den Entwurf des Handelsgesetzbuchs nebst Denkschrift § 77 Abs. 2 S. 20 u. S. 71 der Denkschrift I. Schon vor 1900 sind dieselben Grundsätze ausgesprochen in den Gutachten der Berliner Ältesten vom 16. Februar 1898 bei Dove-Apt S. 41 Nr. 9 Abs. 1 und vom 1. Juni 1897 bei Dove-Apt S. 49 Nr. 25 Abs. 2.

[3]) Siehe Entsch. des Reichsgerichts vom 13. Oktober 1903 in DJZ. 1903 S. 549—50 Nr. 114.

[4]) Siehe OLGRspr. Band 10 S. 238 (OLG. Hamburg 9. XII. 04).

wird, wenn überhaupt nicht geliefert wird, weil die Betriebsmittel fehlen oder weil das Konkursverfahren[1]) über das Vermögen des Geschäftsherrn infolge seines Verschuldens eröffnet ist, oder wenn der Geschäftsherr nicht pflichtgemäß Schritte zur Ausführung aus eigenem Antrieb tut.[2])

c) Wird persönliches Verschulden des Geschäftsherrn verlangt?

Diese Frage ist zu verneinen; der Geschäftsherr haftet auch für das Verschulden seiner Erfüllungsgehilfen gemäß § 278 BGB.[3]) Schließt er aber zur Ausführung seiner Lieferungsverträge mit dritten selbständigen Personen (Fabrikanten, Grossisten) Kontrakte ab, so hat er deren Verschulden nicht zu vertreten.[4])

Liefert also die Fabrik, von welcher der Geschäftsherr die Waren vertragsmäßig bezieht, schuldhafterweise nicht, so hat der Agent keine Provision zu beanspruchen, es sei denn, daß die Lieferungsaufträge in Kenntnis oder schuldhafter Unkenntnis der Leistungsunfähigkeit der Fabrik gegeben sind.

2. Zweite Alternative.

Die Nichtausführung muß in freier Entschließung herbeigeführt sein, sei es, daß der Geschäftsherr seine Rechnung bei dem Geschäft nicht findet infolge falscher Kalkulation, wechselnder Konjunktur, steigender Frachten oder Löhne, sei es, daß andere Gründe für die Annullierung bestimmend sind: ein anderweitiges günstigeres Angebot, Einstellung der Fabrikation infolge veränderter Dispositionen, Gefälligkeit gegen den Kunden.

In allen diesen Fällen steht dem Agenten die volle Provision zu.

Liegen aber zur Rechtfertigung der freien Entschließung des Geschäftsherrn „wichtige Gründe in der Person desjenigen vor, mit welchem das Geschäft abgeschlossen ist", so entfällt der Anspruch auf Provision. Was als „wichtige Gründe" anzusehen ist, unterliegt der richterlichen Würdigung. Schlechte Vermögensverhältnisse des Kunden bei Verkäufen auf Kredit, eventuell bereits „überzeugende Auskünfte über mangelnde Bonität",[5]) nicht aber bloße Zweifel an der Kreditwürdigkeit des Bestellers[6]), die Tatsache, daß der Kunde schikaniert oder daß er dem Interesse des Geschäftsherrn zuwider die Kaufobjekte

---

[1]) Vgl. RG. Band 63 S. 70—72 (16. III. 06) und Exkurs zu § 92.

[2]) Gutachten der Berliner Ältesten vom 18. XI. 1905, mitgeteilt im Waren-Agent 1906 S. 20. Es handelte sich um einen Agenten, der für eine Fabrik den Vertrieb von Faßhölzern besorgte. Nachdem der Auftrag erteilt war, wurde weder vom Verkäufer Abnahme, noch vom Käufer Lieferung verlangt.

[3]) Siehe S. 35.

[4]) Übereinst. Urteil des Reichsgerichts vom 1. Mai 1906 abgedruckt in JW. 1906 S. 399 Nr. 31 und in HGZ. 1906, Hbl. Nr. 87 S. 192. Abw. OLGRspr. Band 10 S. 238 (OLG. Hamburg 9. XII. 04).

[5]) Gutachten der Berliner Ältesten vom 16. Februar 1898 bei Dove-Apt Nr. 9 S. 41 und vom 24. II. 1905 in Holdheims MSchr. 1906 S. 78 sub 33.

[6]) Abw. Gutachten der Berliner Ältesten vom 26. V. 1906 im Waren-Agent 1906 S. 249.

(besonders sog. Markenartikel) notorisch[1]) unter Preis verschleudert, werden als wichtige Gründe anzusehen sein.

Hierunter fällt auch der Verzug des Kunden. Liegen also die Voraussetzungen des § 326 BGB. vor und tritt der Geschäftsherr — ohne durch sein Verhalten den Anlaß zum Verzuge gegeben zu haben —[2]) von dem Vertrage zurück oder erhält er Schadensersatz wegen Nichterfüllung,[3]) so hat der Agent weder in dem einen noch in dem anderen Falle Anspruch auf irgendwelche Provision.

3. Die Beweislast.

Wird ein abgeschlossenes Geschäft nicht ausgeführt, so hat der Geschäftsherr Aufschluß über die Gründe der Nichtausführung zu geben, wie im § 91 bei Besprechung des Buchauszugs näher erörtert wird. Lehnt er dies ab, braucht der Agent den Abzug der Provision nicht zu dulden.

Nach gegebenen Aufschluß verteilt sich die Beweislast wie folgt:

Der Agent hat — nach dem Eingange des § 88 Abs. 2 — als Voraussetzung seines Provisionsanspruchs den Beweis zu erbringen, daß die Ausführung infolge des Verhaltens des Geschäftsherrn unterblieben ist.[4]) Das Vorhandensein der „wichtigen Gründe" in der Person des Kunden ist dagegen vom Geschäftsherrn nachzuweisen als ein Grund seiner Befreiung von der Verpflichtung zur Zahlung der Provision.[5])

Liegt weder Verschulden noch willkürliche Entschließung vor, sondern ein vom Geschäftsherrn nicht verschuldeter Zufall (Streik, Feuersbrunst, Maschinenschaden, Verkehrshindernisse, Ein- und Ausfuhrverbot),[6]) so wird die Provision nicht geschuldet.[7])

Die gesetzliche Bestimmung des § 88 Abs. 2 gilt nur in Ermangelung einer abweichenden vertraglichen Bestimmung.

---

[1]) Schutzverbände, beispielsweise in der Eisenbranche, deren Mitgliedern bei Strafe verboten ist, an Warenhäuser zu liefern, geben eine sog. „schwarze Liste" heraus, in welcher diejenigen Abnehmer aufgeführt sind, die an Warenhäuser liefern oder unter Preis verkaufen.

[2]) Übereinst. Lehmann-Ring zu § 88 sub 3 S. 199.

[3]) Abw. Staub (VIII. Aufl.) Anm. 3 zu § 88 S. 370.

[4]) RG. Band 63 S. 71 (16. III. 06).

[5]) RG. Band 63 S. 71 (16. III. 06). Abw. Staub (VIII. Aufl.) Anm. 12 zu § 88 S. 372 (OLG. Köln 9. VII. 04), abgedruckt im rheinischen Archiv 101 I S. 139 und OLGRspr. Band 7 S. 150 (OLG. Dresden 3. VII. 03). Lediglich bei den sog. Retouren verteilt das OLG. Dresden die Beweislast dahin, daß der Geschäftsherr Aufschluß über den Grund der Retournierung geben muß. Dieser Ansicht schließt sich Staub a. a. O. an. Nach unserer Auffassung hat der Geschäftsherr nicht nur bei den Retouren, sondern bei jedem nicht ausgeführten Geschäft diesen Aufschluß zu geben.

[6]) In der Entsch. des Reichsgerichts v. 18. I. 93 (RG. Bd. 30 S. 80/81) wird berichtet, daß der Agent bei Vermittlung von Getreidelieferungen Provision auch dann zu beanspruchen hat, wenn der Vertrag infolge eines Ausfuhrverbotes aufgehoben wird unter Berufung auf die new London rye terms.

[7]) Übereinst. Staub (VIII. Aufl.) Anm. 11 zu § 88 S. 372, Lehmann-Ring § 88 sub 3 S. 199, abw. Düringer-Hachenburg § 88 sub IV c S. 271.

Die vielfach in Agentenverträgen beliebte Klausel „von Posten, die in Verlust geraten oder zurückgehen sollten, wird Provision nicht vergütet", deckt sich vollständig mit der Vorschrift des § 88 Abs. 2.[1]) Es kann deshalb von einem „in Verlust geraten" oder „Zurückgehen" nicht die Rede sein, wenn z. B. die Klage auf Zahlung des Kaufpreises wegen nicht mustergetreuer Lieferung rechtskräftig abgewiesen ist.

„Ist die Höhe der Provision nicht bestimmt, so ist die übliche Provision zu entrichten" (§ 88 Abs. 3).

Die übliche Provision, d. h. die an dem Orte übliche, wo der Agent sein Gewerbe betreibt,[2]) nicht die an dem Sitz des vertretenen Hauses übliche.

Bei der Verschiedenheit der Branchen und Plätze sind einheitliche Usancen über die Höhe der Provision schwer festzustellen.[3])

Es haben sich jedoch folgende Handelsgebräuche ermitteln lassen:

A. für Berlin:

im Holzhandel 1% der Rechnungsbeträge,[4])
in der Stickereibranche 2—4%,[5])
im Buchdruckereigewerbe 2—5%,[6])
in der Herrenkonfektion 2%,[7])
in der Möbelbranche auf Abzahlung 5%,[8])
in der Nähmaschinenbranche 6—10 M. pro Maschine,[9])
in der Tuchbranche 2%,[10])

B. für Breslau:

in der Zigarrenbranche 3% bzw. 4—5%,[11])

C. für Magdeburg:

im Handel mit Fettwaren und Öl 1/2%,[12])
im Handel mit künstlichem Dünger und Futtermitteln 1/2%,[13])
im Nutzholzhandel 2%,[14])
im Handel mit Landesprodukten 1%,[15])
im Handel mit Kolonialwaren 1%,[16])
Zigarren und Tabak 3%,[17])

---

[1]) Siehe OLGRspr. Bd. 10 S. 237 (OLG. Hamburg, 9. XII. 04).
[2]) Übereinst. Marcus-Berlin im „Recht" 1901 S. 43/4.
[3]) Siehe Protokoll des II. Kongresses deutscher Agenten S. 125 (Schultze-Magdeburg).
[4]) bei Dove-Apt S. 53 Nr. 32.
[5]) bei Apt II S. 9/10 Nr. 18.
[6]) bei Dove-Meyerstein S. 27 Nr. 95.
[7]) ebenda S. 28 Nr. 98.
[8]) ebenda S. 28 Nr. 100.
[9]) ebenda S. 28 Nr. 101.
[10]) Mitgeteilt im „Waren-Agent" 1907 S. 252.
[11]) bei Riesenfeld I S. 45 Nr. 125.
[12]) bei Gutsche & Behrend, Magdeburg 1905, S. 37 § 28.
[13]) ebenda S. 47 § 31,
[14]) ebenda S. 63 § 36,
[15]) ebenda S. 71 § 10,
[16]) ebenda S. 88 § 16,
[17]) ebenda S. 103 § 12.

Für die folgenden Branchen wird ein allgemein üblicher Provisionssatz bekundet:

Zucker 10 Pfennig pro Zentner,[1])

Textilbranche 1—2%.[2])

Der in Agentenkreisen vielfach geäußerte Wunsch, Mindestprovisionssätze in den verschiedenen Branchen und Orten festzulegen, ist als unerfüllbar zu bezeichnen.[3])

Bei Ramsch- oder Partiewarenverkäufen hat der Agent die volle Provision zu beanspruchen.[4]) Ein Handelsgebrauch, daß in solchen Fällen die Provision stets 2% beträgt, existiert nicht.[5]) Dasselbe gilt bei Verkäufen zu reduzierten, ev. verlustbringenden[6]) Preisen, bei Verkäufen aus der Mustersammlung[7]) und bei Submissionsverkäufen.[8])

Die Frage, ob der Agent von eigenen Bezügen Provision beanspruchen kann, ist zu bejahen.[9]) Staub[10]) versagt in der neuesten (VIII.) Auflage dem Agenten schlechthin das Recht, Eigenbezüge zu machen, während Jacusiel[11]) unseren Standpunkt einnimmt.

Die Begründung Staubs, „der Agent soll zwischen zwei fremden Personen vermitteln; schließt er mit sich selbst ab, so lägen widerstreitende Interessen vor", ist für die Tätigkeit des Maklers[12]) (§ 654 BGB.) vielleicht am Platze, nicht aber für die Tätigkeit des Agenten. Die Zulässigkeit der Eigenbezüge des Agenten und ihre Provisionspflichtigkeit ist bereits vom hamburgischen Handelsgericht in der Entscheidung vom 6. I. 1875[13]) mit ausführlicher Begründung ausgesprochen worden. Das Verbot der Eigenbezüge ist auch nicht aus dem Handelsgebrauch herzuleiten. Es geht vielmehr aus zahlreichen Gutachten der verschiedensten Branchen hervor, daß der-

---

[1]) Siehe Protokoll des II. Kongresses deutscher Agenten S. 126.

[2]) ebenda S. 129.

[3]) ebenda S. 125ff.

[4]) Abw. Makower 13. Aufl. § 88 sub II S. 253, welcher nur eine ermäßigte Provision zuspricht.

[5]) Siehe Gutachten der Berliner Ältesten vom 27. Dezember 1897, bei Dove-Apt S. 54 Nr. 37, vgl. auch ebenda S. 19 Nr. 36.

[6]) Siehe Gutachten der Breslauer Handelskammer vom 29. Juli 1887, bei Riesenfeld I S. 36 Nr. 90.

[7]) Siehe Gutachten der Berliner Ältesten vom 28. April 1904 bei Apt II S. 50/1 Nr. 80, für einen Provisionsreisenden.

[8]) Gutachten der Berliner Ältesten vom 23. XI. 1905, mitgeteilt im Waren-Agent 1906 S. 20.

[9]) Lediglich bei der Umsatzprämie sind die Eigenbezüge nicht mitzurechnen, siehe § 88 sub d.

[10]) Staub (VIII. Aufl.) Anm. 3 zu § 88 S. 370.

[11]) Siehe Jacusiel S. 45.

[12]) Die Staubsche Ansicht, welche für die Maklertätigkeit in der VIII. Aufl. Exkurs vor § 93 Anm. 35 S. 392 vertreten ist, wird übrigens auch für den Vermittelungsmakler bekämpft von Reuling in Gruchots Beiträgen Band 40 S. 193ff.

[13]) In Busch Archiv für Theorie und Praxis Band 36 (11.) S. 280ff., bes. S. 282 sub 2.

artige Propregeschäfte (eigene Bezüge) bei Agenturverhältnissen durchaus üblich sind.[1])

Die Provision für eigene Bezüge ist dieselbe wie für Verkäufe an Dritte. Sind dem Agenten aber bereits billigere Preise oder höherer Rabatt als den sonstigen Abnehmern zugebilligt worden, so pflegt eine Provision nicht gezahlt zu werden.[2])

Für Wechsel- und Rechnungsinkassi sowie für Einzahlungen bei Firmen und Bankhäusern hat der Agent keinerlei Provision zu beanspruchen.[3])

„Die Abrechnung über die zu zahlenden Provisionen findet, soweit nicht ein anderes vereinbart, am Schlusse eines jeden Kalenderhalbjahres statt." (§ 88 Abs. 4 HGB.)

Über den Inhalt der Abrechnung und deren Unterschied vom Buchauszug wird auf § 91 sub I verwiesen. Ohne schuldhaftes Zögern (unverzüglich) hat der Geschäftsherr die Abrechnung zu erteilen.

Ob der Vertrag erst kürzere Zeit als ein Halbjahr besteht, ändert an der gesetzlichen Bestimmung nichts, welche auch noch nach Beendigung des Agenturvertrages ihre Geltung behält. Über die nach Lösung des Vertrages zur Ausführung gelangten Geschäfte kann der Agent deshalb erst an den der Ausführung folgenden Semesterschlüssen Abrechnung beanspruchen.[4])

Die Verjährung der Provisionsansprüche des Agenten

tritt in vier Jahren ein (§ 196 Abs. 1 Ziffer 1 und Abs. 2 BGB.). Die Verjährung beginnt mit dem Schlusse des Jahres, in welchem die Provision fällig wird, zu laufen. Hierbei bietet sich insofern eine Schwierigkeit, als das Gesetz es verabsäumt hat, eine Bestimmung über die Fälligkeit der Provision zu treffen. § 88 Abs. 4 sagt lediglich, daß die Abrechnung am Schlusse eines jeden Kalenderhalbjahrs stattfindet.

Der tatsächlichen Übung entspricht es jedoch, daß die Abrechnungen von dem Geschäftsherrn nach dem Schluß des Semesters in den ersten Tagen des Juli und Januar aufgestellt und dem Agenten zugesandt werden. Dies muß schon um deswillen der Fall sein, weil Zahlungseingänge und Geschehnisse, die sich in den letzten Tagen des Juni und Dezember ereignet haben, in der Abrechnung noch mitberück-

[1]) Siehe bei Apt I, S. 18 Nr. 11; bei Apt. II S. 8,9 Nr. 16; bei Riesenfeld I S. 38 Nr. 106 und die Anm. 2 zitierten Gutachten.

[2]) Übereinst. Gutachten der Berliner Ältesten vom 23. Dezember 1892 bei Dove-Apt S. 19 Nr. 35, und Gutachten der Berliner Handelskammer 5143/05 bei Dove-Meyerstein S. 22 Nr. 74, und Gutachten der Breslauer Handelskammer vom 28. Dezember 1905, bei Riesenfeld II S. 25 Nr. 32.

[3]) Übereinst. Gutachten der Berliner Ältesten vom 18. Januar 1898 bei Dove-Apt S. 53 Nr. 33.

[4]) Übereinst. Makower 13. Aufl. § 88 sub III S. 253 und Gutachten der Handelskammer für den Regierungsbezirk Bromberg vom 8. I. 06 mitgeteilt im Waren-Agent 1906 S. 10.

sichtigt werden müssen. Der Abrechnung pflegt das Provenu derselben beigefügt zu werden.

Diesem Gesichtspunkt werden Jacusiel (S. 49) und Staub (VIII. Aufl. Anm. 14 zu § 88 S. 373) nicht ganz gerecht, wenn sie die Fälligkeit der Provision „unmittelbar nach der Abrechnung am Schlusse eines jeden Kalenderhalbjahrs" eintreten lassen wollen.

Das Richtige dürfte sein, daß die Provisionen, — wenn auch die Abrechnung erst im Laufe des dem Schluß des Kalenderhalbjahrs folgenden Monats fertiggestellt und dem Agenten zugesandt werden kann —, mit dem Schluß des Semesters, also am 30. Juni und 31. Dezember jeweils fällig werden.[1])

Die Provisionsansprüche des Agenten für das erste wie zweite Semester 1907 verjähren daher mit dem Ablauf des 31. Dezember 1911.

Die Pfändung der Provisionsansprüche

des Agenten ist zulässig und zwar, ohne daß ihm der Schutz des Lohnbeschlagnahmegesetzes zustünde. Dieses Gesetz betrifft nur den „Lohn für Arbeiten oder Dienste, welche auf Grund eines Arbeits- oder Dienstverhältnisses geleistet werden" (§ 1 des Reichsgesetzes vom 21. Juni 1869 in der Fassung vom 29. März 1897 bzw. des Einführungsgesetzes zu dem Gesetze betr. Änderung der Zivilprozeßordnung vom 17. Mai 1898). Ein „Dienstverhältnis" besteht jedoch, wie schon betont, zwischen Geschäftsherr und Agent nicht, ganz abgesehen davon, daß auch auf die meisten Agenten, welche mehrere Häuser vertreten, die weitere Voraussetzung des Lohnbeschlagnahmegesetzes (§ 1), daß „dieses Verhältnis die Erwerbstätigkeit des Vergütungsberechtigten vollständig oder hauptsächlich in Anspruch nimmt", nicht zutrifft. Die Provisionen des Agenten unterliegen daher unbeschränkt, nicht nur soweit sie M. 125.— monatlich, bzw. M. 750.— per Semester übersteigen, der Pfändung.[2])

Dagegen gehören die Agenten zu den im § 811 Ziff. 5 CPO. bezeichneten Personen, welche aus „persönlichen Leistungen ihren Erwerb ziehen" und die „zur persönlichen Fortsetzung der Erwerbstätigkeit unentbehrliche Gegenstände" unterliegen der Pfändung nicht, so z. B. das Fahrrad oder Motorrad des reisenden Agenten,[3]) der Schreibtisch, an dem der Agent seine Korrespondenzen erledigt.[4])

---

[1]) Übereinst. Cosack 6. Aufl. § 44 sub f S. 201/202. Goldmann Bd. I § 88 sub II S. 418/419. Dochnahl S. 115/116 und Makower 13. Aufl. § 88 sub IV S. 253 im Gegensatz zu seiner früheren abweichenden Ansicht.

[2]) Übereinst. Kammergericht 5. Mai 1906 in OLGRspr. Bd. XIII S. 209/210 (vgl. auch „Waren-Agent" 1906 S. 390); OLG. Hamburg, 29. XII. 05 in OLG. Rspr. Band XIII S. 210 (vgl. auch „Waren-Agent" 1906 S. 365/366) und für die Zeit vor 1900: OLG. Dresden, 7. IV 99 in Seufferts Archiv Band 55 Nr. 126. Abw. Staub (VIII. Aufl.) Anm. 22 zu § 88 S. 374 und dazu Anm. 47 zu § 59 S. 288. Staub hält den Agenturvertrag für ein „Dienstverhältnis" und gelangt daher prinzipiell zur Bejahung der Anwendbarkeit des Lohnbeschlagnahmegesetzes, es sei denn, daß die Agenturgeschäfte nicht die „Haupttätigkeit" des Agenten darstellen. Die Vergütung aus „mehreren Agenturen" will Staub zusammenrechnen.

[3]) Übereinst. OLG. Dresden 17. II. 02 in OLGRspr. Band VII S. 308. OLG. Kolmar 13. VIII. 07 in OLGRspr. Bd. XV S. 165/166.

[4]) Übereinst. Kammergericht 2. III. 07 in OLGRspr. Band XIV S. 209.

Exkurs zu § 88.

Das Zurückbehaltungsrecht des Agenten.

I. Das Zurückbehaltungsrecht an den Mustern.

In Theorie und Praxis herrscht jetzt Einigkeit darüber, daß dem Agenten das kaufmännische Zurückbehaltungsrecht des § 369 des Handelsgesetzbuchs,[1]) insbesondere an den ihm übergebenen Mustern, in vollem Umfange zusteht.[2]) Streitig ist jedoch, welche Bedingungen für die Entstehung dieses Rechtes erforderlich sind und wann und in welcher Weise es ausgeübt werden kann.

a) Die Voraussetzungen des kaufmännischen Retentionsrechtes an den Mustern.

Vorbedingung ist, daß eine fällige Forderung des Agenten gegen den Geschäftsherrn vorhanden ist. Diese Forderung wird außer Auslagen- und Schadensersatz im Normalfalle die Provision sein.

Die Provision muß fällig sein.[3])

Fällig wird die Provisionsforderung[4]) — wenn nicht anderes vereinbart ist — am 30. Juni und 31. Dezember eines jeden Jahres, denn an diesen Daten ist die halbjährliche Abrechnung vom Geschäftsherrn zu erteilen.[5]) Wird die Abrechnung verzögert, so kann trotzdem das Zurückbehaltungsrecht wegen der erworbenen Provision ausgeübt werden, da der gesetzlich fixierte Zeitpunkt der Abrechnung für die Fälligkeit maßgeblich ist und nicht etwa die Tatsache, daß eine Abrechnung stattgefunden hat.[6]) Da die Forderung, wegen welcher retiniert wird, keineswegs nur eine „Geldforderung" zu sein braucht,[7]) so kann das Zurückbehaltungsrecht mit Erfolg auch darauf gestützt werden, daß die Abrechnung oder der Buchauszug nicht oder nicht vorschriftsmäßig[8]) erteilt ist. Zweifel entstehen

[1]) Das Zurückbehaltungsrecht des § 273 BGB. gewährt lediglich ein Recht auf „Zurückhaltung" im eigentlichen Sinne des Wortes, während § 369 HGB. die weitergehende Befugnis gibt, sich aus dem pfandartigen Verkauf der zurückbehaltenen Gegenstände für seine Forderung zu befriedigen.

[2]) Siehe Staub (VIII. Aufl.) Anm. 48 zu § 369 S. 1401, Jacusiel S. 56, Immerwahr S. 151, Kaiser S. 64, Dochnahl S. 51, OLGRspr. Band VI S. 350 (OLG. Kolmar 24. III. 03), früher abw. Urteil des Kammergerichts vom 24. IX. 95 in Seufferts Archiv Band 51 S. 288 Nr. 122.

[3]) Ausnahme: wegen nichtfälliger Forderungen kann auf Grund § 370 HGB. retiniert werden, wenn der Geschäftsherr die Zahlungen eingestellt hat oder wenn eine Zwangsvollstreckung — auch eines Dritten — in das Vermögen des Geschäftsherrn ohne Erfolg versucht ist, sowie im Konkurse des Geschäftsherrn.

[4]) Siehe zu § 88 S. 123.

[5]) Siehe S. 122. Auslagen des Agenten sind sofort zur Rückzahlung fällig, falls sich aus dem Vertrage oder der Übung nichts anderes ergibt.

[6]) Immerwahr S. 149, 151 ist der Ansicht, daß erst eine Abrechnung erfolgt sein muß.

[7]) Übereinst.: Staub (VIII. Aufl.) Anm. 9 zu § 369 S. 1391, der allerdings verlangt, daß es eine solche Forderung ist, die wenigstens in eine Geldforderung übergehen kann im Gegensatz zu Makower 13. Aufl. § 369 sub IIIa S. 1108/1109.

[8]) Vgl. das Gutachten der Ältesten vom 7. Juli 1891 bei Dove-Apt Nr. 46 S. 58/59 über die Erfordernisse eines Buchauszugs nach Geschäftsgebrauch.

aber, wenn zwar die Abrechnung nebst Buchauszug vorschriftsmäßig erteilt, der Agent aber behauptet, sie sei unrichtig und unvollständig. Dann ist zu prüfen, ob seine Behauptungen so substantiiert begründet sind, daß daraus ein fälliger Anspruch gegen den Geschäftsherrn hergeleitet werden kann. Deshalb genügt die Angabe, „die Abrechnung sei unrichtig und unvollständig",[1]) oder „es müssen noch provisionspflichtige Geschäfte vorhanden sein" — also die bloße Möglichkeit[2]) — nicht, wohl aber die Angabe, „es fehlen die Abschlüsse mit dem Kunden X. in Mannheim", oder die Firma N. in Berlin hat mehr gekauft, als im Buchauszug angegeben", vorausgesetzt natürlich, daß diese Angaben bewiesen werden können.[3])

Außer dem ersten positiven Erfordernis, der Fälligkeit, muß noch ein zweites negatives hinzutreten, um das Retentionsrecht existent werden zu lassen: die Ausübung des Rechtes darf nicht „der Anweisung oder der Verpflichtung widerstreiten in bestimmter Weise mit dem Gegenstand (Mustern) zu verfahren" (§ 369 Abs. 3 HGB.).

Welche Anweisung kommt in Betracht?

Welche Verpflichtung liegt dem Agenten ob?

Die Muster sind ihm als Hilfsmittel gegeben, Verkäufe zu vermitteln. An der Hand der Muster zeigt er den Kunden nicht nur die Proben der offerierten Waren, sondern gleichzeitig auch die Leistungsfähigkeit und Vielseitigkeit seines Hauses. Die Anweisung, die Muster den Kunden vorzulegen, liegt implizite in der Übersendung, die Verpflichtung, sie Kauflustigen zu zeigen, in der Natur des Agenturvertrages. Würde der Agent während der Vertragszeit sein Retentionsrecht ausüben, die Muster verkaufen und sich aus dem Erlöse befriedigen, so würde damit auch seine Tätigkeit brach gelegt sein. Er muß deshalb abwarten, bis das Agenturverhältnis beendet ist, um dieses Recht — das kaufmännische Retentionsrecht — an den Mustern ausüben zu können.

Anders ist die Frage zu entscheiden, ob der Agent die Muster wegen seiner fälligen Forderungen „zurückhalten" kann, also dasjenige Recht ausüben darf, welches der § 273 des Bürgerlichen Gesetzbuchs verleiht. Diese Frage ist zu bejahen. Bedenken stehen nicht entgegen, aus dem Schuldverhältnisse ergibt sich ein anderes

---

[1]) Siehe ROHG. Band 18 S. 1, 2.

[2]) Bolze Band 7 Nr. 512 (RG. 2. IV. 1889).

[3]) Wird in einem solchen Prozesse durch den Agenten, der auf Herausgabe retinierter Waren vom Geschäftsherrn verklagt ist, der versuchte Beweis, daß eine fällige Provisionsforderung im Buchauszug fehlt, nicht erbracht, so ist der Beklagte (Agent) antragsgemäß zu verurteilen. Stellt sich jedoch im Prozesse heraus, daß mit dem Kunden X in Mannheim ein provisionspflichtiges Geschäft zur Ausführung gelangt ist, so war die Einrede begründet. — Hat der Agent Waren im Werte von mehreren hundert Mark zurückgehalten und ergibt sich, daß die verschwiegene Provision nur etwa fünf Mark beträgt, so werden die Kosten trotzdem den Kläger (Geschäftsherrn) treffen, wenn — nach Feststellung der Höhe der Provision — der Agent sofort den Klaganspruch anerkennt und zwar soweit der Wert der zurückbehaltenen Waren den Betrag von fünf Mark übersteigt. Zu diesem Resultat gelangen wir — trotz unserer Ansicht (S. 126), daß das Retentionsrecht nicht weiter gehen soll, als zur Sicherung notwendig ist —, weil es dem Beklagten durch den vom Kläger verschuldeten Mangel des Nachweises unmöglich gemacht wurde, die Sicherung nach der Höhe der Forderung früher abzuschätzen.

nicht. Durch die einfache „Zurückhaltung" wird auch der Geschäftsherr nicht geschädigt und der Zweck der Übergabe der Muster nicht vereitelt, weil hierdurch die Möglichkeit, Kunden die Muster zu zeigen und vorzulegen, keinesfalls gehemmt oder gar ausgeschlossen wird. Wir kommen somit zu folgendem Resultat:

Der Agent hat ein kaufmännisches Retentionsrecht an den Mustern wegen fälliger Forderungen aber erst nach beendigtem Agenturverhältnis; zur Herausgabe der Muster ist er auch während der Vertragszeit nicht verpflichtet, wenn ihm fällige Forderungen aus dem Agenturvertrage gegen den Geschäftsherrn zustehen.

Das Verhältnis muß beendet sein. Die Gründe der Beendigung und ihre Berechtigung sind gleichgültig. Kündigt der Agent — wenn auch widerrechtlich — den Vertrag zur sofortigen Auflösung, so kann er sein Retentionsrecht geltend machen, wenn ihm eine fällige Forderung zusteht. Akzeptiert der Geschäftsherr keine Orders mehr von dem Agenten, unterstützt er ihn nicht mehr durch Weisungen und neue Mustersendungen und beantwortet seine Briefe nicht, oder verbietet er ihm gar weitere Geschäfte zu machen,[1]) so kann eine tatsächliche Beendigung des Agenturverhältnisses[2]) nach Sachlage angenommen werden.

b) Inhalt und Ausübung des Retentionsrechtes an den Mustern.

Das Retentionsrecht darf nicht übermäßig ausgedehnt werden, es ist nur insoweit auszuüben, als zur Sicherung erforderlich ist.[3]) Diese Beschränkung liegt in der Natur des kaufmännischen Retentionsrechtes als ausschließliches Sicherungsmittel, es liegt aber auch in dem Gedanken, daß das kaufmännische Retentionsrecht sich herausgebildet hat als eine Ausdehnung der Kompensationsbefugnis von Geld auf Sachen (vgl. Entsch. des Bundesoberhandelsgerichts vom 17. Juni 1871)[4]) Zu derselben Auffassung führen die Billigkeit und die Grundsätze von Treu und Glauben[5]) Der Agent ist also nicht befugt, wegen einer geringfügigen Forderung ein Musterlager von großem Werte zurückzuhalten,[6]) wohl aber wegen Verweigerung der Abrechnung und des Buchauszuges, da er dann nicht weiß und auch — durch Schuld des Geschäftsherrn — gar nicht wissen kann, wie hoch sich seine Provisionsforderung beläuft.[7])

---

[1]) Staub (VIII. Aufl.) Anm. 48 zu § 369 S. 1401, siehe auch zu § 92.

[2]) Selbst die Rückforderung der Muster ohne Angabe von Gründen innerhalb der Vertragszeit kann schon unter Umständen als eine Auflösung des Agenturverhältnisses und somit als eine tatsächliche Beendigung angesehen werden; vgl. Riesenfeld II 1906 Nr. 26 S. 23 (Gutachten vom 28. November 1901).

[3]) Übereinst.: RG. Band 61 S. 133 (20. VI. 05), OLGRspr. Band XI S. 410 (OLG. Kiel 22. III. 05), RG. 30. IX. 1884 in JW. 1884 S. 274 Nr. 35; Kaufmann, handelsrechtl. Rechtsprechung Band 2 S. 43c (OLG. Karlsruhe 12. IV. 01); abw. Planck (3. Aufl.) Band II § 273 sub 1 Abs. 3 für das Zurückbehaltungsrecht des BGB.

[4]) ROHG. Band 2 S. 383ff.

[5]) RG. Band 61 S. 133 (20. VI. 05), vgl. auch analog § 320 Abs. 2 BGB.

[6]) Eine unteilbare Sache, z. B. eine Maschine kann selbstverständlich zurückgehalten werden, so mit Recht Düringer-Hachenburg 1901 Note XII zu § 369 S. 574.

[7]) Siehe S. 125 Anm. 3.

Jede fällige Forderung, auch die geringfügigste, berechtigt den Agenten zur Retention.

Eine Vorschrift, daß die Ausübung des Retentionsrechtes wegen *Mißbrauches* unzulässig ist, gibt es nicht; auch der Schikaneparagraph (§ 226 BGB.) ist unanwendbar, wenn wegen *minimaler* Provisionsansprüche in angemessenem Umfange ein Zurückbehaltungsrecht vom Agenten an den Mustern ausgeübt wird. Ein Beispiel mag dies erläutern:

Ein Berliner Agent hat eine geringfügige Provisionsforderung gegen seinen Geschäftsherrn — einen Fabrikanten im Elsaß —, deren Zahlung verweigert wird. Müßte der Berliner Agent die Muster herausgeben, so wäre er gezwungen, den Fabrikanten auf Zahlung im Elsaß zu verklagen, während er die gerichtlichen Schritte bei Ausübung seines Retentionsrechtes in Berlin — an *seinem Domizil* — vornehmen kann (§ 371 Abs. 4 HGB.). Von einer Schikane oder von einem Verstoß gegen Treu und Glauben kann deshalb nicht die Rede sein, wenn er diesen für ihn einfacheren Weg wählt, und zwar um so weniger, als der Elsässer Fabrikant gemäß § 369 Abs. 4 HGB. jederzeit in der Lage ist, die Ausübung des Zurückbehaltungsrechtes durch Sicherheitsleistung abzuwenden.

Welche Objekte zur Retention dienen sollen, in welchem Umfange von dem Recht Gebrauch zu machen ist, bestimmt der Agent — nicht der Geschäftsherr — nach bestem Ermessen. Zu berücksichtigen ist, daß keineswegs die Fakturenpreise der Muster maßgeblich sind bei der Auswahl der zur Retention benutzten Stücke; ihre Abnutzung ist beachtlich, sowie die Schwankungen des Wertes, „die Möglichkeit des Sinkens der Sicherheiten unter den zur Befriedigung der Forderung erforderlichen Erlös“ [1]) und schließlich ganz besonders der Umstand, daß ein auktionsweiser Verkauf der retinierten Muster in Frage kommen kann, dessen Ausgang hinsichtlich der Verkaufspreise in hohem Grade ungewiß ist.

Dies kommt auch in Betracht, wenn andere Sicherheiten aus früherer Zeit sich im Besitz des Agenten befinden.[2])

Schutz des retinierenden Agenten gegen Rechte Dritter.[3])

Nur an Mustern, welche *Eigentum des Geschäftsherrn* sind, kann der Agent ein Zurückbehaltungsrecht ausüben (§ 369 Abs. 1 HGB.).

Übergibt der Geschäftsherr dem Agenten Muster, die Eigentum eines *Dritten* sind, so kann ein Zurückbehaltungsrecht nicht existent werden. Dem Dritten sind die Muster herauszugeben, wenn auch fällige unbezahlte Provisionsforderungen vor-

---

[1]) OLGRspr. Band VI S. 88 (OLG. Hamburg 24. X. 02).

[2]) OLGRspr. Band VI S. 88 (OLG. Hamburg 24. X. 02).

[3]) Über die Frage, ob das kaufmännische Retentionsrecht *dingliche* oder nur *obligatorische* Wirkung hat vgl. Staub (VIII. Aufl.) Anm. 33 zu § 369 S. 1398, der mit Recht die dingliche Wirkung im Gegensatz zur VI/VII. Aufl. Anm. 38 zu § 369 S. 1216 jetzt *verneint*; *übereinst.*: Denkschrift II S. 228; *abw.* Makower (XIII. Aufl.) § 369 sub Io 6 S. 1108, OLGRspr. Band VI S. 351 (OLG. Kolmar 24. III. 03), vgl. auch die neuere Literatur über diese Frage in Neumanns Jahrbuch 1905 3 II zu §§ 369—371 HGB. S. 85—87.

handen sind und wenn auch der Agent gutgläubig annehmen konnte, die Muster gehören dem Geschäftsherrn und seien frei von Rechten Dritter.[1])

Es kann sich aber der Fall ereignen, daß der Geschäftsherr zwar noch zur Zeit der Übergabe Eigentümer der Muster war, aber später — nachdem sie bereits dem Agenten übergeben sind — das Eigentum einem Dritten überträgt.

Dies ist möglich, obwohl der Geschäftsherr die Muster dem Dritten nicht übergeben kann, da sie im Besitz des Agenten sind. Denn das für die Eigentumsübertragung gesetzlich (§ 929 BGB.) erforderte Requisit — die Übergabe der Sache — kann dadurch ersetzt werden, daß der Geschäftsherr dem Dritten seinen Anspruch gegen den Agenten auf Herausgabe der Muster abtritt (§ 391 BGB.). In ähnlicher Weise kann der Geschäftsherr die Muster, welche der Agent bereits im Besitz hat, einem Dritten verpfänden.[2])

Erlischt das Retentionsrecht des Agenten durch derartige nachträgliche Transaktionen des Geschäftsherrn? Muß der Agent dem Rechte des Dritten weichen?

§ 369 Abs. 2 HGB. bestimmt:

„Einem Dritten gegenüber besteht das Zurückbehaltungsrecht insoweit, als dem Dritten die Einwendungen gegen den Anspruch des Schuldners (sc. Geschäftsherrn) auf Herausgabe des Gegenstandes entgegengesetzt werden können."

Der Sinn dieser gesetzlichen Schutzbestimmung ist: daß der Retentionsberechtigte (Agent) durch den nachträglichen Eintritt einer dritten Person nicht beeinträchtigt werden soll. Die Eigentumsübertragung nach § 931 BGB. und die Pfandbestellung nach § 1205 Abs. 2 BGB. ändert an der Rechtslage des Agenten nichts.[3])

Gegenüber jedem neuen Eigentümer oder Pfandgläubiger kann also das Zurückbehaltungsrecht in derselben Weise geltend gemacht werden wie gegen den Geschäftsherrn, vorausgesetzt jedoch, daß es früher entstanden ist, als der Eigentumswechsel oder die Pfandbestellung. Deshalb ist die Frage wichtig:

In welchem Zeitpunkt entsteht das Retentionsrecht des Agenten an den Mustern?

Entscheidend für das Entstehen ist nicht der Zeitpunkt seiner Geltendmachung, sondern das Vorliegen seiner Voraussetzungen.[4]) Diese Voraussetzungen liegen für den Agenten vor im Augenblick der Besitzübergabe der Muster und der Fälligkeit der Provisionsforderungen.[5])

Das eigentümliche semestrale Abrechnungsverfahren zwischen Geschäftsherrn und Agent bringt es mit sich, daß im Normalfalle etwa 11 Monate im Jahre ein

---

[1]) Siehe Staub (VIII. Aufl.) Anm. 20 zu § 369 S. 1394, vgl. RG. Band 13 S. 130 (14. I. 1885), ROHG. Band 15 S. 422.

[2]) Durch Übertragung des mittelbaren Besitzes auf den Dritten und durch Anzeige an den Agenten (§ 1205 Abs. 2 BGB.).

[3]) Siehe Denkschrift II S. 228/229 und § 986 Abs. 2 BGB. Wegen des Pfandrechts vgl. Staub (VIII. Aufl.) Anm. 32 zu § 369 S. 1397/1398, siehe auch Makower (XIII. Aufl.) unter VIa zu § 369 S. 1121.

[4]) Siehe OLGRspr. Band XI S. 409 (OLG. Kiel 22. III. 05), RG. Band 49 S. 83 läßt diese Frage unentschieden, vgl. auch ROHG. Band 24 S. 348.

[5]) OLGRspr. Band XI S. 409/10 (OLG. Kiel 22. III. 05).

Retentionsrecht an den Mustern nicht entsteht und nicht entstehen kann, weil keine fällige Forderung vorhanden ist.[1]) Während dieser Periode kann der Geschäftsherr — auch wenn schon Provisionsansprüche des Agenten vorhanden sind — dessen Retentionsrecht dadurch illusorisch machen, daß er über die Muster durch Eigentumsübertragung oder sonstwie verfügt.

Die Befriedigung aus den zurückbehaltenen Mustern erfolgt nach den im § 371 HGB. aufgestellten Regeln.

Zunächst ist eine gerichtliche Klage gegen den Geschäftsherrn erforderlich mit dem Antrage: den Beklagten (Geschäftsherrn) zu verurteilen, dem Kläger (Agenten) die Befriedigung aus den zurückbehaltenen Mustern zu gestatten, wegen der nachfolgenden (genau zu spezifizierenden) Forderungen inkl. Prozeßkosten.

Zuständig für diese Klage ist das Gericht, in dessen Bezirk der Agent seinen allgemeinen Gerichtsstand oder seine geschäftliche Niederlassung hat (§ 371 Abs. 4 HGB.). Dieser Gerichtsstand ist kein ausschließlicher. Die Klage kann auch bei jedem sonst zuständigen Gericht, also auch am Wohnsitze des Geschäftsherrn, erhoben werden. Der Agent wird aber gern die Möglichkeit wahrnehmen, an seinem Wohnsitz den Rechtsstreit zu führen.

Gegenstand des Prozesses bildet selbstfolglich auch die Frage, ob die Forderung, wegen welcher retiniert wird, überhaupt und der Höhe nach begründet ist. Liegt ein vollstreckbarer Titel[2]) gegen den Geschäftsherrn vor, so „erfolgt die Befriedigung nach den für das Pfandrecht geltenden Vorschriften des Bürgerlichen Gesetzbuches" (§ 371 Abs. 2 HGB.). Vorerst ist der Verkauf dem Geschäftsherrn trotz des ergangenen Urteils[3]) anzudrohen (§ 1234 BGB.). Eine Woche[4]) nach der Androhung kann der Verkauf erfolgen, und zwar entweder im Wege öffentlicher Versteigerung oder bei Mustern, die einen Markt- oder Börsenpreis haben, im Wege freihändigen Verkaufs gemäß § 1221 BGB. durch einen Auktionator oder Handelsmakler. Ort und Zeit der Versteigerung sind bekannt zu machen. Der Geschäftsherr ist besonders zu benachrichtigen. Aus dem Netto-Erlös befriedigt sich der Agent für seine Forderung, der überschießende Rest ist an den Geschäftsherrn abzuführen.

c) Das Erlöschen des Retentionsrechtes.

Die einzige[5]) Möglichkeit des Geschäftsherrn, das Zurückbehaltungsrecht in Fortfall zu bringen, besteht — abgesehen von der Zahlung — nach § 369 Abs. 4

[1]) Siehe S. 122/123 zu § 88.

[2]) Ein rechtskräftiges Urteil ist nicht erforderlich (§ 371 Abs. 3 HGB.). Wird später — nach Verkauf — das Urteil aufgehoben, so findet wegen der Entschädigungspflicht § 717 CPO. Anwendung.

[3]) Das Urteil ersetzt lediglich die Berechtigung zum Verkauf des Objektes, die der Pfandgläubiger bereits auf Grund des Verpfändungsaktes hat (§ 1228 Abs. 2 BGB.).

[4]) § 371 Abs. 2 Satz 2 HGB. im Gegensatz zu § 1234 Abs. 2 Satz 1 BGB., welcher einen Monat vorschreibt.

[5]) Siehe OLGRspr. Band VI S. 88 (OLG. Hamburg 24. X. 02) Verjährung der Provisionsforderung hebt das bereits vor der Verjährung entstandene Retentions-

Satz 1 HGB. in der tatsächlichen[1]) Leistung einer entsprechenden Sicherheit.[2]) Wird gezahlt oder Sicherheit geleistet, so ist der Agent zur Herausgabe der Muster verpflichtet, andernfalls würde er sich schadensersatzpflichtig machen.[3])

Für die Höhe der Sicherheitsleistung ist der Betrag der vom Agenten behaupteten Forderung in erster Linie maßgeblich. Ist aber der Wert der Muster geringer, so ist die Sicherheit nach diesem Wert abzuschätzen eventuell auch unter Berücksichtigung der auf S. 127 erwähnten Umstände. Auch wird der Geschäftsherr berechtigt sein, einzelne durch den Agenten zurückbehaltene Sachen durch Zahlung ihres Wertes anszulösen.[4])

Hat der Geschäftsherr ein dringendes Interesse an der Herausgabe der Muster, so wird er sich dieses Rechtsbehelfs bedienen, um einen Schaden abzuwenden; es sind aber auch Fälle denkbar, in denen gegen ihn sogar eine Pflicht hergeleitet werden könnte, zu hinterlegen — überall da, wo er gegen den Agenten einen Schadensersatzanspruch wegen unberechtigter Verweigerung der Muster erhebt.

Ein Beispiel: Der Agent X. einer Modewarenfabrik erhält vor Beginn der Saison Pariser Originalmodelle, um Orders aufzunehmen. Unmittelbar darauf wird der Agenturvertrag wegen eingetretener Differenzen aufgelöst. X. weigert sich, die Modellmuster herauszugeben, wegen angeblicher Provisionsansprüche, die sich später als unbegründet herausstellen. Dem Fabrikanten ist durch die unberechtigte Retention ein Schaden entstanden, da ohne die Originalmodelle das Saisongeschäft nicht zu machen war. Seinen Schaden verlangt er von dem Agenten X. ersetzt. In diesem Falle wird der Agent mit Erfolg die Einrede erheben können, daß der Geschäftsherr es unterlassen hat, den Schaden dadurch abzuwenden oder zu mindern, daß er sich durch Sicherheitsleistung den Besitz der Mustermodelle verschaffte (§ 254 Abs. 2 BGB.).

II. Das Zurückbehaltungsrecht am Kommissionslager.

Das Zurückbehaltungsrecht des Agenten an dem ihm übergebenen **Kommissionslager** unterliegt den allgemeinen Grundsätzen des kaufmännischen Retentionsrechtes. Eine allgemeine Regel, daß das Retentionsrecht am Kommissionslager erst nach Beendigung des Agenturverhältnisses geltend

recht nicht auf (siehe analog § 223 BGB.). Übereinst.: OLGRspr. Band 6 S. 90 (OLG. Hamburg 13. XII. 02); abw. Staub (VIII. Aufl.) Anm. 8 zu § 369 S. 1391, der sich zu Unrecht auf § 222 BGB. beruft. Dagegen erlischt das Retentionsrecht selbstverständlich durch eine Einrede, welche die Forderung aufhebt. Das kaufmännische Retentionsrecht erlischt aber nicht etwa dadurch, daß Geschäftsherr oder Agent nachträglich d. h. nach Entstehung des Rechts die Kaufmannsqualität verlieren.

[1]) Ein bloßes Sicherheitsangebot genügt nicht, vgl. Marcus im Recht 1907 S. 757/758. Im Laufe eines Prozesses kann bis zur Urteilsverkündung Sicherheit geleistet werden. § 767 CPO. findet keine Anwendung.

[2]) § 232 BGB. findet Anwendung. Die Sicherheitsleistung durch Bürgen ist ausgeschlossen (§ 369 Abs. 4 HGB.).

[3]) Vgl. Makower (XIII. Aufl.) § 369 sub d 5 S. 1120, OLGRspr. Band XI S. 410 (OLG. Kiel 22. III. 05).

[4]) So mit Recht Düringer-Hachenburg 1901 Note XI zu § 369 S. 574.

gemacht werden kann, existiert nicht,[1]) ist auch nicht zu rechtfertigen. Die gleichartige Behandlung der Muster und des Kommissionslagers,[2]) die hinsichtlich der Retention gänzlich verschieden zu beurteilen sind, hat diesen Irrtum mitverschuldet.

Entscheidend für die Frage, ob ein Retentionsrecht am Kommissionslager geltend gemacht werden kann, sind die im Einzelfall vom Geschäftsherrn „vor oder bei der Übergabe erteilten Anweisungen." Die Tatsache allein, daß einem Agenten ein Kommissionslager übergeben ist, also die Tatsache der Übergabe an sich, genügt nicht, um das Zurückbehaltungsrecht zu versagen. Denn in der Übergabe selbst liegt keine besondere Anweisung, in einer bestimmten Weise mit dem Lager zu verfahren,[3]) sondern lediglich die Befugnis, von dem Lager bei sich bietenden Gelegenheiten oder auf weitere besondere Anweisung hin zu verkaufen. Die Übergabe ist also lediglich die Basis für eventuelle Verkäufe, die der Agent selbst vermittelt oder abschließt, und zwar aus freier Entschließung oder auf die bestimmte noch erfolgende Anweisung des Geschäftsherrn. Macht der Agent von seinem Retentionsrecht Gebrauch, so durchkreuzt er keine speziellen Anweisungen, auch keine Dispositionen des Geschäftsherrn, der bei der Übergabe die Realisierung des Kommissionslagers dem Zufall und der Zukunft überlassen hat.

Anders liegt es, wenn z. B. einem Agenten ein Kommissionslager mit der Anweisung übergeben wird, die Waren einem bestimmten Kunden zu verkaufen, oder die Waren innerhalb einer bestimmten Zeit eventuell im Auktionswege zu veräußern. Dann hat der Agent diese ihm besonders erteilten Anweisungen zu beachten und darf sie nicht durch Ausübung des Retentionsrechts vereiteln. — Werden aber solche Anweisungen erst später, d. h. nach der Übergabe erteilt, so wird hierdurch das Zurückbehaltungsrecht gemäß Abs. 3 des § 369 HGB. nicht ausgeschlossen.

Aus der Natur des Agenturvertrages ist eine andere Auslegung nicht zu folgern.

III. Das Zurückbehaltungsrecht im Konkurse.

Im Konkurse des Geschäftsherrn gewährt das bereits vor der Konkurseröffnung entstandene[4]) Retentionsrecht ein Absonderungsrecht nach § 49 Nr. 4 KO.

[1]) Abw.: Staub (VIII. Aufl.) Anm. 48 zu § 369 S. 1401; diese Anmerkung 48 ist mit Staubs Ausführungen Anm. 41 zu § 369 u. E. kaum vereinbar. Die in Anm. 41 herangezogenen Entscheidungen RG. Band 13 S. 127 – 30 und RG. richtiger ROHG. Band 19 S. 374 enthalten auch gerade besondere Verfügungen und Anweisungen des Retentionsschuldners (Geschäftsherrn), welche in den Fällen der Anm. 48 völlig fehlen.

[2]) Bei Jacusiel S. 56; Immerwahr S. 151; Staub (VIII. Aufl.) Anm. 20 zu § 88 S. 374.

[3]) Abw.: OLG. Kiel 22. III. 05 abgedruckt in den Schleswig-Holstein. Anzeigen für das Jahr 1905 S. 185 ff. Der dort aufgestellte Satz: „Durch den Agenturvertrag hat der Geschäftsherr im allgemeinen den Agenten angewiesen, die ihm übersandte Ware zu veräußern und auf Grund dieses Vertrages hat der Agent auch diese Verpflichtung übernommen," findet nirgends eine Stütze.

[4]) Fälligkeit der Forderung ist hier nicht Erfordernis, siehe S. 124 Anm. 3; ebenfalls steht die Anweisung „in bestimmter Weise zu verfahren", der Ausübung des Retentionsrechtes im Konkursfalle nicht entgegen (§ 370 HGB.), vgl. aber OLGRspr. Band XI S. 409 (OLG. Kiel 22. III. 05).

Die Befriedigung erfolgt nach der Bestimmung des § 371 HGB. genau in derselben Weise, wie auf S. 129 angegeben. Es ist also ein vollstreckbarer Titel vorgängig erforderlich, der gegen den Verwalter erwirkt werden muß, wenn nicht schon vor der Konkurseröffnung der Gemeinschuldner (Geschäftsherr) zur Gestattung der Befriedigung aus den zurückbehaltenen Gegenständen verurteilt war.[1])

Der Konkursverwalter kann aber auch die Verwertung der vom Agenten retinierten Gegenstände selbst betreiben nach Maßgabe der Vorschriften über die Zwangsvollstreckung oder über den Pfandverkauf. Dem kann der Agent nicht widersprechen, vielmehr nur seine Rechte auf den Erlös geltend machen (§ 127 KO.). Er muß also auf Anfordern die zurückbehaltenen Gegenstände dem Konkursverwalter — auch ohne Sicherheitsleistung — herausgeben.

§ 89.

Ist der Handlungsagent ausdrücklich für einen bestimmten Bezirk bestellt, so gebührt ihm die Provision im Zweifel auch für solche Geschäfte, welche in dem Bezirk ohne seine Mitwirkung durch den Geschäftsherrn oder für diesen geschlossen sind.

Dieser Paragraph behandelt den von Gareis[2]) treffend so genannten „Bezirksagenten“. An sich hat in Gemäßheit des vorstehenden § 88 und auch des früheren Rechts der Agent nur Anspruch auf Provision — selbstredend mangels anderweiter Vereinbarung — von den „durch seine Tätigkeit zustande gekommenen Geschäften“. Eine Ausnahme bildeten jedoch bereits vor 1900 diejenigen Agenten, „welche für die Besorgung gewisser Geschäftszweige eines Hauses derartig dauernd engagiert werden, daß sie diese Besorgung in bestimmten Bezirken ausschließlich für das betreffende Haus übernehmen und dadurch in einen engeren Zusammenhang mit dem auftraggebenden Hause treten“.[3]) Diese nannte man „ständige Agenten“. Für diese ständigen Agenten stellte das ehemalige Reichs-Oberhandelsgericht in seiner Entscheidung vom 11. Februar 1875 bereits auf Grund eines Gutachtens der „Berliner Ältesten“ vom 5. Juni 1874 den Handelsgebrauch fest, daß ihnen auch von solchen Geschäften die (übliche) Provision gebühre, welche der Auftraggeber direkt mit den ihm zugeführten Kunden macht.“[4])

---

[1]) Vgl. Jäger, Konkursordnung (II. Aufl.) Anm. 7 zu § 47 S. 403.

[2]) Handelsrecht S. 628.

[3]) Vgl. Älteste der Berliner Kaufleute 5. VI. 74 bei ROHG. Band XVI S. 38.

[4]) Vgl. ROHG. Band XVI S. 36—38 bes. S. 38. Vgl. auch Bolze 3 Nr. 633 (RG. 19. V. 86), 6 Nr. 495 (RG. 8. X. 88), RG. 27. IV. 81 bei Förtsch S. 813; Staub (III./IV. Aufl.) S. 141. Vgl. ferner die Gutachten der „Berliner Ältesten“ bei Dove-Apt S. 37—40 Nr. 1—6. Schon im Jahre 1857 verstattete das Obergericht Nienburg unter Billigung des Celler Oberappellationsgerichts Beweis darüber, ob es in der Stadt Hannover Handelsgebrauch sei, daß dem für einen bestimmten geographischen Bezirk bestellten Agent von allen in dem Bezirk durch sein Haus abgeschlossenen Geschäften Provision gebühre. Vgl. GZ. Band I S. 160/161; vgl. auch S. 107 ff.

Den ständigen Agenten werden diejenigen Agenten gegenübergestellt, bei denen das Haus sich nicht vertragsmäßig an den Agenten und der Agent an das Haus gebunden hat.[1])

Einen „Ausbau" dieses für die „ständigen" Agenten festgestellten Handelsgebrauchs stellt der § 89 dar. Zwar wird der Handelsgebrauch nicht mehr darauf beschränkt, daß die Provision nur von den Geschäften mit durch den Agenten zugeführten Kunden zu zahlen ist.[2]) Das Entscheidende ist nicht mehr die frühere Zuführung des Kunden, sondern die Zuweisung eines Arbeitsfeldes abseiten des Geschäftsherrn an den Agenten.

§ 89 stellt daher als erstes Erfordernis auf, nicht daß das Geschäft mit einem Kunden abgeschlossen ist, den der Agent früher einmal dem Geschäftsherrn zugeführt hat, mit welchem der Agent also früher schon einmal ein Geschäft „zustande gebracht" hat, — sondern, daß der Agent für einen bestimmten Bezirk bestellt ist.[3])

Es muß ein bestimmter Bezirk sein. Die Bestimmung kann eine politische oder rein geographische sein. (Bundesstaat, Provinz, Regierungsbezirk, Stadt, oder aber auch der Harz, das Saarrevier, eine Stadt mit Umgebung, z. B. Berlin und Vororte.[4])

Dagegen ist eine mehr die Zweckbestimmung der abzuschließenden Geschäfte berücksichtigende Fassung, wie „Hamburg und Export" keine reine Festlegung eines Bezirkes im Sinne des § 89.[5])

---

[1]) Vgl. RDHG. Band XVI S. 38.

[2]) So schon für die Tabaksbranche: Berliner Älteste bei Dove-Apt S. 37/83 Nr. 1 (12. XII. 87).

[3]) Die Beibehaltung des Ausdrucks „ständiger Agent" war schon wegen der gesetzlichen Bestimmung des Begriffs „Agent" im § 84 („Wer ständig damit betraut ist —") unangängig. Vgl. Jacusiel S. 42.

[4]) Potsdam ist nach einem Gutachten der „Berliner Ältesten" als zu den Vororten Berlins gehörig nicht anzusehen. Auch sonst sind verschiedene Gutachten desselben Kollegiums dahin ergangen, daß der Begriff des „Vororts" kein feststehender sei, es sich vielmehr um eine im Einzelfall zu prüfende Tatsache handele. Auf jeden Fall ist nicht der örtliche Bezirk zugrunde zu legen, den die Eisenbahn für den sog. „Vorortsverkehr" gewählt hat. Gemeint sind nur die Orte, welche in räumlichem oder doch unmittelbar wirtschaftlichem Zusammenhang zu Berlin stehen. Vgl. Apt I S. 19 Nr. 12 mit Anm. S. 19/20. Zu „Berlin" gehört nach Handelsgebrauch im Zweifel das gesamte Berliner Wirtschaftsgebiet, zu welchem z. B. auch Niederschönweide zu rechnen ist. Gutachten der Handelskammer zu Berlin, mitgeteilt im „Waren-Agent" 1907 Nr. 16 S. 123. „Dresden und Vororte" behandelt OLG. Dresden 16. III. 03 im Sächs. Arch. XIV, 108.

[5]) Die Ausdrucksweise „Hamburg und Export" ist nicht deutlich. Sofern dadurch nur die sämtlichen Orders, welche für den Hamburger Platz und von den in Hamburg ansässigen Exporteuren oder Exportkommissionären eingehen, betroffen werden sollen, wäre die Bestellung zum Agenten für den Bezirk Hamburg genügend und sogar klarer. (Anscheinend abweichend das wenig präzise Gutachten der Berliner Handelskammer bei Dove-Meyerstein S. 150 Nr. 600 Abs. 2 6041/04.) Es sollen jedoch durch diese Klausel außerdem auch diejenigen Aufträge provisionspflichtig gemacht werden, die etwa gelegentlich bei dem Geschäftsherrn direkt von Übersee abseiten eines Kunden, der nicht durch einen Hamburger Exporteur oder Exportkommissionär vertreten ist, zur Ausfuhr über Hamburg einlaufen oder von solchen Exporthäusern oder Kommissionären, welche nicht in Hamburg wohnen, aber

Ausdrücklich muß die Bestellung für den bestimmten Bezirk erfolgen. Der Vertrag, der natürlich nicht schriftlich zu sein braucht, darf keinen Zweifel hierüber lassen. Der Wille des Geschäftsherrn, dem Agenten ein bestimmt umgrenztes Arbeitsfeld zu bestimmen, muß ausgesprochen oder bei Schriftform ausgedrückt sein. Eine stillschweigende Einräumung des Bezirks, ein Gewährenlassen oder gar die Tatsache, daß der Agent allein einen bestimmten Bezirk bearbeitet, genügen keineswegs, um dem Agent die Vorteile des § 89 zu gewährleisten.[1])

Durch die Worte „im Zweifel" wird eine abweichende Regelung durch die Parteien ermöglicht.[2]) Solche abweichende Regelung kann ausdrücklich oder stillschweigend erfolgen. Als Beispiel stillschweigender Abänderung der gesetzlichen Regel des § 89 führt Jacusiel (S. 43) an, wenn mehrere Agenten für denselben Bezirk im gegenseitigen Einvernehmen bestellt sind.[3])

In einem solchen Fall kann natürlich nicht angenommen werden, daß es Absicht der Parteien war, der Geschäftsherr solle jedem der mehreren Agenten Provision für alle Aufträge des Bezirks gewähren.

Der „Bezirksagent" hat Anspruch auf Provision für Geschäfte, die ohne seine Mitwirkung durch den Geschäftsherrn oder für diesen abgeschlossen sind. Die Bezeichnung dieser Geschäfte als direkte ist gebräuchlich, hat aber insofern oft zu Unklarheiten geführt, als der kaufmännische Sprachgebrauch oder doch die in

---

über Hamburg verladen oder ihre Hauptniederlassung außerhalb Hamburgs und dort nur eine im wesentlichen mit der Verschiffung befaßte Filiale haben. Wird allerdings nicht über Hamburg verladen, so deckt diesen Fall die Klausel „Hamburg und Export" nicht, da doch eine gewisse Beziehung zu Hamburg stets gewahrt sein muß. Es soll nur das Hamburger „Ausfuhrgut" betroffen werden. Manche Zweifel entstehen indes hierbei und eine klare Niederlegung des Gewollten im Vertrage scheint gebotener als die wenig glückliche Fassung: „Hamburg und Export".

[1]) Übereinstimmend OLG. Breslau 23. XI. 05, mitgeteilt und kritisiert von Hahn in DJZ. 1906 S. 587—589. Hahn hält „ausdrücklich" für gleichbedeutend mit „unzweideutig" und läßt daher auch Bestellung zum Bezirksagenten durch konkludente Handlungen zu. Ebenso vertritt für die Zeit vor 1900 das Gutachten der Berliner Ältesten bei Dove-Apt S. 38 Nr. 2 (3. März 1898) eine abweichende Auffassung. Dochnahl (S. 116) verlangt außer der ausdrücklichen Bestellung für den Bezirk zu Unrecht noch „tatsächliches Fungieren als alleiniger Vertreter für eine Zeitlang".

[2]) Nach der Terminologie sowohl des BGB. als des HGB. bedeutet „im Zweifel" bald eine Auslegungsregel, bald einen dispositiven Rechtssatz. Hier dürfte (anders freilich Staub (VIII. Aufl.) Anm. 2a zu § 89 S. 374 unten und Denkschrift I S. 71 bzw. II S. 78) das letztere der Fall sein. Im übrigen und zwar gleichviel ob es sich um eine Auslegungsregel oder dispositives Recht handelt, trifft nach der zu billigenden Auffassung Staubs (a. a. O. und VI/VII. Aufl., Allgem. Einl. Anm. 42—44 S. 15 bzw. 18/19) denjenigen die Beweislast, der die Abweichung behauptet.

[3]) Vgl. auch das Gutachten der „Berliner Ältesten" vom 12. Dezember 1887 bei Dove-Apt S. 40/41 Nr. 7. Dort wird mit Recht nur die ausdrückliche Zustimmung zur Bestellung eines zweiten Agenten, nicht aber das Schweigen des Agenten zur Bestellung des andern Agenten als Verzicht auf die Provision für die ohne seine Mitwirkung — also z. B. durch den andern Agenten — abgeschlossenen Geschäfte aufgefaßt. Eine derartige Bestellung zweier (oder mehrerer) Agenten für denselben Bezirk mag nicht häufig vorkommen. Gegen die Zulässigkeit einer solchen sichert aber nur vertragsmäßige Regelung, wie es denn im § 1 des Normal-Agentur-Vertrags des Zentral-Verbands heißt: „Die Firma bestellt den Kaufmann . . . zum alleinigen Agenten (Vertreter) für den Bezirk . . . usw."

den Agentenkreisen übliche Ausdrucksweise diese Geschäfte oft umgekehrt als indirekte Geschäfte bezeichnet.[1]) „Direkt" ist insofern richtiger, als das Bindeglied der „Mitwirkung" des Agenten zwischen Geschäftsherrn und Kunden ausgeschaltet wird und eine „direkte" Verbindung zwischen ihnen hergestellt wird. Vom Standpunkt des Agenten gesehen, ist jedoch seine Mitwirkung das Normale und der Ausschluß der Mitwirkung der „indirekte" Weg. So dürfte die verschiedene Ausdrucksweise zu erklären sein.[2])

Ohne Mitwirkung des Agenten wird das Geschäft geschlossen, der Agent kennt den Kunden möglicherweise nicht einmal oder der Kunde hat sich gar seine Mitwirkung verbeten.[3])

Unter die nach § 89 provisionspflichtigen Geschäfte fallen für den Bezirksagenten logischerweise auch die sog. Nachorders. Es sind dies diejenigen Geschäfte, welche der Geschäftsherr ohne Mitwirkung des Agenten mit den ihm von diesem zugeführten Kunden abschließt. Hinsichtlich des Bezirksagenten oder bei besonderer vertraglicher Fixierung ist kein Streit über die Provisionspflicht denkbar. Sonst besteht für den Nicht-Bezirksagenten keine Provisionspflicht für die „Nachorders", weder gesetzlich, noch nach einem allgemeinen Handelsgebrauch.[4]) Für einzelne Branchen mag ein spezieller Gebrauch bestehen, wenigstens wird derselbe gelegentlich bezeugt.[5]) Doch sind derartige Zeugnisse mit Vorsicht aufzunehmen, da mindestens zweifelhaft ist, ob sie nicht lediglich Bekundungen des allgemeinen Handelsgebrauchs sind, der zur Entstehung des § 89, wie oben gezeigt, führte und ob ihnen neben dieser Gesetzesvorschrift noch Bedeutung zukommt.[6])

Der Geschäftsherr kann selbst das Geschäft mündlich, brieflich, telegraphisch oder mittels Fernsprecher, aber auch durch einen Dritten, einen Reisenden, einen anderen Agenten abschließen („durch den Geschäftsherrn oder für diesen").

Eine Verpflichtung des Geschäftsherrn, dem Bezirksagenten von dem Abschluß eines ohne seine Mitwirkung zustande gekommenen Geschäfts Anzeige zu machen, besteht nicht.[7])

---

[1]) Auch Kaiser S. 55 scheint anzunehmen, daß „direkte" Geschäfte diejenigen sind, welche durch den Geschäftsherrn selbst, indirekte, welche für ihn ohne Mitwirkung des Bezirksagenten abgeschlossen sind. Wie sehr der kaufmännische Sprachgebrauch in dieser Hinsicht variiert, zeigen die Zuschriften aus Fachkreisen im „Waren-Agent" 1907 Nr. 26, 28 u. 29.

[2]) Auch Staub (VIII. Aufl.) Anm. 15 zu § 88 S. 373 erklärt die Bezeichnung der ohne Mitwirkung des Agenten zustande gekommenen Geschäfte als indirekte Geschäfte für falsch und nennt sie ebenfalls direkte Geschäfte. Vgl. auch JW. 1900 S. 186 Nr. 14 und 1901 S. 617 Nr. 5 und Dr. Zirndorfer, Protokolle des II. (Hamburger) Kongresses, S. 60. In dem Gutachten der „Berliner Ältesten" vom 25. April 1904 bei Apt. II S. 7 Nr. 14 findet sich noch der Ausdruck „indirektes Geschäft" in diesem unrichtigen Sinne.

[3]) Vgl. Bolze 11 Nr. 319 (RG. 14. I. 91).

[4]) Siehe S. 107.

[5]) Vgl. oben S. 108/109 sub 1—8 zu § 88.

[6]) So auch Haupt-Frankfurt, Protokolle des II. (Hamburger) Kongresses, S. 63 bzw. 65.

[7]) Vgl. Dr. Zirndorfer, Protokolle des II. (Hamburger) Kongresses, S. 60/61.

Nicht erforderlich ist, daß der Bezirksagent in dem ihm zugewiesenen Bezirk wohnt. Es genügt, wenn er von seinem außerhalb des Bezirks gelegenen Wohnsitz denselben nur bereist.[1])

„In dem Bezirk" müssen die Geschäfte geschlossen sein. Gilt dies auch für Geschäfte mit Kunden, die in dem Bezirk des Agenten ihre Handelsniederlassung haben, ohne Unterschied des Orts des Geschäftsabschlusses? Beispiel: A ist Bezirksagent für den Bezirk Berlin, der Geschäftsherr C schließt außerhalb von Berlin, z. B. auf der Leipziger Messe, ohne Vermittelung von A mit dem Kunden D, der in Berlin wohnt, ein Geschäft ab. Hat A Anspruch auf die Provision?

Die Frage ist streitig.[2])

Der Wortlaut des Gesetzes spricht für die Verneinung der Provisionspflicht, denn danach müssen die Geschäfte „in dem Bezirk" abgeschlossen werden, entweder durch den Geschäftsherrn oder durch einen Dritten für diesen. Allein schon obiges Beispiel zeigt, zu welchen Härten eine bloß wörtliche Auslegung führen müßte. Für das Zustandekommen eines Geschäfts ist oft eine vorhergehende Bearbeitung des Agenten bedeutsam, welche nicht zum Abschluß führt, mit anderen Worten, die nicht eine solche ist, daß sie im Sinne des § 88 Voraussetzung des Provisionsanspruchs sein könnte. Die Entscheidung ist nur aus der Zweckbestimmung des § 89 zu gewinnen.

§ 89 durchbricht für den Fall, daß der Agent ausdrücklich für einen bestimmten Zweck bestellt ist und daß anderweitige Abmachungen nicht getroffen sind, („im Zweifel") die Regel des § 88, welcher besagt: ohne Vermittlertätigkeit des Agenten keine Provision.

„Der Verkehrsauffassung entsprechend", sagt die Denkschrift, gibt § 89 (§ 78 des I. Entwurfs = § 87 des II. Entwurfs) eine Auslegungsregel.[3]) Der Agent, welcher ausdrücklich für einen bestimmten Bezirk bestellt ist, soll den Anspruch auf Provision ohne jede Vermittlertätigkeit haben, wenn der Geschäftsherr in diesem seinem Bezirk, sei es selbst, sei es durch einen Dritten,[4]) kontrahiert. Als das Wesentliche hier-

---

[1]) Übereinst. Jacusiel S. 42; Immerwahr S. 139. Für die Zeit vor 1900 war dies zweifelhaft, vgl. GZ. VII S. 606 Nr. 56 (Oberhofgericht Mannheim 20. IX. 62). Das von Immerwahr S. 139 Note 2 zitierte Gutachten bei Dove-Apt S. 42 Nr. 10 paßt wohl nicht hierher.

[2]) Die Provisionsberechtigung bejahen: Staub (VIII. Aufl.) Anm. 3 zu § 89 S. 375; Goldmann Anm. 2 sub 1b S. 421; Lehmann-Ring Nr. 2 zu § 89 S. 200; Jacusiel S. 43 und im „Waren-Agent" 1907 Nr. 8 S. 61/62; Immerwahr S. 144; Kaiser S. 55; Greif S. 43/44; Litthauer-Mosse S. 112; Dr. Wittenberg, Protokolle des I. (Berliner) Kongresses S. 52; vgl. ferner daselbst S. 50. Verneint wird sie dagegen bei: Staub (VI./VII. Aufl.) Anm. 3 zu § 89 S. 318; Makower Bem. IIc zu zu § 89 S. 254; Rothenberg im „Waren-Agent" 1907 Nr. 7 S. 52; vgl. noch Podewils im „Waren-Agent" 1907 Nr. 8 S. 57/58, der annimmt, daß das Gesetz „an den Fall nicht gedacht hat", aber „aus Sinn und Absicht des § 89 heraus" zur Bejahung der Provisionsberechtigung gelangt. Gerichtliche Entscheidungen über diese Streitfrage sind uns für die Zeit nach 1900 nicht bekannt geworden. Vor 1900 käme höchstens das Urteil bei Bolze 7, 511 (RG. 9./16. III. 89), welches jedoch die vorliegende Frage nicht strikt entscheidet, in Betracht.

[3]) Vgl. „Denkschrift" I S. 71, II S. 78.

[4]) Die „Denkschrift" erwähnt a. a. O. beispielsweise „auch einen anderen Agenten"; vgl. auch Bolze 7, 511 (RG. 9./16. III. 89).

bei erscheint das Zustandekommen eines Geschäfts, welches den Bezirk des Agenten berührt, nicht aber die Ausübung anderweitiger Vermittlertätigkeit in dem Bezirk. Denn § 89 gewährt nicht etwa dem „Bezirksagenten", sozusagen „entschädigungsweise" in den Fällen, in denen er umgangen wird, die Provision, sondern ein ausschließliches Recht auf den Bezirk.[1]) Aus welchem Grunde der Agent bei dem einzelnen Geschäft keine Vermittlertätigkeit ausgeübt hat, wird nicht untersucht. Das Gesetz will ihm die Provision für alle aus seinem Bezirk stammenden Kunden sichern; auf den Ort, an dem die für diese Provisionsberechtigung bedeutungslose anderweitige Vermittlertätigkeit ausgeübt ist, kann es daher nicht ankommen.[2]) Der Verkehrsauffassung[3]) wird eine allzu enge und ängstliche Auslegung des Gesetzestextes nicht gerecht. Wir gelangen daher zur Bejahung der Provisionsberechtigung in dem hier behandelten Fall.[4]) Zu dem gleichen Ergebnis kommt man bei Geschäften, die im Wege des Briefwechsels[5]) zwischen dem Geschäftsherrn und einem Kunden im Bezirke des Bezirksagenten geschlossen sind. Bei allzu wörtlicher Auslegung des Gesetzestextes würde man hier nämlich zu dem wundersamen Ergebnis gelangen, daß, wenn das Angebot vom Geschäftsherrn ausgeht und diesem der die Annahme des Gebots überbringende Brief des Kunden zugeht, das Geschäft außerhalb des Bezirkes zustande gekommen und der Agent nicht provisionsberechtigt wäre. Würde umgekehrt der Kunde dem Geschäftsherrn ein Gebot gemacht haben und dieser hätte dem Kunden den Annahmebrief zugesandt, so wäre das Geschäft „in dem Bezirk" zustande gekommen und der Agent hätte die Provision zu fordern. Schon hieraus ersieht man, wie wenig angebracht eine allzu enge Textesinterpretation ist.[6])

Aus dem gleichen Grunde darf aber auch ein Geschäft, welches räumlich zufällig in dem Bezirk vollzogen wird, sonst aber jeder Beziehung zu demselben entbehrt, nicht als für den Bezirksagenten provisionspflichtig angesehen werden. In dem obenerwähnten Beispiel wird also der Leipziger Bezirksagent keine Provision von den auf der Messe vollzogenen Geschäften zwischen seinem Geschäftsherrn und Kunden aus dem Bezirk eines anderen Bezirksagenten fordern können.[7])

---

[1]) Zutreffend Greif S. 44.

[2]) Zutreffend Greif S. 43 unten.

[3]) Vgl. die bei Goldmann I S. 420/421 Anm. 2 zu § 89 zitierten Gutachten der „Berliner Ältesten" vom 12. Dezember 1887, 10. April 1888, 3. März 1898, 26. Januar 1889, 24. Juli 1890, abgedruckt bei Dove-Apt I, S. 37—39 Nr. 1, 2, 3 und 5.

[4]) Der „Normal-Vertrag des Zentralverbands bestimmt hierüber in seinem § 2: „Die Agentur-Firma erhält von der Firma eine Provision von . . . Prozent von allen aus dem und für den Bezirk des Agenten direkt und indirekt zum Abschluß gelangten Geschäften."

[5]) Ebenso natürlich bei Telegrammwechsel. Makower I S. 150 schließt auch den Briefwechsel aus und verlangt, daß Vertragsantrag und Annahme innerhalb des Bezirks räumlich erfolgen.

[6]) Nicht die gleichen Argumente treffen jedoch auf den Vertragsschluß mittelst Fernsprecher zu. Hier dürfte das Geschäft stets „in dem Bezirk" abgeschlossen werden, falls der Kunde von einem Anschluß aus dem Bezirk spricht (vgl. § 147 BGB.).

[7]) So Immerwahr S. 143/144, Greif S. 44, Bolze Band 12 Nr. 388, Staub (VIII. Aufl.) Anm. 3 zu § 89 S. 375, etwas unklar Dochnahl S. 117, der verlangt, „daß die Ausführung des Geschäfts in dem Agenturbezirk in Erscheinung tritt."

„In den Bezirk" fallen auch Geschäfte mit überseeischen Niederlassungen der in dem Bezirk wohnenden Kunden. Das Reichsgericht (5. Dezember 1894 bei Bolze 19, 462) hat dem Agenten die Provision zugesprochen für Geschäfte mit einer Niederlassung eines Hamburger Hauses in Manila, die unter Umgehung des Agenten direkt zwischen dieser und dem Geschäftsherrn abgeschlossen waren. Zu weitgehend erscheint es allerdings, wenn das RG. (allerdings vor 1900!) die Bestimmung der Ware so maßgeblich erachtet hat, daß, wenn ein außerhalb des Bezirks wohnender Kunde Waren zur Lieferung für den Bezirk des Agenten gekauft hat, hierfür dem Agenten Provision zuspricht. (Vgl. RG. 8. Okt. 1895 in Bolze, Band 21 Nr. 299 S. 153.)

Eine vielfach erörterte Streitfrage ist, ob der Geschäftsherr gegenüber dem Bezirksagenten mit dem Einwand zu hören ist, daß er sich nicht bemüht und so den Geschäftsherrn zum „direkten Arbeiten" geradezu gezwungen habe. Die Denkschrift (II S. 78) verweist auf die „allgemeinen Rechtsgrundsätze" und lehnt die Aufnahme einer ausdrücklichen Bestimmung, daß dem Geschäftsherrn dieser Einwand zustehe, mit der Begründung ab, „daß sie leicht zur Folge haben könnte, die Erhebung des Einwands auch da hervorzurufen, wo ein berechtigter Anlaß fehlt."

Die Ansichten in der nach 1900 erschienenen Literatur sind geteilt.[1])

Als solche „allgemeine Rechtsgrundsätze", welche bei der Prüfung der Frage nach der Zulässigkeit des gedachten Einwandes angewandt werden können, findet man die Vorschriften der § 84 HGB. und § 157 BGB. bezeichnet.[2])

Aber weder die dem Agenten im § 84 zur Pflicht gemachte „Sorgfalt eines ordentlichen Kaufmannes" noch die Regel des § 157 BGB., daß Verträge so auszulegen sind, wie Treu und Glauben mit Rücksicht auf die Verkehrssitte es erfordern, können unseres Erachtens dazu führen, daß der Einwand der Untätigkeit des Bezirksagenten durchgreift. § 84 verlangt, daß der Agent „bei seinen Verrichtungen" die Sorgfalt eines ordentlichen Kaufmannes wahre. Er setzt also eine Tätigkeit des Agenten voraus. Die Provision des Bezirksagenten von den „direkten" Geschäften fällt ihm ohne jede Tätigkeit, gerade trotz Untätigkeit in dem einzelnen Falle zu. Es kann also nicht die Rede davon sein, daß die Untätigkeit in diesem Falle eine Pflichtverletzung sei. Ferner ist zu erwägen, daß, wenn der Bezirksagent in den Fällen, in denen er Tätigkeit nicht entfaltet hat, solche ausgeübt hätte, ihm die Provision schon nach § 88, nicht auf Grund der Sondervorschrift des § 89, gebührt hätte. Gegenüber der Provisionspflicht auf Grund letzterer Bestimmung ist das Argument mangelnder Sorgfalt daher ganz abwegig.

---

[1]) Die Zulässigkeit des Einwandes bejahen: Düringer-Hachenburg S. 272, Lehmann-Ring S. 200, Goldmann S. 421/422, Schramm S. 88/89, Dochnahl S. 118/119, Kaiser S. 50, Zweck S. 23 (allerdings vor 1900 erschienen), OLG. Karlsruhe 11. II. 05 in Bad. Rpr. 1905 S. 227. Sie wird verneint dagegen bei: Immerwahr S. 142/143, Staub (VI./VII. Aufl.) Anm. 4 zu § 89 S. 318. In der VIII. Aufl. des Staubschen Kommentars ist jedoch die Ansicht vertreten, daß der Einwand durchgreift, wenn der Agent unter Verletzung von Treu und Glauben überhaupt nichts tut, ebenso Jacusiel S. 44/45. Die Denkschrift I (S. 71) ließ den Einwand zu.

[2]) Bezüglich § 84 HGB. vgl. oben S. 24 Anm. 4.

Das gleiche trifft auf § 157 BGB. zu. Gewiß sind Verträge nach „Treu und Glauben“ und unter Berücksichtigung der „Verkehrssitte“ auszulegen.

Da hier aber vertraglich oder gesetzlich dem Bezirksagent die Provision für „direkte“ Geschäfte nicht als Entlohnung aufgewandter Mühe, sondern deshalb zukommt, weil das Geschäft seinen Bezirk, sein Arbeitsfeld berührt, so kann logischerweise weder „Treu und Glauben“, noch die „Verkehrssitte“ bei den „direkten“ Geschäften Tätigkeit von dem Bezirksagent verlangen und Untätigkeit den Fortfall seiner Provision im Gefolge haben. Auch die von Staub[1]) als Beseitigungsgrund des Provisionsanspruchs aufgeführte „gänzliche“ Untätigkeit vermag — abgesehen davon, daß der Begriff ein recht vager und tatsächlich schwer festzustellender wäre, — an obigen Erwägungen nichts zu ändern.

Wir halten daher den Einwand der „Untätigkeit“ gegenüber dem die Provision aus direkten Geschäften fordernden Bezirksagent für unanwendbar.

Die Lösung der Frage liegt vielmehr auf einem anderen Gebiet.

Untätigkeit, ob sie nun eine „gänzliche“ oder nicht, in erheblichem Maße kann selbstverständlich eine Verletzung der Pflichten eines „ordentlichen Kaufmannes“ involvieren, und zwar auch des Bezirksagenten, denn dieser ist doch nicht nur Bezirksagent und als solcher Bezieher der Provisionen der „direkten“ Geschäfte. Er ist doch in erster Linie Agent und hat die zum § 84 dargelegten[2]) Pflichten zu erfüllen. Die Pflichtverletzung hat aber, wie ebenfalls oben ausgeführt,[3]) unter Umständen Schadensersatzansprüche im Gefolge. Auf diese ist der Geschäftsherr des „untätigen“ Bezirksagenten zu verweisen.[4]) Des weiteren kann aber die erhebliche Untätigkeit des Bezirksagenten einen „wichtigen Grund“ für den Geschäftsherrn bilden, um gemäß § 92 Absatz 2 das Agenturverhältnis ohne Einhaltung einer Kündigungsfrist zu kündigen.[5])

Auch die umgekehrte Frage, wie die soeben behandelte, bedarf der Entscheidung.

Ist der Geschäftsherr berechtigt, den Bezirk ganz aufzugeben, keinerlei Geschäfte mehr dorthin zu machen, ohne den Bezirksagenten zu entschädigen?

Für die Frage sind dieselben Gesichtspunkte maßgebend, welche uns dazu führen,[6]) die Schadensersatzpflicht im Falle des Aufgebens des ganzen Betriebes durch den Geschäftsherrn anzuerkennen, wobei wir hier, wie dort, die Schadensersatzpflicht — entgegen der früheren vor 1900 liegenden reichsgerichtlichen

---

[1]) VIII. Aufl. Anm. 4 zu § 89, letzter Satz, S. 375.

[2]) Vgl. oben S. 24ff.

[3]) Vgl. oben S. 38ff.

[4]) Gleicher Ansicht: Immerwahr S. 142. Der Geschäftsherr muß seinerseits den Eintritt eines Schadens schlüssig beweisen, also z. B., daß ihm infolge der Lässigkeit des Agenten ein gewinnbringender Auftrag entgangen ist.

[5]) Vgl. unten bei § 92 sub III, besonders aber auch Jacusiel S. 45. Immerwahr S. 198. Schadensersatzanspruch und sofortige Kündigung können nebeneinander geltend gemacht werden.

[6]) Vgl. unten zu § 92 sub III 2.

Judikatur[1]) — auch für den Fall der Unmöglichkeit eines lohnenden Weiterbetriebes bejahen.[2])

Im übrigen gelten die sämtlichen hinsichtlich der Provisionspflicht des Geschäftsherrn zu § 88 erörterten Bestimmungen auch für die Provision aus „direkten" Geschäften.[3])

In dem „zweiten Entwurf eines Gesetzes über den Versicherungsvertrag", in der Fassung des Bundesratsbeschlusses (dem Reichstag vorgelegt November 1905) erfährt der Bezirksagent in § 46 eine besondere Behandlung.

Es heißt dortselbst:

„Ist der Versicherungsagent ausdrücklich für einen bestimmten Bezirk bestellt, so beschränkt sich seine Vertretungsmacht auf Geschäfte und Rechtshandlungen, welche sich auf Versicherungsverträge über die in dem Bezirk befindlichen Sachen oder mit den im Bezirk gewöhnlich sich aufhaltenden Personen beziehen. In Ansehung der von ihm vermittelten oder abgeschlossenen Verträge ist der Agent ohne Rücksicht auf diese Beschränkung zur Vornahme von Geschäften und Rechtshandlungen ermächtigt."

Diese Bestimmung, welche der erste Entwurf nicht hatte, bezweckt die Erleichterung und größere Sicherheit des Verkehrs zwischen Versicherungsgesellschaft und Versicherten, zumal das Geschäft der Gesellschaften oft ein weitverzweigtes ist und die Agenten nicht für das gesamte Gebiet, sondern nur für einen einzelnen Bezirk bestellt zu werden pflegen.[4])

§ 90.

Für die im regelmäßigen Geschäftsbetrieb entstandenen Kosten und Auslagen kann der Handlungsagent in Ermangelung einer entgegenstehenden Vereinbarung oder eines abweichenden Handelsgebrauchs Ersatz nicht verlangen.

Während der § 670 BGB. den Auftraggeber zum Ersatz derjenigen Aufwendungen verpflichtet, die der Beauftragte zum Zweck der Ausführung des Auftrags gemacht hat und die er den Umständen nach für erforderlich halten durfte, spricht § 90 dem Agenten grundsätzlich den Ersatz seiner „im regelmäßigen Geschäftsbetrieb entstandenen Kosten und Auslagen" ab. Es ist dies eine Konsequenz

---

[1]) Vgl. Reichsgericht 2. Juli 1892 in RG. Band 31, S. 59–62 und in dem nur ein dem Agenturverhältnis ähnliches Rechtsverhältnis behandelnden Urteil vom 13. November 1895 in RG. Bd. 36, S. 197—200, bes. 200.

[2]) Übereinst. Staub (VIII. Aufl.) Anm. 2 u. 5 zu § 89, S. 375, Immerwahr S. 201, Dochnahl S. 145, Düringer-Hachenburg S. 275 u. 278, Makower I S. 153, Schramm S. 87. Abw.: Lehmann-Ring I S. 202 unter 2; Goldmann I S. 429 unter 1 a E., Greif S. 86.

[3]) Die „direkten" Geschäfte, „für die der Agent nach § 89 Provision zu beanspruchen hat", werden ausdrücklich noch im § 91 erwähnt.

[4]) Vgl. auch Begründung zu dem II. Entwurf S. 48, sowie „Stellungnahme der in Deutschland arbeitenden Privatfeuerversicherungsgesellschaften" in Zugabe zur DJZ. 1903 Nr. 20 S. 24/25.

der Selbständigkeit des Agenten, wie dies die Denkschrift (I S. 72 und II S. 78) hervorhebt.

In der Reichstagskommission[1]) wurde vom Abgeordneten Singer der Antrag gestellt, den Agenten durch zwingende Rechtsvorschrift den Anspruch auf Ersatz ihrer „Unkosten und Auslagen" zu gewähren. Dieser Antrag wurde jedoch gerade mit Rücksicht darauf, daß der Agent selbständiger Kaufmann sei, abgelehnt. (Vgl. hierzu Abg. Singer in der Sitzung des Reichstags vom 5. April 1897 (Ausgabe Guttentag S. 82)[2]). Zu den gewöhnlichen „Auslagen und Kosten" des Agenten gehören vor allem seine Kontormiete, die Salarierung seines Personals, Telegramm- und Fernsprechgebühren, sowie Portoauslagen aller Art, Lagerspesen, Transportkosten und dgl. mehr.

Kosten und Auslagen jedoch, die außergewöhnlich sind, d. h. solche, die „im regelmäßigen Geschäftsbetrieb" nicht zu entstehen pflegen, sind dem Agenten vom Geschäftsherrn zu ersetzen.

Die Denkschrift (I S. 72 und II S. 78) führt zwei Beispiele für solche „außergewöhnlichen Kosten" an: Auslagen des Agenten zum Schutze der Waren gegen ungewöhnliche Gefahren und Aufwendungen des Versicherungsagenten zur Rettung der versicherten Gegenstände.[3]) Der Ersatzanspruch unterliegt aber auch hier der Voraussetzung des § 670 BGB., daß nämlich der Agent die Aufwendung „den Umständen nach für erforderlich halten durfte", d. h. die Verauslagung muß sich nach dem subjektiven Ermessen des Agenten als eine der Sachlage entsprechende und vernünftige erweisen.[4])

Welche Kosten als im „regelmäßigen Geschäftsbetrieb" entstanden anzusehen sind und welche nicht, ist im Einzelfall zu entscheidende Tatfrage.[5]).

Kosten für Reklame werden jedoch nicht als solche betrachtet werden dürfen, deren Ersatz der Agent vom Geschäftsherrn verlangen kann. Mit Recht betont Immerwahr (S. 155), daß diese Auslagen „zwar nicht zu den gewöhnlichen, wohl aber zu solchen, die der Agent nicht lediglich im Interesse des Geschäftsherrn, sondern ebensowohl im Interesse seines eigenen Gewerbebetriebes aufwendet", gehören.[6])

---

[1]) Eingesetzt durch Beschluß des Reichstags vom 10. Februar 1897.

[2]) Das Wort „Unkosten" des Entwurfs wurde von der Reichstagskommission in „Kosten" geändert. Dies ist auch die Fassung des geltenden Gesetzes. — Für das Recht vor 1900 ist nach einem Gutachten der „Berliner Ältesten" vom 5. November 1890 (Dove-Apt. S. 55 Nr. 38) anzunehmen, daß der Agent Ersatz seiner Portoauslagen und Telegrammgebühren mangels anderweiter Verabredung fordern kann, nicht aber der Auslagen für Wagen und Lagergeld, vgl. Gutachten der Berliner Ältesten vom 11. November 1891 bei Dove-Apt. S. 55 Nr. 39. Dagegen wird allgemein bezüglich der im regelmäßigen Geschäftsbetrieb erwachsenen Spesen eine handelsgebräuchliche Ersatzpflicht für Berlin verneint im Gutachten vom 21. November 1899 bei Apt I Nr. 8 S. 17.

[3]) Was „außergewöhnlich" ist, darüber geben die vielen auf diesem Gebiet hinsichtlich der Handelsüblichkeit des Kostenersatzes erstatteten Gutachten der Handelskammern (vgl. unten S. 143/146) einen gewissen Aufschluß. Vgl. hierzu noch Immerwahr S. 154.

[4]) Vgl. Goldmann Anm. 1 am Schluß zu § 90 Bd. I S. 422.

[5]) Vgl. Düringer-Hachenburg. Bem. II zu § 90 S. 273.

[6]) Vgl. Bolze Bd. 10 Nr. 411. Jacusiel S. 52.

Die gesetzliche Regel des § 90 wird durch zwei Ausnahmen durchbrochen. Es sind dies:

1. Die entgegenstehende Vereinbarung,
2. Der abweichende Handelsgebrauch.

Zu 1. Solche Vereinbarungen werden häufig getroffen und zwar entweder dahingehend, daß dem Agenten alle Auslagen zu erstatten sind [1]) oder es wird ein Fixum für Auslagen für die Abrechnungsperiode bewilligt,[2]) in der Gestalt eines Beitrags zur Kontor- oder Lagermiete, zu den Telephongebühren und den durch das Lager entstehenden Hausdiener- und Botenlöhnen,[3]) eines Pauschquantums für Porti- und Telegrammspesen und ähnlichem.

Der Anspruch des Agenten auf diese vereinbarte Vergütung ist von den Erfolgen seiner Tätigkeit, von dem Zustandekommen und der Ausführung von Geschäften während der Abrechnungsperiode ganz unabhängig.[4])

Zu 2. Dem „Handelsgebrauch“ ist hier ein weiter Spielraum gegeben. Die Hervorhebung der Möglichkeit „abweichender Regelung“ durch einen „Handelsgebrauch“ im § 90 erscheint auf den ersten Blick auffallend,[5]) es hat jedoch dies seinen guten Grund darin, daß eine dem Artikel 1 des alten Handelsgesetzbuchs entsprechende Vorschrift in das neue Handelsgesetzbuch nicht übergegangen ist.[6]) Das neue Recht verweist aber an verschiedenen Stellen (z. B. außer unserem § 90 noch in den §§ 346, 359, 380, 393, 396 HGB.) auf die Möglichkeit der „anderweitigen Regelung“ durch einen „Handelsgebrauch“. Dieser Begriff ist nicht gleichbedeutend mit „Handelsgewohnheitsrecht“, sondern die im Handelsverkehr geltenden Gebräuche sind nur, ohne selbst ein Recht im objektiven Sinne darzustellen, für die Ermittelung des Vertragswillens der Parteien bedeutsam.[7]) Bei einzelnen durch das Gesetzbuch geregelten Fällen hielt der Gesetzgeber die abändernde Regelung durch Handelsgebräuche für besonders angebracht und häufig vorkommend und verwies daher ausdrücklich auf die Möglichkeit „anderweitiger Regelung durch Handelsgebräuche“.[8])

---

[1]) § 5 des Normal-Agentur-Vertrages des „Zentralverbandes“ bestimmt: „Die Agentur Firma . . . hat Anspruch auf die Erstattung aller durch die ihr übertragene Vertretung entstehenden Auslagen und Unkosten und sind solche mit der jedesmaligen Provisionsabrechnung zu erstatten.“

[2]) Vgl. Düringer-Hachenburg Bem. I zu § 90 S. 272/273.

[3]) Daß häufig gerade solche Vereinbarungen getroffen werden, ohne daß die Ersatzpflicht sich zu einem Handelsgebrauch entwickelt habe, bestätigt das Gutachten der Berliner Handelskammer bei Dove-Meyerstein Nr. 110 S. 31 (4396/05).

[4]) Übereinst. Staub (VIII. Aufl.) Anm. 3 zu § 90 S. 376; Immerwahr S. 155 sub III; Jacusiel S. 51. Die von Staub a. a. O. angezogene Entscheidung des Reichs-Oberhandelsgerichts (Band XIV S. 430) behandelt obige Frage gar nicht. Vgl. noch RG. 19. V. 86 bei Bolze Band 3 Nr. 632 S. 183.

[5]) So Dochnahl S. 123.

[6]) Vgl. hierzu die Erwägungen der Denkschrift in der „Vorbemerkung“ (I S. 5/6 und II S. 3/4) und oben S. 47 ff.

[7]) Vgl. hierzu die Äußerung des Kommissars des Bundesrats in der Reichstagskommission.

[8]) Vgl. die im Text zitierten Fälle. § 359 HGB. (Bedeutung von „Frühjahr“ oder „Herbst“), § 380 HGB. (Taraabzug), § 393 HGB. (Stundungsbefugnis des Kommissionärs); § 396 HGB. (Auslieferungsprovision des Kommissionärs).

Ein solcher Fall liegt auch in unserem § 90 vor.[1])

In der Tat zeigt es sich nun auch, daß zahlreiche Handelsgebräuche bestehen, welche die gesetzliche Regel, daß der Agent keinen Anspruch auf Ersatz von Kosten und Auslagen hat, modifizieren.

Als solche Handelsgebräuche findet man verzeichnet:

1. Die Kosten der Rücksendung und Verpackung von Mustern in der Glaswarenbranche fallen nicht dem Agenten, sondern dem von ihm vertretenen Fabrikanten zur Last. (Gutachten der „Berliner Ältesten" vom 26. Juni 1900 bei Apt I Nr. 9 sub b, S. 17/18.) Dagegen hat der Agent in der gleichen Branche keinen Anspruch auf Entschädigung für Hergabe des Raums zur Aufstellung des Musterlagers, ohne daß eine solche, was allerdings häufig vorkommt, ausdrücklich vereinbart ist (cf. dasselbe Gutachten sub a bei Apt I S. 17).

2. Ein späteres Gutachten der „Berliner Ältesten" vom 1. Mai 1902 (vgl. Apt I S. 18 Nr. 10) spricht es ganz allgemein aus, daß die Kosten der Rücksendung der Muster von dem vertretenen Hause nach Handelsgebrauch zu zahlen sind.[2])

Das Landgericht Hamburg faßt den bestehenden Rechtszustand in einer nicht abgedruckten Entscheidung (II. Bf. 878/04) treffend, wie folgt, zusammen:

„Ein Geschäftsherr, der einen Agenten durch Übersendung von Mustern in die Lage versetzen will, für ihn tätig zu werden, tut dies in seinem Interesse und muß daher in Ermangelung besonderer Abmachung die Kosten sowohl der Übersendung wie der Rücksendung der Muster einschließlich der Verpackung tragen. Jedenfalls ist kein Rechtsgrund ersichtlich, nach welchem diese Kosten dem Agenten aufgebürdet werden könnten. § 90 HGB. kommt nicht in Betracht. Die Kosten der Rücksendung nach Lösung des Agenturverhältnisses können nicht als im regelmäßigen Betriebe entstandene Kosten angesehen werden.

Eine allgemeine Usance aber kann sich bei der Verschiedenartigkeit der denkbaren Fälle nicht gebildet haben. Es ist undenkbar, daß ein Agent, dem ein Musterlager schwerer Maschinen zur Verfügung gestellt ist, usancemäßig verpflichtet sein könne, diese Maschinen auf seine Kosten zurückzusenden.

Wenn dann in einzelnen Fällen Agenten kleine und geringwertige Muster auf ihre Kosten zurücksenden, so mag darin ein Akt geschäftlicher Gefälligkeit erblickt werden. Eine zwingende rechtliche Verpflichtung für alle Agenten läßt sich daraus nicht ableiten."

---

[1]) Die Auffassung, daß die Wendung im § 90 „in Ermangelung einer entgegenstehenden Vereinbarung oder eines abweichenden Handelsgebrauchs" gleichbedeutend mit dem Ausdruck „im Zweifel" sei, der im § 89 HGB. angewandt wird, welche von Düringer-Hachenburg, Bem. I zu § 90 S. 272 und Dochnahl, S. 123, vertreten wird, ist somit nicht zutreffend.

[2]) Dasselbe gilt für den Reisenden hinsichtlich der Musterkoffer nach den Gutachten der Berliner Ältesten vom 15. Juni 1897 bei Dove-Apt S. 17 Nr. 31 und bei Dove-Meyerstein S. 10 Nr. 33 (8459/05). Vgl. Staub (VIII. Aufl.) Anm. 29 Abs. 2 zu § 84 S. 363. — Wegen der Frage, ob der Agent nach Auflösung des Agenturverhältnisses verpflichtet ist, wenn auch auf dessen Gefahr und Kosten, dem auswärtigen Geschäftsherrn die Muster zurückzusenden, vgl. Heuer in DJZ. 1905 S. 904/905 und oben im Exkurs: „Die Behandlung der Muster" S. 57/58.

3. In der Tuchbranche kommt es für die Frage, ob der Agent nach Handelsgebrauch Anspruch auf Zahlung von Lagergeld für die bei ihm eingelagerten Tuche hat, darauf an, ob nur wenige Probestücke oder gelegentliche Retouren bei ihm lagern oder ob es sich um ein Lager von größeren Partien zur sofortigen Lieferung an die Kundschaft nach deren Bedarf handelt. **Nur im letzteren Fall würde** ein Anspruch auf Lagergeld gerechtfertigt sein,[1]) es sei denn, daß aus der Gewährung eines besonders hohen Provisionssatzes oder aus anderen Umständen geschlossen werden kann, daß eine besondere Vergütung für die Lagerung nicht anzunehmen ist. (Vgl. Gutachten der „Berliner Ältesten" vom 25. Juli 1904 bei Apt II Nr. 10 S. 5/6.)

Als angemessenes Lagergeld wird in dem gleichen Gutachten nach der Auffassung in Agentenkreisen: 50 Pf. für das Stück, in Fabrikantenkreisen: 15—20 M. pro Quadratmeter; 5—6 M. pro Kubikmeter bezeichnet.

4. Ein Handelsgebrauch, wonach der Agent Ersatz der Portoauslagen in der Konfektionsbranche vom Geschäftsherrn, sei es durch Bewilligung eines Pauschbetrages, sei es durch Vergütung der wirklichen Auslagen fordern kann, wird bekundet in dem Gutachten der „Berliner Ältesten" vom 5. April 1904 (s. Apt II Nr. 21 S. 11), ebenso hinsichtlich der Depeschenkosten und Auslagen im „Eierhandel" in dem Gutachten der „Berliner Ältesten" vom 23. Mai 1906 (vgl. Waren-Agent 1906 S. 249). Das gleiche wird für die Möbelbranche von der Breslauer Handelskammer bekundet (Gutachten vom 3. Juli 1901 bei Riesenfeld 1906 Nr. 38 S. 26). Die Breslauer Handelskammer hatte in der Zeit vor 1900 überhaupt einen allgemeinen Handelsgebrauch, daß der Verkaufsagent Ersatz für die durch Korrespondenz mit seinem Hause oder mit dem Kunden entstandenen Portoauslagen zu fordern habe, verneint (vgl. Riesenfeld 1900 Nr. 126 S. 45, Gutachten vom 14. Oktober 1898), während dieser Gebrauch für die Textil-, Manufaktur- und Weißwarenbranche in ihren Gutachten vom 14. Oktober 1887 und 11. Februar 1888 allerdings bestätigt war. (Vgl. Riesenfeld 1900 Nr. 129 S. 46 u. Nr. 130 S. 47.)

In einem neueren Gutachten vom 9. März 1903 (Riesenfeld 1906 Nr. 39 S. 27) schränkt die Breslauer Handelskammer dies, wie folgt, ein:

„Nachdem aber in der Zwischenzeit auch in den bezeichneten Branchen sich hierorts die Verhältnisse geändert haben, kann die damals erteilte Auskunft in vollem Umfange heute nicht mehr aufrechterhalten werden, da die Erstattung dieser Spesen jetzt nicht mehr so allgemein üblich ist, wie zur Zeit der Erteilung jener älteren Auskunft.

Zwar werden auch heute noch in der weit überwiegenden Mehrzahl der Fälle den Agenten der genannten Branche die Portospesen von den Geschäfts-

---

[1]) Auch das Gutachten der Breslauer Handelskammer vom 10. Dezember 1901 (Riesenfeld 1906 Nr. 35 S. 25/26) bestätigt, daß für Aufbewahrung von Mustern und Waren seiner Branche in kleinen Mengen der Agent keinen Anspruch auf Vergütung von Lagergeld hat. Es handelt sich bei der Aufbewahrung der Muster um einen „Verwahrungsvertrag". Auch § 689 BGB. bestimmt, daß eine Vergütung für die Verwahrung als stillschweigend vereinbart gilt, „wenn die Aufbewahrung den Umständen nach nur gegen eine Vergütung zu erwarten ist."

herren erstattet; allein diese Erstattung beruht überall auf ausdrücklicher Vereinbarung, und läßt sich daher ein fester Handelsgebrauch des Inhalts, daß auch ohne eine solche Vereinbarung der Agent Anspruch auf Ersatz dieser Spesen habe, heute als bestehend nicht mehr feststellen."

Ein Gutachten der gleichen Behörde vom 8. August 1903 (Riesenfeld 1906, Nr. 40 S. 27) stellt allerdings auch jetzt noch für die Textilwarenbranche die Handelsüblichkeit der Erstattung von im Interesse des Geschäftsherrn zum Zwecke der Frankierung von Warensendungen verauslagter Porti fest[1].)

Das Ergebnis bezüglich des Ersatzes der Porto- und Depeschenspesen ist danach kein einheitliches weder nach Orten noch nach Branchen. Um so notwendiger ist für den Agenten die Regelung dieser Frage in dem Agenturvertrag, wie dies in dem bereits erwähnten § 5 des „Normalvertrages" erfolgt ist.

5. Die Auslagen eines Unteragenten sind nur in beschränktem Maße vom Geschäftsherrn zu tragen und zwar nur insoweit, als dieselben von dem Hauptagenten selbst hätten gemacht werden müssen. So äußert sich die Berliner Handelskammer laut Dove-Meyerstein, Nr. 107 S. 30 (945/03.) Die weitere Voraussetzung ist natürlich, daß auch dem Hauptagenten Ersatz der Auslagen an sich zusteht.

6. Ist dem Agenten (einer Textilfirma) Vergütung der Auslagen für „Porti, Depeschen usw." zugesagt, so fallen hierunter nach Handelsgebrauch sämtliche kleine Spesen, also auch die Unkosten für den Transport der Muster (Berliner Handelskammer bei Dove-Meyerstein Nr. 108 S. 30/31; 1670/03).

7. Lautet die Abmachung in einem Agenturvertrag:

„Porto- und Depeschenspesen werden vergütet",

so sind hierunter alle dem Agenten erwachsenden Porto- und Depeschenspesen, nicht nur die im Verkehr mit dem Geschäftsherrn entstehenden begriffen.[2]) (Berliner Handelskammer bei Dove-Meyerstein Nr. 109 S. 31, 2678/05.)

8. Für die Kleiderstoff- und Konfektionsbranche wird als Handelsgebrauch bezeugt, daß der Agent, dem Ersatz der Depeschen- und Portispesen zugesichert ist, Lagergeld, Vergütung der Expedition der Waren und Ersatz der Versicherung der Waren gegen Feuersgefahr zustehen, wenn es sich nicht um die Aufbewahrung einzelner Probestücke, sondern um die Unter-

---

[1]) Staub (VIII. Aufl.) Anm. 1 zu § 90 S. 376 berücksichtigt diese neuere Entwicklung noch nicht.

[2]) Jacusiel S. 51 berichtet, daß ein am 17. Februar 1890 abgegebenes, nicht abgedrucktes Gutachten der „Berliner Ältesten" (G. 1 S. 284) diesen Standpunkt vertrat, vgl. dagegen die oben S. 141 Anm. 2) zitierten Gutachten vom 5. November 1890 und 11. November 1891 (Dove-Apt Nr. 38 und 39 S. 55), welche diese Unterscheidung nicht machen. Ebenso stellt sich ein in Holdheims Monatsschrift (XV. Jahrg. 1906 S. 21) auszugsweise mitgeteiltes Leipziger Gutachten aus 1905 auf den Standpunkt, daß der Verkaufsagent Ersatz der im Verkehr mit seinem Hause, nicht dagegen mit der Kundschaft aufgewendeten Spesen erhalte.

haltung eines größeren Lagers handelt. (Breslauer Handelskammer 10. Februar 1900, bei Riesenfeld 1906, Nr. 37 S. 26.)[1])

9. In den etwa handelsüblich, wenn auch nur für den Verkehr zwischen Geschäftsherrn und Agent zu erstattenden Portispesen, sind kleinere Nebenspesen, wie für Abtrag oder Verteilung kleinerer Sendungen an die Kunden, Auspacken der Kisten, Lagerspesen, Lagermiete usw., ausgenommen Rollgeld, nicht einbegriffen. Der Agent kann diese nicht noch besonders vergütet verlangen. (Gutachten der Breslauer Handelskammer vom 4. Juli 1903, speziell für die Drogeriewarenbranche, bei Riesenfeld 1906 Nr. 36 S. 26.)[2])

10. Auch für den Transport der Muster oder Musterkoffer zu den Kunden (bei und zwecks Aufsuchen von Aufträgen) werden Spesen mangels besonderer Vereinbarung nicht ersetzt. Dies spricht für den Provisionsreisenden das Gutachten der Breslauer Handelskammer vom 18. Mai 1904 aus (Riesenfeld 1906, Nr. 18 S. 21. Vgl. für die Zeit vor 1900: Gutachten der Berliner Ältesten vom 17. Dezember 1896 bei Dove-Apt S. 60 Nr. 48 und [für 1899] Gutachten vom 7. Mai 1903 bei Apt II S. 9 Nr. 17).

11. Für Reisen zum Geschäftsherrn zwecks Übernahme oder Zusammenstellung neuer Musterkollektionen werden dem Agenten handelsgebräuchlich die durch die Reise und den Aufenthalt an einem fremden Orte entstandenen Kosten ersetzt. (Gutachten der Breslauer Handelskammer vom 12. November 1901 bei Riesenfeld 1906 Nr. 41 S. 27.)[3])

Der Agent wird endlich häufig bei Differenzen zwischen seinem Hause und einem Kunden als Zeuge auftreten müssen.

Hat er hierfür auch ohne besonderen Nachweis eines Erwerbsverlustes Anspruch auf Entschädigung für Erwerbsversäumnis in Gemäßheit der „Gebührenordnung für Zeugen und Sachverständige"?

Das Oberlandesgericht Celle hat in einem Urteil vom 1. Oktober 1902 (OLGRspr. Bd. VII S. 231) entgegen einer Verfügung der Kgl. Preußischen Oberrechnungskammer vom 26. September 1889 der Ansicht Ausdruck verliehen, daß Zeugen aus dem Stande der Bankiers, Fabrikanten usw. ebenfalls eine Erwerbsversäumnis erleiden, da auch sie ihre Arbeitskraft in ihrem Geschäftsbetriebe voll ausnutzen. Das Oberlandesgericht Celle spricht diesen Personen daher mit Recht einen Anspruch auf Entschädigung für Erwerbsversäumnis auch ohne besonderen Nachweis eines Erwerbsverlustes zu. Was von den Fabrikanten und Bankiers gilt, trifft aber auch für die Agenten im gleichen Maße zu.

---

[1]) Hierbei ist zu berücksichtigen, ob die Auslagen für die Unterhaltung eines größeren Lagers überhaupt zu den Kosten, die „im regelmäßigen Geschäftsbetrieb entstehen", gehören. Die Erwägungen, ob die Auslagen „außergewöhnlich" sind und ob ein „abweichender Handelsgebrauch" dem Agenten den Ersatz der betreffenden Auslagen gewährt, laufen sehr stark ineinander.

[2]) Vgl. für die Zeit vor 1900: Riesenfeld 1900 Nr. 127 S. 46.

[3]) Das Gutachten spricht ferner aus, daß es nicht handelsüblich sei, dem Agenten für die im Text bezeichnete Tätigkeit selbst eine besondere Vergütung zu gewähren. — Auch die Kosten der Engagementsreise sind dem Agenten nicht zu erstatten. Vgl. Jacufiel S. 52 und dort zitiertes Gutachten der „Berliner Ältesten" vom 14. November 1894.

§ 91.

Der Handlungsagent kann bei der Abrechnung mit dem Geschäftsherrn die Mitteilung eines Buchauszuges über die durch seine Tätigkeit zustande gekommenen Geschäfte fordern. Das gleiche Recht steht ihm in Ansehung solcher Geschäfte zu, für die ihm nach § 89 Provision gebührt.

I. Der Inhalt des Buchauszuges.

Neben der durch § 88 Absatz 4 in Ermangelung anderweitiger Vereinbarung am Schlusse eines jeden Kalenderjahres zu erteilenden Abrechnung ist dem Agenten von dem Geschäftsherrn ein Buchauszug zu erteilen.

Dieser Buchauszug ist nicht identisch mit der Abrechnung.

Ein wesentlicher Unterschied zwischen beiden liegt schon darin, daß die Abrechnung nur Aufschluß zu geben hat über die vom Agenten verdienten Provisionen, und zwar vornehmlich:

1. für die durch seine Tätigkeit zustande gekommenen Geschäfte, für die
   a) Zahlung eingegangen ist (§ 88 Abs. 1) und die
   b) infolge eines Verhaltens des Geschäftsherrn ohne wichtige Gründe in der Person des Kunden ganz oder teilweise unausgeführt blieben (§ 88 Abs. 2),
2. für die direkten Geschäfte, wenn der Agent Bezirksagent ist (§ 89).

Der Buchauszug aber hat für beide Kategorien, direkte Geschäfte und nach § 88 provisionspflichtige Geschäfte, Aufschluß zu geben, gleichgültig, ob Zahlung schon eingegangen und der Anspruch auf die Provision somit schon „erworben“ ist.

Dies geht aus den Worten des Gesetzestextes: „über die durch seine Tätigkeit zustande gekommenen Geschäfte“ und „in Ansehung solcher Geschäfte, für die ihm die Provision nach § 89 „gebührt“, hervor. Wäre das nicht die Meinung des Gesetzgebers gewesen, so würde er das Erfordernis, daß das Geschäft auch zur Ausführung und Erledigung durch Zahlung gelangt sei, wohl entsprechend der Vorschrift des § 88 Abs. 1 in den Text des § 91 aufgenommen haben.[1])

Welchen Aufschluß hat der Buchauszug zu geben?

Hierüber sagt schon das Gutachten der „Berliner Ältesten“ vom 7. Juli 1891:

[1]) Übereinst.: Jacusiel S. 52/53; Greif S. 57/58; Kaiser S. 60/61: Goldmann Anm. 2 zu § 91 Band I S. 425; Makower Anm. III a zu § 91 Band I S. 256; KGBl. 1905 S. 104 (KG. 18. IX. 05). Für die Zeit vor 1900: Berliner Älteste 7. Juli 1891 bei Dove-Apt I Nr. 46 S. 59 Schlußsatz. Abw.: Staub (VIII. Aufl.) Anm. 1 zu § 91 S. 376; Immerwahr S. 156/157. Das Urteil des Reichsgerichts vom 13. I. 93 bei Bolze Band 16 Nr. 352 S. 209 dürfte als vor 1900 erlassen in dieser Hinsicht als veraltet gelten. Cahen-Köln (Münchner Kongreß-Protokoll S. 46) bezeichnet die Frage als „streitig“.

„Der Agent ist berechtigt, einen genauen Auszug der sämtlichen provisionspflichtigen Verkäufe zu fordern, mit Angabe der Adressen der Käufer, der Mengen der bezogenen Waren und, wenn die Berechnung der Provision nach dem Fakturenwert der verkauften Waren zu erfolgen hat, auch mit Angabe der bedungenen Preise. Die Hinzufügung der Zahlungsbedingungen erscheint nicht erforderlich.“ (Vgl. Dove-Apt I Nr. 46 S. 59.)

Diese Gesichtspunkte sind auch für das neue Recht maßgeblich und dem ist höchstens noch im Sinne der obigen Darlegungen hinzuzusetzen, daß auch die Zahlungen, soweit sie eingegangen sind, in den Buchauszug aufzunehmen sind, damit sich der Agent ein Bild darüber machen kann, ob und welche der Geschäfte ihm bereits eine nach § 88 fällige Provision abwerfen.

Hinsichtlich derjenigen Geschäfte, welche der Geschäftsherr nicht oder nur teilweise zur Ausführung gebracht hat und für welche danach gemäß § 88 Absatz 2 dem Agenten möglicherweise trotzdem eine Provision zukommt, sind die Gründe der Nichtausführung in den Buchauszug aufzunehmen, schon um deswillen, damit der Agent nachprüfen kann, „ob für die Nichtausführung wichtige Gründe in der Person desjenigen vorlagen, mit welchem das Geschäft abgeschlossen war.“[1]) Es ist dies eine notwendige Folge davon, daß, wie die Denkschrift I S. 72 u. II S. 78 sagt, „der Geschäftsherr billigerweise sich nicht weigern darf, seinem Agenten die nötige Aufklärung zu geben“, und zwar gerade über die Tatsachen, über die der Agent „aus eigener Wissenschaft keine genaue Kenntnis haben kann.“

Es genügt daher auch nicht ein „Auszug aus den sogenannten Kontokorrentbüchern“, wie dies schon für das Recht vor 1900 das mehrerwähnte Gutachten der „Berliner Ältesten“ vom 7. Juli 1891 (Dove-Apt I Nr. 46 S. 58) festgestellt hat. Überhaupt kann sich der Geschäftsherr nicht darauf berufen, daß über die fraglichen Punkte seine — gut oder schlecht geführten — Bücher keinen Aufschluß gäben. Das erforderliche Material ist nötigenfalls aus den „Handelsbriefen“ (§ 44 HGB.) oder dem Gedächtnis zu ergänzen und in den „Buchauszug“ aufzunehmen.[2])

Bei der Abrechnung kann der Buchauszug gefordert werden.

„Bei der Abrechnung“ bedeutet „**gleichzeitig mit derselben**“ d. h. so oft nach dem Agenturvertrag eine Abrechnung zu geben ist, oder wenn in Ermangelung einer vertragsmäßigen Bestimmung gemäß § 88 Abs. 4 am Schlusse eines jeden Kalenderhalbjahres die Abrechnung stattfindet, so kann auch der Buchauszug verlangt werden. Es ist somit auch nicht ganz richtig, wenn Staub (VIII. Aufl. Anm. 1 zu § 91 S. 376) davon spricht, daß der Buchauszug die Abrechnung „**vorbereiten**“ soll, er soll sie vielmehr **begleiten**, ihr als — wenn auch nur schwaches Kontrollmittel für den Agenten — zur Seite stehen. Andererseits heißt: „bei der Abrechnung“ nicht „in Verbindung mit einer tatsächlich erfolgenden Abrechnung“. Sollte einmal zur vertraglichen oder gesetzlichen Zeit aus irgendwelchen

[1]) **Übereinst.:** Carl A. Callmann-Köln im „Waren-Agent“ 1906 S. 137—139 bes. S. 138.

[2]) Vgl. Makower Anm. IIIb zu § 91 S. 257. Cahen-Köln (Münchener Kongreß-Protokolle S. 46) weist mit Recht darauf hin, daß das Wort „Buchauszug“ „schlecht gewählt“ ist. Im übrigen faßt Cahen im Bestreben, die Mängel des den Agenten gewährten Rechtsschutzes darzulegen, die Pflichten des Geschäftsherrn nach § 91 zu eng auf.

Gründen, z. B. weil nichts eingegangen ist, eine Abrechnung nicht stattfinden, so ist doch auf Erfordern dem Agenten vom Geschäftsherrn ein Buchauszug zu erteilen, aus dem sich z. B. gerade die Tatsache, daß nichts abzurechnen ist, ergibt.[1]) Es soll durch die Worte „bei der Abrechnung" nur der Zeitpunkt der Erteilung des „Buchauszugs" durch Bezugnahme auf die vertragsmäßigen oder gesetzlichen Bestimmungen über den Zeitpunkt der Abrechnung festgelegt werden.

II. Das Recht auf Büchereinsicht und Belege.[2])

Beide sind nach dem geltenden Handelsgesetzbuch dem Agenten versagt.

Die Nichtaufnahme einer bezüglichen Bestimmung ist vom Gesetzgeber veranlaßt, weil er glaubte, daß der Agent gegen Benachteiligung abseiten des Geschäftsherrn durch den als bestehend angenommenen Vorlegungszwang im Prozesse genügend geschützt sei.

Die Denkschrift (I S. 72 und II S. 79) sagt hierüber:

„Entsteht über die Richtigkeit und Vollständigkeit des Auszuges ein Rechtsstreit, so kann das Gericht auf Antrag oder von Amtswegen die Vorlegung der Handelsbücher des Geschäftsherrn anordnen (§ 44). Hierdurch ist der Agent gegen Benachteiligungen von seiten des Geschäftsherrn in ausreichendem Maße geschützt. **Ihm außerhalb eines Rechtsstreits den Anspruch auf Vorlegung der Handelsbücher zu gewähren, ist nicht erforderlich; dem Geschäftsherrn kann auch wohl nicht zugemutet werden, ohne richterliche Anordnung und Mitwirkung dem Agenten seine Bücher zur Einsicht offen zu legen.**"

Es bedeutet dies einen gewaltigen Rückschritt gegenüber dem Recht vor 1900.

Literatur und Judikatur vor 1900 gewährten dem Agenten die Büchereinsicht.[3])

Die „Denkschrift" verweist den Agenten auf § 45 HGB. für den Fall eines Rechtsstreits über die Vollständigkeit und Richtigkeit des Buchauszugs.

§ 45 Abs. 1 HGB. besagt: „Im Laufe eines Rechtsstreits kann das Gericht auf Antrag oder von Amts wegen die Vorlegung der Handelsbücher einer Partei anordnen.[4])

---

[1]) Vgl. Makower Anm. II zu § 91 Band I S. 256.

[2]) Vgl. zu Nachstehendem: Staub (VIII. Aufl.) Anm. 4 zu § 91 S. 377; Makower Anm. IV u. V zu § 91 Band I S. 257; Goldmann Anm. 1 und 2 zu § 91 S. 424/425; Düringer-Hachenburg zu § 91 S. 273. Breit in Holdheims Monatsschrift 1905 (XIV. Jahrg.) S. 225—228; Dr. Honig-Nürnberg im „Waren-Agent" 1907 Nr. 1 S. 1/2. Dr. Jacobsohn-Berlin im „Waren-Agent" 1905 Nr. 51 S. 397/398 u. Nr. 53 S. 413/414.

[3]) Vgl. Staub (III/IV. Aufl.) § 9 zum Zweiten Zusatz zu Buch 1: „Von den Agenten" S. 143; RG. 23. IX. 91 in JW. 1891 S. 475 Nr. 25, auch abgedruckt bei Bolze Band 13 Nr. 377 S. 196; RG. 2. IV. 89 bei Bolze Band 7 Nr. 513; RG. 12. XII. 98 bzw. 11. I. 99 in Seufferts Archiv Band 54 Nr. 159 S. 191.

[4]) Vgl. hierzu Staub (VIII. Aufl.) S. 221/223; Makower Anm. III sub. b zu § 45 S. 167/168; Goldmann Anm. 1—2 zu § 45 Band I S. 203/205.

Das Gericht ist danach ermächtigt,[1]) die Vorlage der Bücher des Geschäftsherrn in einem Rechtsstreit anzuordnen und zwar auch ohne daß der Gegner des Vorlegungspflichtigen ein Recht auf die Büchereinsicht hat und es selbst nicht einmal beantragt („von Amts wegen"). Aber diese Anordnung darf nur dann erfolgen, wenn die Angaben der beweispflichtigen Partei, deren Gegner die Bücher vorlegen soll, so ausreichend substantiiert sind, daß bestimmte Tatsachen, die sich aus den Büchern ergeben sollen, zum Gegenstand der Beweisaufnahme durch Einsicht der Bücher gemacht werden können. Das Recht des Richters, die Büchervorlage gemäß § 45 HGB. anzuordnen, darf niemals dazu führen, daß der Gegner erst Material zur näheren Begründung seiner Behauptungen daraus gewinnt.[2])

Dieser Grundsatz, der am schärfsten in letzter Zeit von dem Oberlandesgericht Posen in seiner Entscheidung vom 3. Oktober 1904 (OLGRspr. Bd. X S. 238) ausgesprochen ist, erleidet nach unserer Auffassung dann eine Einschränkung, wenn es dem Agenten im einzelnen Falle bereits gelungen ist, den Geschäftsherrn der Nichtaufnahme eines provisionspflichtigen Geschäfts zu überführen. Dieses nachgewiesene „illoyale Verhalten" des Geschäftsherrn läßt vermuten, daß auch in anderen Fällen der erteilte Buchauszug unvollständig ist und auch ohne daß der Agent in der Lage ist, weitere Einzelfälle und Tatsachen zu behaupten, hat solchenfalls die richterliche Anordnung der Büchervorlage zu erfolgen. Das Argument, daß die Büchereinsicht nicht zur Beschaffung des zur näheren Begründung der Behauptungen des Agenten erforderlichen Materials dienen soll, versagt gegenüber dem bereits im Einzelfall dargetanen unredlichen Gebahren des Geschäftsherrn.

Die im Falle des § 45 Abs. 1 HGB. anzuordnende Vorlegung der Handelsbücher umfaßt nicht die Handelskorrespondenz, also auch nicht das Kopierbuch, denn dieses gehört nach der Vorschrift des § 38 HGB. nicht zu den „Handelsbüchern".[3])

Andererseits umfaßt die Vorlegungspflicht, wenn sie besteht, nicht nur die

---

[1]) Das Gesetz sagt: „kann das Gericht", aber es gilt auch hier, was Planck Einl. S. 27 hinsichtlich des Worts „kann" im BGB. sagt: „Wird von einer Behörde gesagt, daß sie etwas tun kann, so wird dadurch nicht allein die rechtliche Zulässigkeit des Tuns bestimmt, sondern zugleich ausgedrückt, daß die Behörde dasjenige, was sie tun kann, auch zu tun hat, wenn nach ihrem pflichtmäßigen Ermessen die Voraussetzungen vorliegen, unter welchen sie nach der Absicht des Gesetzes oder nach den für die Behörde geltenden besonderen Vorschriften von der Gestattung des Tuns Gebrauch machen soll."

[2]) Vgl. RG. 14. XI. 96 in JW. 1896 S. 699/700; RG. 18. VI. 97 in JW. 1897 S. 418/419; RG. 26. IX. 02 in JW. 1902 S. 545; OLG. Posen 3. X. 04 in OLGRspr. Band X S. 238 (hierzu Dr. Jacobsohn im „Waren-Agent" 1905 Nr. 51 S. 398 und P(odewils) im „Waren-Agent" 1906 Nr. 48 S. 373/374. RG. 26. II. 96 in Gruchot Beitr. Band 40 S. 960; RG. Band 18 S. 24/25.

[3]) Vgl. Staub (VIII. Aufl.) Anm. 4 zu § 45 S. 223 und Anm. 7 zu § 38 S. 210. Goldmann Anm. 1 sub II 4 zu § 45 Band I S. 204. A. M. Makower Anm. Ib zu § 39 Band I S. 156. Anders nach altem Recht. Hier war (vgl. Staub [III/IV. Aufl.] § 3 zu Art. 28 S. 62) das Kopierbuch „das einzige strikt vorgeschriebene Handelsbuch". Folgerichtig bemerkt Staub (VIII. Aufl.) Anm. 8 zu § 45 S. 223, daß vor dem 1. Januar 1900 geführte Kopierbücher auch heute noch als „Handelsbücher" zu betrachten sind.

„zur ordnungsmäßigen Buchführung" (§ 38 HGB.) erforderlichen Bücher, sondern auch die **tatsächlich** in dem Betriebe geführten Handelsbücher.[1])

Daß die vorstehend dargelegten Vorschriften keineswegs **zum Schutz des Agenten gegenüber einem unredlichen Geschäftsherrn ausreichen**, dürfte auf der Hand liegen.

Denn abgesehen davon, daß die Büchervorlage nur unter den oben ausgeführten Voraussetzungen statthat, **findet sie nur im Prozeß statt. Außerhalb eines Rechtsstreits ist der Agent schutzlos.**

Die verschiedensten Mittel und Wege sind ersonnen worden, um den Agenten des Schutzes, dessen er in der Tat hier dringend bedürftig ist,[2]) dennoch teilhaftig werden zu lassen.

Jacobsohn-Berlin (im „Waren-Agent" 1905 Nr. 53 S. 413/414) vertritt die Ansicht, daß man bislang die **Beweislast verkannt** habe. Nicht der Agent brauche den Beweis zu erbringen, daß der Buchauszug unvollständig sei, sondern „von dem Geschäftsherrn sei der Beweis zu verlangen, daß sein Buchauszug vollständig sei, wenn der Agent ihn bemängelt". Er werde diesen Beweis leicht dadurch führen können, daß er dem Richter seine Geschäftsbücher vorlege.

Dieser Ansicht können wir nicht beipflichten.

Für die von ihm festgestellte „Umkehrung der Beweislast"[3]) hat Jacobsohn zwingende Gründe nicht dargetan, seine Analogien auf andere Fälle, in denen aus „Billigkeitsgründen" wegen Schwierigkeit der Beweisführung durch den Beweispflichtigen die Beweislast umgekehrt wird, erscheinen auf unseren Fall, zumal bei der ausgesprochenen (vgl. die Denkschrift) Absicht, dem Agenten „ohne richterliche Anordnung und Mitwirkung" die Einsicht der Bücher zu verwehren, nicht anwendbar.

Auch die §§ 259 und 810 BGB. helfen hier nicht.

Dem Geschäftsherrn liegt dem Agenten gegenüber die in § 259 BGB. angeordnete Rechenschaft „über eine mit Einnahmen und Ausgaben verbundene Verwaltung nicht ob.[4]) Der „Buchauszug" ist ferner keine Beurkundung eines zwischen Agent und Geschäftsherrn bestehenden Rechtsverhältnisses, sondern, wie Staub (VIII. Aufl.) Anm. 4 zu § 91 S. 377) es treffend ausdrückt, „lediglich von Tatsachen, die bei **Erledigung** des zwischen dem Geschäftsherrn und dem Agenten bestehenden Rechtsverhältnisses von Wichtigkeit sind".[5])

§ 810 BGB. scheidet daher gleichfalls aus.

Endlich hat man noch versucht, **den § 260 BGB.** heranzuziehen, um den Agenten wenigstens in gewisser Weise gegen die Benachteiligung durch unzureichende

---

[1]) So schon ROHG. Band II S. 130.

[2]) Vgl. Staub (VIII. Aufl.) Anm. 4 zu § 91 S. 377; Jacusiel S. 54/55; Dochnahl S. 121.

[3]) Daß eine solche vorliegen würde und der Agent **an sich** nach allgemeinen Regeln für die Unvollständigkeit des Buchauszugs beweispflichtig ist, verkennt auch Jacobsohn nicht (a. a. O. S. 414).

[4]) Vgl. auch die Denkschrift II S. 78/79.

[5]) Vgl. ferner Staub (VIII. Aufl.) Anm. 1 zu § 45 S. 222; Makower Anm. III a zu § 45 S. 166/167. OLG. Posen 3. X. 04 in OLGRspr. Band X S. 238.

oder ungenaue Buchauszüge zu schützen. Es ist dies vornehmlich in einem Aufsatz von Dr. James Breit-Dresden in Holdheims Monatsschrift 1905, S. 225—228 („Agent und Geschäftsherr") geschehen und im Anschluß hieran in einem Referat von Richard Haupt-Frankfurt a. M., erstattet im „Verein Frankfurter Waren-Agenten" am 24. September 1906 (vgl. Waren-Agent 1906 Nr. 41 S. 318/319).

Allein wir vermögen den Ausführungen Breits und Haupts nicht beizupflichten, müssen uns vielmehr den gegen dieselben geäußerten Bedenken von Dr. Honig-Nürnberg (vgl. Waren-Agent 1907 Nr. 1 S. 1—2) allen Umfangs anschließen.

§ 260 BGB. besagt:

„Wer verpflichtet ist, einen Inbegriff von Gegenständen herauszugeben oder über den Bestand eines solchen Inbegriffs Auskunft zu erteilen, hat dem Berechtigten ein Verzeichnis des Bestandes vorzulegen.

„Besteht Grund zu der Annahme, daß das Verzeichnis nicht mit der erforderlichen Sorgfalt aufgestellt worden ist, so hat der Verpflichtete auf Verlangen den Offenbarungseid dahin zu leisten:

daß er nach bestem Wissen den Bestand so vollständig angegeben habe, als er dazu imstande sei.

„Die Vorschrift des § 259 Abs. 3 findet Anwendung."

Es fragt sich also, ob die Pflicht des Agenten zur „Mitteilung eines Buchauszuges", die § 91 statuiert, die Verpflichtung zur Auskunftserteilung über „den Bestand eines Inbegriffs von Gegenständen" ist.

Nun mag zugegeben werden, was Breit a. a. O. S. 226 darlegt, daß der vom Gesetzgeber gewählte Ausdruck: „Inbegriff von Gegenständen" sich nicht deckt mit dem Begriff: „Sachgesamtheit"[1]) (also z. B. eine Herde, ein Gutsinventar, eine Bibliotek), sondern „jede Mehrheit von Vermögensgegenständen, welche der Berechtigte nicht einheitlich bezeichnen kann und die herauszugeben oder über die Auskunft zu erteilen ist, auf Grund eines einheitlichen Rechtsverhältnisses"[2]) bedeutet. Wir wollen den Darlegungen Breits auch insoweit folgen, daß das erforderte einheitliche Rechtsverhältnis der Agenturvertrag ist und daß auch „Forderungen" „Vermögensgegenstände" sind. (Vgl. Breit a. a. O. S. 227.) Trotzdem ist der Buchauszug nicht dazu bestimmt, eine „Mehrheit von Vermögensgegenständen" aufzunehmen und über sie Auskunft zu erteilen.

Es geht dies schon daraus hervor, daß der „Buchauszug" nach der von uns dargelegten Ansicht (vgl. oben S. 147/148) durchaus nicht dazu bestimmt ist, lediglich über die Provisionsforderungen des Agenten Kunde zu geben, sondern über eine Reihe von Tatsachen, die dem Agenten erst die Beurteilung ermöglichen sollen, ob ihm überhaupt und wann oder weshalb nicht ihm für gewisse Geschäfte ein Recht auf Provision zusteht. Die unzutreffende Gleichbehandlung — hinsichtlich ihres Inhalts — von „Abrechnung" und „Buchauszug" führt dazu, den § 260 BGB. für anwendbar auf die Vorschrift des § 91 HGB. zu erachten.

---

[1]) Vgl. hierzu Planck (III. Aufl.) Erl. I zu § 260 BGB. Band II S. 45.

[2]) So defininiert den Begriff das bei Breit a. a. O. S. 226 zitierte Urteil des Reichsgerichts vom 6. April 1903, abgedruckt Gruchots Beiträge Band 47 S. 910—915.

Noch ein weiteres Argument läßt sich gegen die Heranziehung des § 260 BGB. vorbringen. Nach Art. 2 Abs. 1 des Einführungsgesetzes zum HGB. vom 10. Mai 1897 kommen „in Handelssachen die Vorschriften des Bürgerlichen Gesetzbuches nur insoweit zur Anwendung, als nicht im Handelsgesetzbuch oder in diesem Gesetz ein anderes bestimmt ist."

Die Vorschrift des § 91 HGB. ist nun der des § 260 BGB. durchaus „parallel". § 91 schreibt die „Mitteilung eines Buchauszuges", nicht die Verpflichtung zur „Auskunftserteilung" vor. § 260 BGB. spricht für gewisse Fälle die Verpflichtung zur Auskunftserteilung, die Vorlage eines „Bestandsverzeichnisses" aus. Seiner Natur nach ist letzteres mit dem „Buchauszug", welcher eine Art „Rechenschaftsbericht", wie gezeigt ist, nicht gleichbedeutend. Wollte das Gesetz den Geschäftsherrn dem § 260 BGB. unterstellen, so hatte es nur im § 91 demselben die Pflicht zur „Auskunftserteilung"[1]) aufzuerlegen, die sich sodann gemäß § 260 BGB. regelte. Dies ist nicht geschehen. Die „abweichende" Vorschrift des HGB. geht also der des BGB. vor.

Besteht somit selbst Besorgnis, daß der „Buchauszug" „nicht mit der erforderlichen Sorgfalt aufgestellt ist" so kann dennoch der Agent nicht die Ableistung des im § 260 Abs. 2 BGB. vorgesehenen Offenbarungseides von dem Geschäftsherrn fordern.[2])

Das Ergebnis ist also:

Der Agent kann die Vorlage der Geschäftsbücher oder die eidliche Bekräftigung der Richtigkeit des erteilten Buchauszuges durch den Geschäftsherrn nicht erzwingen.

Dies Resultat ist keineswegs befriedigend. Besserung ist hier nur von einer Änderung des geltenden Rechts im Wege der Gesetzgebung zu erhoffen.[3])

---

[1]) Wie dies in den Fällen der §§ 1374 Satz 2, 1891 Abs. 2, 2011 Satz 2, 2027 Abs. 1 und 2 u. a. m. BGB. angeordnet ist. Auf diese Fälle findet § 260 BGB. zweifellos Anwendung. Analog ordnet § 384 HGB. die „Rechenschaftspflicht" des Kommissionärs an und ist damit hierauf § 259 BGB. ohne weiteres anwendbar.

[2]) Breit berichtet (a. a. O. S. 227/228), daß auch das Landgericht Dresden in einem Urteil vom 31. Januar 1905 der im Text vertretenen Ansicht gewesen sei. Zu einer Entscheidung durch die obere Instanz sei es in jenem Falle nicht gekommen, da der verklagte Geschäftsherr in der Berufungsinstanz den Agenten vergleichsweise mit 8000 Mk. absand.

[3]) So auch Cahen-Köln auf dem III. (Münchner) Kongreß Deutscher Handlungsagenten, vgl. Kongreß-Protokolle S. 48, siehe auch Podewils im „Waren-Agent" 1907 Nr. 21 S. 161/162. Kaiser S. 62/63 hält die im Gesetz getroffene Lösung für richtig, da die „Interessen" zweier Parteien kollidierten. Der Gesetzgeber habe sich „für den Geschäftsherrn" entschieden; angemessen wäre vielleicht gewesen, dem Bezirksagenten, aber auch nur diesem das Recht der Einsicht der Bücher zu geben. Das „Interesse" des Geschäftsherrn soll an der „Geheimhaltung" des Inhalts der Bücher auch gegenüber dem Agenten, der vielleicht demnächst „zur Konkurrenz übergeht", bestehen. Auch die Denkschrift I S. 72 und II S. 79 meint, dem Geschäftsherrn könne die Offenlegung der Bücher, wenigstens ohne richterliche Anordnung, nicht zugemutet werden. Soweit es sich um die Büchervorlage in einem Rechtsstreit handelt, scheidet dies Argument jedoch wegen der Vorschrift des § 46 HGB. ganz aus. Denn nach dieser Vorschrift hat der Gegner des Vorlagepflichtigen nur Einsicht in die Bücher, soweit sie den Streitpunkt betreffen. „Der übrige Inhalt der Bücher ist dem Gericht insoweit

Noch vor einem soll an dieser Stelle nachdrücklich gewarnt werden: dem Erstatten voreiliger Strafanzeigen. Es ist dies ein Mittel, zu dem man den in der Tat genügenden Rechtsschutzes entbehrenden Agenten greifen sieht, um sich mit Hilfe des Offizialbetriebes im Strafverfahren Material für seinen künftigen Zivilprozeß zu verschaffen.

Zwar hat der Geschäftsherr die Pflicht, die dem Agenten „bei der Abrechnung mitzuteilenden Buchauszüge über die provisionspflichtigen Geschäfte mit der peinlichsten Sorgfalt und in absoluter Vollständigkeit aufzustellen." (Vgl. OLG. Dresden, 29. Febr. 1904 in OLGRspr. Bd. VIII. S. 390) und wie es in dem gleichen Urteil heißt, ist „der Agent in dieser Beziehung, zumal bei den Provisionen aus den sogen. „direkten" Geschäften ganz auf die Redlichkeit des Geschäftsherrn angewiesen." Aber die Verabsäumung dieser Pflicht, die Ungenauigkeit des erteilten Buchauszuges kann doch auf einer im einzelnen Fall entschuldbaren Nachlässigkeit des Geschäftsherrn beruhen, welcher vielleicht in seinem großen Betriebe die Aufstellung desselben einem Angestellten überlassen und dessen Arbeit nicht genügend kontrolliert hatte. Zur Strafbarkeit der Handlung — es würde nur Betrug, Vergehen gegen § 263 StGB., in Frage kommen — gehört aber das absichtliche Verschweigen provisionspflichtiger Geschäfte. Sofern der Agent nicht dem Staatsanwalt Material beizubringen vermag, aus dem erhellt, daß diese Voraussetzung zutrifft, wird die Anklagebehörde dem Antrag auf Einleitung eines Strafverfahrens nicht stattgeben dürfen. Die Folgen solcher unbegründeter Anzeigen sind aber möglicherweise für den Agenten lästige Beleidigungsprozesse, unter Umständen auch, wenn die Untersuchung keinerlei Anhalt gegen den Geschäftsherrn ergibt und die Anzeige nach Ansicht des Gerichts auf „grober Fahrlässigkeit" beruht, die Belastung des anzeigenden Agenten mit den der Staatskasse und dem Beschuldigten erwachsenen Kosten (§ 501 StPO.).[1])

III. Wie wird die Mitteilung des Buchauszuges erzwungen?

Weigert sich der Geschäftsherr, der ihm durch § 91 auferlegten Pflicht zur Mitteilung eines Buchauszuges nachzukommen, so bleibt dem Agenten nur der

---

offen zu legen, als es zur Prüfung ihrer ordnungsmäßigen Führung notwendig ist." (§ 46 Satz 2 HGB.) — Der „Verband reisender Kaufleute" hat im Frühjahr 1907 dem Reichstag eine Eingabe auf Änderung des § 91 unterbreitet. Der Verband beantragt, dem § 91 folgende Fassung zu geben:

„Der Handlungsagent kann bei der Abrechnung mit dem Geschäftsherrn die Mitteilung eines Buchauszugs über die durch seine Tätigkeit zustande gekommenen Geschäfte fordern. Auch kann er zur Prüfung des Buchauszuges die Vorlegung der Handelsbücher des Geschäftsherrn verlangen. Das gleiche Recht steht ihm in Ansehung solcher Geschäfte zu, für die ihm nach § 89 die Provision gebührt."

Eine Reihe deutscher Handelskammern hat sich jedoch mit dieser Fassung des § 91 nicht einverstanden erklärt (vgl. hierzu: Zeitschrift „Handel und Gewerbe" 1907 Nr. 30, 32, 34).

[1]) Vgl. hierzu Jacusiel S. 55, der einerseits das Anrufen des Staatsanwalts als „Unsitte" bezeichnet, andererseits ausführt, daß dieser Weg den Agenten „häufig allein zur Erlangung seiner Provision führen" werde.

Weg der Klage offen. Dieselbe ist auf Erteilung des Buchauszuges zu richten. Es kann jedoch mit derselben die Klage auf Herausgabe des Rechnungsergebnisses oder der nach dem Buchauszug geschuldeten Provisionen verbunden werden. Es ergibt sich dies aus § 254 CPO.[1])

Die bestimmte Angabe der beanspruchten Summe kann in diesem Falle vorbehalten bleiben, bis der Buchauszug mitgeteilt ist (§ 254 CPO.). Dies Verfahren bedingt getrennte Verhandlung über die beiden Ansprüche. Das Gericht hat solchenfalls zunächst nur über den Anspruch auf Mitteilung eines Buchauszuges verhandeln zu lassen und hierüber durch Teilurteil zu erkennen.[2]) Eine Verurteilung dem Grunde nach hinsichtlich des nach dem Buchauszug Geschuldeten neben dem Teilurteil auf Mitteilung des Buchauszuges ist unzulässig.[3])

Das Urteil auf Mitteilung des Buchauszuges ist nötigenfalls im Wege der Zwangsvollstreckung nach dem § 887 CPO. zur Ausführung zu bringen. Die Mitteilung des Buchauszuges ist zweifellos eine „Handlung, deren Vornahme durch einen Dritten erfolgen kann.“[4]) Der Agent kann sich also, nachdem er das Urteil auf Mitteilung des Buchauszuges erstritten hat, von dem Prozeßgericht erster Instanz ermächtigen lassen, den Buchauszug auf die vom Schuldner eventuell vorzuschießenden Kosten desselben z. B. durch einen beeidigten Bücherrevisor anfertigen zu lassen. Weigert sich der verurteilte Geschäftsherr allerdings dann, dem vom Gericht ernannten Bücherrevisor die Bücher zwecks Herstellung des Buchauszugs vorzulegen, so kann er hierzu nur durch vom Prozeßgericht erster Instanz gemäß § 888 CPO. zu verfügende Geld- oder Haftstrafen angehalten werden, da die „Vorlage der Bücher“ eine Handlung ist, die ein Dritter nicht vornehmen kann und die ausschließlich vom Willen des verurteilten Geschäftsherrn abhängt.[5]) — Eine Vollstreckung ist jedoch ausgeschlossen, wenn dem Geschäftsherrn, sei es vor oder nach der Verurteilung, wenn auch auf Grund eigenen Verschuldens, die Mitteilung des Buchauszugs unmöglich geworden ist.[6])

Dem Agenten bleibt solchenfalls nur übrig, gemäß § 893 CPO., § 283 BGB. auf Schadensersatz zu klagen. § 283 BGB. hat jedoch zur Voraussetzung,

---

[1]) Die Erteilung des Buchauszugs ist eine „Rechnungslegung“ im Sinne des § 254 CPO. Das RG. Band 53 S. 254 sagt: „Der Sprachgebrauch läßt als „Rechnungslegung gelten jede Auskunftserteilung, die auf entsprechender, durch Gesetz oder durch Vertrag begründeter Rechtspflicht beruhend, in verständlicher, der Nachprüfung zugänglicher Kundgebung der Tatsachen, namentlich der erzielten Einnahmen und Ausgaben, besteht, nach denen sich die Ansprüche des Empfängers der Kundgebung gegenüber dem Kundgeber bemessen.“

[2]) Vgl. OLG. Hamburg 31. I. 02 in OLG. Rspr. Band V S. 55 (auch abgedruckt HGZ. Bbl. 1902 S. 144); RG. Band 58 S. 59.

[3]) Vgl. RG. Band 56 S. 119/120.

[4]) Übereinst.: RG. Beschluß des III. CivSen. vom 11. IV. 02 in JW. 1902 S. 272 Nr. 16.

[5]) Staub (VIII. Aufl.) Anm. 6 zu § 91 S. 377 bezeichnet § 888 CPO. schlechthin als anwendbar; ebenso Planck Bem. 3 zu § 260 BGB Band II S. 44 im Gegensatz zu unserer Auffassung.

[6]) Vgl. die Zitate bei Sydow-Busch (X. Aufl.) Anm. 3 zu § 888 CPO. S. 794, bes. RG.-Beschluß des VI. CivSen. vom 15. XI. 97 in JW. 1898 S. 10 Nr. 26.

daß die Unmöglichkeit der Leistung von dem Schuldner „zu vertreten" ist (vgl. § 283 Abs. 1 Satz 3 BGB.).

Verbrennen also z. B. die Bücher und / oder Papiere des Geschäftsherrn, aus denen er den Buchauszug anfertigen müßte, so hat er zu vertreten:

a) Vorsatz und Fahrlässigkeit (§ 276 BGB.);

b) Verschulden seines gesetzlichen Vertreters oder der Personen, derer er sich zur Erfüllung seiner Verbindlichkeiten bedient, also z. B. seines Buchhalters (§ 278 BGB.);

c) während seines Verzuges auch durch Zufall eintretende Unmöglichkeit, es sei denn, daß der Schaden auch bei rechtzeitiger Leistung eingetreten sein würde (§ 287 Satz 2 BGB.).

Letzteres wird in unserm Falle besonders häufig gegeben sein, da bei etwaigen Klagen auf Mitteilung eines Buchauszuges der Geschäftsherr „im Verzuge" ist und sich nicht mehr darauf berufen kann, daß ihm die Bücher z. B. durch einen Brandschaden, für dessen Entstehung er völlig unverantwortlich ist, vernichtet seien.

Nicht ganz leicht wird für den Agenten im Falle der vom Geschäftsherrn zu vertretenden Unmöglichkeit der Mitteilung des Buchauszugs der Nachweis seines Schadens sein. Allein hier wird der Richter in weitestem Umfange von der ihm nach § 287 CPO. gewährten Befugnis Gebrauch machen, auch den Agenten eventuell zur eidlichen Schätzung seines Schadens oder Interesses zulassen müssen.[1])

IV. Wo hat die vom Gericht angeordnete Büchervorlage stattzufinden?

Wenn das Gericht entweder auf Grund des dem Agenten vertraglich eingeräumten Rechts auf Büchereinsicht oder in Gemäßheit des § 45 HGB. unter dessen oben (S. 150) dargelegten Voraussetzungen, die Vorlage der Bücher anordnet, so entsteht die Frage, wo sie zu erfolgen hat.

Hierüber bestimmt § 434 CPO.: „Wenn die Vorlegung einer Urkunde bei der mündlichen Verhandlung wegen erheblicher Hindernisse nicht erfolgen kann oder wegen der Wichtigkeit der Urkunde und der Besorgnis des Verlustes oder der Beschädigung bedenklich erscheint, so kann das Prozeßgericht anordnen, daß die Vorlegung vor einem seiner Mitglieder oder vor einem anderen Gerichte geschehen."

Auf die Bücher des vom Sitz des Prozeßgerichts entfernt wohnenden Geschäftsherrn werden die Voraussetzungen des § 434 CPO. zuweilen zutreffen, wenn

[1]) § 287 CPO. lautet: „Ist unter den Parteien streitig, ob ein Schaden entstanden sei und wie hoch sich der Schaden oder ein zu ersetzendes Interesse belaufe, so entscheidet hierüber das Gericht unter Würdigung aller Umstände nach freier Überzeugung. Ob und inwieweit eine beantragte Beweisaufnahme oder von Amtswegen die Begutachtung durch Sachverständige anzuordnen sei, bleibt dem Ermessen des Gerichts überlassen. Das Gericht kann anordnen, daß der Beweisführer den Schaden oder das Interesse eidlich schätze. In diesem Falle hat das Gericht zugleich den Betrag zu bestimmen, welchen die eidliche Schätzung nicht übersteigen darf. Die Vorschriften über den Schätzungseid werden aufgehoben."

dieselben für längere Zeit nicht entbehrlich sind. Regeln lassen sich jedoch hier nicht aufstellen und es wird im einzelnen Falle zu prüfen sein, ob die Vorlage der Bücher vor dem Prozeßgericht oder dem beauftragten Richter zu erfolgen hat.[1]) Daß sich das Gericht bei der Einsichtnahme der Bücher der Hilfe von Sachverständigen bedienen darf, ergibt § 144 CPO.

V. Die Unvollständigkeit des erteilten Buchauszugs.

Wir behandelten bislang die Frage, welche Rechte dem Agenten zustehen, um die dem Geschäftsherrn obliegende Pflicht der Mitteilung eines Buchauszugs zu erzwingen.

Nur gelegentlich, so z. B. bei der Frage nach der „Büchereinsicht" streiften wir den Fall, daß der Geschäftsherr zwar einen Buchauszug mitgeteilt hat, daß dieser aber nach Meinung des Agenten „unvollständig" ist.

Welche Rechtsbehelfe stehen hier dem Agenten zur Seite?

Kann der Agent auf Erteilung eines zweiten vollständigen Buchauszugs klagen?

Die Frage ist bestritten.[2]) Das Reichsgericht hat verschiedentlich (vgl. z. B. 13. Januar 1893 in Bolze Band 16 Nr. 352 S. 209) für den Fall, daß regelmäßig Einzelauszüge erteilt seien, dem Agenten die Berechtigung, einen Gesamtauszug zu fordern, abgesprochen. Allein aus diesen, vor 1900 und der Existenz unseres § 91 getroffenen Entscheidungen ist für diese Frage wenig gewonnen. Der § 91 legt dem Geschäftsherrn die Pflicht auf, bei der Abrechnung, also gesetzlich (§ 88 Abs. 4 HGB.) am Schlusse eines Kalenderhalbjahres, dem Agenten „einen Buchauszug mitzuteilen". Wir sahen oben, daß dies eine Art „Rechenschaftsbericht" für das verflossene Halbjahr ist, zur Kontrolle und Rechtfertigung der gleichzeitig erfolgenden Abrechnung. Der „Buchauszug" des § 91 ist also durchaus nicht gleichbedeutend mit der Gesamtheit der Einzelauszüge; er ist ein Ding für sich, in das aus Geschäftsbüchern, Korrespondenz und Gedächtnis des Geschäftsherrn mancherlei aufzunehmen ist, das der einzelne Auszug über gewisse Geschäfte oder für einen kürzeren Zeitraum z. B. einen Monat, nicht zu enthalten braucht. So sahen wir oben, daß der Buchauszug Aufschluß darüber zu geben hat, welche Zahlungen am Schluß des Semesters noch ausstehen, so daß die bezüglichen Provisionen noch

[1]) Der Streitwert einer Klage auf Mitteilung eines Buchauszuges ist gemäß § 4 CPO. nach freiem richterlichen Ermessen festzusetzen. § 6 CPO. kommt nicht in Frage, da es sich nicht um die „Sicherstellung" einer Forderung handelt. — Das Interesse an der Mitteilung des Buchauszuges kann aber nicht zu dem gleichen Geldbetrag abgeschätzt werden, der dem Kläger infolge der Rechnungslegung (Kundgabe des Buchauszugs) auszuzahlen ist. Vielmehr ist, sofern nicht gleichzeitig auf Herausgabe des sich ergebenden Betrages geklagt wird, der Streitwert geringer als das Ergebnis der Rechnungslegung zu bemessen. Vgl. OLG. Kiel 7. III. 02 in OLGRspr. Band VI S. 372.

[2]) Vgl. hierzu außer den im Text zitierten älteren Reichsgerichtsentscheidungen: Staub (VIII. Aufl.) Anm. 2 zu § 91 S. 376; Breit in Holdheims Monatsschrift 1905 S. 226 links.

nicht fällig sind und welche Geschäfte aus besonderen wichtigen Gründen unausgeführt geblieben sind. Das sind alles Dinge, welche die Einzelauszüge naturgemäß nicht enthalten können.

Aus diesem Gesichtspunkt heraus ist also die Frage nicht zu lösen. Sie bezieht sich denn auch in Wahrheit nur auf den Buchauszug, der bei der Abrechnung für die verflossene Periode erteilt ist und prätendiert, ein vollständiger zu sein.

Kann hier auf Erteilung eines berichtigten, vervollständigten Buchauszugs geklagt werden?

Staub (VIII. Aufl. Anm. 2 zu § 91 S. 376/377) verneint dies mit Rücksicht auf die die Einzelauszüge betreffenden Reichsgerichtsentscheidungen. Goldmann (Anm. 3 zu § 91 S. 425) und Jacusiel S. 54 bejahen dagegen die Frage.

Wir gelangen zu folgendem Ergebnis:

Zunächst kann auf die bloße Behauptung der Unvollständigkeit eine Klage auf Erteilung eines ergänzten oder richtigen Buchauszuges nicht gestützt werden. Der Agent muß vielmehr die einzelnen übergangenen Geschäfte bezeichnen und die daraus ihm zukommenden Provisionen fordern.[1]) Es liegt dies ebenso wie bei der richterlichen Anordnung der Büchervorlage nach § 45 HGB. (vgl. oben S. 150).

Anders verhält sich die Sache aber, wenn die Unvollständigkeit des Buchauszugs darauf beruht, daß ganze Gebiete (z. B. eine Provinz oder eine Stadt in derselben) oder die direkten Geschäfte ganz fortgelassen sind, wenn Streit darüber zwischen den Parteien herrscht, ob der Agent überhaupt „Bezirksagent" nach § 89 HGB. ist, ob ein bestimmter Ort, z. B. Niederschönweide zu „Berlin und Umgegend" nach Vereinbarung oder Handelsgebrauch (vgl. zu § 89 S. 133 Anm. 4), also „in den Bezirk" des Agenten, gehört oder wenn der Buchauszug, wie es leider gelegentlich der Fall ist, nur eine Wiederholung der Abrechnung ist, d. h. der tatsächlich durch die Vermittelung des Agenten zustande gekommenen, ausgeführten und durch Zahlung erledigten und der nach § 89 HGB. provisionspflichtigen Geschäfte in ihrer Endziffer unter Beifügung des Rechenexempels der sich danach ergebenden Provisionen. In allen diesen Fällen wird man unseres Erachtens die Klage des Agenten auf Ergänzung des Buchauszugs zulassen müssen.[2])

Ist der Geschäftsherr dagegen rechtskräftig zur Mitteilung eines Buchauszugs verurteilt, so kann er im Zwangsvollstreckungsverfahren den Einwand, der Buchauszug sei schon erteilt, nur im Wege der Klage nach § 767 CPO. zur Geltung bringen.[3])

Keine Anwendung findet der § 91 auf den „tantiemeberechtigten Agenten".[4])

---

[1]) So bereits für das Recht vor 1900: ROHG. Band XVIII S. 2/3; RG. bei Bolze Band 16 Nr. 352. Abw.: LG. II Berlin 9. III. 05 in KGBl. 1905 S. 65.

[2]) Übereinst.: Makower unter III a zu § 91 S. 257; Jacusiel S. 54.

[3]) Vgl. OLG. Kiel 29. VI. 03 in OLGRspr. Band VII S. 326.

[4]) Vgl. oben S. 103/104 zu § 88, Staub (VIII. Aufl.) Anm. 7 zu § 91 S. 378 in Verbindung mit Anm. 5 und 6 zu § 65 S. 306/307; Jacusiel S. 56; Makower sub Ia zu § 91 S. 256 mit sub IIIb 4 zu § 59 S. 197; Goldmann Anm. 3 zu § 91 S. 426 in Verbindung mit Anm. 3 sub A I 2 c zu § 59 S. 285.

Dieser muß vielmehr hinsichtlich des Rechts auf Büchereinsicht dem tantiemeberechtigten Handlungsgehilfen gleichgestellt werden.

Danach muß der Geschäftsherr dem „tantiemeberechtigten" Agenten die Jahresbilanz vorlegen und Einsicht in die Bücher, Papiere, Korrespondenzen insoweit gestatten, als zur Prüfung der Bilanz nötig ist. Eine Pflicht zur eigentlichen Rechnungslegung und auf Belege besteht jedoch nicht,[1]) ebensowenig auf abschriftliche Mitteilung der Bilanz oder auf Gestattung der Anfertigung von Notizen,[2]) auch nicht zur Vorlegung der Bücher zwecks Anfertigung einer Bilanz durch den Tantiemeberechtigten.[3]) Das Recht auf Einsicht der Bücher hat der tantiemeberechtigte Agent in Person auszuüben. Sachverständige darf er nur soweit zuziehen, als er ohne ihre Hilfe seinen Anteil nicht festzustellen vermag.[4]) Es sei schließlich noch hervorgehoben, daß das Recht des tantiemeberechtigten Agenten auf Vorlegung einer Bilanz und Nachprüfung derselben durch Büchereinsicht durch vertragswidriges Verhalten des Agenten nicht aufgehoben wird.[5])

§. 92.

Das Vertragsverhältniß zwischen dem Geschäftsherrn und dem Handlungsagenten kann, wenn es für unbestimmte Zeit eingegangen ist, von jedem Theile für den Schluß eines Kalendervierteljahrs unter Einhaltung einer Kündigungsfrist von sechs Wochen gekündigt werden.

Das Vertragsverhältniß kann von jedem Theile ohne Einhaltung einer Kündigungsfrist gekündigt werden, wenn ein wichtiger Grund vorliegt.

I. Die gesetzliche (ordentliche) Kündigung.

Der Abs. 1 des § 92 regelt die ordentliche Kündigung zwischen Geschäftsherrn und Agenten. Nur für den Schluß eines Kalendervierteljahrs kann beiderseitig der Agenturvertrag gekündigt werden unter Einhaltung einer Frist von 6 Wochen.

a) Die Kündigung ist formlos, sie kann mündlich oder schriftlich erfolgen, durch Telegramm oder Fernsprecher.

b) Der Inhalt der Kündigung muß klar und bestimmt sein.

Nicht genügend sind inhaltlich beispielsweise die Worte des Geschäftsherrn: „Ich gebe meine Fabrikation zum 1. April d. J. auf, wonach Sie sich richten wollen."

---

[1]) So schon ROHG. Band I S. 193—97, Band XVII S. 276, Band XVIII S. 2. Vgl. ferner die Zitate bei Staub (VIII. Aufl.) Anm. 5 zu § 65 S. 306.

[2]) Vgl. ROHG. Band I S. 196.

[3]) Vgl. ROHG. Band XVII S. 277.

[4]) Vgl. OLG. Posen 7. XII. 03 in OLGRspr. Band VIII S. 95/96.

[5]) Vgl. ROHG. Band XVII S. 278; Goldmann Anm. 3 sub 2 c zu § 59 S. 285; Staub (VIII. Aufl.) Anm. 6 zu § 65 S. 306 und dort Zitierte.

und die Kündigungsworte des Agenten:

„Der Ton, den Sie in Ihren letzten Briefen anschlagen, zwingt mich dazu, unser Vertragsverhältnis zu lösen. Ich ersuche Sie deshalb, sich eines anderen Tones zu bedienen."

c) Bedingte Kündigungen sind zulässig,[1]) vorausgesetzt, daß das „wenn" und „ob" bestimmt und definitiv ist. Hierüber darf der Gekündigte nicht im Unklaren gelassen werden, insbesondere darf auch die Entscheidung, ob die Bedingung eintreten wird, nicht dem Kündigenden ausschließlich überlassen sein. Unzulässig ist deshalb folgende Kündigung des Geschäftsherrn:

„Ich teile Ihnen mit, daß mir keine Wahl bleibt, als für den Fall, daß die Ergebnisse Ihrer Transaktionen auch fernerhin den erforderlichen Gewinn vermissen lassen sollten, unseren Kontrakt zum 1. Januar nächsten Jahres als gelöst zu betrachten."[2])

Zulässig ist dagegen eine bedingte Kündigung seitens des Geschäftsherrn, lautend:

„Unser Verhältnis gilt zum 1. Januar 1908 als gelöst, wenn Sie bis zu diesem Termine nicht mindestens für 3000 Mk. Orders senden,"

oder

„wenn die geplante Zollerhöhung auf unsere Artikel bis dahin in Kraft getreten ist,"

weil sie genügend bestimmt und weil der Eintritt oder Nichteintritt der Bedingungen am gesetzten Termin objektiv festzustellen ist.

d) Wird die Kündigung durch einen Bevollmächtigten vorgenommen, so ist die Vorschrift des § 174 BGB. zu beachten (unverzügliche Zurückweisung mangels Vorlage einer Vollmachtsurkunde).

---

[1]) Übereinst.: Staub (VIII. Aufl.) Anm. 10 zu § 66 S. 311 mit zutreffender Verweisung auf § 643 BGB., im Gegensatz zur I. Aufl. Anm. 2a zu Art. 61 HGB., Goldmann, Handelsgesetzbuch 1901 § 66 sub V S. 324; Lehmann-Ring § 66 Nr. 4 S. 166. Abw. Makower, Handelsgesetzbuch, 13. Aufl. Band I § 66 sub c S. 209; Planck BGB. Band I 1903 Nr. 1 vor § 158 S. 273/274; Neumann, Jahrbuch 1 1903 § 158 BGB. Abs. 4 S. 97 (Crome); Horrwitz S. 101.

[2]) Dieser Satz ist aus dem Urteil ROHG. Band 4 S. 342 entnommen, welches sich auf einen Handlungsgehilfen bezieht. Makower, Handelsgesetzbuch, 13. Aufl. Band I § 66 sub c S. 209 beruft sich auf dieses Erkenntnis für seine Ansicht, daß eine bedingte Kündigung überhaupt unzulässig sei. Aber die Worte dieses Urteils (S. 343):

„Beklagter (Prinzipal) macht den Erfolg der Kündigung von Voraussetzungen abhängig, über deren späteren Eintritt der Natur der Sache nach ihm allein die Entscheidung zustand"

und

„der Prinzipal sichert sich faktisch die Möglichkeit, den Vertrag beim Herannahen des gesetzten Termins je nach seinem Vorteil als gelöst oder fortdauernd ansehen zu dürfen",

beweisen, daß an sich eine bedingte Kündigung als zulässig angesehen wird, nicht aber die vorliegende, weil sie „gegen die den Handelsverkehr beherrschenden Anforderungen von Treu und Glauben verstößt".

e) Die Berechnung der gesetzlichen Kündigungsfrist.

Die Einhaltung einer Frist von 6 Wochen ist vorgeschrieben. Volle 6 Wochen — also 42 Tage — müssen zwischen Kündigungstermin (Quartalsschluß) und der Vornahme der Kündigung liegen.

Deshalb ist spätestens zu kündigen:
am 17. Februar (bzw. 18. Februar im Schaltjahr) auf den 31. März. I. Quartal,
am 19. Mai auf den 30. Juni. II. Quartal,
am 19. August auf den 30. September. III. Quartal,
am 19. November auf den 31. Dezember. IV. Quartal.

Wenn diese Kündigungsdaten (17./18. Februar, 19. Mai, 19. August, 19. November) auf einen Sonntag oder staatlich anerkannten allgemeinen Feiertag fallen, so herrscht Streit darüber, ob die Auslegungsvorschrift des § 193 BGB.[1]) Anwendung findet.

Bei der hier behandelten gesetzlichen Kündigungsfrist ist weder an „einem bestimmten Tage" zu kündigen, noch „innerhalb einer bestimmten Frist", sondern außerhalb einer bestimmten Frist, nämlich „unter Einhaltung einer Kündigungsfrist von 6 Wochen", d. h. es muß mindestens eine Frist von 6 Wochen zwischen Kündigungsdatum und Quartalsschluß liegen, ohne daß aber der Beginn des Laufens dieser Frist gesetzlicher Vorschrift unterliegt. Zum 31. März kann ebensowohl am 10. wie am 17. Februar gekündigt werden.

Die Anwendbarkeit des § 193 BGB. ist somit auf den Fall des § 92 Abs. 1 HGB. zu verneinen.[2])

Anders liegt es, wenn innerhalb (binnen) einer Frist eine Handlung vorzunehmen ist. Z. B. der Agent soll sich binnen 6 Wochen erklären, ob er den Vertrag unter veränderten Bedingungen akzeptieren will. Dann findet § 193 BGB. Anwendung. Ist also der letzte[3]) Tag einer solchen Frist ein Sonntag oder Feiertag, so kann noch am nächsten Werktage die Erklärung abgegeben werden.

f) Das Gesetz sagt lediglich: „es kann unter Einhaltung einer Kündigungsfrist von 6 Wochen gekündigt werden". Allgemeine Rechtssätze regeln die Frage, in welchem Zeitpunkte die Kündigungserklärung rechtswirksam wird.

---

[1]) § 193 BGB. „Ist an einem bestimmten Tage oder innerhalb einer bestimmten Frist eine Willenserklärung abzugeben, oder eine Leistung zu bewirken und fällt der bestimmte Tag oder der letzte Tag der Frist auf einen Sonntag oder einen am Erklärungs- oder Leistungsorte staatlich anerkannten allgemeinen Feiertag, so tritt an die Stelle des Sonntags oder des Feiertags der nächstfolgende Werktag."

[2]) Übereinst.: Ritter, Allgemeine Lehren des Handelsrechts, Berlin 1900 S. 114/115 und Heilfron, Lehrbuch des Handelsrechts 1907 § 17 S. 224. Abw. Staub (VIII. Aufl.) Anm. 11 zu § 66 S. 311; Jacusiel S. 71; Makower (13. Aufl.) Band I § 66 sub II S. 209, der eine analoge Anwendung des § 193 BGB. zugunsten des Erklärenden annimmt; vgl. auch Gutachten der Berliner Handelskammer 5552,05 bei Dove-Meyerstein S. 19 Nr. 65.

[3]) Im Falle des § 92 Abs. 1 ist das Kündigungsdatum — wenn der § 193 BGB. Anwendung finden könnte — gar nicht der letzte Tag der sechswöchigen Frist, sondern der erste.

1. Unter Abwesenden muß die Kündigung dem anderen Teile an den Kündigungsdaten spätestens zugegangen sein (§ 130 Abs. 1 BGB.). Die Gefahr des rechtzeitigen Zugehens trägt der Kündigende (Absender). Eine treffende Definition des Wortes „zugegangen" im Sinne des § 130 BGB. findet sich im RG. Band 50 S. 194, wo ausgesprochen wird, daß die Erklärung dem Adressaten schon „zugegangen" ist, sobald der Brief (oder das Telegramm) in verkehrsüblicher Art in die tatsächliche Verfügungsgewalt des Adressaten oder eines anderen, der ihn in der Empfangnahme von Briefen vertreten konnte, gelangt, und ihm in dieser Weise die Möglichkeit der Kenntnisnahme verschafft ist.[1])

Aus dieser Definition ergeben sich für die Praxis folgende Konsequenzen:

Ist der Empfänger der Kündigung (Geschäftsherr oder Agent) verreist, krank, oder nimmt er aus anderen Gründen, z. B. wegen Arbeitsüberhäufung oder Nachlässigkeit keine Notiz von dem eingetroffenen Kündigungsschreiben, so kommen diese Umstände nicht in Betracht, die Kündigung ist wirksam (sog. Empfangstheorie).[2])

Ist dagegen die Kündigung durch eingeschriebenen Brief erfolgt und konnte der Postbote nicht bestellen, weil weder der Adressat noch ein Bevollmächtigter angetroffen wurde, so ist die Kündigung nicht zugegangen.[3])

Verweigert der Adressat die Annahme des Kündigungsschreibens, oder kann ihm durch sein Verschulden die Kündigung nicht zugehen, z. B. weil seine Wohnung verschlossen oder weil er sich verborgen hält, so handelt er gegen Treu und Glauben, wenn er zum Nachteil des anderen aus seinem Verschulden einen Vorteil herleiten will.[4]) Hier finden §§ 162, 815 BGB. analoge Anwendung. Die Kündigung ist deshalb wirksam.

Rücksicht zu nehmen ist aber auf die im Verkehr, besonders im Handelsverkehr, geltenden Gewohnheiten und Gebräuche.[5])

Ein Kündigungsschreiben, welches zur Nachtzeit in den Briefkasten des Adressaten geworfen wird, geht ihm erst am nächsten Morgen zu, ebenfalls eine Kündigung, die am Sonntag oder Feiertag in seinem Bureau eintrifft.[6])

2. Bei Kündigungen unter Anwesenden oder mittels Fernsprechers

---

[1]) Vgl. Planck 3. Aufl. Band I § 130 sub 2 und 3 S. 234/235; Neumann, Jahrbuch 1906 § 130 BGB. S. 36 ff.; vgl. auch Heinr. Titze-Göttingen: der Zeitpunkt des Zugehens bei empfangsbedürftigen schriftlichen Willenserklärungen, in Jherings Jahrbüchern Band 47 S. 379—466, bes. S. 387, 419 ff.

[2]) Übereinst.: Titze a. a. O. S. 410 ff.; vgl. OLGRspr. Band X S. 66 (OLG. Königsberg 19. XI. 04): „Eine Erklärung ist dann zugegangen, wenn diejenigen Umstände verwirklicht sind, welche dem Adressaten normalerweise eine Wahrnehmung ermöglichten. Die Erklärung wird demgemäß als „zugegangen" behandelt, wenn die Vorlegung in einer Weise erfolgt, daß dem anderen Teile eine Lektüre des Schriftstücks möglich ist und zugemutet werden kann. Ob der Empfänger in Wirklichkeit von dem Schriftstück Kenntnis genommen hat, ist hierbei unerheblich."

Eine Kündigung in einer fremden Sprache, die der Adressat nicht versteht, ist unwirksam.

[3]) RG. Band 56 S. 263/264.

[4]) Übereinst.: RG. Band 58 S. 407—410, abw. Titze a. a. O. S. 453 ff.

[5]) §§ 346, 358 HGB.

[6]) Übereinst.: Staub (VIII. Aufl.) Anm. 11 Satz 1 zu § 66 S. 311; Horrwitz, Das Recht der Handlungsgehilfen, Berlin 1897 S. 99 III.

finden nicht die gleichen Grundsätze Anwendung. Hier ist die Kündigungserklärung nur wirksam, wenn sie denjenigen, für welchen sie bestimmt ist, selbst oder einer zur Entgegennahme bevollmächtigten Person wahrnehmbar wird. Erforderlich ist aber auch, daß die Kündigung verstanden wird, das bloße zu Ohrenkommen genügt nicht.[1])

Auch hierbei sind allgemeine Handelsgebräuche zu beachten. Zur Börsenzeit ist beispielsweise damit zu rechnen, daß ein Hamburger Kaufmann nicht an seinem Kontor anwesend ist.[2])

g) Wird die Kündigungserklärung — mündlich oder telephonisch — einem nicht Bevollmächtigten gegenüber abgegeben, so ist sie wirkungslos. Der nicht Bevollmächtigte kann nicht als Bote (Übermittler) des Erklärenden, geschweige denn als Bote des Adressaten angesehen werden.[3])

h) Welche Wirkungen äußert eine verspätet erfolgte Kündigung?

Das Vertragsverhältnis wird zu dem beabsichtigten Termin nicht beendet, in der Regel gilt aber die verspätete Kündigung als rechtzeitige Kündigung auf den nächstzulässigen Kündigungstermin,[4]) da anzunehmen ist, daß der Erklärende jedenfalls eine Kündigung vornehmen wollte.

i) Bereits oben S. 161 sub I e ist erwähnt, daß auch schon vor den Kündigungsdaten die Kündigung vorgenommen werden kann; daß dies auch bereits vor Beginn des Vertragsverhältnisses geschehen kann, ist nicht zu bezweifeln.[5])

k) Die gesetzliche Kündigungsfrist gilt auch dann, wenn

1. in einem auf bestimmte Zeitdauer geltenden Vertrag die Bestimmung getroffen ist, der Vertrag soll „mangels Kündigung“ auf die gleiche Zeitdauer prolongiert gelten[6]) und
2. ein auf unbestimmte Zeit geschlossenes Agenturverhältnis mit vertraglichen Kündigungsfristen gekündigt ist, aber über den Kündigungstag hinaus wieder fortgesetzt wird.[7])

In diesen Fällen muß auf den Schluß eines Quartals mit sechswöchentlicher Frist gekündigt werden.

---

[1]) Übereinst.: Koppers-Duisburg in DJZ. 1901 S. 112/113 und Leonhard-Marburg in Iherings Jahrb. Band 41 S. 1—67, bes. Abschnitt 16 S. 33ff.; vgl. auch Neumann, Jahrbuch 1906 § 130 sub C S. 38ff.

[2]) Siehe Urteil des Reichsgerichts vom 17. Juni 1905 in DJZ. 1905 S. 861/862 Nr. 69, ebenfalls abgedruckt in RG. Band 61 S. 125ff.

[3]) Übereinst.: Koppers und Leonhard a. a. O. siehe Anm. 1, sowie Hellwig-Berlin in JW. 1905 S. 356—358; abw. Francke-Hannover im „Recht“ 1901 S. 2.

[4]) Übereinst.: Staub (VIII. Aufl.) Anm. 8 zu § 66 S. 310; Horrwitz S. 100 a. a. O.; Jacusiel S. 71; Ritter a. a. O. S. 116.

[5]) Übereinst.: HGZ. 1891, Hbl. S. 309ff., bes. S. 310 (OLG. Hamburg 28. XI. 91).

[6]) Übereinst.: Staub (VIII. Aufl.) Anm. 1 zu § 92 S. 378; Jacusiel S. 71. Abw.: Marcus-Berlin im Recht 1902 S. 203, der eine analoge Anwendung des § 67 Abs. 3 HGB. vorschlägt (einmonatliche Kündigungsfrist).

[7]) Übereinst.: HGZ. 1907 Hbl. Nr. 61 S. 156 (OLG. Hamburg 10. IV. 07).

11*

II. Die vertragliche Kündigung.

Der Abs. 1 des § 92 enthält Vorschriften, welche durch Vereinbarung der Parteien beliebig abgeändert werden können, im Gegensatz[1]) zu § 67 HGB., welcher nur für Handlungsgehilfen Anwendung findet.

Den Parteien (Geschäftsherrn und Agent) ist also über die zu treffenden vertraglichen Bestimmungen betr. Kündigung und Auflösung des Agenturvertrages der weiteste Spielraum gelassen.

a) Zeitlich bestimmte vertragliche Kündigungsfristen und zeitlich bestimmte Vertragsdauer.

Die Kündigungsfrist kann für beide Teile gleich sein, sie kann aber auch für den Geschäftsherrn lang, für den Agenten kurz bemessen sein und umgekehrt. Es kann eine eintägige Kündigungsfrist vereinbart werden, d. h. daß täglich mit 24stündiger Frist der Vertrag aufhören kann, es darf aber auch bestimmt werden, daß der Vertrag auf 5, 10 oder 20 Jahre laufen soll oder auf Lebenszeit des Geschäftsherrn oder des Agenten. Alle diese Bestimmungen sind rechtsgültig. Der § 624 BGB., welcher bestimmt, daß Verträge, die für die Lebenszeit einer Person oder für längere Zeit als 5 Jahre eingegangen sind, von dem Verpflichteten nach dem Ablauf von 5 Jahren gekündigt werden können, kann nur bei Dienstverhältnissen Anwendung finden, also auch beim Handlungsgehilfen,[2]) nicht aber auf Verträge zwischen selbständigen Kaufleuten. Derartige langbefristete Verträge dürfen also von dem Agenten innerhalb der Vertragszeit nicht gekündigt werden.[3])

b) Andere Kündigungsvereinbarungen.

Es kann ein jederzeitiges sofortiges Kündigungsrecht für den Geschäftsherrn und Agenten oder einen von beiden eingeräumt werden.

Das jederzeitige sofortige Kündigungsrecht kann von Bedingungen abhängig gemacht werden, „falls der Betrieb eingestellt wird“ oder „wenn eine lohnendere Vertretung übernommen wird“.

Schließlich können auch Probezeiten vereinbart werden.

Über die vertraglichen Kündigungen gilt im allgemeinen das sub I Gesagte.[4])

III. Die außerordentliche (sofortige) Kündigung.

„Das Vertragsverhältnis kann von jedem Teile ohne Einhaltung einer Kündigungsfrist gekündigt werden, wenn ein wichtiger Grund vorliegt“ (§ 92 Abs. 2).

---

[1]) OLGRspr. Band VIII S. 388 (OLG. Hamburg 26. II. 04).

[2]) Siehe Staub (VIII. Aufl.) Anm. 3 zu § 66 S. 308.

[3]) Abw.: Jacusiel S. 70.

[4]) Durch die Festsetzung eines Provisionsminimum für eine bestimmte Zeit — z. B. Mk. 2000 pro anno — wird an der Kündbarkeit des Vertrages innerhalb dieser Zeit nichts geändert, siehe RG. 22. XII. 88 in Bolze Band 7 Nr. 510 S. 190. Dasselbe gilt, wenn vertraglich halbjährliche Abrechnung festgelegt ist; der Agent hat dann keinen Anspruch auf eine Kündigungsfrist von sechs Monaten (Gutachten der Berliner Handelskammer 7101/04 bei Dove-Meyerstein S. 34 Nr. 120).

a) Zeitpunkt, Form und Inhalt der sofortigen Kündigung.

1. „Ohne Einhaltung einer Kündigungsfrist“ kann gekündigt werden, d. h. das Vertragsverhältnis kann einseitig per sofort aufgehoben werden ohne Rücksicht auf gesetzliche oder vertragliche Kündigungsfristen und ohne Rücksicht auf eine etwa vertraglich festgelegte Zeitdauer[1]) des Agenturvertrages. Es kann aber auch nur „per sofort“ gekündigt werden,[2]) die Kündigung ohne Einhaltung einer Kündigungsfrist für eine spätere Zeit, z. B. nach Beendigung der Saison, ist unzulässig und spricht auch gegen den Wortsinn des Gesetzes, denn die außerordentliche Kündigung — ohne Einhaltung einer Frist — bedeutet nichts anderes, als daß die Aufhebung des Vertrages nicht erst nach Ablauf einer Frist, sondern sofort eintreten soll.[3]) Die Aufhebung des Vertrages für eine spätere Zeit beweist aber auch gerade, daß der Kündigungsgrund von dem Kündigungsberechtigten selbst nicht für so wichtig angesehen wird, daß ihm die Fortsetzung des Vertrages nicht zugemutet werden kann.

2. Die sofortige Kündigung muß in angemessener Frist erfolgen, nachdem der Kündigungsberechtigte den wichtigen Grund erfahren hat.

Im § 92 Abs. 2 ist allerdings eine bestimmte Präklusionsfrist für die Geltendmachung des Kündigungsgrundes nicht gesetzt. Aber hieraus folgt nicht etwa, daß es im Belieben des Kündigungsberechtigten steht, den wichtigen Grund längere Zeit zu ignorieren und erst später deshalb die sofortige Kündigung auszusprechen. Aus dem Mangel einer Sondervorschrift ergibt sich lediglich, daß insoweit die allgemeinen Grundsätze Platz greifen.[4])

Unter Zugrundelegung dieser allgemeinen Grundsätze ist in der Judikatur wiederholt ausgesprochen worden, daß derjenige, welcher in Kenntnis eines bestimmten Tatbestandes den Vertrag stillschweigend fortsetzt, auch später auf Grund des betreffenden Vorkommnisses die Auflösung des Verhältnisses nicht verlangen kann.[5])

Durch die stillschweigende Fortsetzung des Vertrages für längere Zeit trotz Kenntnis des Grundes verzichtet der Kündigungsberechtigte auf sein außerordentliches Kündigungsrecht. Ereignen sich aber später neue Tatsachen, so kann dieses alte Vorkommnis zur Begründung der sofortigen Kündigung mit herangezogen werden.[6])

Eine sofortige Erklärung kann hingegen nicht verlangt werden. Dem Be-

---

[1]) Auch wenn der Vertrag auf Lebenszeit des Agenten abgeschlossen ist; vgl. OLGRspr. Band 2 S. 503 (OLG. Stuttgart 10. V. 01). In diesem Falle ist bei Würdigung der Frage, ob ein wichtiger Grund vorliegt, ein besonders strenger Maßstab anzulegen.

[2]) Übereinst.: Staub (VIII. Aufl.) Anm. 2 zu § 70 S. 317; Jacusiel S. 73, Abw.: OLGRspr. Band 7 S. 384 für den Handlungsgehilfen (OLG. Kiel 9. VII. 03). und OLG. Hamburg 2. VI. 05 in HGZ. 1905 Bbl. Nr. 158 S. 264.

[3]) Goldmann Band I § 70 1a S. 336.

[4]) RG. Band 38 S. 116.

[5]) Siehe ROHG. Band 19 S. 114; RG. Band 38 S. 116/117 und die dort zitierten Entscheidungen; RG. Band 51 S. 91; JW. 1900 S. 624 Nr. 10; vgl. auch JW. 1902 S. 69 zu § 131, 157, 565 BGB. (Urteil des Reichsgerichts 6. XII. 01).

[6]) Siehe RG. Band 51 S. 91.

rechtigten wird eine Überlegungsfrist in angemessenen Grenzen[1]) zu gewähren sein, welche auch dazu dienen kann, nach passendem Ersatz Umschau zu halten. Ob die Frist angemessen, ist je nach dem Einzelfall zu entscheiden. Auch wird der Zeitpunkt des Erfahrens des wichtigen Grundes häufig schwer festzustellen sein. Der Geschäftsherr, der von Veruntreuungen seines Agenten hört, wird berechtigt sein, vorerst Ermittelungen anzustellen und Aufklärung zu verlangen, ehe die Kündigung ausgesprochen wird. Ebenso darf ein Agent, der wegen Verschweigens provisionspflichtiger Geschäfte den Vertrag per sofort auflösen will, zunächst Erhebungen darüber anstellen, aus welcher Ursache die Verschweigung geschehen ist, ehe er sich entscheidet.

Bei diesen sub 1 und 2 entwickelten Grundsätzen sind Komplikationen unvermeidlich. Der Geschäftsherr, welcher mitten in der Saison vor die Alternative gestellt wird, entweder die sofortige Kündigung wegen vertragswidrigen Verhaltens des Agenten auszusprechen und dadurch das Saisongeschäft einzubüßen oder den Agenten einstweilen in seiner Stellung zu belassen, hat sich zu entscheiden, welchen Weg er wählen will. Wählt er den letzteren, so verliert er das sofortige Kündigungsrecht. Aber die Härte, welche diese Bestimmung für den Geschäftsherrn enthält, wird dadurch gemildert bzw. aufgehoben, daß der Agent nach § 628 Abs. 2 BGB. (der subsidiär heranzuziehen ist) dem Geschäftsherrn für den entstandenen Schaden aufzukommen hat.[2])

3. Die außerordentliche Kündigung ist formlos. Es bedarf insbesondere keiner Angabe von Gründen.

Dieser Satz hat allgemeine Anerkennung gefunden.[3]) Hieraus folgt, daß auch die Angabe eines falschen Grundes nicht schadet[4]), wenn nur zur Zeit der Kündigung ein rechtfertigender Grund vorhanden war, wobei es gleichgültig ist, ob der Kündigende von diesem Grund bereits damals Kenntnis erlangt oder ihn erst später erfahren hat.[5])

Die sofortige Kündigung muß von dem Berechtigten ausgesprochen werden und dem andern Teile zugegangen sein. Eine Kündigungserklärung ist erforderlich, die auch durch Erhebung einer Klage erfolgen kann.[6]) Unzulässig ist aber eine Klage auf Feststellung, daß eine schon eingetretene Tatsache zur sofortigen Kündigung berechtige, wenn der Kläger sich die Entschließung, ob er kündigen will, noch vorbehält.[7])

---

[1]) Übereinst.: Jacusiel S. 73; Makower Band 1 § 70 Id S. 214.

[2]) Übereinst.: Staub (VIII. Aufl.) Anm. 3 zu § 92 S. 379; Jacusiel S. 73. Düringer-Hachenburg Band I § 92 sub IV 1 S. 277; Immerwahr S. 203.

[3]) Staub (VIII. Aufl.) Anm. 3 zu § 70 S. 317; Jacusiel S. 73; Düringer-Hachenburg Band I § 70 sub II Abs. 1 S. 221; Goldmann Band I § 70 sub 1c; OLGRspr. Band VII S. 384; (OLG. Kiel 9. VII. 03).

[4]) OLGRspr. Band VII S. 384 (OLG. Kiel 9. VII. 03).

[5]) Siehe OLGRspr. Band VII S. 384 (OLG. Kiel 9. VII. 03). Übereinst.: Meyer-Breslau im „Recht“ 1907 S. 691 (Schlußsatz).

[6]) Siehe OLGRspr. Band II S. 29 (Kammergericht 15. XI. 1900). Eine Einwilligung des anderen Teils ist nicht erforderlich. Der Klagantrag darf deshalb nicht auf Einwilligung in die Auflösung des Vertrags gerichtet sein, OLGRspr. Band V S. 53 (OLG. Kiel 25. II. 02).

[7]) Abw.: Makower Band I § 70 sub Ie S. 214

Dagegen ist eine Feststellungsklage als zulässig anzusehen, wenn die Feststellung begehrt wird, daß eine künftig etwa eintretende Tatsache zur sofortigen Kündigung berechtigt,[1]) z. B. wenn der Agent erklärt, er werde innerhalb der Vertragszeit nach Ablauf eines Jahres die Vertretung einer Konkurrenzfirma übernehmen. Das richterliche Urteil wirkt aber nur deklarativ, nicht konstitutiv. Die Kündigung muß deshalb noch ausdrücklich erklärt werden.[2])

b) Zulässigkeit der sofortigen Kündigung.

Die sofortige Kündigung ist zulässig, wenn ein **wichtiger Grund** vorliegt.

Was als „wichtiger Grund" im Sinne des § 92 anzusehen ist, wird im Gesetz nicht gesagt. Es werden auch keine Beispiele aufgeführt, wie es beim Handlungsgehilfen in den §§ 71, 72 geschehen ist, und es wird mit Recht nirgends auf jene Beispiele als eventuelle Anhaltspunkte hingewiesen. Scheiden schon die Bestimmungen der §§ 71 sub 2, 3, 72 sub 2 vollständig aus, so ist auch vor einer sinngemäßen Heranziehung der übrigen Beispiele (§ 71 sub 1 und 4, § 72, sub 1, 3 u. 4) zu warnen, welche zumeist dem zwischen Prinzipal und Handlungsgehilfen bestehenden Abhängigkeits- und Respektsverhältnisse angepaßt sind und schon um deswillen auf einen Vertrag zwischen gleichberechtigten Kaufleuten keine analoge Anwendung finden können.

Das Reichsgericht hat in ständiger Rechtsprechung angenommen, daß die Frage, ob ein wichtiger Grund vorliegt, keine Rechts- sondern lediglich eine Tatfrage ist, welche sich der Nachprüfung des Revisionsgerichts entzieht.[3])

Bei Beantwortung derselben ist dem Richter freie Hand und ein weiter Spielraum gelassen; die Entscheidung wird unter Würdigung der konkreten Umstände des Einzelfalls zu treffen sein.

Die folgenden allgemeinen Leitsätze, Direktiven und Beispiele, welche sich teils aus dem eigenartigen Gebilde des Agenturvertrages ergeben und aus ihm entnommen sind, teils aus verwandten Verhältnissen entlehnt zur analogen Anwendung herangezogen wurden, sollen lediglich zur Klärung dieser Frage beitragen.

Der wichtige Grund braucht weder von dem andern Teile verschuldet zu sein, noch überhaupt in dessen Person zu liegen. Er ist gegeben, wenn

[1]) Staub (VI./VII. Aufl.) Anm. 1 zu § 70 S. 274 verneinte die Berechtigung solcher Feststellungsklagen schlechthin. Diese Ansicht wird bekämpft vom Oberlandesgericht Kiel in seiner Entscheidung vom 25. II. 02 OLGRspr. Band V S. 54 und ist in der neuesten VIII. Aufl. Anm. 1 zu § 70 S. 317 zugunsten der Kieler Entscheidung aufgegeben worden. Aber auch dieser Entscheidung vermögen wir nicht durchweg zu folgen, weil dort „schon eingetretene Tatsachen" und „künftig etwa eintretende Tatsachen" vollkommen gleich behandelt werden. Wir sind vielmehr der Ansicht, daß wegen „schon eingetretener Tatsachen" die Kündigung, welche durch Erklärung erfolgen muß, nicht durch eine Feststellungsklage ersetzt werden kann, daß aber die Feststellungsklage wegen „künftig etwa eintretender Tatsachen" wohl zulässig ist, wenn der Kündigungsberechtigte sein Interesse an alsbaldiger Feststellung nachweisen kann; vgl. Entsch. des RG. vom 14. X. 02 in JW. 1902 Nr. 7 S. 605/606.

[2]) Übereinst.: Staub (VIII. Aufl.) Anm. 1 zu § 70 S. 317, siehe OLGRspr. Band V S. 54 (OLG. Kiel 25. II. 02).

[3]) Siehe Entsch. des Reichsgerichts vom 6. XI. 06 in JW. 1906 Nr. 9 S. 813 und die dort zitierten Erkenntnisse.

nach Lage der Umstände dem einen Teil billigerweise nicht zugemutet werden kann, den Vertrag wider seinen Willen fortzusetzen".[1])

Tatsachen, welche sich vor der Anstellung ereignet haben, können nicht nur als Gründe für die Anfechtung des Vertrages, sondern auch als Entlassungsgründe gemäß § 92 Abs. 2 dienen, sofern die Wirkungen dieser Ereignisse sich in die Zeit der Vertragsdauer hinein erstrecken, z. B. eine vor dem Vertragsschluß erlittene Zuchthausstrafe.[2])

1. Es sollen nun zunächst die Gründe erörtert werden, welche auf schuldhaftem Verhalten der Gegenpartei beruhen.

A. Schuldhaftes Verhalten auf seiten des Agenten.

a) Unredlichkeiten des Agenten.

Diese Unredlichkeiten brauchen sich nicht nur auf das Vertragsverhältnis zu beziehen. Der Geschäftsherr ist vielmehr berechtigt, bei jeder Unredlichkeit, die er von seinem Agenten erfährt, den Vertrag sofort aufzulösen, wenn sie geeignet ist, sein Vertrauen oder das Vertrauen des Kundenkreises zu erschüttern.

Diebstahl, Unterschlagung, Betrug, Untreue im kriminellen Sinne, ein Verstoß gegen die §§ 4 und 7 des Gesetzes zur Bekämpfung des unlauteren Wettbewerbes, gegen § 14 Abs. 2[3]) des Gesetzes zum Schutze der Warenbezeichnungen — jede einzelne dieser beispielsweise angeführten Verfehlungen, auch wenn sie außerhalb des Vertrages begangen wird, macht den Agenten vertrauensunwürdig und ungeeignet, sein Haus in angemessener und würdiger Weise zu vertreten. Auch der Empfang oder die Hingabe von „Schmiergeldern"[4]) kann hierunter fallen.

Im Rahmen des Vertragsverhältnisses kommen besonders in Betracht: die Überschreibung fingierter Orders[5]) auch zur Umgehung der Verbotes der Eigenbezüge, der Verbrauch einkassierter Gelder durch den zahlungsunfähigen Agenten, sowie die Verheimlichung von unberechtigten Inkassis,[6]) der unerlaubte Verkauf der Muster und der Verbrauch des Erlöses, fälschliche und unwahre Angaben über Höhe und Anlaß der Spesen des reisenden Agenten,[7]) Vereinbarung mit dem Kunden, daß ein geringerer Kaufpreis dem Geschäftsherrn gemeldet und

---

[1]) OLGRspr. Band II S. 503 (OLG. Stuttgart 10. V. 01).

[2]) Übereinst. für den Handlungsgehilfen (§ 70 HGB.) Entsch. des RG. vom 12. VII. 07 im Recht 1907 S. 1079 Nr. 2631.

[3]) Besonders wenn dieses Delikt in Konkurrenz mit Betrug begangen wird, vgl. Seligsohn Gesetz zum Schutze der Warenbezeichnungen, II. Aufl. Berlin 1905 § 14 sub 21 S. 198.

[4]) Siehe KGBl. für Rechtspflege im Bezirk des Kammergerichts 1901 S. 21/22 (KG. 20. II. 00); vgl. Sächs. Archiv Band 12 S. 750 (OLG. Dresden 13. V. 02), vgl. auch S. 33 Anm. 1.

[5]) Düringer-Hachenburg Band I zu § 92 IIIa S. 275; Jacusiel S. 72; OLGRspr. Band III S. 79 (OLG. Dresden 29. I. 01), vgl. auch S. 38/39.

[6]) RG. 23. XI. 93 in Bolze Band 17 Nr. 386 S. 209 und RG. 17. IX. 96 in Bolze Band 21 Nr. 411 S. 203.

[7]) Siehe OLGRspr. Band V S. 269 (OLG. Bamberg 12. IV. 02); vgl. auch über Vertrauensspesen: Riesenfeld, Breslauer Handelsgebräuche 1906 S. 21 Nr. 15 (5. VII. 01).

der überschießende Betrag dem Agenten und/oder dem Kunden zukommen solle ev. verschleiert in Form einer Gratifikation, der Verrat von Geschäfts- oder Betriebsgeheimnissen besonders an die Konkurrenz (§ 9 des Gesetzes zur Bekämpfung des unlauteren Wettbewerbes vom 1. Juli 1896), die Bestechlichkeit des Einkaufsagenten, (S. 33 Anm. 1), die Mitwirkung des Versicherungsagenten bei wissentlich unwahren Angaben des Versicherungsnehmers[1]) und Vornahme betrügerischer Handlungen bei Vermittelung von Versicherungsverträgen[2]), Täuschung des Kunden über die Qualität oder Herkunft der verkauften Waren, die Vornahme wucherischer Geschäfte des Abschlußagenten, sowie die Ausübung unlauterer Konkurrenz (§§ 4 und 7 des Gesetzes zur Bekämpfung des unlauteren Wettbewerbes vom 1. Juli 1896).

β) Bei der **Vertrauensstellung**, die der Agent einnimmt, erscheint die sofortige Kündigung des Geschäftsherrn auch in den folgenden Fällen gerechtfertigt und zulässig:

Außerhalb des Vertragsverhältnisses.[3])

Hierbei ist wiederum zu beachten, daß der Geschäftsherr nicht verpflichtet ist, sein Geschäft und seine Firma durch einen Agenten vertreten zu lassen, **dessen Ruf oder kaufmännische Ehre einen Makel erlitten hat.** Die sofortige Kündigung ist somit berechtigt, wenn der Agent einen unsittlichen Lebenswandel führt und hierdurch nach außen Ärgernis erregt, wenn er dem Trunke ergeben ist oder dem gewerbsmäßigen Glücksspiel fröhnt. Auch der Differenzhandel mit Börsenpapieren, der die Vermögensverhältnisse des Agenten übersteigt und die Erhebung des Spieleinwandes bildet **prinzipiell** einen genügenden Grund zur sofortigen Auflösung des Vertrages. Denn der Mangel an Selbstbeherrschung in seinen eigenen Angelegenheiten und die Lossagung von dem gegebenen Versprechen (Differenzeinwand) schädigt in solchem Maße die kaufmännische Ehre des Agenten, daß auch der Ruf des durch ihn vertretenen Hauses hierdurch der Gefahr einer Schädigung ausgesetzt wird, abgesehen davon, daß das Vertrauen — auch im Kundenkreise — erschüttert wird.[4]) Auch zerrüttete Vermögensverhältnisse[5]) — nicht schon die Provisionspfändung[6]) — des Agenten oder die Leistung des Offenbarungseides können den Geschäftsherrn zur sofortigen Auflösung des Vertrages berechtigen, sowie der **Konkurs des Agenten.**[7])

---

[1]) Siehe Urteil des Reichsgerichts vom 23. I. 07 in JW. 1907 S. 183—185.

[2]) Siehe JW. 1904 S. 232 Nr. 3 (RG. 15. III. 04).

[3]) Daß auch das Verhalten **außerhalb des Vertragsverhältnisses** zur sofortigen Kündigung berechtigen kann, ist noch neuerdings vom Reichsgericht in seiner Entscheidung vom 27. III. 07, abgedruckt im „Recht" 1907 S. 642 Nr. 1347, ausgesprochen worden.

[4]) Vgl. RG. Band 53 S. 267/268, wo die sofortige Entlassung des Geschäftsführers einer Gesellschaft mit beschränkter Haftung aus diesen Gründen als berechtigt anerkannt ist.

[5]) Übereinst.: Jacusiel S. 72.

[6]) Siehe OLGRspr. Band 14 S. 344 (OLG. Kolmar 9. XI. 06) betr. Handlungsgehilfen.

[7]) **Übereinst.**: Staub (VIII. Aufl.) Anm. 13 zu § 92 S. 381; Jacusiel S. 72; Immerwahr S. 199; Düringer-Hachenburg Band I § 92 S. 276; Jaeger, Konkursordnung (2. Aufl.) Anm. 15 zu § 23 S. 192; siehe ROHG. Band 2 S. 436ff.,

Dagegen kann politische Agitation irgendwelcher Art keinen genügenden Grund zur sofortigen Kündigung bilden.

Im Rahmen des Agenturvertrages.

Hierher gehören:

Wiederholte Nichtüberschreibung empfangener Orders,[1]) Verletzung der Verschwiegenheitspflicht (S. 33), leichtfertige Entgegennahme von Aufträgen kreditunwürdiger Personen ohne Erkundigung, wodurch ein erheblicher Prozentsatz des Gesamtumsatzes verloren geht,[2]) Verschweigung der bekannten verschlechterten Vermögensverhältnisse des Kunden nach Abschluß des Vertrages aber vor der Lieferung, wenn hierdurch ein Verlust entsteht, unzulässiger Konkurrenzbetrieb[3]) und grobe Vernachlässigung des Kundenkreises, besonders auch die Übertragung der Vertretung entgegen der Parteiintention auf einen Dritten und die Enthaltung jeglicher Tätigkeit für den Geschäftsherrn,[4]) nicht aber das Nichtaufsuchen einzelner Kunden, nicht das unbefugte Einkassieren von Geldern,[5]) nicht Unpünktlichkeit (wenn auch wiederholte und vertragswidrige) in der Berichterstattung.[6]) Auch das schlechte Benehmen[7]) der Kundschaft gegenüber kann unter Umständen einen wichtigen Grund bilden, insoweit dieses Benehmen auf einem schuldhaften Verhalten des Agenten beruht und geeignet ist, das vertretene Haus zu diskreditieren und den Kundenkreis abspenstig zu machen.

Ob mangelnder Fleiß und Fähigkeit des Agenten als sofortiger Kündigungsgrund angesehen werden kann, hängt von den Umständen ab. Doch sind derartige Fälle wohl denkbar. „Fleiß und Fähigkeiten müssen aber in besonders auffälligem Maße hinter den Anforderungen zurückstehen, welche die Stellung mit sich bringt."[8]) Unfähigkeit allein wird nicht genügen; hierüber kann sich der Geschäftsherr vor Eingehung des Vertrages informieren. Auch ist der Erfolg keineswegs entscheidend; es sind vielmehr die Schwierigkeiten zu berücksichtigen, die sich der Bearbeitung eines neuen Absatzgebietes oder eines neuen Artikels entgegenstellen, sowie eine Reihe sonstiger Umstände, z. B. flaue Geschäftszeit, scharfe Konkurrenz, mangelnde Reklame des Geschäftsherrn, nicht aber Überbürdung wegen anderer Vertretungen.

---

bes. S. 438/439; vgl. auch Entsch. des ROHG. Band 19 S. 24ff., bes. S. 29, welche die Kündigung eines in Konkurs geratenen technischen Direktors einer bedeutenden Fabrik betrifft; siehe über Einwirkung des Konkurses S. 177 zu § 92 sub III d 5.

[1]) Bei vorsätzlicher Nichtüberschreibung genügt schon ein Fall, siehe RG. 26. XI. 96 in Bolze Band 21 Nr. 412 S. 203/204.

[2]) Übereinst.: OLGRspr. Band XI S. 23/24 (OLG. Karlsruhe 23. II. 05), in diesem Falle handelte es sich um einen Verlust von 30% des Gesamtumsatzes und RG. vom 22. V. 97 in JW. 1897 S. 369/370 Nr. 9, wo ein Verlust von 8% des Umsatzes vorlag, vgl. auch S. 26/27.

[3]) Siehe S. 28ff.

[4]) Siehe RG. 5. VII. 1907 im „Recht" S. 1066 Nr. 2543 und vgl. S. 177.

[5]) Abw.: Immerwahr S. 197 mit unzutreffender Berufung auf Bolze Band 17 Nr. 386, da in dieser Entscheidung die Entlassung lediglich wegen der Verheimlichung des unberechtigten Inkassos als berechtigt anerkannt wurde, siehe oben S. 168 und Anm. 6 dortselbst.

[6]) OLG. Hamm 1. XII. 06, abgedruckt im „Recht" 1907 S. 135 Nr. 241.

[7]) Jacusiel S. 72; Staub (VIII. Aufl.) Anm. 8 zu § 92 S. 379.

[8]) Siehe OLGRspr. Band III S. 79 (OLG. Dresden 29. I. 01). Dieser Fall betrifft einen Handlungsreisenden, vgl. auch S. 24 Anm. 6.

Auch grobe Ehrverletzungen [1]) dem Geschäftsherrn gegenüber können — trotz Mangel eines Abhängigkeits- und Respektsverhältnisses — zur sofortigen Kündigung Anlaß geben. Zu beachten ist aber, daß nicht bloße Unziemlichkeiten des Agenten genügen. [2]) Verlangt doch schon der § 72 Abs. 4 HGB. beim Handlungsgehilfen das Vorliegen „erheblicher" Ehrverletzungen. Geschäftsherr und Agent stehen sich in dieser Beziehung vollkommen gleichberechtigt gegenüber.

Sofern die Ehrverletzungen im Verhalten des Geschäftsherrn eine überwiegende Entschuldigung finden, ist ihm das Recht auf sofortige Kündigung zu versagen. [3])

Die Ehrverletzungen müssen den Geschäftsherrn selbst treffen. Beziehen sie sich auf dessen Angehörige, so wird zu prüfen sein, inwieweit die Person des Geschäftsherrn mitbetroffen ist. [4])

B. Schuldhaftes Verhalten auf seiten des Geschäftsherrn.

Bei Beurteilung der Frage, ob auch schuldhaftes Verhalten des Geschäftsherrn außerhalb des Vertragsverhältnisses dem Agenten das sofortige Kündigungsrecht gibt, sind nicht dieselben Grundsätze anwendbar, die wir oben (S. 169) entwickelt haben. Denn der Agent befindet sich dem Geschäftsherrn gegenüber in einer Vertrauensstellung (§ 84 HGB.: wer ständig damit „betraut" ist), nicht aber umgekehrt.

Die Verfehlungen des Geschäftsherrn außerhalb des Vertragsverhältnisses müssen deshalb von dem Gesichtspunkt aus beurteilt werden, ob durch sie der Agenturvertrag überhaupt berührt wird, und ob durch sie die Erfüllung der beiderseitigen vertraglichen Verpflichtungen oder die Position, der Ruf und der pekuniäre Erfolg des Agenten beeinträchtigt wird. Schwer läßt sich hier die richtige Grenze finden. Auf die Persönlichkeit des Agenten wird Rücksicht zu nehmen sein, auf die Art des Kundenkreises, vor allem aber auf Inhalt, Art und Schwere des Delikts. Ist das Vergehen derartig, daß ein Kunde sich berechtigterweise scheuen würde, weitere Geschäfte mit dem Geschäftsherrn zu machen, so kann es auch dem Agenten nicht zugemutet werden, die Vertretung zu behalten, denn er läuft die Gefahr, daß seine Tätigkeit erfolglos bleibt. So wird beispielsweise ein Weinagent den Vertrag sofort auflösen können, wenn der Geschäftsherr wegen Weinverfälschung bestraft wird.

Verurteilungen wegen Betruges, Urkundenfälschung, Meineids werden als „wichtiger Grund" angesehen werden müssen, nicht aber in jedem Falle Eigentumsvergehen, Körperverletzungen, Sittlichkeitsvergehen.

---

[1]) Übereinst.: Staub (VIII. Aufl.) Anm. 8 zu § 92 S. 379 und RG. Band 32 S. 249ff., bes. S. 252; OLG. Braunschweig 4. III. 04 im „Recht" 1904 Nr. 849 S. 171.

[2]) Siehe OLGRspr. Band 7 S. 386 (OLG. Hamburg 7. VII. 03); Jacusiel S. 72 hält eine einfache Beleidigung für ausreichend; Makower Band I § 92 sub IIIa sieht „auch stark ungehörige Äußerungen mündlich oder in Briefen" als wichtigen Grund an unter unzutreffender Berufung auf Bolze Band 21 Nr. 411, die Entsch. RG. 25. II. 88 in Bolze Band 5 Nr. 578 S. 181 ist nicht verwendbar, da Art und Grad der Beleidigung nicht erkennbar ist.

[3]) Übereinst.: OLGRspr. Band VIII S. 389 (OLG. Dresden 29. II. 04).

[4]) Siehe im „Recht" 1904 Nr. 849 S. 171 (OLG. Braunschweig 4. III. 04).

Führt der Geschäftsherr durch Mißwirtschaft (leichtsinnige Spekulation, wildes Spiel) den Ruin des Geschäftes herbei, so wird dem Agenten ebenfalls das Recht auf sofortige Auflösung des Vertrages zu gestatten sein.[1])

Im Rahmen des Vertrages kommen in Betracht:

Unredliches Verhalten des Geschäftsherrn dem Agenten gegenüber, insbesondere Verheimlichung von Abschlüssen,[2]) auch die Verletzung der Pflicht des Geschäftsherrn, die Buchauszüge „mit der peinlichsten Sorgfalt und in absoluter Vollständigkeit" aufzustellen.[3])

Einen wichtigen Grund bilden ferner erhebliche Ehrverletzungen,[4]) unreelle oder fortdauernd schlechte (unprompte) Bedienung der Kundschaft,[5]) auch dauernde schlechte Lieferung,[6]) vertragswidrige Umgehung des Agenten,[7]) dauernde unbegründete Ablehnung der Aufträge,[8]) Entziehung der Tätigkeit,[9]) unter Umständen bereits die unzeitgemäße Zurückziehung der Muster (S. 57), willkürliche Änderungen im Geschäftsbetriebe, welche den Agenten schädigen,[10]) unbegründeter Widerruf der Inkassovollmacht,[11]), nicht aber die schuldhafte Nichtausführung angenommener Orders,[12]) und die Nichtzahlung fälliger Provisionen.[13])

Das Verhalten nach der Kündigung darf bei Beurteilung der Frage, ob ein wichtiger Grund vorliegt, nicht berücksichtigt werden.[14])

---

[1]) Übereinst.: OLGRspr. Band IV S. 243 (OLG. Hamburg 21. II. 02).

[2]) Übereinst.: Staub (VIII. Aufl.) Anm. 7 zu § 92 S. 379; Jacusiel S. 72; Immerwahr S. 197.

[3]) Siehe OLGRspr. Band VIII S. 389/390 (OLG. Dresden 29. II. 04).

[4]) Siehe S. 171.

[5]) Siehe Staub (VIII. Aufl.) Anm. 7 zu § 92 S. 379.

[6]) Urteil des Reichsgerichts vom 12. I. 07, abgedruckt in der Leipziger Zeitschrift für Handels-, Konkurs- und Versicherungsrecht 1907 S. 280 sub I 2 und im RG. Band 65 S. 90 (erste Lieferung).

[7]) Übereinst.: Immerwahr S. 197.

[8]) Siehe Staub (VIII. Aufl.) Anm. 7 zu § 92 S. 379.

[9]) Kaufmann, Handelsrecht, Rechtsprechung Band 2 S. 43c (OLG. Karlsruhe 12. IV. 01).

[10]) Siehe RG. 25. V. 95 in Bolze Band 20 Nr. 423 S. 198/199.

[11]) Übereinst.: Makower Anm. 1a zu § 92 S. 257 und Jacusiel S. 22, vgl. oben S. 94.

[12]) Abw.: Immerwahr S. 197.

[13]) Abw.: Jacusiel S. 72; vgl. OLGRspr. Band VII S. 385 (OLG. Hamburg 21. X. 03) wo das sofortige Kündigungsrecht dem reisenden Handlungsgehilfen wegen Nichtzahlung der ihm gebührenden Provision in unserem Sinne verneint wird.

[14]) Abw.: RG. Band 32 S. 249ff. (11. X. 93) und Staub (VIII. Aufl.) Anm. 7 zu § 70 S. 319; Düringer-Hachenburg § 92 sub IVa S. 277. Übereinst.: Meyer-Breslau im „Recht" 1907 S. 690/691 mit zutreffender Widerlegung der Reichsgerichtsentscheidung.

2. **Zulässigkeit der sofortigen Kündigung beim Vorliegen nicht verschuldeter wichtiger Gründe in eigener Person, in der Person der Gegenpartei oder in objektiven Umständen.**

Dem Geschäftsherrn ist das Recht einzuräumen, den Vertrag ohne Einhaltung einer Kündigungsfrist zu kündigen, wenn der Agent durch Krankheit oder durch sonstige Gründe (Reisen, militärische Dienstleistungen) für längere den Umständen nach erhebliche Zeit an der Ausübung seiner vertraglichen Verpflichtungen behindert ist[1]) und zwar dergestalt, daß er nicht in der Lage ist, die Interessen des Geschäftsherrn wahrzunehmen. Die Kündigung ist zu versagen, wenn ein den Anforderungen genügender Ersatzmann gestellt wird.[2]) Bei Verträgen mit Agenturfirmen, die aus mehreren Personen bestehen, hat die Behinderung eines Gesellschafters, selbst wenn dieser vorwiegend das Agenturgeschäft für das betreffende Haus besorgt, keinen Einfluß und berechtigt den Geschäftsherrn nicht zur sofortigen Kündigung.

Auch die Verlegung des Wohnsitzes bzw. der geschäftlichen Niederlassung des Agenten kann unter Umständen einen wichtigen Grund für den Geschäftsherrn bilden, das Verhältnis ohne Einhaltung einer Kündigungsfrist zu lösen.[3])

Krankheit und Arbeitsunfähigkeit des Geschäftsherrn, sofern er Einzelkaufmann ist, bilden ebenfalls für beide Teile einen wichtigen Auflösungsgrund, wenn dadurch die Fortführung des Geschäftes dauernd unmöglich wird. —

Liegt diese Unmöglichkeit der Fortführung in objektiven Umständen, so ist zu prüfen, ob der Kündigende diese Umstände zu vertreten hat (§ 325 BGB.). Die Grenze ist oft schwer zu ziehen. Als Regel muß aber gelten, daß auf höherer Gewalt beruhende Umstände, die den Fortbetrieb des Geschäftes vollständig und dauernd unmöglich machen, zur sofortigen Kündigung berechtigen. Dazu können gehören u. a. Feuersbrunst, Überschwemmung, Aus- und Einfuhrverbote, Streiks, gesetzliche Verbote, staatliche Monopolisierungen,[4]) (z. B. das Verbot der Privatstadtposten lt. Gesetz vom 20. XII. 1899), Epidemien und die daraus resultierende völlige Lahmlegung des Handels in gewissen Geschäftszweigen (z. B. der Lumpenexport während der Hamburger Choleraepidemie im Jahre 1892), möglicherweise Zollerhöhungen durch Änderung der Gesetze oder der Verwaltungspraxis, welche das Geschäft vernichten, — unter keinen Umständen

---

[1]) Übereinst. Staub (VIII. Aufl.) Anm. 14 zu § 88 S. 381, Immerwahr S. 200. In diesen Fällen hat auch der behinderte Agent ein sofortiges Kündigungsrecht.

[2]) Siehe S. 35 zu § 84; abw. Staub (VIII. Aufl.) Anm. 16 zu § 88 S. 381 in Konsequenz seiner S. 35 bekämpften Anschauung, daß der Agent zur persönlichen Dienstleistung verpflichtet ist.

[3]) So Urteil des Kammergerichts vom 18. IX. 1905 in KGBl. 1905 S. 104. In diesem Falle handelt es sich um die Verlegung des Wohnsitzes eines Börsenremisiers „der die Rechtsstellung eines Handlungsagenten gemäß § 84 HGB. hat" von Leipzig nach London. Das Gericht hatte ein Gutachten der Ältesten der Berliner Kaufmannschaft eingeholt, welches die sofortige Kündigung für berechtigt erklärte.

[4]) Abw. Staub (VIII. Aufl.) Anm. 26 zu § 84 S. 362; übereinst. OLG. Stuttgart, 10. V. 1901 in DJZ. 1901 S. 263 Nr. 4 für einen Angestellten, wo es heißt: „Ein gewichtigerer Grund zur Kündigung eines solchen Dienstverhältnisses läßt sich aber kaum denken, als die kraft Gesetzes — zu dem Zwecke derartige Betriebe in den Händen des Staates zu monopolisieren — erfolgende Unterdrückung des ganzen Geschäftsbetriebes des Unternehmers — —".

aber der — wenn auch notwendige — Anschluß an Syndikate, Kartelle, Konventionen oder die erwiesene Tatsache, daß der Fortbetrieb des Geschäftes für den Geschäftsherrn infolge Konkurrenz, ungünstiger Konjunkturen usw. nicht lohnend oder gar ruinös sein würde. Das Reichsgericht hat in seiner Entscheidung vom 2. Juli 1892 (RG. Band 31 S. 59ff.) einen entgegengesetzten Standpunkt eingenommen. Diese Entscheidung beruht darauf, daß vom Reichsgericht zwischen Geschäftsherrn und Agenten eine Art Gesellschaftsverhältnis dem Agenturvertrag zugrunde gelegt wurde, welches den Zweck hat, durch gemeinschaftliche Arbeit einen Gewinn zu erzielen. Diese Grundsätze trafen für das alte Recht vielleicht zu, für das neue Recht ist ihre Anwendbarkeit völlig ausgeschlossen, weil sie dem Wesen und der Natur des Agenturvertrages — ein auf eine Geschäftsbesorgung gerichteter Dienstvertrag — widersprechen (S. 19ff.). Der Agent partizipiert nicht am Gewinn. Er erhält seine Provision nach dem „Verhältnisse des eingegangenen Betrages", nicht nach dem Verhältnisse des erzielten Gewinns. Ebensowenig, wie er an den Folgen günstiger Konjunkturen teilnimmt oder einen Vorteil davon hat, wenn der Geschäftsherr einen über Erwarten großen Gewinn durch ihn erzielt, ebensowenig können ihm auch die Folgen ungünstiger Konjunkturen aufgebürdet werden und die Unmöglichkeit eines lohnenden Fortbetriebs des Geschäftes.

Allerdings kann es nicht Vertragswille der Parteien sein — wie in Übereinstimmung mit dieser Reichsgerichtsentscheidung (Band 31 S. 61) anzunehmen ist —, daß der Geschäftsherr zu seinem Schaden produziere und daß er seinen Geschäftsbetrieb selbst dann fortsetzen soll, wenn dies für ihn ruinös sein würde. Der Agent hat in solchen Fällen keinen Anspruch auf Fortsetzung des Verhältnisses, aber ihm steht ein **Anspruch auf Schadensersatz** zu. Denn mit diesen Ereignissen muß ein Geschäftsherr, der sein Geschäft kennt, rechnen. Schließt er einen Agenturvertrag auf längere Zeit, so übernimmt er damit das Risiko für derartige Eventualitäten. Sieht er sich gezwungen, den Vertrag aufzulösen, weil dessen Fortsetzung nicht mehr lohnend ist, oder wird er gar durch die Bildung von Syndikaten, Kartellen, Konventionen gezwungen, den selbständigen Betrieb überhaupt aufzugeben oder sich einem Syndikat anzuschließen, so hat er den Agenten unter allen Umständen zu entschädigen.[1]) Die gleichen Grundsätze gelten auch für den Agenten; auch er ist nicht berechtigt, den Agenturvertrag per sofort aufzulösen, wenn die Vertretung unlohnend wird[2]) oder wenn andere Umstände, die er zu vertreten hat, ihn zwingen, seine Tätigkeit einzustellen.

c) **Die Schadensersatzansprüche aus § 92 Abs. 2 HGB.**

Schadensersatzansprüche stehen zu,

1. dem Gekündigten, wenn die sofortige Kündigung willkürlich[3]) oder unberechtigt ist (§ 615 BGB.),

---

[1]) Übereinst. Staub (VIII. Aufl.) Anm. 26 zu § 84 S. 362, Jacusiel S. 73/74, Immerwahr S. 201, Düringer-Hachenburg Band I § 92 sub III e S. 275 u. IV c S. 277/278 unter Verweisung auf die Motive zum BGB. II S. 469; abw. Goldmann § 92 sub IV 1 S. 429 und RG. Band 63 S. 69ff. (16. III. 1906).

[2]) Übereinst. Lehmann, Lehrbuch des Handelsrechts, Leipzig 1906, dritte Lieferung § 43 S. 234.

[3]) Siehe RG. Band 31 S. 61 (2. VII. 1892).

2. dem **Kündigenden**, wenn die sofortige Kündigung durch vertragswidriges Verhalten des anderen Teiles veranlaßt wird (§ 628 Abs. 2 BGB.).

Der unberechtigt gekündigte Agent ist **nicht** verpflichtet, zur Wahrung seiner Rechte auf Schadensersatz dem Geschäftsherrn seine Tätigkeit anzubieten, sich „zur Verfügung zu stellen";[1]) es bedarf auch keines „protestartigen Angebots".

Bei der Bemessung der Höhe des Schadensersatzes für den Agenten ist die Summe zu ermitteln, welche er bei **Vertragserfüllung** verdient haben würde, wobei auch die bisherigen Erträgnisse aus dem Agenturvertrage eine Grundlage bieten können. Aber gemäß § 615 Abs. 2 BGB. muß er sich den Wert dessen anrechnen lassen, was er infolge des Unterbleibens der Dienstleistung erspart oder durch anderweitige Verwendung seiner Dienste erwirbt oder zu erwerben böswillig unterläßt.

Mit Recht weist Jacusiel (S. 75) darauf hin, daß die Übernahme anderer Agenturen nach unrechtmäßiger Entziehung der Agentur nicht ohne weiteres bei der Anwendung des § 615 BGB. zugrunde gelegt werden kann, da der Agent auch sonst mehrere Agenturen zu übernehmen pflegt.

Hat er jedoch die Vertretung einer direkten **Konkurrenzfirma** übernommen, welche er bei Fortbestehen des Vertrages nicht hätte übernehmen dürfen,[2]) so wird das Provenue aus **dieser** Agentur in Abzug gebracht werden können.

Die Beweispflicht, daß die Voraussetzungen des § 615 Abs. 2 BGB. vorhanden sind, trifft den **Geschäftsherrn**, der den Nachweis zu führen hat, „daß und zu welchem Abzuge er berechtigt ist".[3])

Auf diesen Schadensersatzanspruch ist aber der unberechtigt entlassene Agent **beschränkt**;[4]) auf Ausübung seiner Tätigkeit hat er auch bei vertraglich bestimmter Dauer **keinen Anspruch**. Er kann es auch nicht verhindern, daß der Geschäftsherr das Geschäft in seinen Bezirken durch andere Agenten fortbetreiben läßt.[5])

Der Geschäftsherr dagegen hat einen Rechtsanspruch auf Fortsetzung des Vertragsverhältnisses.[6])

Praktische Bedeutung hat eine derartige Klage auf Fortsetzung des Dienstverhältnisses jedoch nicht, da gemäß § 888 Abs. 2 CPO. die Leistungen aus einem **Dienstvertrage** durch Geldstrafe oder Haft **nicht** erzwingbar sind.[7]) Im Endresultat ist somit auch der **Geschäftsherr** auf den Schadensersatzanspruch angewiesen, der nicht nur den tatsächlich entgangenen Gewinn für die Dauer der

---

[1]) **Übereinst.** für Handlungsgehilfen Staub (VIII. Aufl.) Anm. 4 zu § 70 S. 318 im Gegensatz zu der früheren **abw.** Ansicht in der VI./VII. Aufl. Anm. 1 zu § 70 S. 274 und OLGRspr. Band 5 S. 34 (OLG. Marienwerder, 8. IV. 1902) sowie OLGRspr. Band 10 S. 179 (OLG. Kassel, 15. XII. 1904); **abw.** OLGRspr. Band 7 S. 472 (Kammergericht, 21. IX. 1903).

[2]) Siehe S. 28 ff.

[3]) Siehe RG. 24. II. 05 in Seufferts Archiv Band 6 neue Folge Nr. 79 S. 138.

[4]) **Übereinst.** OLGRspr. Band 6 S. 6 (OLG. Hamburg, 30. X. 1902); **abw.** Düringer-Hachenburg § 92 sub V S. 279.

[5]) **Übereinst.** OLGRspr. Band 6 S. 6 (OLG. Hamburg, 30. X. 1902); **abw.** Düringer-Hachenburg § 92 sub V S. 279.

[6]) **Übereinst.** Jacusiel S. 74; **abw.** Düringer-Hachenburg § 92 sub V S. 279.

[7]) Vgl. Gaupp-Stein 6./7. Aufl. § 888 sub III 3 S. 701.

Vertragszeit umfaßt, sondern auch weitergehende Schadensersatzansprüche, z. B. wenn infolge des Ausscheidens des Agenten der Bezirk an die Konkurrenz verloren geht.

d) **Sonstige Auflösungsgründe des Agenturvertrages.**

1. **Der Tod des Geschäftsherrn** bildet (ebenso wie der Eintritt der **Geschäftsunfähigkeit**) im Zweifel keinen Auflösungsgrund (§§ 672, 675 BGB.).

Es haben deshalb seine Erben den Vertrag zu erfüllen. Wird dies abgelehnt, hat der Agent einen Schadensersatzanspruch gegen sie auf Grund § 325 BGB., der als Nachlaßverbindlichkeit zu behandeln ist.[1])

2. **Durch den Tod**[2]) **des Agenten** erlischt im Zweifel der Agenturvertrag (§§ 673, 675 BGB.).

Die Erben des Agenten haben nach der Vorschrift des § 673 BGB. das Ableben dem Geschäftsherrn unverzüglich anzuzeigen und wenn mit dem Aufschub Gefahr verbunden ist, die Besorgung der Agenturgeschäfte fortzusetzen, bis der Geschäftsherr anderweitig Fürsorge treffen kann.

Die Auslegungsregel des § 673 („im Zweifel") greift dann nicht Platz, wenn:

α) eine ausdrückliche anderweitige Vereinbarung getroffen ist und

β) wenn sich aus den Umständen ergibt, daß nach der Intention der Parteien der Agenturvertrag trotz Ablebens des Agenten fortbestehen soll. Eine derartige Intention ist dann anzunehmen, wenn der Agenturvertrag mit einer aus mehreren Personen bestehenden Agenturfirma abgeschlossen war oder wenn während bestehenden Agenturvertrages im Einverständnis des Geschäftsherrn ein Einzelkaufmann einen Sozius in sein Agenturgeschäft aufnimmt. Das gleiche folgern wir nicht daraus, daß der Vertrag zwischen dem Geschäftsherrn und der **Firma eines Einzelkaufmanns**[3]) geschlossen ist. Hierdurch kann nicht erreicht werden, daß beim Ableben des alleinigen Inhabers der Firma die Erben oder der sonst zur Vertretung des Nachlasses Berechtigte die Firma als solche mit den bestehenden Agenturverträgen veräußert oder auf einen Dritten ohne Zustimmung des Geschäftsherrn überträgt.

3. **Übertragung des Geschäftes seitens des Geschäftsherrn** auf einen neuen Inhaber bildet keinen Auflösungsgrund.[4])

Allerdings besagt § 613 Satz 2 BGB., daß der Anspruch auf die Dienste im Zweifel nicht übertragbar ist. Auch hier ist daher ausdrücklicher Parteivereinbarung freier Spielraum gelassen und die aus den Umständen des Falles zu entnehmende Absicht der Parteien kann die Übertragbarkeit des Agenturvertrages bewirken. Dies wird stets dann anzunehmen sein, wenn der unveränderte Fortbestand des Agenturverhältnisses trotz der Übertragung gewährleistet bleibt. In der Praxis

---

[1]) Übereinst. Jacusiel S. 76 und Immerwahr S. 199/200 (welche den Erben eine — u. E. überflüssige — fristlose Kündigung zugestehen), Düringer-Hachenburg § 92 sub IIIb S. 275, und Staub (VIII. Aufl.) Anm. 10 zu § 92 S. 380.

[2]) Dasselbe gilt für den Eintritt der Geschäftsunfähigkeit.

[3]) Wie dies der Normal-Agenturvertrag des Zentralverbandes Deutscher Handlungsagenten durch die Einleitung und den § 1 zu erreichen sucht. Es heißt dort: „Zwischen der Firma . . . zu . . . und der Firma . . . zu . . . ist nachstehender Agenturvertrag verabredet worden"; übereinst. Jacusiel S. 75/76.

[4]) Abw. Jacusiel S. 76.

bildet dies die Regel. Es wird sich in den meisten Fällen um eine Fortführung des Betriebes durch den neuen Erwerber in unveränderter Weise oder gar lediglich darum handeln, daß das Unternehmen des Geschäftsherrn eine andere juristische Form erhält (z. B. Umwandlung einer Handelsgesellschaft in eine Aktiengesellschaft oder Gesellschaft m. b. H.).

4. **Übertragung der Vertretung abseiten des Agenten** auf einen Dritten löst den Agenturvertrag nicht auf und ist als unzulässig anzusehen.

Gemäß § 613 Satz 1 BGB. hat der zur Dienstleistung Verpflichtete die Dienste im Zweifel in Person zu leisten. Wir führten Seite 35 aus, daß der zur Dienstleistung verpflichtete Agent wegen seiner Selbständigkeit durch diese Vorschrift nicht dazu gezwungen werden kann, alle Dienste aus dem Agenturvertrag in Person zu leisten, sondern berechtigt ist, sich Hilfspersonen zu bedienen. Dies kann aber nicht dahin führen, daß der Agent unter Aufgabe eigener Verantwortlichkeit die gesamte Vertretung auf einen anderen überträgt und sich selbst jeder Tätigkeit als Agent enthält.

Eine derartige Übertragung ist dem Geschäftsherrn gegenüber unverbindlich und auch im Verhältnis zu Dritten rechtsungültig. Der Agent bleibt zur Erfüllung aller vertraglichen Obliegenheiten verpflichtet. Hierdurch wird natürlich nicht ausgeschlossen, daß der Geschäftsherr aus § 92 Abs. 2 sein Recht auf sofortige Kündigung auszuüben[1]) und Schadensersatzanspruch geltend zu machen in der Lage ist.

5. **Der Konkurs des Agenten** löst den Agenturvertrag nicht auf.

Dieser Umstand bildet aber einen wichtigen Grund für den Geschäftsherrn zur sofortigen Kündigung in Gemäßheit § 92 Abs. 2 HGB.[2])

Kündigt der Geschäftsherr nicht, so bleibt der Agenturvertrag zwischen Geschäftsherrn und Agenten — nicht etwa zwischen dem Geschäftsherrn und der Konkursmasse bzw. dem Konkursverwalter — bestehen, denn der § 17 KO., welcher den Konkursverwalter berechtigt, an Stelle des Gemeinschuldners den Vertrag zu „erfüllen", findet auf den Agenturvertrag keine Anwendung.[3])

Die Erträgnisse aus dem Agenturvertrage bis zur Konkurseröffnung gehören somit der Masse, nach der Konkurseröffnung dem Agenten.[4]) Nach unserer zu § 88 S. 111 niedergelegten Anschauung hat die Masse auch Anspruch auf Provisionen für Geschäfte, welche vor Eröffnung des Verfahrens abgeschlossen sind, aber erst nach der Konkurseröffnung ausgeführt werden. Der Buchauszug des Geschäftsherrn wird hierüber dem Konkursverwalter die nötige Aufklärung geben müssen (s. S. 147/148 zu § 91).

6. **Der Konkurs des Geschäftsherrn** löst den Agenturvertrag kraft Gesetzes.

Der nachfolgende Exkurs wird sich eingehender hiermit beschäftigen.

---

[1]) Siehe S. 170 und vgl. die einen analogen Fall behandelnde Entscheidung des RG. vom 5. VII. 1907 im Recht Nr. 2543 S. 1066.

[2]) Siehe S. 169 und die Zitate S. 169 Anm. 7 zu § 92.

[3]) Übereinst. Jaeger 2. Aufl. Anm. 15 zu § 23 S. 192, Staub (VIII. Aufl.) Anm. 13 zu § 92 S. 381, abw. Düringer-Hachenburg I zu § 92 sub III b S. 276.

[4]) Übereinst. Staub (VIII. Aufl.) Anm. 13 zu § 92; abw. Düringer-Hachenburg I zu § 92 sub III b S. 276.

Exkurs zu § 92.

Der Konkurs des Geschäftsherrn.

I. Die Einwirkung des Konkurses des Geschäftsherrn auf den Agenturvertrag.

Durch den Konkurs des Geschäftsherrn **erlischt der Agenturvertrag** endgültig kraft Gesetzes (§ 23 Abs. 2 KO.).[1] Der Standpunkt Staubs (VI/VII. Auflage Anm. 10 zu § 92 S. 321/322), daß nur der im Agenturverhältnisse liegende Auftrag zur Geschäftsbesorgung erloschen sei, ist in der neuesten (VIII.) Auflage Anm. 12 zu § 92 S. 380 verlassen. Eine Kündigung abseiten des Konkursverwalters oder Agenten ist deshalb nicht erforderlich.[2] Zweckmäßig ist aber, daß der Konkursverwalter die Konkurseröffnung dem Agenten mitteilt, um Weitläufigkeiten und eventuelle Schädigungen der Masse zu verhüten, obwohl eine rechtliche Verpflichtung hierzu — neben derjenigen aus § 111 KO. — nicht besteht.[3]

Durch den Konkurs des Geschäftsherrn wird der Agent frei vom Vertrage.

Sofort darf er die Vertretung einer Konkurrenzfirma übernehmen und den Kundenkreis des in Konkurs geratenen Geschäftsherrn für ein neues Haus in Angriff nehmen, selbst dann, wenn entgegengesetzte Vereinbarungen vertraglich festgelegt sind, sei es für die Dauer des Vertrages (Konkurrenzverbot)[4] oder für einen Zeitraum nach Ablauf des Vertrages (Konkurrenzklausel). Den gleichen Standpunkt hinsichtlich der Konkurrenzklausel beim Konkurs des Berechtigten hat das Reichsgericht in seiner Entscheidung vom 10. Oktober 1906[5]) für den Vorstand einer Aktien-Gesellschaft angenommen mit ausdrücklicher Betonung, daß die Vorstandsmitglieder nicht als Handlungsgehilfen anzusehen sind.

Die Fortwirkung der Konkurrenzklausel würde auch für den Agenten eine unbillige Härte bedeuten. Er würde alsdann nicht nur seine Erwerbsquelle plötzlich verlieren, sondern noch außerdem die Chance einbüßen, sich auf seinem Feld eine

---

[1]) § 23 KO.: „Ein von dem Gemeinschuldner erteilter Auftrag erlischt durch die Eröffnung des Verfahrens, es sei denn, daß der Auftrag sich nicht auf das zur Konkursmasse gehörige Vermögen bezieht. Erlischt der Auftrag, so finden die Vorschriften des § 672 Satz 2 und des § 674 des BGB. entsprechende Anwendung. Das gleiche gilt, wenn sich jemand durch einen Dienstvertrag oder einen Werkvertrag verpflichtet hat, ein ihm von dem Gemeinschuldner übertragenes Geschäft für diesen zu besorgen."

[2]) Übereinst. Jacusiel S. 77; Petersen-Kleinfeller KO. (4. Aufl.) § 23 sub 2 S. 111; Jaeger KO. (2. Aufl.) Anm. 7 zu § 23 S. 189/190; Staub (VIII. Aufl.) Anm. 12 zu § 92 S. 380, RG. Band 63 S. 74 (16. III. 06). Abw. Immerwahr S. 198/199 und Düringer-Hachenburg § 92 sub IIId S. 275. Über das Erlöschen der Vollmacht vgl. S. 79.

[3]) Vgl. Petersen-Kleinfeller (4. Aufl.) Bemerkung 4 zu § 23 KO. S. 112; vgl. auch S. 79.

[4]) Vgl. S. 28/32.

[5]) Abgedruckt in der Leipziger Zeitschrift 1907 S. 60/61.

andere Vertretung zu verschaffen und zwar infolge eines Umstandes, den er nicht zu vertreten hat.[1])

Übernimmt der Agent eine Konkurrenzvertretung, so hat er sich bei Bemessung seiner Schadensersatzansprüche gegen die Konkursmasse,[2]) die durch die Übernahme erworbenen Vorteile anrechnen zu lassen.[3])

Trotz des Erlöschens des Vertrages hat der Agent noch gewisse Verpflichtungen zu erfüllen, welche ihm § 23 KO.[4]) auferlegt. Der § 672 Satz 2 des BGB.[5]) — so bestimmt § 23 KO. — soll entsprechende Anwendung finden. Hier wird also die Regel, daß der Agenturvertrag durch den Konkurs endgültig erloschen sei, durchbrochen und zwar im Interesse der Konkursmasse und der Gläubiger. Durch den Konkurs wird der ordentliche Gang der Verhältnisse jäh unterbrochen. Dem Geschäftsherrn ist die Leitung und Disposition entzogen. Da gilt es zu verhüten, daß durch diesen plötzlichen Abbruch aller Beziehungen noch größerer Schaden für die Masse erwächst. Hierzu ist der Agent berufen. Ihm legt das Gesetz die Pflicht auf, im Falle des Konkurses so zu handeln, als bestände der Agenturvertrag noch; er hat die Besorgung der Geschäfte fortzusetzen, solange der Konkursverwalter nicht anderweit Fürsorge treffen kann, wenn mit dem Aufschube Gefahr verbunden ist. Mit der Sorgfalt eines ordentlichen Kaufmanns hat er zu prüfen, ob sein Eingreifen erforderlich ist.[6]) Er darf deshalb z. B. nicht abwarten, bis der Verwalter in der Lage ist, den Verkauf verderblicher Waren in die Wege zu leiten, sondern muß den Verkauf unverzüglich selbst vornehmen, wenn der erloschene Agenturvertrag ihn hierzu ermächtigte, wie er auch verpflichtet sein würde, das zur Masse gehörige Warenlager unter Ausnutzung einer günstigen Konjunktur zu veräußern, um einen drohenden Schaden abzuwenden, der durch Versäumung der Gelegenheit entstehen würde.[7])

Aber auch sonst hat er „die Besorgung des übertragenen Geschäfts

---

[1]) Führt der Konkursverwalter das Geschäft fort und beschäftigt den Agenten — abgesehen von § 672 BGB. — weiter, so wird anzunehmen sein, daß ein vertragliches Konkurrenzverbot bis zum Ablauf der Dauer der Beschäftigung weiter wirkt. Veräußert der Konkursverwalter das Geschäft im ganzen, ohne daß der Agent von dem Erwerber übernommen wird, so ist die Konkurrenzklausel hinfällig, wenn auch in Übereinstimmung mit RG. Band 37 S. 177 anzunehmen ist, daß im Zweifel die Rechte aus der Konkurrenzklausel übertragbar sind.

[2]) Siehe S. 175.

[3]) Vgl. Neumann Jahrbuch 1905 Band 1 § 324 sub 2 S. 160.

[4]) Siehe Anm. 1 S. 178.

[5]) § 672 BGB.: „Der Auftrag erlischt im Zweifel nicht durch den Tod oder den Eintritt der Geschäftsunfähigkeit des Auftraggebers. Erlischt der Auftrag, so hat der Beauftragte, wenn mit dem Aufschube Gefahr verbunden ist, die Besorgung des übertragenen Geschäftes fortzusetzen, bis der Erbe oder der gesetzliche Vertreter des Auftraggebers anderweit Fürsorge treffen kann; der Auftrag gilt insoweit als fortbestehend."

[6]) Ob der Konkursverwalter spezielle entsprechende Anweisung erteilt hat, ist lediglich von Bedeutung für die Frage, ob der Agent die Voraussetzungen des § 672 BGB. im Einzelfall als vorliegend gekannt hat.

[7]) Fehlt dem Agenten die Abschlußvollmacht, so ist er in diesen Fällen verpflichtet, die Genehmigung des Konkursverwalters zum Verkaufe einzuholen, falls Gebote vorliegen — jedenfalls hat er aber den Verwalter auf die Gefahren aufmerksam zu machen, und sich um den Verkauf zu bemühen.

fortzusetzen, wenn mit dem Aufschub Gefahr verbunden ist". So hat er dem Verwalter Nachricht zu geben, wenn die Vermögensverhältnisse eines Kunden, dessen Order noch nicht effektuiert ist, sich verschlechtern;[1]) er hat die Interessen der Masse zu vertreten, wenn eilige Maßnahmen, z. B. Arreste, erforderlich sind, um eine Forderung zu retten — kurz alles das zu tun, was er als diligenter Agent seinem Geschäftsherrn gegenüber nach Gesetz und Vertrag zu leisten hatte. Bei Verletzung dieser Vorschriften ist er der Konkursmasse gegenüber schadensersatzpflichtig. Entstehen aus dieser Tätigkeit des Agenten nach Erlöschen des Vertrages Ansprüche (verdiente Provisionen, Auslagen), so ist er diesbezüglich Massegläubiger (§ 27 KO.).

Besaß der Agent Vollmacht des Gemeinschuldners, so sind seine auf Grund dieser Vollmacht im Rahmen des § 672 BGB. vorgenommenen Handlungen der Konkursmasse gegenüber wirksam.[2]) Hier wird das Prinzip des § 7 der KO. durchbrochen, daß nach Konkurseröffnung erfolgte Rechtshandlungen des Gemeinschuldners die Masse nicht binden. Wir haben bereits S. 179 ausgeführt, daß Satz 2 des § 23 KO. im Interesse der Konkursmasse gegeben ist. Zweckmäßigkeitserwägungen sind auch hier maßgebend gewesen.[3]) Wollte der Gesetzgeber nur bestimmen, daß derartige Handlungen der Bevollmächtigten „nur für und gegen den Gemeinschuldner persönlich, nicht auch hinsichtlich des Konkursvermögens"[4]) wirken sollen, so wäre die Aufnahme dieser Sondervorschrift überflüssig gewesen; sie hätte auch gar nicht in der Konkursordnung Aufnahme gefunden, da dieses Gesetz sich mit den Rechtsverhältnissen des Gemeinschuldners außerhalb der Konkursmasse nicht befaßt.

Hat der Agent die Geschäfte fortgeführt, ohne von dem Konkurse entschuldbar[5]) Kenntnis zu haben, so steht ihm nach § 23 KO. der Schutz des § 674 BGB.[6]) zur Seite; seine Ansprüche werden jedoch nur als einfache Konkursforderungen berücksichtigt (§ 27 KO.). Durch derartige Rechtshand-

---

[1]) Siehe S. 26.

[2]) Übereinst. Begründung der KO. Novelle zu § 21a der Novelle (§ 23 KO.) in den Hahn-Mugdanschen Materialien Band 7 S. 239/240: „Hiernach versteht sich, wenn mit dem Rechtsverhältnis eine Vollmacht vorhanden ist, von selbst, daß auch die auf Grund der Vollmacht vorgenommenen Handlungen der Konkursmasse gegenüber wirksam sind."

[3]) Vgl. hierzu Motive zum Entwurf eines BGB. in Guttentags Amtlicher Ausgabe, Berlin-Leipzig 1888. Band 2 S. 552 zu § 602 des Entwurfs in Verbindung mit S. 547 zu § 599.

[4]) So Jaeger KO. (2. Aufl.) § 23 sub II Anm. 11 S. 191, der den hier widerlegten Standpunkt im Gegensatz zur Begründung zur KO. (siehe Anm. 2) vertritt. Die Berufung Jaegers auf ROHG. Band 24 S. 193 trifft auf den Fall des § 672 Satz 2 BGB. nicht zu. Diese Entscheidung ist vielmehr nur für den Fall des § 674 BGB. anwendbar.

[5]) Über die Beweislast vgl. Jaeger a. a. O. § 23 Anm. 5 S. 189, der zutreffend dem Konkursverwalter die Beweislast auferlegt.

[6]) § 674 BGB.: „Erlischt der Auftrag in anderer Weise als durch Widerruf, so gilt er zugunsten des Beauftragten gleichwohl als fortbestehend, bis der Beauftragte von dem Erlöschen Kenntnis erlangt oder das Erlöschen kennen muß."

lungen wird aber die Konkursmasse nicht berührt,[1]) der Paragraph gilt vielmehr nur „zugunsten des Beauftragten". Dritte können also hieraus keine Rechte herleiten, weder gegen die Konkursmasse, noch gegen den Agenten.[2])

II. Die Ansprüche des Agenten gegen die Konkursmasse des Geschäftsherrn.

In der Darlegung sub I sind bereits zwei gesetzlich festgelegte Ansprüche erwähnt:

1. Der Agent, der die Besorgung der übertragenen Geschäfte fortsetzt, weil Gefahr im Verzuge ist[3]) (§ 23 KO. § 672 Satz 2 BGB.), wird hinsichtlich seiner hierbei verdienten Provisionen und gemachten Auslagen als Massegläubiger behandelt. Diese Ansprüche sind also vorweg aus der Konkursmasse zu berichtigen.[4]) Dasselbe gilt für Provisionen aus Geschäften, die der Agent vor Konkurseröffnung vermittelt hat, die aber erst später vom Konkursverwalter abgeschlossen werden; auch sie sind Masseschulden (§ 59 KO.).

2. Ansprüche, welche daraus resultieren, daß die Geschäfte fortgeführt wurden, weil der Agent entschuldbar von der Konkurseröffnung keine Kenntnis hatte,[5]) gelten als einfache Konkursforderungen (§ 27 KO.).

Es wird sich hierbei nur um Auslagen handeln, da provisionspflichtige Geschäfte durch diese Tätigkeit nicht zustande kommen (s. S. 80–82, bes. S. 82). Genehmigt aber der Verwalter derartige Geschäfte, so wird der Agent auch hier Massegläubiger (§ 59 KO.).

3. **Die rückständigen Forderungen aus dem Agenturvertrage.**

Hierzu gehören insbesondere Auslagen und Provisionen. Soweit Provisionsansprüche in Frage kommen, welche im letzten Jahre vor der Eröffnung des Verfahrens entstanden sind, wird die in Theorie und Praxis umstrittene Frage zu erörtern sein, ob diesen Ansprüchen das Vorrecht aus § 61 sub I der Konkursordnung zusteht.

Ist die Agentenprovision bevorrechtigt?

Nach der von uns im § 84 S. 5 gegebenen Darstellung hat der Agent die Stellung eines selbständigen Kaufmanns — auch dem Geschäftsherrn gegenüber, mag er mehrere Häuser vertreten oder seine Tätigkeit ausschließlich einem einzigen Hause widmen. Frei verfügt er über seine Zeit und Arbeitskraft, ohne hierüber irgendwie und irgendwann dem Geschäftsherrn Rechenschaft geben zu müssen. Der Geschäftsherr ist wohl Herr seines Geschäfts, auch Herr des Geschäfts, welches der Agent im Einzelfall abschließt, so daß ihm die alleinigen Entscheidungen zustehen, aber aus diesem gesetzlichen Ausdruck „Geschäftsherr" darf keineswegs ein Abhängigkeitsverhältnis zwischen ihm und dem Agenten herausgelesen werden.

Der § 61 sub I KO. gewährt die Bevorrechtigung aber nur denjenigen Personen, welche sich dem Gemeinschuldner „zur Leistung von Diensten verdungen

---

[1]) Vor 1900 s. ROHG. Band 24 S. 193/194, wo derselbe Rechtssatz Anwendung gefunden hat.

[2]) Näheres s. hierüber im Allgem. Teil zu den §§ 85—87 S. 60ff., bes. S. 82.

[3]) Siehe S. 179/180.

[4]) §§ 27, 57 KO.

[5]) Siehe S. 180/181.

hatten". Dieser Ausdruck **„verdingen"** deutet aber stets ein Abhängigkeitsverhältnis an.[1]) Die Motive zur Konkursordnung besagen zwar, daß „eine persönliche Botmäßigkeit unter dem Gemeinschuldner" wohl meist gegeben, aber nicht Erfordernis sei, fahren aber fort: „auch Gesellen, Meister, Fabrikarbeiter, Handlungsgehilfen, Wirtschaftsbeamte, Gärtner, Förster, Schreiber, Sekretäre usw. können solche ständige Bedienstete sein."[2])

Alle diese als Beispiele aufgeführten Persönlichkeiten haben das Gemeinschaftliche, daß sie insofern unselbständig sind, als sie ihre Zeit und Arbeitskraft ihrem Prinzipal zur Verfügung halten müssen, wenn immer er es benötigt oder will. Also auch die Motive stehen grundsätzlich auf demselben Boden, wie diejenigen Schriftsteller und Gerichte, welche das Wort „sich verdingen" in dem weiteren Sinne auffassen, „daß der sich Verdingende seine Selbständigkeit in größerem oder geringerem Umfange aufgibt und auf die freie Verfügung über seine Zeit und Arbeitskraft zugunsten eines anderen mehr oder weniger verzichtet" (RG. Band 62 S. 231).[3])

Legt man die von uns vertretene Ansicht: das Erfordernis des Abhängigkeitsverhältnisses, oder diese Auslegung in dem weiteren Sinne zugrunde — immer gelangt man zu demselben Resultat, daß der **Agent als freier selbständiger Kaufmann das Vorrecht nach § 61 sub I KO. nicht besitzt.**[4])

Die Denkschrift zum Handelsgesetzbuch[5]) verneint dieses Vorzugsrecht ebenfalls; die Streitfrage darf nach Erlaß des Reichsgerichtsurteils vom 3. Nov. 1905

---

[1]) So auch Jaeger (2. Aufl.) Anm. 11 zu § 61, S. 495/496.

[2]) Begründung des Entwurfes einer KO. in den Hahnschen Materialien Berlin 1881 S. 249.

[3]) So auch OLGRspr. Band 10 S. 205 (OLG. Dresden, 17. X. 03) und OLGRspr. Band 10 S. 208 (OLG. Dresden, 12. IV. 04).

[4]) Übereinst.: Staub (VIII. Aufl.) Anm. 21 zu § 88 S. 374; Immerwahr S. 152 (mit der unzutreffenden Begründung, daß der Provisionsanspruch in seiner Entstehung von der Bewerkstelligung einer einzelnen Leistung abhängig bleibt); Gareis, Das deutsche Handelsrecht, VII. Aufl. § 54 S. 432 Anm. 9; Makower XIII. Aufl. Note V zu § 88 S. 253, sowie DJZ. 1905 S. 968 und RG. Band 62 S. 231 (Entsch. v. 3. XI. 05), auch abgedruckt in JW. 1906 S. 38 Nr. 49; vgl. auch Neumann Jahrbuch 1906 § 61 KO. 2. Ziffer 1 S. 813/814.

Jaeger, KO. II. Aufl. § 61 Anm. 11, der in seiner ersten Auflage S. 412 das Vorrecht grundsätzlich bejahte, verneint es jetzt regelmäßig mit der Einschränkung, für die allerdings eine Begründung fehlt: „daß im Einzelfalle, namentlich bei ausschließlicher Bedienung eines Hauses" das Vorrecht gegeben werden kann. Ebenda eine erschöpfende Zusammenstellung der Judikatur und der Vertreter beider Ansichten.

Von denjenigen, die dem Agenten das Vorrecht grundsätzlich zusprechen, ist noch nachzutragen: Jacusiel S. 78—82, der sich auf die von Jaeger (I. Aufl. § 61 Anm. 13 S. 412) inzwischen verlassene Auffassung und auf die Entsch. RG. Band 38 S. 114 stützt, obwohl gerade diese Entscheidung von einer Persönlichkeit handelt, die sich zweifellos „verdungen" hatte, — im weiteren Sinne des Wortes gemäß unserer obigen Ausführungen im Text.

[5]) E. II S. 80. Wenn es hier heißt, es fehlt an einem genügenden Grunde, dieses Vorrecht zu verleihen, so scheint diese Ansicht den Verhältnissen der Praxis nicht gerecht zu werden mit Rücksicht auf die Tatsache, daß die Tätigkeit des Agenten der Masse zugute kommt, besonders aber im Hinblick auf die Bestimmung des § 88 Abs. 4 HGB., die den Agenten zwingt, dem Geschäftsherrn über ein halbes Jahr Kredit zu gewähren (s. S. 122/123 zu § 88 Abs. 4). Es trifft gerade für die

(RG. Band 62 S. 229—232) als **endgültig** im Sinne der **Verneinung** entschieden gelten.[1])

4. **Die Schadensersatzansprüche.**

In Betracht kommen:

a) **Die Provisionsansprüche**[2]) **für die bis zur Konkurseröffnung vom Agenten vermittelten**[3]) **Geschäfte, welche infolge des Konkurses nicht zur Ausführung gelangen.**

Es finden hier die gleichen Grundsätze Anwendung, welche wir Seite 117 bis 119 entwickelt haben. Gemäß § 88 Abs. 2 HGB. steht dem Agenten die volle Provision zu, wenn die Ausführung des Geschäftes infolge des **Verhaltens** des Geschäftsherrn ganz oder teilweise unterblieben ist, ohne daß hierfür wichtige Gründe in der Person desjenigen vorliegen, mit welchem das Geschäft abgeschlossen war.

Unter dem „Verhalten des Geschäftsherrn" ist ein solches zu verstehen, durch welches die Nichtausführung vom Geschäftsherrn verschuldet oder wenigstens in freier Entschließung herbeigeführt ist (siehe S. 117 und Anm. 2 dortselbst).

Mit dem Reichsgericht (RG. Band 63 S. 71[4]) ist davon auszugehen, daß

Agenten das Motiv zu, welches für die Schaffung des § 54 sub I KO. (§ 61 sub I) ausschlaggebend gewesen ist, daß die dort aufgeführten Personen nicht „in der Lage sind, ihre Forderung zu sichern" (Begründung des Entwurfes einer KO. in den Hahnschen Materialien 1881 Band 4 S. 248).

Die Reichstagskommission zum HGB. stand in ihrer Majorität auch prinzipiell auf dem Standpunkt, das Vorrecht zu verleihen. Die Frage sollte dann gelegentlich der Neugestaltung der Konkursordnung geregelt werden (siehe II. Plenarberatung im Reichstage, Stenographische Berichte S. 82). Es sei zu hoffen — heißt es dort S. 82 — „daß die verbündeten Regierungen die Einbringung der neuen Konkursordnung benutzen werden, um diese Frage im Sinne einer ausgleichenden Gerechtigkeit für die Agenten zu regeln" (Singer). Später, bei Beratung der Konkursnovelle, ist man aber auf diese Frage — anscheinend aus Versehen — nicht wieder zurückgekommen (s. die gesamten Materialien zum Reichsjustizgesetz, herausgegeben von C. Hahn, fortgesetzt von M. Mugdan, Berlin 1898 Band 7 zu § 54 S. 243, vgl. auch ebenda die erste Plenarsitzung vom 14. Februar 1898 S. 264ff.).

Die Einreichung einer entsprechenden Petition an den Reichstag ist im Juni 1906 auf dem III. Kongresse deutscher Agenten beschlossen (s. Protokoll S. 36, 38, 40 Sternberg, Köln), und bereits durch eine Kommission vorbereitet worden (s. Waren-Agent v. 20. X. 07 S. 326).

[1]) Es heißt in diesem Urteil S. 230: „Dahingestellt könne bleiben, ob dem Agenten das Vorrecht in dem Falle zuzugestehen sei, wenn seine Dienste durch die Tätigkeit für einen Geschäftsherrn ganz oder doch hauptsächlich in Anspruch genommen werden".

Vielfach ist versucht worden, eine abweichende Stellung des Reichsgerichts aus diesen Worten für derartige Einzelfälle herauszulesen (s. z. B. Protokoll über den III. Kongreß Deutscher Handlungsagenten 1906 S. 39 (Sternberg). Mit Unrecht! Denn diese Worte geben nur die Ausführung des Berufungsgerichts wieder, während das Reichsgericht S. 231 das Vorrecht prinzipiell in jedem Falle abspricht.

[2]) Um einen eigentlichen Schadensersatzanspruch handelt es sich hierbei nicht, vielmehr lediglich um das Recht auf Provision gemäß § 88 Abs. 2 HGB.

[3]) Dasselbe gilt für den Bezirksagenten hinsichtlich der direkten Geschäfte.

[4]) Die Bezugnahme des Reichsgerichts auf RG. Band 31 S. 61 ist in diesem Zusammenhang nicht zutreffend, abgesehen davon, daß dieser Entscheidung nach heutigem Recht keine Bedeutung mehr zuzumessen ist (s. S. 174).

der Konkurs nicht ohne weiteres ein Verschulden des Geschäftsherrn involviert, daß vielmehr auch durch äußere — unverschuldete — Umstände die Konkurseröffnung herbeigeführt sein kann.

Ein derartiges Verschulden würde nicht nur als vorliegend anzusehen sein, wenn durch Mißwirtschaft, Spekulationen, Spiel, übermäßigen Verbrauch der Konkurs herbeigeführt ist, sondern auch bereits dann, wenn die Ursache in leichtsinnigem Kreditgeben oder verkehrten Geschäftsdispositionen (Anhäufung von Engagements, ständiges Verkaufen unter dem Herstellungswert) zu finden ist.

Den Nachweis, daß ein derartiges Verschulden vorliegt, hat der Agent zu führen[1]) (S. 119). Als Beweisantritt wird die Bezugnahme auf den Inhalt der Konkursakten, insbesondere auf den Bericht des Konkursverwalters über die Entstehungsursachen des Konkurses genügen müssen.[2])

Zweifel können entstehen, wenn die Ausführung des Geschäftes an dem vertraglich fixierten Zeitpunkt nicht erfolgt ist und auch später infolge der Konkurseröffnung des Geschäftsherrn überhaupt unterbleibt. In derartigen Fällen wird ein Verschulden des Geschäftsherrn schon in dem Verzug unter Umständen erblickt werden können.

b) Allgemeine Schadensersatzansprüche wegen Erlöschens des Agenturvertrages infolge der Konkurseröffnung, nämlich:

α) Schadensersatz wegen entgangener Provisionen für die Vertragszeit.

Daß dem Agenten ein Schadensersatzanspruch wegen der ihm entgangenen Provision für die Geschäfte zusteht, die er bis zum Ende der Vertragszeit weiter hätte vermitteln können, ist von sämtlichen Kommentatoren anerkannt worden.[3])

Streit herrscht lediglich wegen der Begründung dieses Anspruchs.

Der § 26 KO. ist nicht heranzuziehen. Denn dieser Paragraph besagt lediglich, daß, wenn eine Forderung wegen der Aufhebung des Vertrages besteht, diese nur als einfache Konkursforderung in Betracht kommt.[4])

Auch der § 22 Abs. 2 KO. trifft nicht zu,[5]) weil der Agent in keinem Dienstverhältnis zum Geschäftsherrn steht (siehe Seite 5 ff. zu § 84).

Die Konkursordnung als lex specialis gewährt ausdrücklich dem Agenten keinen Entschädigungsanspruch;[6]) die streitige Frage ist vielmehr nach bürgerlichem Recht zu entscheiden unter Anwendung des § 325 BGB.

Somit gipfelt die Entscheidung in der Beantwortung der Frage: „Ist der Konkurs ein Umstand, den der Geschäftsherr zu vertreten hat?"

---

[1]) Übereinst. RG. Band 63 S. 72.

[2]) Abw. RG. Band 63 S. 72.

[3]) Siehe Staub (VIII. Aufl.) Anm. 12 zu § 92 S. 381; Jaeger (II. Aufl.) Anm. 7 zu § 23 KO. S. 190; Wilmowski-Kurlbaum (VI. Aufl.) Berlin 1906 Anm. 5 zu § 23 KO.; Immerwahr S. 204; Goldmann Band 1 § 92 sub III 1 S. 431; Düringer-Hachenburg § 92 sub IV d S. 278; Jacusiel S. 77.

[4]) Übereinst. RG. Band 63 S. 74 und die dort zitierte Entscheidung sowie OLG. Zweibrücken, 20. XII. 05 im Recht 1906 S. 189 Nr. 355, und Wilmowski-Kurlbaum (VI. Aufl.) Anm. 9 zu § 26 KO. S. 124.

[5]) Abw. Goldmann a. a O.; Düringer-Hachenburg a. a. O.; Immerwahr a. a. O.

[6]) Aus dem Fehlen einer Spezialvorschrift ist aber keineswegs zu folgern, daß ein Entschädigungsanspruch versagt werden sollte, wie das Reichsgericht (RG. Bd. 63 S. 74) annimmt.

Diese Frage ist zu bejahen ohne Rücksicht darauf, ob der Konkurs auf ein schuldhaftes Verhalten des Geschäftsherrn zurückzuführen ist, in Konsequenz unserer Seite 174 niedergelegten Anschauung, daß der Geschäftsherr — vom Zufall abgesehen — stets und in jedem Falle die Unmöglichkeit des Weiterbetriebes seines Geschäftes dem Agenten gegenüber zu vertreten hat.

Das Reichsgericht hat einen abweichenden Standpunkt eingenommen in seiner Entscheidung vom 16. März 1906[1]) mit folgender Begründung: Der Agenturvertrag erlischt gemäß § 23 Abs. 2 KO. kraft Gesetzes. „Diese Bestimmung reicht aber auch zur Zurückweisung des vorliegenden Anspruches aus, und es bedarf dazu nicht, wie vom Berufungsgericht angenommen wird, eines weiteren Eingehens der Frage, ob die Konkurseröffnung auf ein schuldhaftes Verhalten der Gesellschaft zurückzuführen sei. Denn wenn, wie nach dem angeführten § 23 Abs. 2 anzunehmen ist, das Agenturverhältnis mit der Konkurseröffnung kraft Gesetzes erlischt, so kann von einem durch den Gemeinschuldner zu vertretenden Umstand, wie er nach bürgerlichem Recht zur Begründung des Schadensersatzanspruchs erfordert wird, als Ursache der Nichtausführung der Geschäfte nicht mehr die Rede sein."

Dieser Begründung vermögen wir nicht zu folgen.

Der Umstand, den der Geschäftsherr zu vertreten hat, ist nicht die kraft Gesetzes eintretende Auflösung des Agenturverhältnisses, sondern die Konkurseröffnung selbst, welche die Ursache der Auflösung bildet.

β) Die weiteren Schadensersatzansprüche wegen Auflösung des Vertrages.

Hierzu können gehören Ansprüche wegen Übernahme von Miete- und Dienstverträgen, die der Agent mit Rücksicht auf den Agenturvertrag abgeschlossen hat.[2]) War vertraglich vom Geschäftsherrn ein fester Beitrag zu diesen Unkosten zu leisten, so ist die Anmeldung der sich hieraus für die ganze Dauer des Vertrages ergebenden Ansprüche berechtigt. Zweifelhaft mag der Fall liegen, wenn eine lohnende Vertretung aufgegeben wird, um eine neue zu erwerben, die alsdann durch die Konkurseröffnung wieder fortfällt. Hierfür können keine Schadensersatzansprüche zugesprochen werden, da der Agent das Risiko zu tragen hat, ob das Aufgeben der alten Vertretung für ihn einen Vorteil oder Nachteil bedeutet.

γ) Ist vertraglich eine Strafe stipuliert für den Fall, daß der Geschäftsherr seine Verpflichtungen aus dem Agenturvertrag nicht erfüllt, so ist der Betrag der Vertragsstrafe gegen die Konkursmasse geltend zu machen.[3]) Die Forderung rangiert an derselben Stelle wie die Kapitalsforderung (§ 62 sub 2 KO.). Das richterliche Ermäßigungsrecht kommt in Fortfall, da der Geschäftsherr Kaufmann ist.[4])

5. Einen klagbaren Anspruch auf Erteilung einer Abrechnung und eines Buchauszuges hat der Agent gegen die Konkursmasse nicht.

---

[1]) RG. Band 63 S. 69ff. bes. S. 73/74., vgl. auch OLG. Zweibrücken, 20. XII. 05 im Recht 1906 S. 189 Nr. 355, wo ein „für den geltend gemachten Schaden kausales Verhalten des Gemeinschuldners" verlangt wird. Dies trifft nur für den Fall sub 4a zu. Siehe S. 183.

[2]) Mit diesen Schadensersatzansprüchen beschäftigt sich das Reichsgericht in der besprochenen Entscheidung RG. Band 63 S. 69 ff. nicht.

[3]) Vgl. über die Vertragsstrafe im Konkurse die Ausführungen bei Jaeger (II. Aufl.) Anm. 2 u. 3 zu § 62 und Staub (VIII. Aufl.) Band 2 Anm. 36 zu § 348 S. 1180.

[4]) § 348 HGB. und oben S. 8.

Nach dem Prinzip des § 69 KO. werden nur Forderungen im Konkurse berücksichtigt, welche auf einen Geldbetrag lauten. Nur auf Feststellung von Geldforderungen kann Klage gegen die Masse gemäß § 146 KO. erhoben werden.

Ein klagbarer Anspruch gegen den Konkursverwalter existiert ebenfalls nicht, denn der Verwalter ist nicht etwa Vertreter[1]) des Gemeinschuldners und als solcher verpflichtet, den Buchauszug zu geben.

Auch selbst kann der Agent den Auszug nicht machen, da ihm das Recht, die Geschäftsbücher des Gemeinschuldners einzusehen, nicht gewährt wird.[2])

Eine Klage des Agenten gegen den Gemeinschuldner persönlich würde ebenfalls keinen Erfolg haben, da nicht dieser die Geschäftsbücher in Händen hat, sondern der Konkursverwalter gemäß § 1 Abs. 3 und § 117 Abs. 1 KO.

Auf welche Weise kann nun der Agent im Falle des Konkurses die direkt abgeschlossenen Geschäfte erfahren, um die verdiente Provision zur Anmeldung zu bringen?

In der Praxis werden kaum Schwierigkeiten entstehen, da der Verwalter die gewünschten Auskünfte aus den Büchern geben wird. Lehnt er dies aber ab, so sind zwei Wege möglich, um einen Erfolg herbeizuführen:

a) Es ist ein entsprechender Antrag an das Konkursgericht zu richten. Das Konkursgericht kann auf diesen Antrag die Auskunftserteilung[3]) abseiten des Konkursverwalters und Gemeinschuldners von Amts wegen anordnen auf Grund § 75 KO. im Zusammenhang mit §§ 83, 100[4]) KO. Das Gericht kann auch von Amts wegen den Buchauszug durch dritte Personen (beeidigte Bücherrevisoren) anfertigen lassen.

Gegen einen ablehnenden Bescheid ist die sofortige Beschwerde[5]) ev. auch noch die weitere Beschwerde[6]) zulässig.

b) Der Agent kann bei der Konkursmasse einen Schadensersatzanspruch[7]) anmelden wegen Nichterteilung des Buchauszuges und diesen Anspruch schätzungsweise in Geld umsetzen (§ 69 KO.). Die Schätzung mag ihren Anhalt u. a. in den Ergebnissen der früher erteilten Buchauszüge finden. Bestreitet der Verwalter die Höhe des Schadens, so wird der Richter auf Grund § 287 CPO. nach dem Prinzip der freien Beweiswürdigung verfahren, oder den Agenten zum Schätzungseide zulassen müssen.[8])

6. Über das Zurückbehaltungsrecht im Konkurse des Geschäftsherrn siehe S. 131/132.

---

[1]) RG. Band 29 S. 31 ff.

[2]) Siehe Kommissionsbericht KO. S. 1960 zum § 124 KO. Der Antrag Rintelen, jedem Gläubiger das Recht zur Einsicht der Geschäftsbücher zu gewähren, wurde in der Reichstagskommission von 1898 abgelehnt.

[3]) Vom Gemeinschuldner kann nur Auskunftserteilung beansprucht werden, nicht die Anfertigung eines Buchauszuges, denn er ist nicht verpflichtet für die Masse zu arbeiten (Motive zur KO. 318, 351).

[4]) Siehe Jaeger, KO. II. Aufl. Anm. 3 zu § 100 S. 580 und Nachträge S. X zu § 132 Anm. 2, vgl. auch Beschluß des Kammergerichts vom 3. III. 06, abgedruckt in der Leipziger Zeitschrift 1907 S. 997 sub 6.

[5]) KO. § 73 Abs. 3.

[6]) CPO. § 568 Abs. 2.

[7]) Vgl. Planck (III. Aufl.) Band II Nr. 3 zu § 259 S. 44.

[8]) Vgl. S. 156.

Alphabetisches Sachregister.

(Die Zahlen bedeuten die Seiten.)

A.

B.

C.

D.

E.

F.

J.

Q.

R.

S.

T.

U.

W.

Z.

Herrosé & Ziemsen, G. m. b. H., Wittenberg.

Kolibri 360 GmbH
Ferdinand-Jühlke-Straße 7
99095 Erfurt, Deutschland
produktsicherheit@kolibri360.de